学校音楽の理論と実践をつなぐ

音楽教育実践学事典

日本学校音楽教育実践学会 編

音楽之友社

はじめに

　教育学では学問としての理論と教育現場での実践との乖離が永年の課題とされてきました。日本学校音楽教育実践学会はこの課題に答えるべく、理論と実践の往還を本質とする「音楽教育実践学」という新しい学問分野の構築を目指して1996年に設立されました。創立20年を迎えるにあたり、それまでの実践研究を集大成した音楽教育実践学の事典をつくることで、日本初の実践の「学」としての体系を提案しようということになりました。

　事典の基本方針は、学校音楽教育における理論と実践の往還関係を体系化し、その内容について具体的な実践の姿として示すというものです。これまでの本学会機関誌『学校音楽教育研究』や『21世紀音楽カリキュラム』等の学会出版物を土台とし、そこでの研究成果を理論的に意味付け用語に整理しました。各用語に実践の裏付けがあるということがこれまでの教育学の事典にはない独自性といえます。

　2010年9月に編集委員会を組織し、方針、範囲、章立てを議論してきました。第1章では実践学の大枠が、第2～5章では用語の意味が、第6～10章では実践の具体が分かるという構成にし、目次で体系がみえるようにしました。本事典により、教員、教育研究者、教育行政関係者たちがこれからの実践を理論的な根拠をもって推進できるようになり、そこから新しい授業の姿を生み出し、また理論を再構築していくという理論と実践の創造的な往還が始まることを期待しています。

2017年初夏
編集委員代表　小島律子

目次

はじめに……3

第1章 音楽教育実践学の原理と課題

■音楽教育実践学
音楽教育実践学……10
音楽教育実践学の対象……12
音楽教育実践学の構造……12
音楽教育実践学の研究分野（実践論）……13
音楽教育実践学の研究分野（カリキュラム論）……13
音楽教育実践学の研究分野（基礎理論）……14

■音楽教育実践学の原理
音楽教育実践学の原理……15
芸術認識の対象……16
理性的認識と感性的認識……16
芸術教科の教育観……17
生成の原理……18
生成の原理と音楽科……20
生成の原理による音楽科指導内容……21
生成の原理による音楽カリキュラム……21
生成を原理とする学習方法……22
授業デザインの原理……23

■音楽教育実践学の研究方法
音楽教育実践学の研究方法……24
教育実践学の研究方法……25

■音楽教育実践学の歴史と課題
音楽教育実践学の歴史と課題……26
音楽科教育における理論と実践の統合……27
伝統音楽の指導内容と教材……27
音楽科教員養成の教育課程……28

第2章 音楽経験と思考

■音楽経験と表現
音楽経験……30
衝動性……31
感性と知性……31
表現の原理……32
記述と表現……33
表出と表現……33
表現の論理……34

■音楽経験と発達
子どもの発達と音楽経験……35
幼児期の発達と音楽経験……36
児童期の発達と音楽経験……36
思春期の発達と音楽経験……37

■音楽経験と思考
音楽経験における思考……38
脳科学からみる音楽経験と思考……39
音楽的思考……40
創造的問題解決……41
イマジネーション……42
音楽的思考と認識……43
質の認識と量の認識……44
意味生成……45
イメージの拡がりと深まり……46
認識の方法……47
言語による認識……48
身体による認識……48
視覚的媒体による認識……49

第3章 教育目標と教育内容

■音楽科の教育目標
音楽科の目標……52
音楽科の目標の種類……53
目標設定の手続き……54

■音楽科の教科内容
音楽科の教科内容……55
音楽科の指導内容……56
学習指導要領にみる指導内容……57
教科内容の系列……57

■音楽科のカリキュラム
音楽カリキュラム……58
カリキュラムの編成原理……59
カリキュラム編成……60
21世紀音楽カリキュラム……61
ふしづくり一本道……62
和楽器合奏プログラム……62
諸外国のカリキュラム……63

第4章 学力と評価

■音楽科評価の基本概念
音楽科教育実践と学力……66
音楽科評価の歴史……68
音楽科における学力評価……69

- ■評価の内容
  - 観点別評価……70
  - 観点別評価の観点「知識・技能」……71
  - 観点別評価の観点「思考・判断・表現」……71
  - 観点別評価の観点「主体的に学習に取り組む態度」……72
  - カリキュラム・マネジメントとしての評価……72
  - 評定・成績評価……73
  - 指導要録……74
- ■評価の方法原理
  - 絶対評価と相対評価……75
  - 到達度評価……76
  - 自己評価……76
  - 個人内評価……77
  - 相互評価……77
  - ポートフォリオ評価……78
  - パフォーマンス評価……78
  - 評価の妥当性と信頼性……79
- ■評価計画と評価の機能
  - 評価計画……80
  - 評価の機能……80
  - 授業過程における評価……81
- ■評価の手法
  - アセスメントシート……82
  - ワークシート……82
  - 学習カード……82
  - 批評文……82
  - 実技テスト……83
  - ペーパーテスト……83
  - 観察……83
- ■評価の実際
  - 歌唱学習における評価……84
  - 器楽学習における評価……85
  - 創作・音楽づくり学習における評価……86
  - 鑑賞学習における評価……87
  - 〔共通事項〕に対する評価……88
  - 言語活動に対する評価……89

第5章 教材の働きと開発
- ■音楽科における教材の働きと開発
  - 教材……92
  - 教材の働き……93
  - 教材の開発……94
  - ICT活用による教材の開発……95
  - 歌唱教材……96
  - 器楽教材……97
  - 音楽づくり・創作教材……98
  - 鑑賞教材……99
- ■生活・社会・文化と音楽
  - 生活・社会・文化と音楽……100
  - 音楽と生活……101
  - 音楽と社会……102
  - 音楽と文化……103
  - 音楽の場……104
  - 音楽と伝達……105
  - 音楽の職業……106
  - 郷土の音楽の伝承者……107
  - 音楽の学習・伝承……108
  - 模倣……109
  - 口頭伝承……109
  - ソルミゼーション……110
  - 唱歌（しょうが）……110
  - 楽譜と記譜……111
- ■いろいろな音楽
  - 日本の伝統音楽と楽器……112
  - わらべうた……113
  - もの売りや合図の声……114
  - 子もり歌……114
  - 民謡……115
  - 郷土の伝統音楽……116
  - 沖縄の伝統音楽……117
  - アイヌの音楽……118
  - 雅楽……119
  - 仏教音楽……120
  - 琵琶楽……120
  - 能・狂言……121
  - 三味線音楽……122
  - 箏曲……123
  - 尺八音楽……124
  - 歌舞伎……125
  - 人形浄瑠璃……126
  - 諸民族の音楽と楽器……127
  - 東アジアの音楽と楽器……128
  - 中央・西アジアの音楽と楽器……129
  - 東南アジア・南アジアの音楽と楽器……130
  - ヨーロッパの音楽と楽器……131
  - アフリカの音楽と楽器……132
  - 中南米の音楽と楽器……133
  - 北米の音楽と楽器……134
  - オセアニアの音楽と楽器……134
  - 西洋音楽と楽器……135

中世・ルネサンスの音楽と楽器
……136
バロック・古典派の音楽と楽器
……137
ロマン派の音楽と楽器……138
近代の音楽と楽器……139
ポピュラー音楽と楽器……140
ポピュラー音楽の教材……141
現代の音楽……142
現代音楽……143
現代音楽の教材……145
他の媒体とかかわりをもつ音楽
……146
■音楽の仕組みと表現
音楽の仕組み……147
音色（身体）……148
音色（音具・楽器）……149
リズム……150
拍……151
拍子……151
リズムパターン……152
音の高さ……153
音の方向……153
音階……154
調……155
旋律……156
テクスチュア……157
強弱……158
速度……158
構成……159
形式……160
演奏形態……161
音楽と描写……162
言葉の音……162
言葉と音楽……163
伝統音楽の固有性……164
音楽表現の概念……165
演奏方法……166
伝統的音楽用語……167

第6章 授業デザイン
■授業デザイン
授業デザイン……170
授業実践……172
単元と題材……173
単元構成……174
題材構成……174
学習指導案……175
児童観・生徒観……175

教材観……176
指導観……176
授業構成における教材研究の視点
……177
授業における教材の働き……178
授業の目標と評価……179
授業過程……180
授業における音楽的思考……181
探究型の授業……182
問題解決型の授業……182
課題解決型の授業……183
プロジェクト型の授業……183
ワークショップ型の授業……184
授業における楽しさの諸相……185
できることと楽しさの関係……186
分かることと楽しさの関係……186
工夫することと楽しさの関係
……187
コミュニケーションと楽しさの関係
……187
■教育方法
知覚・感受の指導……188
比較聴取……189
知覚・感受の表出……190
知覚・感受の意識化……190
イメージの形成……191
表現の工夫……191
知識・技能の指導……192
授業におけるコミュニケーション
……193
音によるコミュニケーション
……194
言語によるコミュニケーション
……195
身体によるコミュニケーション
……196
共感的コミュニケーション……197
協同学習……198
構成活動……199
図形楽譜づくり……201
楽器づくり……201
うたづくり……202
音楽づくり……202
■教師
教師の指導性……203
発問・指示・説明……204
範唱・範奏……204
板書計画……205
机間指導……205

チームティーチング……206
　　ゲストティーチャー……206
　　集団学習……207
　　個別指導……208
　　教室空間……208
　■メディアの活用
　　授業における教科書の活用……209
　　授業における楽譜の活用……209
　　授業におけるインターネットの活用
　　　……210
　　授業におけるデジタル教材の活用
　　　……210
　　授業におけるAV教材の活用
　　　……211
　　音楽室の掲示物……211
　■音楽活動
　　表現領域の活動……212
　　鑑賞領域の活動……212
　　表現と鑑賞の一体化……213
　　包括的な音楽活動……214
　　わらべうた教育の実際……215
　　ふしづくりの実際……216
　　音楽づくり・創作の実際……217
　　合唱・合奏・アンサンブルの実際
　　　……218
　　身体反応・身体表現の実際……219
　　唱歌（しょうが）の実際……220
　　指揮的表現の実際……220
　　批評の実際……221
　　即興的表現の実際……221
　　スケッチ文の実際……222
　■授業研究と授業評価
　　授業研究と授業評価……223
　　授業分析……224
　　授業記録の使用法……225
　　座席表とカルテの使用法……226
　　談話分析・発話分析の使用法
　　　……226
　　フィールドノーツの使用法……227
　　アクションリサーチ……227
　　教育批評……228
　　仮説生成模擬授業……229
　　授業シミュレーション……230

第7章 音楽科の拡がり
　■他媒体をかかわらせた
　　音楽教育
　　表現と媒体……232

　　音楽と他媒体表現……233
　　他媒体をかかわらせた音楽科実践
　　　……234
　　音楽と遊び……235
　　音楽と民俗芸能……235
　　音楽と身体表現……236
　　音楽とドラマ的表現……236
　　音楽と視覚表現……237
　　他媒体をかかわらせた音楽教育
　　　……238
　　ダルクローズの音楽教育……239
　　オルフの音楽教育……240
　　シルバー・バーデットの音楽教育
　　　……241
　■音楽科を拡げた場や環境
　　音楽科と他領域との関連……242
　　音楽科と総合的な学習とのかかわり
　　　……243
　　音楽科と他教科とのかかわり
　　　……244
　　音楽科と学校文化とのかかわり
　　　……245
　　音楽科と地域・社会とのかかわり
　　　……246

第8章 幼児の音楽表現
　■幼児の音楽表現
　　幼児の表現……248
　　幼児の表出と表現……249
　　生活と表現……249
　　表現とコミュニケーション……250
　　幼児の音楽表現……251
　　幼児の音楽表現活動……252
　　幼児のふしづくり……252
　■幼児の遊びと音楽
　　幼児の遊びと音楽……253
　　ごっこ遊びと表現……254
　　幼児のわらべうた……254
　　劇遊び……255
　■幼児のカリキュラムと環境
　　幼児教育におけるカリキュラム
　　　……256
　　保育内容領域「表現」……257
　　幼小連携・接続……258
　　幼児の表現を育む環境……259
　　幼児の表現を育む環境構成……260
　　保育者としての資質……260

第9章 特別支援教育

■特殊教育から特別支援教育への転換
特別支援教育……262
「障害」の考え方……263
障害者基本法……263
自閉症……264
発達障害……264
特別な教育的ニーズ……265
特別支援教育の場……266
個別の支援計画……267

■特別支援教育のカリキュラム
特別支援教育のカリキュラム……268
特別支援学校学習指導要領……269
領域・教科を合わせた授業……270
自立活動……271

■特別支援教育における音楽教育
特別支援教育における音楽教育……272
特別支援教育における音楽教育の意義……273
様々な困難への対応……274
コミュニケーション支援……275
インクルーシブ教育……276

■特別支援教育における音楽授業
特別支援教育における音楽授業……277
通常の学級における授業計画……278
視覚障害者への教育方法……279
聴覚障害者への教育方法……280
知的障害者への教育方法……281
肢体不自由者への教育方法……282
病弱者への教育方法……283
重度重複障害者への教育方法……284
個別の指導計画……285
学校行事……286
特別支援教育における音楽授業の工夫……287
支援者の役割……288
メインティーチャー・サブティーチャー……289
特別支援教育における音楽の生かし方……290
TEACCH……291
音楽療法の手法……292
特別支援教育における身体表現……293
教材の工夫……294
特別支援教育の教科書……295
楽器の使い方……296
自作教材……297
音楽遊び……297

第10章 教員養成と教師教育

■教員の資質・能力
教員の資質・能力……300
教材開発力……301
実践的指導力……302
省察力……303

■教員養成教育
教員養成教育のカリキュラム……304
コア・カリキュラム……305
免許法……305
教育実習……306
教科専門……306
教科教育……307
教職専門……307

■教師教育
教職大学院……308
現職教員の力量形成……309
教員研修……310
免許状更新講習……311

謝辞……312

執筆者……313

索引……316

第1章

音楽教育実践学の原理と課題

音楽教育実践学

音楽教育実践学

［音楽教育実践学の概念］「教育実践学」という新しい学問領域は、平成8（1996）年の兵庫教育大学連合学校教育学研究科の設置において、既設の教育学研究科とは異なる教育の理論と実践の統合によって、実践に生き実践を改善する新しい学問の創出を意図して誕生したものである。「音楽教育実践学」は、この「教育実践学」の理念を音楽という教科において具体化するものである。

では何故、この教育研究に関する学問領域には「実践」が付加されたのか。それは、従来の教育学や教科教育学が必ずしも教育の実践に寄与し実践を直接的に改善するものになっていないという反省からである。伝統的な「教育学」は、学校教育だけでなく、家庭教育、社会教育、生涯教育、教養教育等、人間形成にかかわるすべての領域を研究対象にし、またその研究は、理論研究に終わることが多く、必ずしも実践にまで影響をもたらすものではなかった。「教科教育学」においても目的論、内容論、方法論、評価論と研究されてきたが、これらの理論研究が必ずしも実践と結び付き子どもの学習状況を漸進的に改善し学力育成に寄与するものになってないという批判がある。教育の主たる目的は、実践を通じ児童生徒の人間的成長と発達を助成するところにある。教育は、実践に生命がある。この場合、理論は実践の中に組み込まれ実践において生かされるものでなければならない。ところが、伝統的な「教育学」や「教科教育学」は、この理論と実践が二元論的に分離され、必ずしも教育現場の教育実践を改善するようなものではなかったのである。

［教育における理論と実践の関係］では、教育における「理論」と「実践」の関係をどうとらえたらいいのか。「実践」は、我々の経験と理論による表現行為によって物や人に働きかけ、その対象物を変えることである。このとき対象物の変化とともに働きかけた本人の経験や理論も変化を受けるという二重の変化を伴う。農家が土を耕し農作物をつくることも、陶芸家が土をこね陶芸品をつくることも実践である。また、教師が人に働きかけ人間的成長に導くのも教育の実践である。これらの実践においては、農作物や陶芸品等の物をつくるときも、また、人に働きかけ人間的成長に導くときも、それぞれの専門分野の経験や理論が必要である。その際の理論は実践と分離されておらず両者は統合されている。

このように我々が物や人に働きかけその対象物を変えるという「実践」においては、理論は実践の中に組み込まれて実践に生きており、実践と切り離されてはいない。教育においても教師が子どもに働きかけ学習を成立させているときの実践においては、教育の理論を知的道具とし実践を創造しており、理論と実践は分離されていないのである。「教育実践学」は、このように教育の理論と実践が分離されているのではなく、統合されているものを目指す新しい教育の学問研究である。

［理論と実践が分離されてきた背景］では何故、教育においては「理論」と「実践」が分離されてきたのか。その理由には、二つのことが挙げられる。

①伝統的に実践より理論を優位とする考え。第一の理由は、教育界においても人々の考え方のなかに実践よりも理論を優位に置く傾向があり、これが理論と実践を分離する要因となっていることである。その考え方は、理論の世界は人間の知性によって物事を整理したもので、これを人間がもつことによって教育実践をコントロールできると信じてきたことと、これに対して教育実践の世界は多様な情報が整理されずに混沌としているもので扱いにくいとみられてきたことである。

②日本の教育は輸入教育学による。

第1章　音楽教育実践学の原理と課題

　第二の理由は、日本独自の問題である。それは、日本の近代以降の教育は、輸入教育学によって実践されてきたということである。日本の教育学に関する知識や理論は、他の学問分野と同様に外国から輸入されたものが大半である。明治から今日までの日本の教育理論は、欧米の教育学やカリキュラム論、学習心理学を翻訳し、それを日本の子どもの教育実践に適用してきた。そこで適用される理論は、日本の子どもの教育実践から導き出されたものでも、日本の教育の現実の問題意識から生み出されたものでもなかった。また、日本の教育実践に適用することで理論自体を検証・修正・発展させるという姿勢は弱かった。言い換えると、教育現場の子どもを観察し、そこから学習や子どもの成長・発達の理論をつくるのではなく、既に出来上がった欧米の教育理論を翻訳し、それを日本の教育実践に適用するという姿勢を長年続けてきた。このような教育土壌が教育の理論と実践を分離させてきたといえよう。

　［音楽教育実践学研究の条件］理論と実践の統合を目指す「音楽教育実践学」の新しい学問研究の推進は、どのような条件によるのか。
①研究対象は、教育実践である。「音楽教育実践学」の研究対象は、学校の音楽教育の実践にあり、この実践と理論との相互作用による発展的研究によって音楽教育実践学の学問体系を創出することである。このような研究目的のためには、教育に関する理論は実践に生き実践の質的改善に役立ったとき初めてその理論は真実とみなされる、という認識観に立つ必要がある。
②研究は常に教育実践を含むものであること。「音楽教育実践学」の研究は、理論研究が独立し完結するものではなく、常に教育実践を含むものとなる。音楽の認識のことを課題とする音楽教育の哲学的研究においても、これを理論的研究で終わらせるのではなく、その音楽の認識に関する理論は、実践ではどのような姿・違いになるのか、というところまで研究の範囲に入れる。また、カリキュラムに関する外国との比較研究においても、そのカリキュラムは実践ではどのような姿になるのか、というところまで研究の範囲にする。
③研究の結果が教育実践学の観点からの批判に耐えうるものであること。教育実践の状況は、たしかに多様な情報が混沌としている。このような実践における課題を理論との相互作用によって実践的に検討し、実践を改善する次の理論をつくるには、研究の方法を明確にして批判に耐えうるものでなければならない。そのためには、教育実践の研究者が教育実践学の研究方法を身に付けることである。
④研究と社会とのつながりをもつこと。「音楽教育実践学」の研究は、学校の教育実践を研究の対象にし、実践の質的改善によって子どもの成長を期待することにねらいがある。この場合、学校だけで完結するものではなく、教育実践の質的改善は、長期的には社会の質的改善に結び付くものである。したがって、教育実践の研究成果や問題点は、社会に発信し学校の音楽教育の状況を社会と共有し、社会とのつながりをもつことが必要である。

　［音楽教育実践学研究の対象と構造］音楽教育実践学の研究対象は、音楽科の教育実践にある。この教育実践は、カリキュラムによって具体化される。さらには、このカリキュラムは、哲学（美学思想・教育思想）や心理学等の基礎理論によって導出される。これら研究の三つの視点を構造的にとらえると、第一層実践論的研究、第二層カリキュラム論的研究、第三層基礎理論的研究となる。音楽教育実践学の研究構造は、実践の層（第一層実践論的研究）と理論の層（第二層カリキュラム論的研究、第三層基礎理論的研究）とが相互作用し発展するとき、教育実践の質的改善に役立つ研究となる。（西園）

音楽教育実践学の対象

「音楽教育実践学」の研究対象は、学校の音楽教育の実践にある。「音楽教育実践学」の研究対象となる教育実践は、学校種によって区別すると幼稚園、小学校、中学校、高等学校、教員養成大学、及び特別支援学校等となる。また、これらの各学校の音楽科の教育実践は、教材を媒介に教師の指導行為と生徒（学生）の学習行為との相互作用によって成立している。そして、この教育実践は、①目的・目標、②指導内容と教材、③学習過程、④授業構成、⑤指導方法、⑥学力と評価等といった要素から成立している。さらに、このような要素から成立している教育実践は、対象学年や指導内容の違いから「個別的」であり、しかも全く同じ内容の繰り返しはない「一回的」という特徴をもつ。

音楽教育実践学が研究対象とする教育実践は、様々な要素から成立し、研究対象を自然科学のように限定できない。また、実際の授業は「個別的」で「一回的」である。このような性格の教育実践は、例えば「このような教材を導入したら子どもはこうなった」と原因と結果で結論し、理論化することはなじまない。なぜなら、原因と結果の間に多くの要素が関係しているからである。また、自然科学の研究のように対象の個別性を除去し実験によって数量化するという量的な研究方法もなじまない。

それゆえ、このような性格の教育実践に論理性を見いだし、子どもの成長と発達を助成するための理論体系を創出するには、教育実践から意味を読み取る方法が重要となる。それは、研究対象を自然科学の実験のように限定する方法ではなく、授業が成立している状況（文脈）をそのままとらえる質的な研究方法となろう。その代表的なものに「仮説生成型」がある。（董）

音楽教育実践学の構造

音楽教育実践学の研究構造は、実践と理論の層からなる。実践の層は実践論的研究で、これが第一層となる。理論の層は第二層と第三層からなり、第二層がカリキュラム論的研究、第三層が基礎理論的研究である。

第一層の実践論的研究は、日々の教育実践で課題となる学習過程、授業構成、指導内容や教材の開発、学力と評価方法等が対象となる。幼児教育、特別支援教育、教員養成についての研究も含まれる。音楽教育実践学の研究では、これらの研究は中核となる。

第二層のカリキュラム論的研究は、実践を支えるカリキュラムについての研究である。具体的には、指導内容の編成を中心にその目的・目標、教材、単元・題材構成と展開、指導方法と評価に関する研究である。カリキュラム論的研究は、基礎理論的研究から演繹された内容が、実践によって検証される理論的研究であるが、実践的な側面ももち実践と理論の中間に位置する。

第三層の基礎理論的研究は、音楽教育の意義や歴史、音楽に対する児童生徒の反応や発達に関して、哲学的、史学的、心理学的、社会学的な知見に基づいて明らかにする理論的研究である。これは、カリキュラム論的研究の理論仮説形成の基礎となる。

音楽教育実践学では、実践から得た知見と理論的研究から得た知見とが相互作用しながらその真実を追究していく。そのため、実践によって理論的研究が検証され、理論的研究によって実践の見方が深くなるという構造になる。（桑原）

[参] 西園芳信『小学校音楽科カリキュラム構成に関する教育実践学的研究』風間書房, 2005.

音楽教育実践学の研究分野（実践論）

実践論の研究は、音楽教育実践学の研究構造における第一層に当たり、第二層のカリキュラム論的研究や第三層基礎理論的研究との相互作用によって発展するとき、実践に生きる実践論の創出が期待できる。実践論の研究には、次のような領域が挙げられる。

①学習過程の領域。音楽科において学習過程に視点を当てた実践研究。例：「音楽づくり」について、指導内容の諸側面の関連性を視点に学習過程を検証することで、学習過程における子どもの指導内容へのかかわり方を研究。

②授業構成の領域。音楽科において授業構成に視点を当てた実践研究。例：中学校における和太鼓を素材とした授業において、鑑賞・器楽（和太鼓）・創作を横断的に学習することの可能性について検証し授業構成を研究。

③指導内容及び教材の領域。音楽科における指導内容と教材開発の研究。例：小学校音楽科において、地域に伝承されている子ども歌舞伎を素材とした指導内容と教材開発の研究。

④学力と評価方法の領域。音楽科における学力育成と評価方法の研究。例：小学校の鑑賞の授業において、集団的思考を育成するための指導方法と評価方法の研究。

⑤幼児教育の領域。幼児を対象とした音楽の実践研究。例：わらべうた教材について、遊びからふしづくりへの変容過程を検証し、主体的な音楽表現活動となる教材開発の研究。

⑥特別支援教育の領域。特別支援の子どもを対象とした音楽教育について実践的に研究する。例：特別支援学校の歌唱表現における教師の支援の効果的方法を検証し、教師の支援の方法を研究。

⑦教員養成の領域。音楽科の教員養成について実践的に研究する。例：学び続ける教員を養成するために、教科教育の授業において省察力を育成するための方法論を研究。（溝口）

音楽教育実践学の研究分野（カリキュラム論）

カリキュラム論的研究は、音楽教育実践学の研究構造における第二層に当たり、第一層実践論的研究、及び第三層基礎理論的研究との相互作用による発展が期待される。

例えば、音楽教育実践学の研究を牽引してきた日本学校音楽教育実践学会は、平成18（2006）年に「生成」を原理とする基礎理論に依拠した「21世紀音楽カリキュラム」を発表した。これによって「音楽の仕組みと技能」「人と地域と音楽」「音楽と他媒体」というカリキュラムの三つの柱のそれぞれに多くの実践プログラムが提案されるとともに、具体的な実践の姿がDVDに集録される等、理論と実践の往還の成果が表されることになった。また同学会は、同年から5年をかけ、課題研究「音楽科カリキュラムと授業実践の国際比較研究」を行い、諸外国のカリキュラムとの比較を通して、その価値を再確認している。さらに平成23（2011）年からの5年間は、課題研究「日本伝統音楽のカリキュラム再創造と授業実践」を継続した。これは、その実践に慣れていない教師にも取り組みやすいよう、日本伝統音楽のカリキュラム編成が、西洋音楽等の音楽と同じ枠組みとなっていることを再検討したものである。即ち、そのカリキュラムを伝統音楽の特質が反映されたものにするという点から問い直したのである。その結果、カリキュラムの三つの柱を関連付ける必要性が明らかにされるとともに、指導事項等が加筆修正され、新たなプログラム案が提案された。

このように基礎理論から導出したカリキュラムも実践によって矛盾が出てくると、それを再度、基礎理論やカリキュラム論に照らし、そのカリキュラムを修正していくことで実践が改善されるという方法が取られる。（吉村）

音楽教育実践学の研究分野（基礎理論）

　基礎理論的研究は、音楽教育実践学の研究構造における第三層に当たる。実践論やカリキュラム論を理論的に支える原理的研究となり、次の4領域で構成される。

①哲学的基礎領域。教育哲学や美学の学術的知見に基づいて、音楽教育実践の意味やカリキュラムの根拠を探究する。例えば、子どもの衝動的な遊びを音楽授業の起点とする場合、衝動や遊びの意味についての原理的検討が、授業実践を分析する上での視点を提供する。また、デューイ哲学を理論的根拠とした「生成の原理」は、「21世紀音楽カリキュラム」を構築する上での基盤となっている。

②歴史的基礎領域。音楽教育の歴史的事実に基づいて実証的に探究する。例えば、音楽科における学力育成の内容・方法という今日的で実践的な課題は、戦後日本の音楽教育実践の歴史においても様々に論じられてきた。その論争を比較検討することによって、音楽科授業実践における学力育成の示唆を得ることができる。

③心理学的基礎領域。子どもの心身の発達に音楽や音楽授業がどのようにかかわるのかを、心理学的知見に基づいて探究する。例えば、音楽を聴き知覚したことを身体や描画のような方法を用いて表現する活動にどのような意味があるのか検討するには、身体感覚器官を通した知覚や視覚的情報処理に関する認知科学的知見の援用が期待できる。

④社会学的基礎領域。社会的諸事象の奥にある論理を解明しようとする社会学的なアプローチにより探究する。例えば、現職保育士に対する質問紙調査によって、保育士に期待される音楽的能力観や音楽にかかわる保育観の傾向を把握することができ、保育士養成校における音楽カリキュラムを検討するうえでの基礎的データが得られる。（横山真）

音楽教育実践学の原理

音楽教育実践学の原理

[音楽教育実践学のねらい] 音楽教育実践学は、理論と実践の統合を目指す新しい学問研究である。これは、従来の音楽教育研究は理論と実践とが分離しており、必ずしも学校の教育実践の質の改善に寄与していないという反省に立っている。そして音楽教育実践学研究のねらいは、学校の音楽教育の実践にあり、この実践と理論との相互作用によって音楽教育実践学の学問体系を創出し、教育実践の改善に役立つものにすることである。

[音楽教育実践学の原理] 音楽教育実践学が教育実践を研究対象に理論との統合を目指す学問研究であれば、実践と理論との関係をどうとらえるかが問題となる。それは、実践論的研究と理論的研究とが相互作用し発展するととらえる。このことを層構造的に示すと、音楽教育実践学の研究構造を実践の層（①実践論的研究）と理論の層（②カリキュラム論的研究、③基礎理論的研究）ととらえ、この実践の層と理論の層が相互に作用し合い生成されていくとき、ねらいとする教育実践の質的改善に役立つ実践論が得られるとみる。このときの実践と理論は二元論的にとらえるのではなく、常に理論は実践の中に反映され両方は統合されていくとみる。そのためこれを実現する哲学は、プラグマティズムの認識論を反映させた次のような考え方をとる。教育に関する理論は実践に生き実践の質的改善に役立ったとき真実と見なす。

音楽教育実践学は、実践の層と理論の層が相互作用し発展（再構成）することで実質的になると仮定する。このような考え方から音楽教育実践学の学問研究は、静的ではなく動的で常に生成されていくものととらえる。このことを音楽教育実践学の学問創出を理念とする学会の活動で示す。日本学校音楽教育実践学会は「生成の原理」によって音楽の教科内容を導出することで「21世紀の音楽カリキュラム」を開発し、教育実践の質的改善に役立てた。この音楽の教科内容は、デューイの芸術的経験論から導出されたものである。つまり、芸術は自然の質を表現内容としたもので、これは形式と内容の生成によって人間の認識の対象となるという芸術理論である。これを基礎理論として音楽の教科内容としての4側面（p.19）が導出され、そして、これがカリキュラム編成の内容となり学習の指導内容となった。またこの4側面の教科内容は、教員養成における音楽科教科専門の教育内容となった。さらに、このカリキュラムによる教育実践に課題が生じたとし、これを理論に照らし改善するという方法を取った。

このように基礎理論から導出された音楽の教科内容は、カリキュラム編成の内容を変え、また教育実践における音楽の指導内容を変えたのである。つまり、音楽教育実践学の学問研究は、実践の層と理論の層が相互作用し発展するという原理を取ることで、確実に教育実践の質的改善を得たのである。したがって、このような原理を取ることで音楽教育実践学は永続的に再構成、すなわち生成され教育現場の音楽教育実践も生成されていくものと期待できるのである。

[教育実践の研究方法] 音楽教育実践学の研究対象は、教育実践である。この教育実践は混沌とし多様な情報で成立している。しかし、このような状況に意味があり、この混沌とした状況の意味をどう読み取るかが重要となる。このことから、実践の課題について仮説を立て実践的に検証するときには、実践の状況を読み取る工夫が必要である。例えば、ビデオカメラで記録しそれを授業記録として文字化するなどがあるが、このような実践を読み取る方法の開発も必要となる。（西園）

[参] 西園芳信『小学校音楽科カリキュラム構成の教育実践学的研究』風間書房，2005．

芸術認識の対象

芸術認識の対象を明らかにすることは、音楽や美術の芸術教科としての存在根拠、すなわち他の教科にはない芸術教科独自の内容を示すことになる。デューイの芸術的経験論によると、芸術は自然に備わる感覚的質(sense quality)(赤さ・白さ、調音・雑音、甘さ・辛さ、固さ・柔らかさ等)を、音、色彩、言葉、身体等の外的素材を通して表現するもので、この外的素材とそれまでの経験で形成された精神とが融合される経験となる。そして、その表現が成立するときには、自ずとそこに形式と内容が生成され、そこに表現される内容は「質」(quality)となる。したがって、芸術認識の対象は「質」となる。

音楽は、音色・リズム・旋律・テクスチュア・形式・速度・強弱等を表現要素にし、反復・変化・対照・調和等の技法によって構成・組織化することによって、高揚と低下、前進と後退、加速と減速、急激な突進とおもむろな減速等の表現の本質をつくる。このような方法によって音楽は「質的時間」を表現するとともに、例えば「躍動する感じ」「牧歌的な感じ」というような「質」を表現する。

美術、例えば絵画は、色彩・線・面等を表現素材として、繰り返しと対照、調和と不調和等の技法によって構成し組織化することによって、明るさと暗さ、軽量感と重量感、広がる感じと収縮する感じ等の表現の本質をつくる。このような方法によって絵画は「質的空間」を表現するとともに、例えば「どっしりした感じ」「重苦しい感じ」というような「質」を表現する。芸術認識の対象は「質」である。このことから、学校教育における音楽や美術の教科としての独自性はこの「質」の認識にある。(西園)

［参］西園芳信『質の経験としてのデューイ芸術的経験論と教育』風間書房, 2015.

理性的認識と感性的認識

認識とは「物事を見定めその意味を理解すること」(『広辞苑』)である。これには、大きく物事の量的側面の意味を理解する理性的認識と物事の質的側面の意味を理解する感性的認識がある。ここでは、これを対比的にすることで、芸術の認識方法となる感性的認識の特徴を述べる。

自然には、二つの次元がある。一つは、物事を抽象化・概念化し物事を事物間の関係でとらえる量の次元である。あと一つは、音色・色彩・香り等、感性によってしかとらえられない質の次元である。我々が紅葉したモミジ並木道を通る時、木の葉の色や木の葉がひらひらと足元に落ちる音を五感で感じ取っている。ここには、光の波長や音の空気振動を知覚している意味以外に感性でしかとらえられない質の意味がある。色彩を光の波長として音を空気振動として数量化して認識するのが科学の世界で、色・音・香り等の事物の質の意味を感性でとらえ、それを誰もが認識できるように表現するのが芸術活動である。前者が理性的認識で後者が感性的認識となる。

理性的認識における能力は主に知性・理性・概念・論理等がかかわり、その認識には客観性・普遍性・合理性といった特徴がある。これに対し感性的認識における能力は主に感性・直観・イメージ・感情がかかわり、その認識には、主観性・個別性・非論理性といった特徴がある。人間は、この二つの知の様式で世界を認識していると言えるが、実際にはこれらは重なり合って認識を十全にしている。つまり、科学の認識においては、理性的認識が主役を占め感性的認識がそれを支え、逆に芸術の認識においては、感性的認識が主役を占め理性的認識がそれを支える。芸術活動においては主従はあるがこの二つの認識様式を伴い認識を深めているのである。(西園)

芸術教科の教育観

　自然には量と質の次元がある。音を空気振動としてとらえ、自然の性質を定量化し認識するのが科学の世界で、音でも定量化できない音色等の質の次元を感性でとらえ、表現するのが芸術の世界である。近代科学は自然の性質の中で量ととらえられる次元のみを対象とし質の次元は除外してきた。それゆえ、認識様式においても科学に求められる理性的認識のみを認め、芸術の質の認識において主役となる感性的認識を一段と低くみてきた。

　このような認識観から近代の学校教育においては、人間の認識においても科学に必要となる理性的認識の育成を重視し、そして、その能力（知性・理性・概念・論理）を育成する言語や科学の教科を重視してきた。これに対し、芸術の質の認識において主役となる感性的認識の能力（感性・直観・イメージ・感情）は科学においては直接関与しないという考えから芸術教科は副次的教科と見なされてきた。以上のような科学主義の認識観・教育観によって我々の生活は物質的には豊かになった。だが一方では地球温暖化や環境破壊、青少年の問題行動や心の問題等が露呈し、人々は生きることへの不安をもつようになった。これらの現象は、近代において量の次元の認識を重視し質の次元の認識を無視してきたことの結果と言えよう。

　ポストモダンの現代の学校教育においては、量と質の次元の二つの世界を認識できるようにすることが求められる。前者は科学的教科によって主に育成される理性的認識、後者は芸術教科によって主に育成される感性的認識となる。この二つの認識様式の獲得によって人間は自然を十全に認識できるものとなる。したがってこのような考え方を実現するには、学校の芸術教育によって質の次元の認識ができるようにすることが重要となる。（西園）

生成の原理 concept of the generating of music

［生成］「生成」とは、生命は絶えざる生成であると言われるように、そうでなかったものになり始めること、ある状況や状態から別の状態に移行すること。

［デューイの哲学］生成の原理は、デューイの芸術的経験論から導出したものである。デューイの哲学は、自然（物質）と人間（精神）とは、連続しているという「一元論」である。無生物、生物、人間は、自然において相互作用としての経験をする。人間は調和としての経験において、不安・問題をもつと反省的思考を介して自然との相互作用を行い、不安・問題を解決する。その結果、自然の中で精神をもつ人間は、無生物、生物と区別される。この中で自然との調和を保っている経験を一次的経験といい、反省的思考を伴った経験を二次的経験という。この反省的思考を伴った経験の一つが芸術的経験である。

デューイがとらえる自然は我々が日常生活で触れ経験しているものをいい、その経験は質が満ち溢れているとみる。その質は、反省的思考が伴うと第1性質、第2性質、第3性質に分けられる。第1性質は、事物の相互間の諸関係を記述・表示したものである。例えば、色を光の波長ととらえそれを色の7色の中に位置付けたり、音を空気振動ととらえ数値化したり、音色をオシログラフにかけ波長によって他の音色と区別したりするようなことで、自然の質を数量化し科学的にとらえることである。第2性質は、赤さ・白さ、固さ、熱さ、調音・雑音など、自然の事物と人間との相互作用の中で我々が五感で直接的に感じ取れる「感覚的質」（sense quality）である。第3性質は、例えば画家の制作過程において色・線・形などを素材に美的満足のいく表現が得られたような性質の経験をいう（情緒的、美的等の性質）。この中で芸術的経験が直接対象にするのは第2性質であり、この第2性質を芸術的表現によって美的満足の得られるような経験（第3性質）にするものである。

［芸術的経験］芸術的経験は、我々の日常の経験が発展したもので、この日常の経験の中で経験する感覚的質を外的素材を通して構成し表現する活動である。感覚的質とは、我々が自然の事物とのかかわりにおいて五感で感受するものをいう。例えば海の青さ・地衣類のコケの青さ、雑音・調音、木の皮のざらざらした感じ・すべすべした感じ、食べ物の甘い感じ・酸っぱい感じ、バラの花の甘い香り・ユリの花の馥郁たる香り等である。これらは、自然の事物と人間の感覚・精神との相互作用によって経験されたものとなる。芸術は、このような自然の感覚的質を感性でとらえ誰もが知覚できるように表現するものである。

音楽は音が媒体であり絵画は色彩が媒体である。感覚的質を伴う雑音・調音は音楽の素材となり、またこれが媒体となる。海の色の青さ・コケの青さは絵画の素材となり、またこれが媒体となる。芸術表現はこの素材に伴う感覚的質の意味を音や色彩・身体の動き・言葉等の媒体を通して表現するものである。

音は音楽の媒体になる時は、音色・リズム・旋律・テクスチュア・速度・強弱等と分化され、これらが表現素材になる。音楽はこれらの表現素材を反復と変化・対照・調和等の技法によって構成・組織化する。表現素材の構成・組織化によって「一つの経験」として満足のいくものが実現したとき、そこには自ずから形式と内容が生成される。形式は表現素材を構成・組織化した作品の外的側面を指す。内容は表現素材を構成・組織化した作品の内的側面を指す。つまり、内容とは表現素材に伴う感覚的質の意味が形式によって、例えば「どっしりした感じ」というように一

つに凝縮されたものを指す。

　この内容について音楽によって説明する。音楽の表現要素には、音色は明るさと暗さ、冷たさと温かさ、音量の広がりと収縮、強弱の強いと弱い、旋律の上行と下行、速度の速いと遅いといった感覚的質が伴う。これらが構成・組織化されると、高揚と低下、前進と後退、加速と減速、緊張と弛緩、急激な突進とおもむろな減速等の表現の本質をつくり、物理的な時間と異なる質的時間を表現する。このように、音楽表現において表現要素に伴う感覚的質の意味をとらえ、それを芸術的価値経験として「一つの経験」として表現を完結するときに、例えば「激しい感じ」「重厚な感じ」「牧歌的な感じ」というような「質」が表現される。内容とはこの感覚的質の意味が形式によって凝縮されたものをいう。したがって、芸術の表現内容は感情ではなく「質」となる。この「質」の経験が科学等他の価値の経験にない芸術の独自性となり、芸術教科の存在根拠となる。

　[生成の原理] この芸術表現から「生成の原理」が導かれる。すなわち、芸術は我々が日常の中で経験する「感覚的質」の意味を自然の素材（媒体）を通して、外的世界に芸術として作品を形づくり（形式と内容の生成）、その過程で内的世界（精神）が再構成（生成）され、自然の素材と人間の精神が融合・統一される美的経験であるという原理である。彫刻家がノミとハンマーとで石を削り作品を制作することは、外的世界に線・面・形・テクスチュア等の素材の構成・組織化によって形式を生成することである。だがそのとき彫刻家が作品のイメージに基づきハンマーを振るう過程で内的世界の精神（衝動性・感情・意志・知性等）も変化・再構成、すなわち生成されるのである。つまり、彫刻家が外的世界の石に働きかけ、その変化を彫刻家が受け止めることを繰り返すという物と精神との相互作用によって、外的世界に作品が生成されまたそれと相関して内的世界も生成されるのである。

　このように芸術的経験によって外的世界に作品を生成し、その過程で内的世界を生成することが芸術教育としての「生成の原理」で、その本質は芸術的経験による学習者の外的世界と内的世界の二重の変化にある。これを音楽教育に適用すると、学習者が音楽の素材に働きかけ、自己の精神と相互作用する中で外的世界に作品（演奏）を生成し、それと相関して内的世界が生成されるという構造になる。この外的世界に作品を生成し、それと相関して内的世界が生成されるということが音楽教育を通しての「人間的成長」となる。「生成の原理」によって経験の二重の変化（生成）を期待し、それを実現することが学校で音楽教育を行うことの真の意義となる。

　[導出される理論]「生成の原理」から音楽教育の理論が導出される。
①感性でとらえた質の意味を音楽の諸要素とその組織化によって表現する。この諸要素とその組織化によって音楽の（ア）形式的側面が生成され、同時に諸要素の素材に伴う質が凝縮され、（イ）内容的側面が生成される。そしてこれらの音楽の生成においては、それが生成された背景としての（ウ）文化的側面（風土・文化・歴史）がある。さらにこれらの音楽の生成においては音を扱う（エ）技能的側面が必要である。これら4側面が音楽の教科内容となる。
②これらの教科内容の4側面は音楽のカリキュラム編成の内容となり、また、実際の指導内容となり、学習指導の理論となる。
③音楽教育の目的は、形式的側面の知覚と内容的側面の質の感受によって感性を育成するという理論となる。（西園）
　[参] 西園芳信『質の経験としてのデューイ芸術的経験論と教育』風間書房，2015.

生成の原理と音楽科

[音楽科の教科内容] 生成の原理から芸術の教科内容が導出される。芸術は自然の事物に備わる感覚的質を五感でとらえたものを芸術の媒体を通して形づくり、例えば「重厚な感じ」という質的内容を表現し、これを誰もが知覚できるようにするものである。音楽においては、これを音楽の表現素材（諸要素）の組織化によってする。まず媒体となる音楽の諸要素に伴う感覚的質、例えば音色の明るさ・暗さ、速度の速い・遅い、強弱の強い・弱い、旋律の上行・下行、音の重なりによる重厚さ・緻密さ、形式や構成の様々な変化等によって表現を組織化する。この音楽の諸要素の組織化によって音楽の形式、すなわち形式的側面が生成される。これらを我々は知覚し識別する。次にこれらの音楽の諸要素に備わる感覚的質の組織化によって、例えば「にぎやかな感じ」といった質の内容、すなわち内容的側面が生成される。この内容的側面は実際には曲想・特質・雰囲気等となり、これらを我々はイメージや感情を伴って感受する。

そして、これら音楽の形式的側面と内容的側面は、ある人々の感性や思想によって創造され、そこにはその人々が育った風土・文化・歴史がある。これは文化的側面となる。さらに、以上の形式的側面と内容的側面、文化的側面からなる音楽を具体的に表現として形にするときは、そこに技能が求められ、表現のための技能が生成される。これが音楽の技能的側面となる。これらの音楽科の教科内容の諸側面は、実際には一体となっており、これを分析的にとらえるとき区別される。

以上の生成の原理から導出した音楽科の教科内容を整理すると次のようになり、これらがカリキュラム編成の内容となり、また、実際の学習における指導内容となる。

①音楽の形式的側面（音楽の諸要素とその組織化）
②音楽の内容的側面（音楽の質、曲想・特質・雰囲気）
③音楽の文化的側面（風土・文化・歴史）
④音楽の技能的側面（表現の技能、鑑賞の技能「批評」）

[生成の原理による音楽科の学習方法] 生成の原理は、音楽科のすべての学習活動に適用される。創作活動は、音楽表現の諸要素（音色・リズム・旋律・テクスチュア・形式・速度・強弱等）に働きかけ、それらを変化させながらそこに伴う感覚的質を知覚・感受し組織化することで外的世界に質的表現を生成する。そして、それらの組織化から生まれる新しい音楽の質をイメージや感情を伴って感受することで、経験を再構成し内的世界を生成する。演奏活動は、音楽の諸要素やそれらが組織化されたものに声や楽器の技能を通して働きかけ、諸要素に伴う感覚的質や組織化された音楽の質を知覚・感受することで、外的世界に形式的側面と内容的側面によって演奏表現を生成する。そして、それらの表現から生まれる音楽の質をイメージや感情を伴って感受することで、音楽的経験を再構成し内的世界を生成する。鑑賞活動は、鑑賞教材にみられる形式的側面となる音楽の諸要素を知覚するとともに、それらの組織化から生み出される質、すなわち音楽の内容的側面をイメージや感情を伴って感受すること、また、その音楽の背景となる文化的側面について理解したことを身体や批評文によって外的世界に表現を生成することで、知覚・感受・イメージ・感情といった内的世界を生成する。

生成の原理による音楽学習、すなわち表現や鑑賞の活動によって外的世界と内的世界が相互作用し、この両側面が生成されるとき子どもの内的世界の育成も可能となる。（西園）

[参] 西園芳信『質の経験としてのデューイ芸術的経験論と教育』風間書房, 2015.

生成の原理による音楽科指導内容

「生成の原理」によると音楽を既に出来上がったものとしてではなく、人間が環境との相互作用によって生成するものとしてとらえる。この立場から音楽科の教科内容の4側面（①形式的側面、②内容的側面、③文化的側面、④技能的側面）が導出されている。音楽科の教科内容は、カリキュラム編成の内容となり、また、授業での指導内容となる。

指導内容としての形式的側面（音楽の諸要素とその組織化）は、音楽の客観的側面となり、内容的側面（音楽の質、曲想・特質・雰囲気）は、音楽の諸要素とその組織化から生まれる質的側面となる。授業では、この形式的側面の諸要素（音色・リズム・旋律・テクスチュア・速度・強弱等）とその組織化されたものを知覚し、内容的側面の曲想・特質・雰囲気をイメージや感情を伴って感受することとなる。その場合の指導内容には、二つの観点がある。一つは、例えば音色やリズム等の個々の要素が指導内容の時は、女性の高い声という客観的側面を知覚し、その声の音色のつややかな感じという質的側面を感受する場合と、あと一つは、例えば音色・リズム等が組織化されたものを知覚し、その組織化されたものを高揚する感じ・うきうきする感じ等と感受する場合である。そして、この知覚と感受に加え、その音楽の「文化的側面」（風土、文化、歴史等）を理解し、音楽を表現したり鑑賞したりする。その場合、声や楽器を操作することや批評文を書く「技能」（「技能的側面」）が必要となる。

音楽科授業には、これら4側面の指導内容がなくてはならない。例えば、鍵盤ハーモニカで《きらきらぼし》を繰り返し弾くだけの授業では指導内容の技能的側面しか扱われない。生成の原理による指導内容の4側面をかかわらせて指導を行う必要がある。（清水美）

生成の原理による音楽カリキュラム

生成の原理から導出した音楽カリキュラムは、『21世紀音楽カリキュラム』というタイトルで平成18（2006）年に日本学校音楽教育実践学会が開発し、刊行された。このカリキュラムは、従来の演奏中心や構造・概念中心の音楽科カリキュラムでは反映されなかった芸術としての音楽の本質である「質」を認識対象とし、子どもの感性を育成することを目標として開発されたものである。この生成の原理から音楽科の指導内容（形式的側面・内容的側面・文化的側面・技能的側面）が導出されカリキュラム編成の原理となっている。カリキュラムは次のような特徴をもつ。

カリキュラム編成の範囲（スコープ）は、①「人と地域と音楽」（音とのかかわり、風土・生活・文化・歴史）、②「音楽の仕組みと技能」（形式的側面・内容的側面・技能的側面）、③「音楽と他媒体」（音・言葉・動き、総合的な表現）という三つの柱からなる。「音楽の仕組みと技能」は、日本伝統音楽編と日本伝統音楽以外の音楽編に分けて扱われる。「人と地域と音楽」は、人間の生活の中の音楽活動に視点があてられる。「音楽と他媒体」は、音・言葉・身体の動き・色彩等、複数の媒体が一体となる総合的な表現を扱う。カリキュラムの発展性（シークエンス）は、幼稚園から小学校・中学校・高等学校と学年的な発達段階で指導内容が示される。この指導内容は、校種、学年をおってスパイラルな構造で発展している。

実際には②「音楽の仕組みと技能」を中核にし、学習目標によってこれに①「人と地域と音楽」や③「音楽と他媒体」を関連付け計画し展開することになる。（溝口）

［参］日本学校音楽教育実践学会編『生成を原理とする21世紀音楽カリキュラム』東京書籍，2006．

生成を原理とする学習方法

　「学習方法」を音楽科の学力を育成する方法ととらえ、生成を原理とする学習方法について述べる。音楽表現にみる「生成の原理」は、音色・リズム等によって外的世界に音楽を生成するとともに、その過程で新しい響きや意味を見つけることにより思考と経験を生成することである。つまり、音や音楽の世界に働きかけ、音や音楽の世界をつくることで外的世界と内的世界の両側面を生成することとなる。そのため、どの領域・分野の音楽活動も外的世界と内的世界が双方に働きかけ合うことで、子ども達のイメージや感性、感情といった内的能力の育成も可能となる。

　生成を原理とする学習方法の実践例として「トガトンを用いた音楽づくり」という創作活動で示す。①異なる大きさのトガトンを打ち、音色や音高を確認。②煉瓦に打ち付けたりして様々な音色を発見。③様々なリズムパターンを試し、表現したい「イメージ」（例：祭り）を膨らませる。④曲の構成や音色を決め、各場面のイメージを基に強弱や速度等を工夫する。この活動では音色・リズム・速度という音楽の形式的側面の知覚から音楽の内容的側面（例：祭りのにぎやかな感じ）を感受し、それを曲の構成、構成要素、技能等の工夫により表現を生成する。そして音の組織化と自己のイメージが双方に作用する過程で内的世界の経験が分節化され生成される。

　歌唱や器楽では音楽を形づくる要素を知覚し、音として組織化することで外的世界に音楽を生成する。その過程で新しい響きや意味を発見し、自己の思考と経験を生成する。鑑賞では楽曲の中から音楽を形づくる要素を知覚し、それらが生み出す特質を感受する。そして、批評文や身体表現等によって外的世界に生成することで知覚・感受・イメージ等の内的世界も生成する。（齊藤淳）

授業デザインの原理

［授業デザイン］実践上の問題意識から仮説を立て、仮説に基づき授業成立の諸条件・諸要因の関係性を体系立て、具体的な授業の形として統合する行為である。それは「授業計画－実践－検証－フィードバック」というサイクルの循環となる。

［授業デザインと教育実践学］授業デザインは授業の理論と実践を往還させる方法論である。それは、授業に関する知識体系から仮説を立て実践し、実践検証を通して知識体系自体を再構成する点で、旧来の授業づくりとは異なる。授業デザインは実践のフィードバックにより仮説自体をつくり変えていく点に特徴をもつ。授業デザインは、教育実践学の根本的課題である理論と実践の往還を、授業レベルで実現するための営みといえる。

［授業デザインと学習理論］授業デザインには学習理論が大きくかかわってくる。そもそも授業デザインという用語は、行動主義的授業観から関係論的授業観への変革を背景にもつとされる。授業というものは教師の刺激に子どもが反応する過程ではなく、教師と子どもの関係、子ども同士の関係、教材と子どもの関係、社会的・文化的背景といった様々な要因の相互関連で生成されていくものだというのが関係論的授業観である。したがって授業デザインでは、学習指導案通りに授業が進めばよしとはならない。授業実践の場で生起する出来事をどうとらえ、どう仮説を変えていくかが問われることになる。

［授業デザインの原理］授業レベルでの理論と実践の往還の鍵は、授業のねらいとその手続きとの関係にある。授業デザインの原理は、動的システムとしての授業において、子どもの学習状況を根拠として、ねらいと手続きとの関係を創出することである。

それは以下のように具体化される。事例は、旋律とリズムの重なりを指導内容とする、器楽アンサンブルの授業である。

①授業者の実践上の問題意識から授業デザインの課題を明らかにする（子どもが、単に音符に従って音を鳴らすのではなく、イメージをもってアンサンブルをするにはどのように授業構成をしたらよいのか、という課題）。

②その課題に示唆を与えてくれそうな理論的キーワードを見つける（最初の大まかなイメージが具体化され、詳細になっていく過程を示す「イメージの分節化」に注目する）。

③授業展開にキーワードを反映させた場面を設ける。それが仮説となる（大まかなイメージをもたせた上で、楽曲の特徴を知覚・感受させることでイメージを分節化させるという仮説）。

④実践しつつ検証し、その場でフィードバックし、適宜やり方を変える。

⑤実践後、仮説としての手続きを子どもの学習状況に照らして検証する（最初の大まかなイメージは、楽曲を特徴づけている要素に着目して聴いたり、演奏したりすることによって詳細になった。そして、それが楽器の奏法やパートの役割と結び付いたイメージとなっていった）。

⑥新たに理論に付加する視点を得、そこから次の実践的課題を見いだす（イメージの分節化が起こると、「これはにぎやかさを出すパート」「これが中心的になる」等、パートの役割の理解にも結び付くことが新たにわかった。したがって、演奏においてパートの役割を振り返る録音再生の場面を入れると有効なのではないか。これが次の実践的課題となる）。

以上のような過程を実現するためには、教師自身学習観においてどのような立場をとり、子どものどのような姿を目指しているのか、そのために自分が今どのような手続きをとっているのかという、ねらいと手続きとの関係に自覚的であることが求められる。（小島）

音楽教育実践学の研究方法

音楽教育実践学の研究方法

［研究方法］研究とは、ある特定の物事に対する問題点について、人間の知識を集め考察し、実験、実践、観察、調査等を通して検討し、その問題点を追求し解明することであり、研究方法は、このような研究において問題点を解明し、必要な資料を得るための一連の方法をいう。ここでは、音楽教育実践学の研究方法について述べる。音楽教育実践学は、学校の音楽教育の実践によって、子どもの成長と発達を助成するための理論体系をつくる学問研究である。したがって、音楽教育実践学の研究対象は、教育実践にある。

［教育実践の成立要素と区別］研究対象としての教育実践は、教師が教材などを通して子どもに働きかけ学力を育成するという実践場面である。この教育実践の場面では、教育の方法が顕在化しているが、その背後には目的（何のために、どういう方向へ）、内容（何を）、評価（何が身に付いたか）がある。教育実践場面では、これらの教育実践を成立させる要素が渾然一体となっている。音楽の教育実践を研究対象にするとき、まずこれらの教育実践成立の要素の区別と関連性を整理しておくことが必要となる。

［音楽教育実践学の研究過程］音楽教育実践学の研究過程は、おおむね次の順序と条件を備えていることが必要である。

①予備的検討：まず「何を研究したいのか」問題の所在を明らかにし、そして「それは、どういう方法で明らかにすることができるのか」を予備的に検討する。

②目的の設定：これから追求しようとする一連の活動によってどのような問題点を解明しようとするのか目的を決定する。この目的は一つに絞る。例えば「中学校鑑賞授業における音楽の内容的側面の感受性の学力についての評価方法を明らかにする」というように。そして、自分が立てた目的に対して今まではどういう研究がなされてきたのか先行研究を調べる。そして、当該の問題はどういう方法で研究されているのか、また、どこまで明らかにされているのか、成果を調べる。そうすると自分が立てた問題をもう一度立て直す必要も出てくる。この手続きで目的がより明確になる。

③仮説の設定：②で設定した目的の「仮の答え」を設定する。その際「仮の答え」は検証可能性ということとセットにし設定することである。例えば「中学校鑑賞授業における音楽の内容的側面の感受性の学力についての評価は批評文の方法によって可能である」という仮説になり、これは批評文に記述された内容的側面に関する「比喩的文章」を形式的側面との関連で読み取ることで検証するとなる。

④実践：③で立案した計画に沿って実際の教育実践によって調査をし、目的に対する情報を得、分析し結果を図や表にまとめる。先の例では「批評文」という客観的に記録されるもので検証する方法を取るとしたが、例えばこれを授業中の生徒の発言によって検証する方法を取る時は、実践は多様な姿をもつことから、検証の視点を明確にしておく必要がある。それと、実践結果から目的に対する情報を得る場合は、情報を読み取る規準を明確にしておく必要がある。

⑤結論：得られたデータから主張できる内容を抽出し、仮説の妥当性と目的に対する答え、すなわち結論を得る。結論は、目的にきちんと答えを出すものになっていなくてはならない。例えば「中学校鑑賞授業における音楽の内容的側面の感受性の学力についての評価方法は批評文によって可能である」というように。そして、その考察から次の新たな仮説が生み出されるのである。（西園）

［参］小島律子「教育実践学研究ノート4」日本音楽教育実践学会会報第7号，2003．

教育実践学の研究方法

[研究方法] 教育実践が「学」として本格的に論議されたのは1960年代の広岡亮蔵と上田薫（こうし）の論争を嚆矢（こうし）とするが、教育実践の研究方法はその時から議論の俎上（そじょう）にのせられていた。その後、1990年代に日本学校音楽教育実践学会、日本教育実践学会が発足し、また多数の既存の専門学会誌においても「教育実践」の領域が設けられ、今日に至っている。その一方で、学会における教育実践研究の進展に比肩して、その研究方法に関する共通言語がいまだ定着しているとは言いがたい。しかしながら教育実践を「学」として確立し、発展させていくためには、体系と研究方法は不可欠である。

教育実践学の研究方法にかかわる基本的認識として、その研究方法が実践の場において、実践をどの程度説明し有効かつ発展的な方向性を提示できるか、さらに実践研究者である授業者にとって活用しやすい方法であるのか、という課題に応えるものであることが挙げられる。教育実践学が既存の「学」と一線を画する課題である。

この基本的認識は詳述するまでもなく実践というフィールドの特質に起因する。すなわち、授業は「個性的」で「一回的」であり、「既成の仮説の絶対化を排し、授業の微妙な動きをありのままとらえる」「帰納的」方法が求められている。その際に常に議論になる難点は教育心理学でいう「実証的研究」であろう。斯界の権威である東　洋（あずまひろし）は、昭和47（1972）年に、心理学による授業研究においても、事前に「問題の意識のもとに実践を観察し、分析し、手さぐり試行を進めることからはじめなければならない」と指摘しているが、通常、「実証的」という言葉にはこの方法がまさしく前提とされていることに留意したい。

教育実践学の対象は実践というフィールドであり、そこに展開されている子ども一人ひとりの活動、その活動を構成し、活動に期待する教師の意図と着眼点をそれぞれ理論化する研究方法が求められている。広義の教育研究の転換が不可欠であり、その方法として質的研究法が有効である。

実践の研究方法で大切な点は次の7点が挙げられる。第1に、実証される対象は対話、独語、動作、身体表現などの直接的なデータで示されること、第2に、研究対象者が少数に限定された事例について分析可能であること、第3に、理論化は研究目的に即して直接的なデータの特質を解釈し、理論仮説の検証ではなく、仮説を生成していくこと、第4に、特質の析出、仮説生成までの解釈過程について授業者などとの協議を経て合意されていること、第5に、仮説生成までの解釈過程を他者が追試できる客観的な分析方法手順を備えていること、第6に、その仮説は実践の次元で、精緻化されるものであること、第7に、そのためには仮説は同時に実践をみるときの観点、あるいは改善のための観点になっていること、である。

[課題] 以上の7点を備えた質的研究方法として、現在、KJ法とGrounded Theory Approach（GTA）を挙げることができる。しかし、この研究方法自体も、これまでの実践研究を踏まえて、つねに改善していくことが大切である。その際に、これまでの実践研究でとられてきた研究方法を言語化し体系付け、研究方法論をつくっていく作業を伴っていることが重要である。その改善と作業の際にも上記の7点が参考になる。以上に加えて、実践研究の対象がグループ及びクラス単位である場合の研究方法や、質的研究で得られた理論仮説の適用可能性を複数の事例で検証することも実践研究では大事であり、今後教育実践学の研究方法に加えていく必要がある。
（増井）

音楽教育実践学の歴史と課題

音楽教育実践学の歴史と課題

［音楽教育実践学］「教育実践学」という新しい学問領域は、平成8（1996）年の兵庫教育大学連合学校教育学研究科の設置において、既設の教育学研究科とは異なる内容、すなわち教育の理論と実践の統合によって実践に生きる学問の創出を目的に誕生したものである。「音楽教育実践学」は「教育実践学」の理念を音楽という教科の教育において具体化するものである。

［日本学校音楽教育実践学会の設立］この「音楽教育実践学」の学問研究を推進するために1996年に日本学校音楽教育実践学会が設立された（設立時は研究会で発足したが平成11（1999）年に学会と名称を変更）。音楽教育の学会等で教育実践学を指向しているものは他にない。学会の設立趣旨の要点は次の通りである。教育の主たる目的は、教育の実践を通して子どもの人間的成長と発達を期待するところにある。この目的のためには、音楽教育の理論と実践が有効に連携し交流する必要がある。だがこれまでは必ずしもそういう状況になかった。そこで学校の音楽教育に関係する大学の研究者と教育実践者とが一体となり、研究と実践が相互に関連を保ちつつ、実践に生きる「音楽教育実践学」の研究を推進していく必要がある。

［音楽教育実践学の歴史］このような趣旨で出発した日本学校音楽教育実践学会は、平成29（2017）年度で22年目となる。学会の事業は、①研究大会、諸研究協議会の開催、②機関誌及び会報の発行、③その他、本会の目的を達成するために常任理事会が必要と認めた事業、となる。事業の具体は次のようになる。研究大会は、毎年1回の全国大会が各地域で開催され、2017年度で22回目となる。そして、全国に九つの支部が置かれ支部ごとに会員と地域の教員等による研究会が開催されている。研究協議会はこれまで全国大会とは別に学校の音楽教育の重要性を社会に訴える2回のシンポジウムが開催されている。

これらの研究大会や研究協議会の内容は、機関誌『学校音楽教育研究』に収録されている。この機関誌は毎年発行され、それらはVol.1からVol.21まで21巻となる。この他に全国大会での課題研究（音楽教育で根本的な課題をテーマとし5年間継続して取り組む）の成果を刊行物にして社会に発信したものがある。①『学校音楽教育実践シリーズ（1～5）』（2001～2003）、②『生成を原理とする音楽カリキュラム』（2006）、③『音楽科カリキュラムと授業実践の国際比較』（2012）、④『日本伝統音楽カリキュラムと授業実践』（2017）。

以上の学会の事業では「教育実践学」の理念を音楽科で具体化するために、次のような方法が取られている。一つは、研究大会のあらゆるプログラム（課題研究、自由研究、授業開発プロジェクト等）において教育実践を研究対象にし、そこでの課題を共有し解決すること。二つは、教育実践の課題を解明し、それを論文（個人研究、原著論文）や学術書にして刊行することで教育実践の理論化を図っている。三つは、例えば『生成を原理とする21世紀音楽カリキュラム』のように理論化された内容は、実践を新たな視点から改善し授業の質を高めるものになっている。そして、このカリキュラムも実践を経て新たな課題が生まれてくれば、次の「課題研究」のテーマとなり検討されるものとなる。このように日本学校音楽教育実践学会では、実践（課題）→理論化（課題）→実践（課題）というように実践と理論の相互作用の方法で音楽教育実践学の学問構築を図っている。日本学校音楽教育実践学会が音楽教育実践学の歴史を築いてきた。課題は教育実践学の研究方法を共有することである。（西園）

音楽科教育における理論と実践の統合

　教育における理論と実践の統合は、理論と実践との相互作用によって実現する。

　音楽教育実践学は実践を研究対象とする。たとえ理論を研究対象にしても実践を想定した理論として研究対象とする。実践を対象とする研究は実践に対して問いをもつことから始まる。「音楽づくりでの問題解決過程の論理はどうなっているのか」という問いをもったとする。この問いに答えを見いだそうとすることから理論と実践の相互作用が始まる。

　問いに答えを得るために授業実践を対象化し、実践をどういう視点でみたらよいのか探る。先行・関連研究を調べ、その視点を「問題解決過程とは不確定状況（問題）から確定状況（問題の解決）への変容」という理論に求める。視点はすなわち理論であり、視点をもって実践をみることが理論から実践への働きかけということになる。

　実践を研究するには実践に埋没せず、文字化するなり、それを対象化しなければならない。文字化した授業記録から子どもが困難を感じている不確定状況に注目し、その状況がどのような諸要因の関連で成り立っているのか分析する。分析が、実践から理論への働きかけということになる。ここではイメージと実際の音とのズレによって問題が生じ、その解決のために音楽の構成要素を操作する、それが繰り返され、ズレのない確定状況に至るという論理が見いだされる。このように、実践から理論への働きかけによって、実践の複雑に絡み合った諸要因の関連性の一端が明示される。これにより、授業で、ある状況になったとき、授業者はそこにはこういう意味があるという理論的根拠が省察できるようになり、授業のなかで即座の判断がとれるようになる。つまり授業実践が変わるのである。（小島）

伝統音楽の指導内容と教材

　グローバル化の進展に伴い、教材の多くを占める近代西洋芸術音楽の様式による音楽のみならず、自国の伝統音楽の重視が一層求められている。このことは他文化の音楽への注視、さらに音楽の相互理解にもつながる。雅楽・声明・能などは大陸の音楽・芸能に由来し中世以降の音楽・芸能の源ともなり、琵琶、箏、三味線、尺八などの和楽器も大陸由来が多いことから伝統音楽の指導内容の構造化および教材選択には幅広い視野が不可欠である。

　伝統音楽では自律的な音楽は少なく、多くが生活、仕事、文学、演劇、舞踊、祭礼、宗教などと不可分であり、音楽的特徴もそれらの特質と深くかかわる。また作曲者が五線譜などで自身の意図を如実に記した音楽とは異なり、伝統的な楽譜があっても目安・備忘のためであり、器楽の場合は唱歌を用い、口承を旨として伝えられてきた。長い伝承過程で音楽は変容し、個人や集団間に差異も生じている。したがって伝統音楽の指導内容は伝統音楽の特質に沿うことが肝要となる。例えば五線記譜法により音高・音価・速度・強弱などの要素で分別できる西洋音楽とは異なり、「序破急」が構成、リズム様式、速度などが複合した概念であるように、要素に分かちがたい側面をもつ。また感情表現については、近世成立の語り物を除き、演者は感情を深く沈潜させ音楽上に如実に表現することはせず、聴き手がそこから想像し感じ取るものであることから「感情を込めて表現する」などの指導が必ずしも適切とはいえない。

　明治以降に西洋音楽の様式で作曲された唱歌や童謡なども日本語に依拠した伝統的な特徴を保有しており、伝統音楽の指導内容や教材選択については、明治以降の日本語により、あるいは伝統的要素を摂取して作曲された音楽も視野に入れる必要がある。（澤田）

音楽科教員養成の教育課程

　平成27 (2015) 年中央教育審議会答申「これからの学校教育を担う教員の資質能力の向上について」では、教員養成の主な課題として教科・教職に関する科目の分断と細分化の改善が挙げられている。これは、従来の教科専門の教育内容が教育実践と乖離していることの反省に立ち、「教科に関する科目」の中に「教科の内容及び構成」などの科目を設けて学校教育の教育内容を踏まえた授業を実施するなど、「教科に関する科目」と「教科の指導法」の連携強化を求めたものである。

　音楽科においては、特に実技系の教科専門科目の教育内容が技術指導に偏っていないか、それが幼・小・中・高等学校での学びにどのように貢献するかが改めて問われる。また、教科専門の教員と教科教育法の教員による協働授業などを通して、音楽科教育の内容や方法の共通理解も進められる。そして、そのような改善がみられれば、例えば、教科教育法の授業で拍とリズムを内容とした授業構成について扱うとき、既に拍とリズムについて教科専門科目の授業で理解しているという状況が生まれてくる。つまり、教科専門科目においても、音楽の形式的側面の知覚と内容的側面の感受、文化的側面の理解が内包された教科内容の原理による授業が展開されることが望ましいということになる。それはまさに、音楽科において学問や諸科学の内容が子どもの認識と成長に寄与するものとして体系的にとらえられるとともに、教員を目指す学生自身も学びの実感が得やすくなることを意味する。加えて、教科の専門的な知識に基づく新たな教材の開発という成果も期待される。
（吉村）

［参］日本学校音楽教育実践学会「教員養成のカリキュラムのあり方」『生成を原理とする21世紀音楽カリキュラム』，東京書籍，2006.

第 2 章

音楽経験と思考

音楽経験と表現

音楽経験

［経験］ここでは音楽経験を音楽科の学習という観点からとらえる。まず、経験とは人間と環境との相互作用のことであり、人間は環境への働きかけとその結果を結び付けることで新たな意味を生成し、次の行為を変えていく。このようにとらえると、経験は、働きかけとその結果を結び付けて意味を生成し、次の行為を意図的に変えていくという点で教育的意義をもつ用語であるといえる。

［音楽経験］経験において働きかける環境が音や音楽になったとき、それは音楽経験となる。音楽的環境に人間が働きかけ、その働きかけの結果を受けるというこの関係が経験の基盤にある。単に音楽活動への没頭を音楽経験というのではなく、その結果、何が起こったのか、どういう変化が生じたのか、という働きかけとその結果を主体自身が結び付け、次の行為を意図的なものに変えていくまでが音楽経験となる。

例えば竹筒をポンポポポンと一定のリズムパターンで繰り返し打ってみる。この行為が音や音楽に働きかける行為である。リズムパターンを繰り返し打つことで「何かの行列が迫ってくる感じ」を受ける。ここで環境への働きかけとその結果を「迫ってくるような感じの質」として意味付ける。そしてより迫ってくる感じを出すためにリズムパターンを強く打ってみるなど次なる行動を変えていく。

このように音楽経験とは、音や音楽との相互作用において、働きかけとその結果を質的に関係付けて意味を生成し、次の行為を意図的なものに変えていくことである。

［人間の音楽経験の発展］では人間はどのようにして音楽経験を発展させてきたのか。

何もないところに人間の音楽経験は生まれない。音楽経験が生まれる背景には人々の生活の営みや風土、文化あるいは歴史という文脈がある。例えば日本語を母語とし、仲間と共同作業を営み、山や川に囲まれた風土の中で暮らすなど、人々の営みの中で人間の音楽経験は発展してきた。

では人々の生活や風土、文化、歴史を背景に人間はどのようにして音楽経験を発展させてきたのか。人は内的世界をもち、それを人に伝えたい、あるいは感情を共有したいという欲求に基づいて表現行為は生まれる。その内的世界は生活や風土、社会とのかかわりの中で育まれたものである。イメージや感情等の内的世界を人に伝えるためにうたを歌い、楽器を奏して表現作品を形づくってきた。そして内的なイメージや感情を他者に伝えるために声や楽器や楽譜上の記号を道具として使いこなす技能を追究してきた。このように人は自己のイメージや感情等の内的世界を表現するために、音楽の仕組みや技能を駆使し、音楽経験を発展させてきたといえる。

さらに人間は他の媒体と音楽とを関連付けることで表現の可能性を見いだしてきた。パフォーマンスや色彩、視覚的な装飾など、他媒体と結び付けることで音楽経験は広がりをみせる。動きによってより躍動感を表現したり、視覚的な装飾を施すことで艶やかさを表現したりすることも可能になる。

［学校教育における音楽経験の発展］学校音楽教育ではこのような人間の音楽経験の発展を意識して子どもたちの音楽経験を再構成していくことが求められる。

学校教育で子どもたちの音楽経験を意図的に発展させるためには、教師は指導内容が埋め込まれた環境を意図して構成することが求められる。そのため学校音楽教育ではそれらの指導内容を幼稚園、小学校、中学校、高等学校という発達段階に配置し、音楽科カリキュラムを編成することになる。（清村）

［参］J. デューイ（鈴木康司訳）『芸術論－経験としての芸術』春秋社，1969.

衝動性

　衝動性とは欲求に支えられて環境に働きかけようとするエネルギーの源泉のことである。欲求を満たすために環境と明確な関係を築くことが必要となり、ここから環境との相互作用が始まる。このとき衝動性は環境へ働きかけようとするエネルギーの源泉となり、その中で特定の対象を得るとそこへ向かおうとする力が働く。このことから衝動性は教育に利用できる価値あるものとして認めることができるが、衝動性をそのまま発散させるのではなく、制御することが必要になる。

　では音楽授業では衝動性をどうコントロールし、表現へと発展させることができるのか。身の回りにある凹凸のある素材をこすり、音を鳴らす行為に没頭するなど、最初、衝動性は環境に向かうエネルギーとして直接発散される。このやみくもに音を鳴らす行為は抵抗に出合うことで目的をもった行為へと変わる。例えば「友達と音で問答してみよう」と授業者から目的が与えられ、こする音で問答を始める。すると問答を聴いていた子どもが「姉妹のおしゃべりみたい」というイメージをもつ。それまで単なる音響でしかなかったこする音は「姉妹のおしゃべり」というイメージを表現するための媒体として扱われる。ここで衝動性は直接的発散として突き進むことをやめ「姉妹のおしゃべり」というストーリーを表現するという間接的な通路に向かう。

　このように衝動性は抵抗に出合うことで、それを乗り越えるために素材をどう媒体として扱うかを考えるようになる。それが衝動性を生かした表現への筋道となる。（清村）

［参］J. デューイ（鈴木康司訳）『芸術論－経験としての芸術』春秋社，1969．小島律子「芸術的探究における衝動から表現への展開過程」『日本デューイ学会紀要』第54号，2013．

感性と知性

　感性と知性はいずれも人間のもつ認識能力のことである。感性とは、経験における環境との相互作用において状況の質を感じ取り、環境から自分にとって価値あるものを直観的に識別し選択する能力である。一方、知性とは、環境との相互作用における能動と受動との関係を結び付けて意図的な行為を生み出す能力のことである。人間の経験を意図をもったよりよい経験へと発展させていくのが知性の働きであり、そこに自分にとって価値あるものを選び取るという感性が働くことで経験は自分にとって意味あるものとなる。

　では音楽経験における感性と知性の働きの具体的姿をみる。例えば水の沸騰の様態を表現するという音楽づくりの場面で、ある子どもが湯気を表すために木琴を選択した場面では鉄琴とは違って木琴からは柔らかな質を感じ取ることができたため、それが湯気のもやもやしたイメージと結び付き、「木琴の音がいい」と価値付け、選択したと推察できる。その後、「（木琴のトリルは）手当たり次第に鳴らしているからリズムを付けたらいい」と一定のリズムパターンで演奏するようになる。ここでは木琴と相互作用する中で「一定のリズムパターンで演奏することで音楽に秩序が生まれる」という関係を概念として認識する。そして木琴で一定のリズムパターンを奏することで、湯気がもくもく立ち上がる様子を表現するという演奏へと発展した。

　上記の過程で湯気のもやもやしたイメージを表現するために木琴を価値あるものとしてとらえ選択する行為は感性の働きによる。木琴の響きを「もやもやした感じの質」に似ているとしてとらえ、次なる行為を導き出すのは知性の働きによる。音楽経験では感性の働きを基盤に知性の働きにより意図をもった表現行為が生み出されることになる。（清村）

表現の原理

［表現］表現とは、一般的には、考えやイメージや感情等の人間の内なるものを見える形にして外に出す行為をいう。そこでは見えないものを見える形にするために何らかの媒体（音や色や線や身体の動きや言葉等）が使われる。その媒体が数や記号・符号の場合は「記述」、媒体が音、色、線、動きといった質的な媒体の場合を「表現」という。前者は科学につながり、後者は芸術につながる。

［表出と表現］内なるものを外に出す行為については「表出」と「表現」がある。「表出」は発散、露出であり、そこには表すための媒体の選択や吟味がない。怒りの感情を壁に落書きして発散させるというのは「表出」になる。そこに主体と媒体との相互作用が生じてくると「表現」になる。内なるものを外に出すことでまた内的世界に新たな考えやイメージや感情等が生まれ、内なるものが再構成されるという相互作用が起これば「表現」と呼べるものになっていく。そこでは怒りの生の感情が表されるのではなく、認識され意味付けられた客観化された感情が表される。

［内と外との相互作用］表現では、内なるものを外に形づくることで内なるもの自体がつくり変えられるという、内と外との相互作用が必須条件となる。したがって、学校音楽教育における表現とは、考えやイメージや感情等の内なるものを音などの質的媒体を使って触知できる形にして外に表すための自己の内と外との相互作用と定義できる。この定義によると、子どもの音楽活動が表現になっているかどうかはその内と外との関係をみなくてはならない。とかく外側に表す行為やその産物のみが表現とみなされやすいが、そうなると演奏・作品を表現者の内側と無関係に外側から指導者が形づくる指導法に陥る危険性が出てくる。

［表現の原理］このような内と外との相互作用を、〈外的世界〉〈内的世界〉〈表現の世界〉という三つの世界の循環する相互関係としてとらえたのが小島による「表現の原理」である。人は自分の〈内的世界〉をもっており、それを環境としての〈外的世界〉が取り巻いている。〈内的世界〉と〈外的世界〉との相互作用は「経験」と呼ばれる。〈外的世界〉は〈内的世界〉の内なるものを育み、表現の契機や内容を与える。さらに、表現という営みは、外の日常の世界とは異なる独自の〈表現の世界〉をもつ。表現では〈外的世界〉との経験を通して形成された〈内的世界〉を、表現媒体を選び、〈表現の世界〉に属する要素や形式、手法・技法と相互作用をして実体ある作品として形づくることになる。このように三つの世界は〈内的世界〉を真ん中として循環的に相互作用する。その循環的相互作用によって、作品が構成されるのと連関して〈内的世界〉が新しく構成されることになり、その結果〈外的世界〉の見方も変わってくるとされ、それが人間の成長になるとされている。

この表現の原理における相互作用は、自らの内にあるものを外に出すという能動性と、出されたものを客観視する受動性との相互作用ともみることができる。そして、そこには他者の存在が大きくかかわってくる。表現は、自己と他者との間に成立する心や意志の交流を基本とする。他者との交流に支えられた循環的相互作用によって、作品には一定の形式と伝達性を伴うことが期待される。それを生み出すのが「表現の論理」である。それによって表現は他者と共有できるものとなる。
（小島）

［参］小島律子・澤田篤子『音楽による表現の教育』晃洋書房，1998．

記述と表現

　記述と表現とは、人間の内的世界を外に表すときの表し方のことを指す。記述は経験において把握した事象を記号や符号、言語を用いて外に表す行為である。一方、表現は経験において把握した事象を音や動き、色彩などの質的媒体を用いて外に表す行為である。

　記述は記号や符号、言語を用いて事象を表していくことから、主に「科学的経験」でみられる行為といえ、算数や理科などの教科で中心的に営まれる。一方表現は音や動き、色、形などを用いて内的世界を表していくことから、主に「芸術的経験」でみられる行為といえ、音楽や図工、美術などの教科で中心的に営まれる。

　教科によって記述と表現はそのいずれかに重点が置かれるが、総合学習では両者を同等に扱うことが可能になる。昭和50年代に実践された信州大学附属長野小学校の「かたくりの花」の総合学習では、子どもの経験の発展に即して、記述と表現という両方の表し方が保証されていた。かたくりの花の観察で開花に疑問をもった子どもたちは、花の開花と温度との関係を調べ、開花時の気温を測定したり、グラフにまとめたりする。これは経験の意味を記号や図で記述する姿である。一方、カタクリの開花を不思議に思い、詩をつくり旋律にしてうたをつくる活動も行う。これは音や言葉（詩）という媒体を通してカタクリの花の神秘性を表していることから、経験の意味を質的媒体を用いて表現する姿といえる。

　学校教育では、経験において内的世界に起こった気付きやイメージ、感情を、記述と表現という二つの方法で表す機会を保証することで、バランスのとれた人間教育が実現する。（清村）

表出と表現

　表出とは、内なるものを媒体を通さず直接的に外に表すことである。それは発散であり、そこには内的世界と媒体との相互作用はない。一方、表現とは、考えやイメージや感情等の内なるものを、媒体を通して外に表すことである。内なるものを外に表すために、内的世界と媒体とが相互作用する。

　表出と表現は内なるものを外に表す点では共通しているが、両者は内的世界と媒体との相互作用の有無という点で大きく異なる。表出では、内的世界と媒体との相互作用がなく、内なるものを直接的に外に表す。それに対して表現では、内的世界と媒体とが相互作用しながら、内なるものを外に表す。相互作用によって、内なるものは再構成されていく。

　しかし表出と表現は全く対立するものではなく、表出が表現になっていくという連続性を見いだせる。例えば身の回りの音を素材とする音楽づくりの授業がある。授業のはじめの頃、子どもたちは衝動的に、植木鉢やボウルなど、いろいろなものをたたいて音を出す。この時の行為はたたきたいという欲求の表出であるといえる。しかし、その中で気に入った音を見つけると、それを味わうように何度もたたくようになる。すると、その音が雨粒がバケツに落ちる音に聞こえてくる。そこで雨粒をイメージして音を出すと、雨粒は独特の間をもつリズムでバケツに落ちていくことを思い出し、間を意識して音を出すようになる。このように内的世界と媒体との相互作用が生じ、雨音に対する内なるイメージが再構成されてくると、これは表現といえる。よって表出と表現は区別されるが、連続的な関係をもつととらえることができる。（大和）

［参］小島律子・澤田篤子『音楽による表現の教育』晃洋書房，1998.

表現の論理

　芸術における表現とは、考えやイメージや感情等の内なるものを、音や色や線や身体の動きや言葉等の質的な媒体を通して外に表すことである。考えやイメージや感情等の内なるものは、個人の生活経験によって意味付けられるため極めて主観的である。したがって、誰もが知覚できるように外に表すためには、何かしらの筋道や関係性を示す必要がある。これが表現を成立させるための論理であり、芸術の中でも音楽は、音楽の諸要素（音色、リズム、速度、強弱等）とその組織化によって質的時間を表現する。

　我々は音楽を形あるものと認識する時、自己の内的経験に基づく感性によってその表現の変化や統一を直観的かつ構造的にとらえている。その表現の変化や統一を形づくっているのが間や沈黙、反復や対照、起承転結等といえる。他者との共感を覚える表現が構築される過程では、反省的思考を伴う内的世界と外的世界の相互作用による表現の再構成が行われている。以上により、表現の論理とは、反省的思考によって構成された表現に内包された変化や統一のことであり、他者へもその妥当性が保証される筋道や関係性（間や沈黙、反復や対照、起承転結等）のことである。

　学校音楽教育で表現の論理の共有を目指して行った中学1年生の創作活動の1例を紹介したい。和太鼓経験者の男子が選択した曲目は《人力車》、対照的な部分を入れる課題を基に長胴太鼓で音色の探究による試行錯誤を経て、人力車の走り出しと地面の緩やかさ、坂を上る場面等をリズムパターンと速度で表していた。本実践では、対照とイメージを関連付けた作品とそれに伴う他者との交流といった循環的相互作用の姿に表現の論理がみられた。（長谷川）

音楽経験と発達

子どもの発達と音楽経験

［発達］発達とは人間の行動にかかわる諸機能の質的変化のことである。発達の諸機能には運動、知覚、認知、情動、社会性などがあるが、これらが相互に関連し合うことで発達が促される。発達は遺伝子にかかわる成熟の側面と、周囲の環境とのやりとりを通して様々なことを獲得していく環境の側面とがあり、両者の相互作用が不可欠であると考えられている。

［発達特性］学校音楽教育に関係する発達期を中心にその発達特性を概観する。

2～6歳頃までの幼児期は、身体、運動、言語、認知、情緒などの発達が急速に進む時期である。行動を通じて世界を把握するという発達特性をもつため、幼児期には環境との直接交渉を通して認識を発展させることが重視される。6～12歳頃までの児童期は、学校教育の開始に伴い、教育活動を通して意図的に知的発達が促される。論理的な思考が可能になる時期でもある。また他者の視点を理解できるようになることから他者とのかかわりが成立するのもこの頃である。12～17歳頃までの思春期は、身体的変化に伴い、心理・行動面に変化が現れる時期である。「自分とはなにものか」というアイデンティティの確立という新たな課題に直面し、自己の内面へ目を向けるとともに仲間意識を強くもつことも思春期の特徴である。

［音楽教育にみる発達の筋道］音楽づくりでの音楽的発達を提示した事例として、キース・スワンウィック（Swanwick, K.）の螺旋型モデルがある。芸術的活動と人間の遊びとの共通性から発達の理論が導かれている。幼児期にみられる「マスタリー」の段階では音素材そのものへの探究がみられ、反復そのものを楽しむ。幼児～児童期は「模倣」の段階となり、例えば「夜明け」や「太陽の輝き」というイメージを音で表すなど表現上の特質が出てくる。さらに高学年～中学生以降の「想像的な遊び」の段階になると音楽構造について思索的に取り組むようになり、社会的に共有される表現へと発展する。

また音楽概念の理解における発達を考慮した事例として、アメリカのシルバー・バーデット社の音楽教科書『音楽』（1978年版）がある。幼稚園では拍や ABA 形式などの音楽概念を包括的に経験する。小学校になると音楽概念が明示され、動作や写真、図による把握を通して音楽的状況を分析するという方法が取られている。中学校になると、音楽の社会での役割など、音楽概念を中心とした経験の拡大を図っている。

［音楽経験における発達のとらえ方］音楽経験の再構成を目的とする生成の原理による音楽教育では、子どもと音楽的環境とのかかわり方に発達的な様相をみることができる。

幼児期の環境とのかかわり方は直接的かつ包括的である。幼児にとっては音を鳴らす、声を出す、楽器をたたくという音楽的行為そのものが目的であり、行為に没頭する。また音、言葉、動きが未分化であることから、動作の伴った音楽表現は幼児の表現欲求を満たすものとなる。児童期になると、音や音楽とのかかわり方に意味をもつことを求めるようになり、そのためこうしたらどうなるかと仮説を立てて実験的に音楽の構成要素を操作するという姿がみられるようになる。思春期では、音楽的環境に自分自身のイメージや感情をもって働きかけたいのだが、周りの目を気にし、なかなか手が出せない。そこで既存の文化・芸術の手法など社会に認知されたものの形を借りるとかかわりやすくなるという姿がみられる。（清村）

［参］無藤隆他『発達心理学』岩波書店, 1995. キース・スワンウィック（野波健彦他訳）『音楽と心と教育』音楽之友社, 1992.

幼児期の発達と音楽経験

　幼児期は、乳児期満了（満1歳）から学齢（小学校就学）までであり、学校教育の対象となるのは満3歳以上である。この時期は社会や文化の影響を受け、自我が芽生え、基本的生活習慣を確立し、運動機能や言語、思考、社会性などに急速な変化をみせる。これら諸側面は友達と体を動かして遊びを展開するなどの中で相互に関連し合い発達する。

　幼児期の音楽経験の特徴は、気持ちや考えが直接的に表れること、体の動き、音、言葉などが未分化な方法でなされることが挙げられる。幼児期の表現は、幼児が身近な環境に主体的にかかわり、そこで感じたり考えたりしたことをそのまま動きや声で表す、表出行為が多い。このような自発的な表出行為が音楽経験となるには、素材に音声を用いる場合、①体の動きが生まれ、②動きに導かれて言葉が生じ、③子どもの気分が高揚することにより、言葉（語尾の変化、抑揚の強調など）にふしがつくという過程を経る。素材に音を用いる場合、①体の動き（音素材への働きかけ）が生まれ、②素材が生み出す音に気付くという過程を経る。したがって、幼児期の音楽経験は、音楽単独で現われることはなく、動きや言葉を伴ったものとなる。また、このような幼児の自発的な表出行為は周囲に気付かれないまま消え去ってしまうことがほとんどであるが、模倣されたり、問答されたりすることによって表現へと発展する可能性をもつ。そのため、保育者が子どもの表出行為を拾い上げ、周りの子どもたちに広げていくことが重要となる。（横山朋）

　［参］宮川充司「幼児期」二宮克美・大野木裕明・宮沢秀次編『ガイドライン生涯発達心理学〔第2版〕』ナカニシヤ出版，2012. 文部科学省『幼稚園教育要領解説』フレーベル館，2008.

児童期の発達と音楽経験

　ピアジェによると、児童期の発達特性は①具体的な活動を通して物の変化を把握し論理的な思考ができること（保存の概念の獲得）、②他者の考えも理解できるようになること（脱中心化）、にある。児童期は人間の発達のなかで認知機能が大きく発達する時期といえる。

　この児童期の発達特性から音楽経験をとらえると、保存の概念の獲得により音楽に対して実験的なかかわり方が可能になり、特定の要素に焦点をあてた比較聴取が可能になる。例えば、低学年では文部省唱歌《かたつむり》の付点リズムを8分音符に替えた場合の感じの違いをリズムの違いと結び付けることが可能になる。高学年になるといくつかの要素を変化させて表現を工夫することが可能になる。また、脱中心化により協同学習も展開可能となる。低学年では友達の感受や発想に関心をもつようになり、ペア学習が成立する。高学年になると自分と友達の感受や発想を関連付けて音楽経験を拡充していく。

　音楽づくりにみられる音楽的発達の点では、小島によると、音を関連付け組織化する根拠として、低学年は生活事象の根底に脈打つリズム、中学年は生活事象のストーリーとしての時間的展開、高学年は生活事象の全体的なまとまりある質が挙げられている。

　音楽の生成の原理から導出された指導内容の3側面（形式的側面、内容的側面、技能的側面）の点では、溝口によると、音楽経験の道筋として、低学年から指導内容の3側面が関連しながらスパイラルな構造で発達していくという特徴をもつとしている。（溝口）

　［参］小島律子『構成活動を中心とした音楽授業の分析による児童の音楽的発達の考察』風間書房，1997. 溝口希久生「小学校1〜6年生における『創造的音楽づくり』の発展的様相」『学校音楽教育研究』第13巻，2009.

思春期の発達と音楽経験

　児童期から成人期にいたる過渡期を青年期といい、特に青年期の前期（11〜12歳から16〜17歳）を思春期とよぶ。そこでは第二次性徴の発現を始まりとし、「性のめざめ」「自我のめざめ」と表現されるように心身に大きな変化が起こる。この思春期の発達特性は、ひたすら自己に目を向けるという自己中心性をみせるが、自己を認識しきれずに絶えず不安を感じているところにあるとされる。

　思春期の特性を踏まえた音楽経験がもつべき視点を挙げる。①音や音楽に対して、人の指示に従ってではなく、自分自身の感覚、感情、イメージを基に進めていける活動。例えば水の入った水槽に手を入れ、水面をたたく、弾くなどしてお気に入りの音を見つけ、水を楽器ととらえて水の音から得たイメージを表す音楽をつくる活動。音や音楽との相互作用により自分が何を感じ、何を心地よいと思っているのか等、自分自身の存在が確認できる。②社会に認知されている文化・芸術の手法や形態を借りながら、そこに自分の内面を出せる余地のある活動。例えば文楽の鑑賞にことよせて恋愛に揺れる登場人物の心情理解に迫る。ラップのルールに則って自分の日常をしゃべり言葉で創作表現する。誰もが認める文化という枠の中で安心して自分の本音が出せる。③個の実現を仲間集団との関連の中で図る活動。例えばロンド形式の音楽を仲間集団と個で交互に演奏する。思春期は自己中心でありながら、常に不安で一緒に群れる仲間を求めている。音楽の形態として音のコミュニケーションが特徴的なものは、一緒に活動する仲間の承認や共感が得られやすい。（髙橋澄）

［参］服部祥子『生涯人間発達論』医学書院, 2000. 日本学校音楽教育実践学会編『思春期の発達的特性と音楽教育』音楽之友社, 2003.

音楽経験と思考

音楽経験における思考

[音楽経験]音楽経験とは人間と音や音楽との相互作用をいう。相互作用とは、人間が音や音楽に働きかけ、働きかけたことで音や音楽の状態が変化するとその変化を受け止めて次の働きかけを試みるという、能動と受動の関係である。例えば、和太鼓をたたいてみたら胸にズドンと響いた、お祭りの情景が思い出され、そこで耳にしたリズムをたたいてみる、何か躍動感が足りないので次にはもっと弾むようにしたいと思い、たたくときの身体の使い方を変えてみる、というようなことである。

[音楽的思考]この相互作用において人間は何らか頭の中で思考している。思考するからこそ音や音楽への次の働きかけを変化させることが可能となり、相互作用が連続していくのである。このように音や音楽を素材とする思考を音楽的思考という。

[音楽的思考の特性]音楽的思考は音という質の素材を扱うことから、科学的思考とは異なる特性をもつ。その本質的な違いは、科学的思考は事象を記号や数によってとらえて対象とするが、音楽的思考は事象の質そのものを直接に対象とするところにある。

音楽科と算数科での思考する子どもの姿を比べてみる。音楽科では音や音楽の構成要素すなわち音色、リズム、旋律、音の重なり、強弱、響き、音域、形式等を操作し、そこに生み出される質の関係性を問題とする。それら諸要素の関係を意味付けるものは、一般化された概念ではなく個々の子どもに形成されるイメージになる。イメージは生活経験を土壌としているので、個々の子どもの感性や感情と結び付いている。そこでの意味は感覚でしかとらえることのできない質的なものであり、言語や記号でとらえたり表したりできないところに本質をもつ。一方、算数科では数、記号、数式等を操作し、それらの関係性を問題とする。記号間の関係性を意味付けるものは一般化された概念となる。

[問題解決の過程]このような音楽的思考は問題解決として展開される。人間は音や音楽との相互作用に困惑が生じると、立ち止まってその状況を観察し、問題と感じられる事柄を解決しようとする。先の例では、お祭りの情景を思い浮かべ太鼓をたたいてみたけれど何か違うというのが困惑になる。もっと弾む感じにしたいということが問題となり、その問題を解決しようとたたき方をいろいろ試し、身体全体を使うという解決策を得る。

[問題解決の特徴]音楽的思考の問題解決は創造的かつ想像的であるという特徴をもつ。科学的思考では一つの解決策を求めて解決を急ぐことになるのだが、音楽的思考では解決策を求めて試行錯誤的な試みをしながら考えをめぐらす過程そのものが重要となる。その過程でまた新たな発想が生み出され、問題自体がつくり変えられていくところに発展をみる。つまりこれは創造的問題解決になる。さらに、ここでは行為の指針となるのは概念ではなくイメージになることから、この過程は音という質的媒体を操作しイメージに主導される想像的思考になる。

[思考と探究]問題解決における思考は、実際に行為をしてみては考えるというように、頭の中だけではなく、環境に働きかけるという行為を通して進行していく。思考を行為と統合されたものとしてとらえる場合は「探究」と呼ぶことができる。その点で音楽的思考と音楽的探究は同義といえる。(小島)

[参]宇佐美寛『教育において「思考」とは何か』明治図書, 1990. 小島律子「子どもの思考と芸術による表現」日比裕・的場正美編『授業分析の方法と課題』黎明書房, 1999.

脳科学からみる音楽経験と思考

[芸術における音楽] 芸術は感動を伝え共有する営みととらえることができ（L.N.トルストイ）、主として感性と理性から構成される。これは芸術科目に含まれる音楽にも美術にも共通する。音楽の特徴は聴覚性であり時間が基盤となる。美術の場合は視覚性であり空間が基盤である。音楽の場合は強度を時間軸上でとらえた音響信号をフーリエ変換すると、その音を構成する周波数成分として見ることができる。すなわち、複雑な波形も単純な正弦波の合成から構成できる。一方、美術で描かれる曲線も、フーリエ変換すると、同様に周波数成分として見ることができる。視覚性の空間と、聴覚性の響きは、それぞれ空間軸上と時間軸上で表されるという違いがあるが、互いに相同の概念である。「建築は凍れる音楽」という表現もそこに端を発する。

[思考と経験] 思考とは、一般に「広義には人間の知的作用の総称。思惟」「狭義には感性や意欲の作用と区別して、概念・判断・推理の作用をいう。知的直観をこれに加える説もある…」とされる（広辞苑）。脳科学からとらえるとこの定義がさらに明瞭に見えてくる。

「経験」という語は、広い意味で多用されるので、定義を明確にして論ずる必要がある。「人間が外界との相互作用の過程を意識化し自分のものとすること」「外的あるいは内的な現実との直接的接触」（広辞苑）。この定義と対応する脳活動も見えてくる。

[進化からとらえた脳] 生物進化の過程を見ると、脳と芸術そして教育との関係が見えやすい。脳は中心から外側へ向かって進化した。中心部は脳幹であり、爬虫類の脳に似ている。呼吸系や循環系などの制御という生命維持に直結した原初的な機能を担う。その周りに、一般に大脳辺縁系と呼ばれる情動に深く関与する部位が進化した。人間の感情や情緒・意欲などが根差す部位である。その外側に大脳新皮質が進化し、理性を含む知性を担うようになった。現生人類の繁栄に決定的な影響を与えたのは、言語による思考である。

[情動] 大脳辺縁系が関与する脳の働きで、動物の本能も関与する。現生人類では、意欲・感情・情緒としてもとらえられ、快・不快と密接に関係する。快は個体あるいは種の生存確率を高める行為に伴うことが多い（食餌や性行為）。不快はその逆である。身体の状態に関する情報は、島皮質にも投射されるが、芸術が喚起する感動は島皮質の活性を伴うことから、感動は身体性を伴った情動の一種とも解釈できる。音楽を含む芸術経験は、情動と密接な関係を持つ。

[感性的要素と理性的要素の均衡] 深い感動や陶酔などは感性的要素であり、大脳辺縁系の関与が大きい。一方、首尾一貫性や構築感などは、理性的要素である。作曲法・演奏法などは、記号や言語を基調とした論理に基づく理性的要素が大きい。これは大脳新皮質が主として関与する高次脳機能を基調としている。芸術には、感性的要素と理性的要素が必須であり、その均衡上に成立している。音楽のジャンルによって、両要素の比率は変わるし、演奏の間にも両要素の比率は変化する。

[芸術の創造性と社会性] 一般に名曲とされる作品も、歴史的には発表時に非難されたことも多い。作者の創造性を社会が理解し、感動経験を得るには時間を伴う社会変化が必要である。そこに、作曲・演奏・教育の困難が伴うが、やがて感動が広く共有されると、それぞれの国の言葉の壁を越え、また、思想や制度の壁を越えて大きな力を発揮する。感性と理性の均衡の下に得られる音楽経験は、現生人類にとって大きな価値があり、その教育はすべての人間活動の基礎ともなる。（小泉）

[参] 小泉英明編著『脳科学と芸術』工作舎, 2008.

音楽的思考

［音楽的思考］音楽的思考とは、音を媒体とした問題解決過程を強調した、音楽科に特有の思考を言い表した用語である。具体的には、音や音楽について知覚・感受したことを基盤として自分の表現したいイメージに合うように根拠をもって音や言葉等を選択したり、組み合わせたりして演奏表現や作品をつくる際の一連のプロセスで働く思考を指す。

［音楽科授業における思考への着目］我が国の学校音楽教育において思考が着目されるようになった発端は、子どもの表現を外からのみではなく、内的な追究過程との結び付きから見る必要性が指摘されたことにある。そこには、子どもの表現を教師の価値観にあてはめ、技術指導が中心となっていた1970年代の音楽科授業への疑問があった。

そもそも、「音楽的思考」という用語が登場したのは、アメリカのManhattanville Music Curriculum Program（1965-1970：以下MMCP）における"musical thinking"が紹介されたことによるとされる。MMCPは、当時の荒廃していた小中学校の音楽の授業に、子ども達が意欲的に取り組めるように開発されたプログラムである。MMCPの基本的な性格は自分の内なるもの（内界）を、音を通して表現するという音楽家の活動の機能・原理にあるという。プログラムは創作活動を中心に構成されており、そこでの活動を進めていくのが「音楽的思考」であるとされている。つまり、創作のプロセスにおける音の選択や素材の評価等が重視され、そこでの探究過程は問題解決過程とされたということである。

これ以降、「音楽的思考」は子どもが音楽作品の完成に向かう際の、「探究－選択－判断」のプロセスにみられる内的思考を表す用語として注目され使用されるようになる。このように、音楽科授業における子どもの問題解決過程を授業論としてとらえる研究の他、1990年代後半には「音楽的思考」をJ.デューイの反省的思考からとらえ直した理論研究も行われるようになり、「音楽的思考」は音を媒体として表現をするときの探究過程、すなわち、問題解決過程に働く用語として定着してきた。言い換えるなら、子ども一人ひとりを、音楽を生み出す主体ととらえ、各自の内的世界を生かした音楽科授業が必要だと考えられるようになった授業観の転換により、「音楽的思考」が注目されるようになったといえよう。

［実践学にみる音楽的思考］2000年代に入ってからは、子どもが音楽科の授業で具体的にどのように「音楽的思考」を働かせているか、また、どのような場面で「音楽的思考」を発揮するのかを明らかにするための教育実践学的研究も盛んに行われるようになった。

平成20（2008）年改訂の学習指導要領においては、音楽科として「思考」という用語が初めて登場し、「思考・判断」が「表現の工夫」として位置付けられた。そこでは、音や音楽から知覚・感受したことを基に思考・判断し表現する一連の学習プロセスを充実させることで、子どもの「思考力・判断力・表現力」の育成を求めている。

つまり、子どもが「音楽的思考」を働かせるような授業を構想することは、子どもが主体的に音楽活動に取り組む授業を保証すると共に、思考力育成に直結することになるといえよう。（兼平）

［参］小島律子「Manhattanville Music Curriculum Programの教育的意義－『音楽的思考』への着目－」『大阪教育大学紀要第Ⅴ部門』第29巻第2・3号，1980．兼平佳枝「日本の学校音楽教育における『音楽的思考』の展開過程」『北海道教育大学紀要（教育科学編）』第60巻第1号，2009．

創造的問題解決

［創造的問題解決］創造的問題解決とは、イメージを指針として過去の経験を統合したり、変化させたり、分離したりして、直面している問題を解決し新しい情報を生み出すことである。音楽経験においては、音や音楽について知覚・感受したことを基盤として、自分の表現したいイメージに合うように根拠をもって音や言葉等を選択したり、組み合わせたりする「音楽的思考」が働くことで、演奏や音楽作品を生成することが創造的問題解決となる。

［思考における二つの相］そもそも、思考は問題解決過程において働く知的作用のことである。一般的に、人間は思考するときに概念を使うが、その概念にはイメージが伴っており、イメージが働かなければ概念は形成されないとされる。ここでのイメージは、バラバラなものやかけ離れているものをつなげたり、全体的にまとめたりする機能をもつ。つまり、人間はあらゆる創造的な活動において、概念が主導する「論理的思考」とイメージが主導する「想像的思考」の二つの相を働かせているということである。そして、これらは別々の存在ではなく、扱う素材によって強調される相が異なるとされている。

具体的には、記号や符号を扱う科学教科の場合は概念が主導する「論理的思考」が強調され、音や色彩等の質的素材を扱う芸術教科の場合はイメージが主導する「想像的思考」が強調されることになるという。音楽科授業における創造的問題解決においては、イメージが主導する「想像的思考」が強調されることになり、それを「音楽的思考」と呼んでいるといえる。

［実践にみる創造的問題解決］では、音楽科授業において「想像的思考」が強調される創造的問題解決はどのようなプロセスをたどるのか。水の音色を指導内容とした音楽創作授業における創造的問題解決は次のようになる。

子どもは五感を働かせて水との相互作用を行う。すると、水槽の水面ギリギリにつけたストローに息を吹き入れた際の「シュルシュル」という音色を聴いたある子どもが、「ロケットが発射するみたい」と発言する。ここでの「シュルシュル」という音色は、過去にこの子どもの心が揺り動かされた経験を基に、この子どもの独自の感性が働いたことによって、価値あるものとして選択され、意味付けられたものである。現前の経験を、イメージを介して過去の経験と対応させる「想像的思考」が働いているのである。

このように各自が見つけたお気に入りの音色を、3〜4人の友達と組み合わせて、音楽を形づくっていく。そこでは、「ロケットの打ち上げ」における「点火→カウントダウン→発射→宇宙へ飛行」という外界の論理を手がかりに作品づくりを行う。ただし、論理を基にしながらも「どうやったら、ロケットが発射されるドキドキ感が伝わるか」ということを問題とし、それを解決するためにイメージが主導する「想像的思考」が働く。そして、「もっとカウントダウンの緊張感が増すには、どうやって鳴らしたらよいか」のように、問題がつくり替えられ、その解決に向けて、また素材との相互作用が行われる。そのプロセスでは、他者にも伝わるための技能・技術を追究しつつ、さらに問題をつくり替えながら音色、強弱、速度等の素材を選択し、作品としての形が整えられていく。そうして、満足を得られる音楽作品の完成によって、問題解決となるのである。（兼平）

［参］小島律子「子どもの思考と芸術による表現」日比裕・的場正美編『授業分析の方法と課題』黎明書房, 1999. 宇佐美寛『教育において「思考」とは何か』明治図書, 1990.

イマジネーション
imagination

［イマジネーション］イマジネーションとは、一般的に「想像力」と訳され、日常的ではない特殊な力とか、現実離れした「空想する力」ととらえられる。しかし教育において意義付けられるイマジネーションはそれとは異なる。それは、過去の経験から現在の経験の意味を見いだし、未来の経験の見通しをつける機能をもつもので、それゆえ、イマジネーションとは、現実に根ざしたものであり、人間の思考を発展させるのに欠かせない働きをするものであるといえる。この意味でイマジネーションを訳語の「想像力」とは区別して片仮名で表記する。

［経験の連続性］人間は、現在の経験の意味を見いだそうとする時、現在の経験を過去の経験と結び付けてとらえようとする。例えば、子どもが空き缶をたたいたりこすったりして出る音に対して「お祭りみたいににぎやか」「除夜の鐘みたい」とイメージをもつ。ここで空き缶をたたいて音を探っているという現在の経験は、その子にとってお祭りみたいと意味付けられている。それは空き缶の音が鳴っているにぎやかなこの状況の質が、過去にお祭りに行った時に感じた状況の質に何か似ていると感じたからである。空き缶をたたくという経験とお祭りに行ったという似ても似つかぬ経験を、にぎやかという両者に共通する状況の質によって結び付けるのがイマジネーションである。そして、現在の経験が意味付けされたことで、「お祭り」と「除夜の鐘」のイメージを組み合わせて「年越し祭り」のイメージの音楽をつくろうとする。これは未来を予想し、未来の経験へと動き出すことである。現在の経験を未来の経験に結び付ける、これもイマジネーションの働きである。

このように現在の経験の意味を見いだそうとする時、人間は、現在の経験の状況の質をイメージをもってとらえ、そのイメージと類似した過去の経験のイメージを呼び起こす。そして、その呼び起こされたイメージによって「前にも経験した何とかのようなものだ」と現在の経験の意味を見いだし、「それなら次はこうしてみよう」というように、そのイメージを新たなイメージに再構成して未来の経験を方向付けるのである。これが、時間的に離れている現在、過去、未来の経験を結び付け、経験に連続性をもたせるというイマジネーションの働きである。

［経験の全体性］イマジネーションは経験の連続性をつくりだすと同時に、空間的に離れたものを結び付ける働きをもつ。「年越し祭り」の例でいうと、子どもは過去の経験から「年越し祭り」での花火が上がる高揚感や除夜の鐘の厳かな感じを思い起こし、その感じを表すのに合う空き缶の鳴らし方や、組み合わせ方を試行錯誤しながら音楽をつくっていく。このような経験は、空き缶の音色、たたくリズム、イメージ、考え、感情、概念、技能等の、経験を構成する様々な要素が融合・統一して構成されるといえる。つまりイマジネーションによって、人間は空間的に離れたものを結び付け、経験を一つのまとまりとしてとらえることができるのである。それが経験の全体性を構成するということになる。

［イマジネーションと教育］経験の連続性と全体性という点を踏まえると、イマジネーションとは、質の認識を通して現在、過去、未来の経験をイメージによって結び付け、経験の全体性を構成する働きと定義できる。そして、このようなイマジネーションの働きによって人間は自分にとっての経験の意味を整理し、再構成し、拡充していくことができる。
（岡寺）

［参］小島律子・関西音楽教育実践学研究会『楽器づくりによる想像力の教育－理論と実践－』黎明書房，2013.

音楽的思考と認識

［音楽的思考と認識の関係］音楽的思考は音や音楽を素材として思考することであり、音楽授業では、音楽の構成要素を操作し、そこで生み出される質的関係を問題にして押し進められる思考になる。音楽的思考という連続的な知的作用の過程において、働きかけとその結果を関連付けて新たな意味を獲得するというのが認識である。

学習者が音や音楽という環境に働きかけ、質の関係性を問題としながら音楽的思考は進行する。音楽的思考が進行する過程で問題が生じると、そこでふと立ち止まって状況を観察し、反省的にとらえ直す。そして解決に向かって試行錯誤する中で新たな意味を獲得したとき認識が成立する。認識の成立によって次なる行動の指針が得られることから、音楽的思考という連続的な知的作用の過程で、認識はその連続性を押し進める指針として機能しているといえる。

［授業実践にみる音楽的思考と認識］それでは音楽科の授業実践において、音楽的思考と認識の関係は具体的にどのような姿で現れるのか。ここではトガトンによる音楽づくりを例に、問題解決として展開される音楽的思考とそこで成立する認識の関係をみていく。

子どもたちはトガトンで花火の様子を表現するために4人で竹を打ち鳴らす。ところが「なんかバラバラ」という問題が生じる。そこでふと立ち止まって、なぜバラバラの感じがするのか、その状況を観察する。すると2人は「打ち上げ花火」、別の2人は「ねずみ花火」という違う花火をイメージして演奏していたことに気付く。ここで初めて「4人でどういう花火を表現しようか」という問題が意識される。その問題の解決に向けて試行錯誤が始まる。ある子どもが前半は打ち上げ花火、後半はねずみ花火と、対照的に演奏することを提案する。そして打ち上げ花火の場面は「トトトト・・・ドン」という漸次加速のリズム、ねずみ花火の場面は「シャーシャートトトト」というリズムパターンを選択する。ここに認識の成立がみられる。子どもは「トトトト・・・ドン」という漸次加速のリズムの連続に対して、打ち上げ花火のダイナミックさを感じている。一方、「シャーシャートトトト」と繰り返されるリズムパターンにはねずみ花火のあざやかさを感じている。つまり「リズムを打つ」という環境への働きかけと「花火のダイナミックさ」あるいは「花火のあざやかさ」という結果を関連付けることで、例えば「リズムをだんだん速く打つ（漸次加速）と、花火のダイナミックな感じを表現することができる」という認識が成立しているといえる。認識の成立により、子どもたちはこの二つのリズムのそれぞれの特質を意図的に演奏し分けるという次なる行為への指針を得ている。このように二つのリズムパターンを対照的に演奏し分けることで、色とりどりの花火のあざやかな情景を表現することができ、子どもたちは満足感を得る。

音楽科の授業実践では、子どもたちが音や音楽という環境に直接働きかける中で問題は生じる。そこで立ち止まって状況を観察し、問題の出所を探る。問題が意識されると今度はその解決に向けて音という質的媒体を操作するという試行錯誤が始まる。その試行錯誤の中で新たな意味を得たとき認識が成立する。このように音楽的思考という連続的な働きにおいて認識が成立することで、意図的な演奏という次なる行為への指針を得ていることから、認識は音楽的思考を押し進めるものという両者の関係がみえてくる。（清村）

質の認識と量の認識

［質の認識と量の認識］人間が営む日常の経験は質に満ちあふれている。例えば夏のおだやかな午後、子どもが公園の噴水で水遊びに没頭しているという状況を思い起こしてみる。夏の太陽に照らされた水のきらきらしたまぶしさ、暑さを和らげるひんやり感など、そこでは質に満ちあふれた経験が展開されている。

このような経験をどう把握するかによって人間の認識は質の認識と量の認識に分けることができる。公園の噴水の水を H_2O ととらえたり、あまりの暑さに驚いて水温を確かめたりすることは、経験における質を数字や記号等を介して量として把握することになる。一方、「きらめき」や「ひんやり感」という質を感覚器官を通して直接感じ取ることは、経験における質を直接把握することになる。

以上より、量の認識とは経験における質を数字や記号等を介して把握することである。このとき質は数字や記号等に置き換えられる。一方、質の認識とは経験における質を感覚器官を通して直接把握することである。質を直接把握する方法として、例えば音や色などの質的媒体による表現や「○○な感じ」という比喩的表現がある。「きらめき」や「ひんやり感」などの質は数字や記号等に置き換えられることなく、感覚器官を通して直接把握されることが質の認識の特徴である。

［質の認識力の重要性］二つの認識様式について、D.M. スローン（Sloan, D.M.）は「量的な知の様式」と「質的な知の様式」として区分している。前者は世界を物理的、機械的な側面から把握する様式であり、後者は事象の質そのものや質的関係を把握する様式である。ここで重要なのは両者を分断するのではなく、相互に関連させることにあるとされる。

前述したように、本来、人間の経験は質に満ちあふれている。ところが近代においては、自然の中でも量として把握することのできる次元のみを対象とし、その知識化によって科学・技術を発展させてきた。一方、量として把握することのできない質の次元については一段低くみるか無視をしてきた。それによりこの二つの認識様式のバランスが崩れてきて環境問題や青少年の問題行動等を引き起こしてきたと考えられている。

学校教育では二つの認識様式をバランスよく取り入れることで、全人教育が促されると考えられる。

［質の認識力育成のための音楽科］前述したように、我々は質に満ちあふれた経験をしてはいるが、日常生活では取り立ててそれらの質について意識することは少ない。

ところが音楽科や美術科等の芸術的教科では質に注意を向ける機会がつくられる。例えば前述の、噴水遊びの情景を「夏の思い出」と題して音で表現してみようとする。水に反射するきらめきを表すためにウインドチャイムの音色を選択し、鳴らし方を調節する。ここでは音色が反射のきらめきを表せているのかどうか、何度も試してはその響きを確認するという能動と受動を質的に関係付ける。この質的に関係付けるという相互作用の連続によって、作品が形づくられると同時に質の認識力が育つ。

このように経験における質を表現に発展させることのできる音楽科は質の認識力を育成する教科として期待される。（清村）

［参］D.M. スローン（市村尚久監訳）『知の扉を開く－教育における知性の質を問う』玉川大学出版部，2002.

意味生成

[音楽経験における意味] 学校音楽教育を子ども自らが音楽経験を発展させていく場と考えるならば、そこでの意味は元々音楽に備わっているものではなく、子ども自身によって生成されるもの、すなわち意味生成としてとらえることができる。

では音楽経験における意味生成とは何か。それは、子どもと音や音楽との相互作用における状況の質が識別され、それらの質が意味をもったものとして子どもに意識されることである。そこで生成される意味とは、音楽の形式的側面についての知覚と音楽の内容的側面についての感受の二重機能をもって成立する。例えば「チェロの低音の旋律を聴いている（形式的側面の知覚）と、深海で大きな魚がゆったり泳いでいる感じがする（内容的側面の感受）」というのが音楽経験において生成される意味となる。

[音楽経験における意味生成の構造] 音楽経験における意味は〈音や音楽との相互作用〉〈質の識別〉〈質の表現〉という3層構造により生成される。

まず身体諸器官を使って直接音や音楽に働きかける〈音や音楽との相互作用〉の層である。例えば竹筒を石に打ちつけて一定のリズムパターンを刻んでみるという行為がこれに当たる。次に音楽の諸要素について知覚・感受したことを言葉や動きなどの手段を使って表に出す〈質の識別〉という層である。リズムパターンを聴いて「トン・トトンというリズムが雨が踊ってるみたい」と言語化する。ここでリズムパターンという形式的側面の知覚とそれによる内容的側面の感受が言葉によって意識されることでその子にとって「このリズムは雨が踊っている感じがする」という意味が生成される。そして知覚・感受したことを再構成し表現作品を生成する〈質の表現〉の層となる。トン・トトンという生命感あふれるリズムパターンを基調として竹筒を用いた「雨のおどり」という表現作品を構成する。

[意味生成を意識した音楽授業] では意味生成を意識すると音楽の授業はどう変わるのか。意味生成を意識した授業では教師から意味が教え授けられるのではなく、子ども自身が直接環境とかかわり自分にとっての意味を生成していくことが重視される。そのため、子ども自らが音や音楽と相互作用し、個々人による質の感受を他者と共有するという社会的構成主義の授業が展開される。

[意味生成を意識した音楽授業で育つもの] このように意味生成を意識した音楽授業では個々人における質の感受をいかにして他者と共有するかが重要になってくる。子どもたちは他者と質を共有することで、より質に注意を向けて感じ取ろうとするようになる。つまり「○○な感じ」という世界を質的に認識しようとする能力が働く。

意味生成の観点から音楽の授業をとらえ直した実践研究では、学習者の内面でどのような質の認識が起こっているのか、という点に目が向けられている。例えば音や音楽が生み出す質的世界について「にぎやか」「力強い」「オリエンタルな感じ」などという質を感じ取り、それらを身体や比喩的表現を介して他者と意味を共有するという姿が報告されている。

音楽経験における意味生成について考えることは、子どもの質の認識について考えることになる。質の認識の発展に関する論理や方法論の解明は、今後子どもたちに質的な見方を育てていくための具体的な指針になると期待される。（清村）

[参] 齊藤百合子『音楽的経験における意味生成を原理とした小学校音楽科授業構成の研究』風間書房，2011.

イメージの拡がりと深まり

［イメージの拡がりと深まり］生活で経験された質と音楽の構成要素が生み出す質との結合によりイメージが分節化される現象をとらえる用語である。

イメージは表現と相互作用することを通して再構成される。再構成は、音楽授業実践ではイメージの発展過程として〈拡がり〉と〈深まり〉という二つの側面からとらえられることが多い。「森のようだ」というイメージから「森のシーンとした中から鳥の鳴き声が聞こえる」というように、新たな内容が加わると〈拡がり〉、一方「水が流れる」というイメージから「水が長い筒のようなものに入っていく」というように、具体的になると〈深まり〉と呼ばれる。しかし両者は厳密に区別されるものではなく、イメージの発展過程のとらえ方の違いといえる。

［イメージの分節化］イメージの拡がりと深まりの現象は、心理学の「分節化」という用語でとらえ直すことでその仕組みがみえてくる。分節化とは、分化と統合の二つが有機的に働いて進行する作用のことである。イメージの分節化という場合は「イメージが全体性とのかかわりをもちながら個性的な部分に分化されること」となる。

イメージの分節化は次の三つの段階から成る。①対象に対して全体的なイメージをもつ。例えば音楽を聴いて「森っぽい」（森のような感じ）と全体的なイメージをもつ。②全体性とのかかわりの中で個性的な部分が分化する。「森に水が流れている」「森には葉っぱがいっぱい落ちている」と、森には水や葉っぱがあると、森を構成している個々の要素が分化される。③個性的な部分が全体に統合される。森という全体的なイメージに水、葉っぱという個々の要素を関連付けて「森の中で葉っぱを巻き込みながら流れている水」というように、まとまりのある情景として思い浮かべる。このような分化と統合を繰り返して分節化がなされる。

［イメージの分節化の仕組み］音楽の授業では、イメージの分節化は、生活経験における質と音楽の構成要素が生み出す質が結び付くことで起こる。例えば、音楽づくりで「食べる」という全体的なイメージから「噛む」が分化され、噛むときの律動感を木琴でトレモロのモチーフを反復して表現する。ここでは食べる時の「くちゃくちゃ噛む」という律動感がモチーフの反復による律動感に結び付いている。そこに、素麺は噛まない、すするという発言が出て、素麺をすするというイメージが登場する。これも「食べる」からの分化である。素麺をすするつるつるした流動感を出すために、トレモロの反復はグリッサンドに変化する。そして、先のトレモロとグリッサンドは組み合わされ、曲全体を貫くモチーフとなり、律動感と流動感が曲全体に統合される。

生活の中で経験したことのある質が呼び起こされると、表現活動であれば、それと共通性をもつような質を表現しようとして音楽の構成要素をいろいろに操作する。鑑賞活動であれば、それと共通性をもつ質を音楽から見つけようと注意深い聴き方をするようになる。このように生活経験と音楽の構成要素との相互作用を通してイメージが分節化していく。

［イメージの分節化への手立て］教師の具体的な手立てとして、①「どんな様子か」「何を表しているか」等、子どもが表現している音に意味付けを促す問いかけをする、②表現意図と実際の表現とのズレを自覚させ、表現したいイメージを検討させるために、演奏の録音を聴かせることが挙げられる。（渡部）

［参］渡部尚子「分節化という観点からみた構成的音楽表現におけるイメージの発展過程」『学校音楽教育研究』第12巻, 2008.

認識の方法

[認識]認識とは、主体と環境との相互作用という連続的な働きの中で、主体自身が新たな意味を獲得していくことである。言い換えれば、環境と相互作用する中で、主体自身がその対象がどうなっているのかを知る働きとなる。音楽の授業で働きかける環境は音や音楽になる。例えば単旋律の《ちゃつぼ》にカノンで重なりをつけてみる。すると「あちこちから人が集まってくるみたい」という感じを受ける。このように「カノンではにぎやかさの感じを生み出す」と、働きかけとその結果を学習者自身が結び付けることが音楽経験における認識となる。

[音楽科における認識の対象]子どもが音楽科の学習過程で認識する対象として以下の4側面が挙げられる。

一つは音楽の「かたち」である。強弱や速度、旋律などの音楽の諸要素及びその組織化のことを指す。二つ目は音楽の「なかみ」である。音楽の諸要素が生み出す質や曲想、特質、雰囲気のことを指す。三つ目は「背景」である。音楽が生成してきた風土、生活、文化、歴史及び社会における音楽の役割や音楽の伝承のことを指す。四つ目は「技能」である。音楽を表現したり鑑賞したりするのに必要な技能のことを指す。

[認識の中核としての知覚・感受]音楽科の学習過程では、上記の4側面が認識対象となるが、その中でも音楽科の学習を支えるのが「かたち」「なかみ」を認識する能力としての知覚・感受である。音楽科では知覚・感受の能力を中核にして、音楽の「かたち」「なかみ」「背景」「技能」を相互に関連付けて認識を深めていくことが重要である。

例えば「カノンは人がどんどん集まってくるみたい」という知覚・感受を基盤に「にぎやかさを表すために『チャッチャ』と口を動かして歯切れよく声を出してみよう」と試み、にぎやかさが表現できたかどうかを確認する。これが知覚・感受を基盤として技能についての認識を深めていく姿といえる。

また、尺八の音色について知覚・感受するうちにその独特な奏法や吹き方はどうやって生まれてきたのか、疑問をもち調べる。そこで尺八の歴史や日本人の生活との関連という文化的背景について知る。このように知覚・感受を基盤にして文化的背景の情報を得ることでより認識は深まる。

[音楽授業における認識の方法]では学習者は音楽授業においてどのようにして対象を知っていくのか。それがいわゆる認識の方法となる。ここでは音楽科における認識の方法として次の三つを紹介する。

1点目は言語によって音や音楽を認識する方法である。「途中からはねるリズムに変わる」などと音楽の構成要素がどう働いているのか言葉にしたり、「人が集まってきてにぎやかな感じ」などと音楽が生み出す質について感受したことを言葉で表したりする活動である。2点目は身体によって音や音楽を認識する方法である。旋律の動きに合わせて腕を動かしてみたり、3拍子の曲に合わせてステップを踏んでみたりする活動である。3点目は視覚的媒体によって音や音楽を認識する方法である。旋律の動きを線で表してみたり、ABA形式を○△○という図を使って表してみたりする活動である。また音楽の知覚・感受に応じて色紙を切って形をつくり模造紙に張っていく図形楽譜づくりも視覚的媒体による認識方法の一つである。

身体や視覚的媒体は時には言語で伝えきれない、微妙な質（躍動感、滑らかさなど）も伝えることができる。これら二つの手段は言語による認識を補完する役割を担っている。
（清村）

言語による認識

　音楽科における認識の方法の一つに言語による認識がある。言語によって、音楽の「かたち」「なかみ」「背景」「技能」という認識の対象がどういう状態であるのかが示され、他者と意味が共有できるようになる。

　音楽の「かたち」についての言語による認識では「音がだんだん上がっている（旋律の動きについての知覚）」「ここでトランペットの高い音が入ってくる（音色についての知覚）」などと示される。知覚したことが言語化されることで、構成要素が特定でき、クラスで共有することが可能になる。

　音楽の「なかみ」についての言語による認識では「○○みたい」という比喩的表現で示されることが多い。例えば短調のアルペッジョに対して「迷路に迷い込んだみたい」と言い表したりする。この場合、短調のアルペッジョを知覚したときに「不穏さ」という質が感受され、それにより不安な気持ちの伴った過去の生活経験が呼び起こされて比喩的表現による言語化が起こっていると考えられる。

　音楽の「なかみ」と「かたち」を一体化して示すことができる言語表現として「笛でピロピロ」などの擬音語がある。擬音語は知覚・感受したことを一体化して表示することができるため、「笛の音色のこの部分」というように形式的側面を特定して意識を向けさせることが可能になる。

　「技能」についての言語による認識では、例えば「最後は消え入るような感じで終わりたいので、リコーダーに吹き込む息の量をだんだん少なくしていった」というように、イメージを表現するために自分の身体をどのようにコントロールしたのかについて言語化される。それは技能の定着を促す。（清村）

身体による認識

　音楽科における認識の方法の一つに身体による認識がある。身体による認識は、音楽教育における実践研究ではこれまで言語の代替、あるいは言語を引き出す契機としてとらえられてきた。しかし身体は言語のかわりではなく、身体によってしか認識できないことがある。音楽の動きに合わせて、すなわち音楽と相互作用して身体を動かすことで、音楽の「かたち」「なかみ」「背景」「技能」が一体となって生み出される音楽の動きを感じ取ることが可能となる。

　身体を動かして認識するのは「滑らか」「軽やか」といった音楽の質である。一つの音楽でも多様な質を醸し出す。個人々が独自の身体の感受性をもち、それによってそれぞれに異なる質を選んで受容するものである。受容された質は動きとして表れる。動きが出てくると他者との活発なコミュニケーションが生じ、質の認識に至る。音楽の質は身体感覚でしかとらえることができないのである。

　音楽授業において身体による認識は主に身体表現や身体反応としてなされる。身体表現は身体を媒体とした表現を指す。表現とは外的なものの働きかけによって生じた自分の「内なるもの」を、媒体との相互作用によって自分の身体の外に表すことである。それに対して身体反応とは外的なものの働きかけによって引き起こされる身体の動きである。例えば、八木節を聴くと身体が自然とノリよく動いてしまうというのは身体反応である。それが例えば「波みたいな感じ」と感受し、そのイメージを意識して両手を滑らかに動かすようになるとそれは身体表現である。

　身体による認識の意義としては、①音楽の質の受容、②質の受容が可視化されることで、子ども同士のコミュニケーションが活発になることが挙げられる。（鉄口）

視覚的媒体による認識

　音楽科における認識の方法の一つに視覚的媒体による認識がある。ここでの視覚的媒体とは主に色、線、形等であり、それらを含む図や描画等を指す。

　子どもに音や音楽を聴いた感想を問うと、「○○な感じ」と言葉でうまく伝えられず、指で空中に線を描いたり、黒板やシートに図や絵を描いたりしながら「こんな感じ」と言うことがある。ここでの子どもは、自分が音楽からとらえた、言葉ではうまく伝えきれない音楽の形式的側面や内容的側面を、線や図を媒介して他者に伝えようとしていることになる。これは、音楽を可視化することにもなっている。つまり、図や描画等の視覚的媒体は、知覚・感受したことを可視化することで、言葉を補完する役割を果たしているのである。

　このような視覚的媒体による質の認識の特性を生かした授業の一つが、「図形楽譜づくり」の鑑賞授業である。「図形楽譜づくり」では、はじめに、3〜4人で1組になり、音楽を聴いて感じ取った質を、色紙を切り張りして図形で表す。そして、つくった図形楽譜をクラスで見合い、図形の意図を質問し合う。これにより、図形に置き換えていた質を言語化することになり、視覚的媒体に加えて言語によって質の識別が進むことになり、音楽の意味を他者と共有できるようになるのである。(兼平)

［参］小島律子「音楽による質的世界の認識方法としての『図形楽譜づくり』の構造」『日本デューイ学会紀要』第52号，2011.

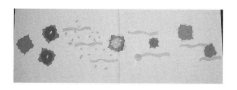

第3章

教育目標と教育内容

音楽科の教育目標

音楽科の目標

[語義]音楽科の目標とは、音楽科の教科内容の学習指導によって、児童生徒に育成したい能力としてのねらいをいう。

[諸外国と日本の音楽科の目標]ここでは日本と諸外国の音楽科の目標を取り上げる。

①アメリカ、シルバー・バーデット社音楽教科書『生活のための音楽』1956(昭和31)年。これはJ.L.マーセルが編集に携わったもので、音楽科の目標を「音楽的成長」であるとする。「音楽的成長とは、音楽に対して反応する力の発達、すなわち音とリズムのパターンを知覚し、想像し、考える力とそれによって表される感情内容に対する感受性の発達である」

②アメリカ、シルバー・バーデット社音楽教科書『音楽』1978(昭和53)年。これはB.リーマーが編集に携わったもので、音楽科の目標は次の通りである。「芸術としての音楽の力に対するすべての子どもたちの感受性を高めること、すなわち音楽芸術を鋭く知覚し、深く反応する能力を発達させることである」

③カナダ、ブリティッシュ・コロンビア州『MUSIC K-7』1998(平成10)年。これでは音楽科の目標は次の通りである。「音楽教育は、すべての学習者に音楽を通して思想やイメージやフィーリングを探究し、創造し、知覚し、コミュニケートできるようにする」

④韓国、『改訂教育課程』2007(平成19)年。これでは音楽科の目標は次の通りである。「様々な楽曲や活動を通して音楽の美しさを経験し、音楽の基本的な能力及び創造的に表現し、鑑賞する能力を培い豊かな音楽的感情や音楽を生活化する態度をもつようにする」

⑤日本の小小中学校『学習指導要領』平成20(2008)年。小学校音楽科の目標は次の通りである。「表現及び鑑賞の活動を通して、音楽を愛好する心情と音楽に対する感性を育てるとともに、音楽活動の基礎的な能力を培い、豊かな情操を養う」。中学校ではこれに「音楽文化についての理解」が加わる。

⑥日本学校音楽教育実践学会が開発した『21世紀音楽カリキュラム』平成18(2006)年。目標は「音楽の要素や要素同士の関連を知覚・感受し、表現や批評文を生成することで質を認識するとともに感受性を育成する」

以上の諸外国と日本の音楽科の目標における要点を取り出すと下表のようになる。これらは大きく三つの視点に整理できる。「A 知覚・感受、反応、想像、感受性の育成」「B 思想・イメージ・フィーリングの探究、コミュニケーション力の育成」「C 感情、愛好心、情操の育成」。これらの視点が音楽科の目標として期待されているといえる。(西園)

[参]日本学校音楽教育実践学会編『音楽科カリキュラムと授業実践の国際比較』音楽之友社, 2012.

表1 諸外国と日本の音楽科の目標のキーワード

国・カリキュラム	発行年	音楽科の目標
アメリカ『生活のための音楽』	1956	音楽的成長、知覚、想像、考える力、感受性
アメリカ『音楽』	1978	知覚、反応、感受性
カナダ『MUSIC K-7』	1998	思想・イメージ・フィーリングの探究、創造、知覚、コミュニケーション力
韓国『改訂教育課程』	2007	基本的能力、創造的表現、鑑賞能力、音楽的感情、生活化
日本『学習指導要領』	2008	基礎的能力、愛好する心情、感性、音楽文化理解、情操
日本『21世紀音楽カリキュラム』	2006	知覚・感受、質の認識、感受性

音楽科の目標の種類

［方向目標と到達目標］平成20（2008）年告示の中学校学習指導要領が掲げる音楽科の目標は、音楽を愛好する心情を育てる・音楽に対する感性を豊かにする・音楽活動の基礎的な能力を伸ばす・音楽文化についての理解を深める・豊かな情操を養う、の事項からなる。これらは抽象度の高い「方向目標」であり、生徒のどのような行動や状態を指すのかは示していない。

この方向目標のもと、学習指導要領の内容を踏まえ、地域や学校のカリキュラムが作成される。目標は、学校の目標、学年の目標、題材・単元の目標、と下位段階にいくほど具体的となる。例えば「箏の特徴をとらえた表現をするために必要な基礎的な奏法を身に付ける」という題材・単元の目標は、もはや抽象的ではない。さらに本時の目標が「押し手を用いた音高の微細な変化を使って表現する」ならば、これは生徒がどのような行動ができればよいのかを具体的に示す、「行動目標」の形をとった「到達目標」になっている。

方向目標と到達目標は対立概念ではない。到達目標は、その時間的展望によっては方向目標の性格を合わせもつ。しかし基礎的な技能や知識・理解については、授業における到達目標が、具体的な行動目標の形で、教師にも児童生徒にも明確に意識化されるよう努める必要がある。

［はぐくむ資質から見る目標の類型］一方、心情・感性・情操といった概念は、授業における行動の形には還元しきれない。例えば歌唱共通教材の学習では、音取りや歌詞の朗読を通して知覚を鋭敏にし、豊かな感受を導く。伴奏と旋律の関係を理解する。作曲者の思いに対する想像力を働かせ、感情移入する。それを踏まえて自分の表現を考え、発声など体の使い方も工夫する。以上のような一連の学習の成立のためには、感情を伴った心身の活発な働きが不可欠である。

このように多面的な資質の育成を視野に入れた音楽授業の構想のために、目標を①認知的、②情意的、③精神運動的という三つの領域に大別した、教育目標分類学の考え方を適用することができる。梶田（1980）はこの三つの領域を基礎に、「達成目標」（行動目標と重なる）、「向上目標」（方向目標と重なる）、「体験目標」という類型を組み合わせて提唱しているが、これも音楽科にとって有用性が高いと考えられる。

国立教育政策研究所が平成23（2011）年に示した音楽科の評価規準は、表1を参考にすると表2のような目標の類型と対応している。（阪井）

［参］梶田叡一『現代教育評価論』金子書房, 1980. 東洋・中島章夫編『授業改革事典』第一法規, 1982.

表1 教育目標分類学による三つの領域①②③を横断する三つの目標類型（梶田に基づき作成）

	①認知的領域	②情意的領域	③精神運動的領域
達成目標	目標として規定されている通りにできるようになったか		
向上目標	目標として規定されている方向への向上がみられるか		
体験目標	目標として規定されている体験が生じたかどうか		

表2 音楽科の評価規準と対応する目標の類型

評価の観点	1 音楽への関心・意欲・態度	2 音楽表現の創意工夫	3 音楽の技能	4 鑑賞の能力
領域との対応分類学の示す	主に②情意的	主に①認知的②情意的　向上目標的性格	主に③精神運動的	主に①認知的②情意的　達成目標的性格
すべての観点は**体験目標**を踏まえている				

目標設定の手続き

［目標のレベル］学習指導要領においては、まず上位に音楽科の「教科の目標」がくる。それは「豊かな情操を養う」といった抽象的な文言で述べられ、そのための目標構造が示されている。次にその目標構造を児童生徒の発達段階に合わせてより具体化した「学年の目標」がくる。このような学習指導要領の目標を日々の授業のレベルに下ろしてきたものが、題材・単元を構想し、学習指導案を作成する際に掲げる目標となる。ここではこの授業レベルでの目標設定の手続について述べる。

［目標設定］授業レベルでの目標は、学習指導要領の目標及び学年目標を達成するための具体的な目標である。したがって、「教科の目標」のような方向目標ではなく、「ハ長調の楽譜を見て歌おう」「音色の違いを聴き取る」というような、その題材・単元、各授業時間に達成したい、いわば到達目標として設定される。学習指導案での目標設定とは、各学校、各学級の実態を考慮した上で、学習指導要領における「内容」を実現した児童生徒の具体的な姿を目標に設定することである。

［目標設定の立場］活動から目標を立てる立場、評価する学力から目標を立てる立場の二つがある。前者は、目標とは学習指導要領の指導事項すなわち活動であるという考え方に立つ。例えば、歌唱の指導事項「歌詞の内容や、曲想にふさわしい表現を工夫し、思いや意図をもって歌うこと」から「歌詞の情景を思い浮かべて、自分の表現を工夫して歌おう」という目標を立てる。ここでは、生徒が歌詞の情景を思い浮かべる、表現を工夫するという活動を想定している。後者は、目標は授業で育成すべき能力であるという考え方に立つ。それは評価すべき姿から目標を立てるという、評価と目標を一体とみる立場になる。そこでは指導事項を、指導要録の評価の観点からとらえ直して目標を立てる。

［目標設定の手続き］具体的な手続きについては、目標を活動とする立場としてさらに二つのアプローチがある。一つは、学習指導要領の指導事項から目標を設定し、それから活動と教材を導くもの。歌唱の指導事項「歌詞の内容や、曲想にふさわしい表現を工夫し、思いや意図をもって歌うこと」から、「歌詞の情景を思い浮かべて、自分の表現を工夫して歌おう」を目標として設定する。そして、教材として《春の小川》《もみじ》などを選び、活動は歌唱したり、自分の思いを表現したり発表したりとなる。ここでは、学習指導要領の指導事項の漏れのない指導が可能になる。もう一つは、まず教材曲の特徴から活動を考え、それから学習指導要領に対応させて目標を設定するもの。《もみじ》を二部合唱するという教材と学習の完成形を想定し、それを指導事項の「互いの声や副次的な旋律、伴奏を聴いて、声を合わせて歌う」に合致させる。実際の学校現場では、行事の関係や分かりやすさから、この教材曲から目標を設定する手順がとられやすい。この場合でも学習指導要領の指導事項を意識して、それを実際の学習指導に反映させる必要がある。

それに対し、目標を観点別評価から設定する立場では、実現すべき子どもの姿を観点から記述する。《もみじ》の合唱の場合、「知識・技能」では「旋律の重なり方の違いを生かして、イメージしたことを歌って伝えることができている」、「思考・判断・表現」では「旋律の重なり方の違いを知覚し、その特質を感受し、知覚・感受したことをもとに、イメージに合った歌い方を工夫している」、「主体的に取り組む態度」では「旋律の重なり方の違いに関心をもち、意欲的に歌おうとしている」となる。この立場には、子ども一人ひとりの学力育成を確実に実現しようとする意図がある。（藤沢）

音楽科の教科内容

音楽科の教科内容

［語義］音楽科の教科内容は、音楽という教科において学習者が修得すべき知識や技能などが、音楽科の目標に即して組織化されたものである。その内容は、既存の音楽文化を基盤とし、音楽文化の継承と創造、及び学習者の人間性の育成を目的として構成される。限られた時間等の制約がある中で、学習者の発達段階や興味・関心も考慮しながら、内容が選択・配列される。教科内容は教材と混同されやすいが、教材は教科内容を教えるための手段である。

［教科内容の変遷］教科としての音楽の内容は、音楽文化の発展、時代や社会の要請に応じて変化する。日本では、明治時代初期に徳育を重視した唱歌教育が始まった。大正時代には、芸術教育思潮のもとに唱歌を批判する童謡運動が起こり、ラジオやレコードの普及に伴って鑑賞教育も論じられた。戦前の昭和時代には、歌唱・鑑賞・創作・器楽などの分野について研究が行われ、戦時中は精神訓練を意図して軍国主義的な歌が増加した。戦後は学習指導要領の刊行によって美的情操のための音楽教育が重視され、西洋芸術音楽が基盤となった。高度経済成長に伴うリコーダーやハーモニカ等の楽器の普及で器楽の内容が次第に充実し、コダーイやオルフなどの音楽教育からも影響を受けた。やがて幅広い音楽を学ぶ意義から、日本の伝統音楽や世界の諸民族の音楽、マスメディアで普及したポピュラー音楽も学習されるようになった。現代音楽に着目した「創造的音楽学習」によって自然音や環境音も音素材となり、科学技術の進歩に伴って、現在では電子楽器やコンピュータ音楽も導入されている。

音楽科の教科内容は、社会の発展に伴う学力観の変化にも対応し、近年では、音楽の知識や技能の修得そのものよりも、それらを活用して新たに創造する能力のほうが重視されている。学習者が自ら考えたり試行錯誤したりする音楽活動を通して、音楽科で学ぶ知識や技能を実生活で活用・応用できるような教科内容が求められている。音楽科の学習が実生活に役立つという実感が、学習意欲にもつながるのである。また近年では、教科の枠を超えた現代的課題に対応できる、総合的な能力の育成が世界的に重視されている。音楽科の教科内容は、音楽科の本質を損なわない範囲で、他教科等と共通する問題についても考慮されなければならない。

［教科内容の精選］音楽文化の発展や教育観の変化に伴って教科内容が増加してくると、そこから基礎的・基本的な内容を精選しなければならない。世界中の多様な音楽から成る音楽文化の大系を、そのまま教科内容ととらえていたのでは、この問題の解決は困難である。様々な音や音楽を教材にしながら、学習者が音楽科の本質として何を学ぶべきなのかという視点から、教科内容を構成する必要がある。日本学校音楽教育実践学会が開発した「21世紀音楽カリキュラム」は、そのような試みの一つである。

日本の学校教育は制度上、学習指導要領と教科書から強い影響を受けているが、具体的な指導内容を最終的に決定して日々実践するのは教師である。教師自身が実践研究を通して、学習者の実態に即した本質的な教科内容（何を学んでほしいのか）について考察し、教材（そのために何を使うのか）を開発することが望まれる。（白石）

［参］西園芳信・増井三夫編著『教育実践から捉える教員養成のための教科内容学研究』風間書房，2009．日本教科教育学会編『今なぜ、教科教育なのか：教科の本質を踏まえた授業づくり』文溪堂，2015．

音楽科の指導内容

［指導内容］教師が授業において子どもに獲得させるべきと考える内容のことである。教科内容を単元・題材、さらに日々の授業のレベルで具体化したものといえ、授業づくりにおいて最も重要な要素となる。

しかしこれまでの音楽教育では、教材曲を教えるのが授業であるという考え方が強かったため、学習指導案に「指導内容」という用語が書かれることはほとんどなかった。あるいは「指導内容」という用語が使われる場合も教育課程の内容の言い換えとして使われる等、意味の定着した用語ではなかった。

それが近年、授業づくりの重要な要素とされ、学習指導案の一つの項目となってきた。それには社会からの学力育成に対する要請という背景がある。何をしたのかわからないような授業ではなく、子どもが何を学んだかを実感でき、学んだことが次の授業の音楽活動に生かせるような授業にしなくてはいけない。その要請に答えるために、一つの単元・題材で教えるべき指導内容を明確化し、授業を構成するということの重要性が認識されてきた。

［指導内容のとらえ方］これまでの「指導内容」のとらえ方には大きく三つあったと考えられる。第一は、歌う・演奏する・反応する・つくる・記譜する・言葉にする・評価するといった、音楽にかかわる行為である。例えば、「簡単なリズムパターンを楽器で演奏する」「音楽作品を聴いてどのような音楽的なアイディアが用いられているかを説明する」といったものである。これは音楽科の学習活動の内容を示したものである。学習指導要領の「指導事項」は学習において期待される活動の姿を示す点でこのとらえ方の一例といえる。

第二は、音や音楽の仕組みや曲想である。音色・速度・強弱・拍やリズム・旋律・音の重なり、形式等の音楽を形づくる構成要素を知覚し、それが生み出す特質を感受し、その音楽の様式を理解するといったことである。指導すべき音楽の構成要素を発達段階に応じて考えることで、音楽科での学びの発展について考えやすくなる。学習指導要領の〔共通事項〕はこのとらえ方の一例である。

第三は、音楽そのものの周辺部分に関することである。それは音楽の成り立ちにかかわる文化的・歴史的な事柄、音楽とかかわりの深い他の芸術（美術や舞踊等）にかかわる事柄等を指す。例えば、「オペラの発生と歴史」「バレエ音楽と舞踊との関連」などである。

以上の三つのとらえ方は諸外国の教科書の内容構成においても読み取ることができる。しかし、これら三つの「指導内容」が相互にどう関連しているかはあまり意識されてこなかった。そこで四つ目のとらえ方として、これらの関連を構造的に示した「生成の原理」の指導内容を挙げることができる。

［生成の原理による指導内容］人が音楽をどのように生成してきたかという「生成の原理」から導出された指導内容が、音楽の4側面「形式的側面・内容的側面・技能的側面・文化的側面」である。これら4側面が相互に密接に関連して音楽が生成される。例えば、《ソーラン節》では、このうたがもつ「拍節的」という特徴（形式的側面）によって生み出される力強い曲想（内容的側面）があり、このうたが仕事歌として生み出されたという文化的側面がある。そして《ソーラン節》を「歌ってその曲想を表現する」あるいは「その味わいを批評文として人に伝える」という技能的側面が備わって音楽が生成される。4側面を指導内容とする授業は、これらを関連させて展開することが求められる。（小川）

［参］日本学校音楽教育実践学会『生成を原理とする21世紀音楽カリキュラム』東京書籍、2006.

学習指導要領にみる指導内容

学習指導要領にみる指導内容とは、音楽科の学習指導要領において、児童生徒に指導する内容で評価の対象になるものをいう。ここでは、平成20（2008）年刊行の音楽科学習指導要領に基づきこれを説明する。

音楽科の学習指導要領の指導内容の構成は、小中とも「A表現」と「B鑑賞」、それに〔共通事項〕からなる。「A表現」には、歌唱、器楽、音楽づくり（中高は創作）の活動が、「B鑑賞」には鑑賞の活動が設定されており、さらにこの4種類の活動にはそれぞれアイウエという指導事項が示されている。この4種類の活動における指導事項アイウエの内容は、小学校においては次のようになる。

「歌唱の活動」ア聴視唱、イ思いや意図をもった歌唱表現の工夫、ウ歌い方に関する技能、エ声を合わせる技能。「器楽の活動」ア聴視奏、イ思いや意図をもった器楽表現の工夫、ウ楽器の演奏に関する技能、エ音を合わせる技能。「音楽づくりの活動」ア音色の探究や即興的表現、イ音を音楽へと構成する能力。「鑑賞の活動」ア気分や曲想、イ音楽を形づくっている要素のかかわり合い、ウ楽曲の特徴や演奏のよさ。このように指導事項は、「A表現」では音楽活動を行うための諸能力から、「B鑑賞」では鑑賞する対象から立てられている。

〔共通事項〕は、これら4種類の活動で共通に指導すべき内容となり、授業のねらいに適切なものを選択し設定する。〔共通事項〕は「音楽を形づくっている要素」（音色、リズム、速度、旋律、強弱、音の重なり、音階や調、拍の流れやフレーズなど）や「音楽の仕組み」（反復、問いと答え、変化など）を知覚し「それらの働きが生み出すよさや面白さ、美しさ」を感受すること、及び「音楽に関する用語や記号」の理解となる。（西園）

教科内容の系列

教科内容の系列とは、教科内容をある順序性に従ってより下位の内容に具体化して並べたものをいう。教科内容の系列は教科のカリキュラムを組織する主要な要因となる。

例えば、カリフォルニア州の音楽カリキュラム（2001）は、表1のような系列を示す。

「要素」は芸術領域の構成要素であり、音楽、ダンス、舞台芸術、視覚芸術に共通する。音楽の教科内容もこれら五つの要素を範囲とする。次には、各要素にかかわる内容が「下位の内容」として示される。そしてさらに、それぞれの「下位の内容」にかかわる音楽的行為が具体的に示される。第1学年では「創造的表現→作曲・編曲・即興→身体の音や簡易楽器で単純なリズム伴奏を即興する」という系列を示す。この最後の具体的な音楽的行為については、学年ごとに使用する音楽構成要素や形式の種類が増えていく。教科内容の系列は、教科内容が授業における具体的な音楽的行為にどのようにつながっていくか、その結合関係を示すものといえる。（小島）

〔参〕日本学校音楽教育実践学会『音楽科カリキュラムと授業実践の国際比較』音楽之友社，2012．

表1　カリフォルニアの教科内容の系列

要素	下位の内容
芸術的知覚	○音楽の読み書き ○音楽の聴取・分析・叙述
創造的表現	○声と楽器のスキルの使用 ○作曲・編曲・即興
歴史的・文化的文脈	○音楽の役割 ○音楽の多様性
美的価値	○分析と批評的評価 ○意味の創出
結合・関連・応用	○結合と応用 ○職業に関するスキル

音楽科のカリキュラム

音楽カリキュラム

[カリキュラムと教育課程] 従来、カリキュラムは日本においては教育課程と同義であるととらえられてきた。昭和26（1951）年版学習指導要領で初めて教育課程という用語が用いられた。ここでは教科だけでなく、教科外の学習内容も含めたものとして示されている。しかし今日では、カリキュラム開発、カリキュラム評価、そして「隠れた（ヒドゥン）カリキュラム」というように、より広義な教育計画を指すようになっている。すなわち、学習者に与える学習体験の総体がカリキュラムであるととらえられている。

[スコープとシーケンス] カリキュラムを構成する際には、スコープ（学習内容の範囲）の決定とシーケンス（指導内容の配列）が必要となる。平成20（2008）年改訂中学校学習指導要領では、①音楽の素材としての音、②音楽の構造、③音楽によって喚起されるイメージや感情、④音楽の表現における技能（鑑賞領域では「音楽の鑑賞における批評」）、⑤音楽の背景となる風土や文化・歴史、の五つが挙げられている。この五つの柱にそれぞれ関係する内容が具体化され、音楽科の日々の授業で教える指導内容になっていく。これを1年生から3年生まで配列する作業がシーケンスとなる。

[学習指導要領の変遷] 日本の公教育においてはカリキュラムとして「学習指導要領」が用いられている。学習指導要領は、昭和22（1947）年に第1回目が出されて以来、7回の改訂を経ている。音楽科では、当初スコープを「歌唱」「器楽」「創作」「鑑賞」の4領域にしていたが、改訂の変遷を経て現在は「表現」と「鑑賞」の2領域にまとめられている。また、シーケンスも学年ごとに指導内容を示すことから、低・中・高学年と2学年ずつまとめて示されるようになっている。

学習指導要領の改訂には、それぞれの時代背景との結び付きがみられる。特に1960年代にアメリカで起こった教育現代化の波は日本へも波及し、昭和43（1968）年改訂では「基礎」領域が登場した。これは4領域の基礎としての音楽的基礎知識を「基礎」として独立させたものであるが、次の改訂では廃止された。平成元（1989）年になると、現代音楽を取り入れたイギリスの創作学習の影響を受け、創作領域に「つくって表現する」が導入された。これは、平成元年学習指導要領の特色である「新しい学力観」を実現するものとして期待された。平成20（2008）年改訂では、音楽で育てる学力を明確にするために、音楽の知覚と感受を重視した〔共通事項〕領域が設けられた。

また、自国文化への理解の必要性が求められる中、音楽科では日本の伝統音楽を重視するようになり、平成元（1989）年改訂では中学校で和楽器に触れることを必須とした。さらに平成20（2008）年改訂では、中学校で日本の伝統的な歌唱の指導をするとともに、小学校高学年で扱っていた郷土の音楽や民謡を中学年から指導するようにした。

[芸術カリキュラムとしての音楽] 欧米圏では音楽科は、視覚芸術やダンスなどを含めた芸術の中の一分野として位置付けられていることが多い。そこでは「鑑賞・批評」「創作表現」「文脈」といった諸芸術に共通する枠組が音楽カリキュラムを構成する。音楽科は芸術教科として人間形成にかかわることが求められ、例えば、国際バカロレア（スイスに本部を置く国際バカロレア機構が提供する国際的な教育プログラム）では、自他の様々な文化を理解し、生涯にわたって探究する人間を育てることを目標とし、「探究」を中核にしたカリキュラムを編成している。（松永）

カリキュラムの編成原理

［カリキュラム］カリキュラムとは、学習において目標までのコースに一定の順序や配列をもって教育内容を編成した計画をいう。そして、この用語は学校全体の教育内容の計画という広い意味で用いるときと、一つの教科、例えば音楽科という狭い意味に用いるときがある。ここでは、カリキュラムの用語を音楽科という狭い意味にとらえ解説する。

［編成原理］カリキュラムは、目標までのコースに教育内容をどういう順序で配列するかという問題である。このことから音楽科カリキュラムの編成原理とは、音楽科で何をどの範囲で、どういう発展性で学ばせるのか、その際の教育内容の選択は何を基準にするのかということになる。

［演奏中心の音楽科カリキュラム］このカリキュラムは、音楽の美的価値を演奏の方法で認識させ、音楽文化を次世代に伝承していくものである。これは歴史的伝統をもつもので、我が国の戦前の唱歌中心の音楽カリキュラムはこれに該当する。このカリキュラムの編成原理は、演奏表現に必要な技能にあり、カリキュラムの特徴は次のようになる。

目標は、演奏表現による技能の習得と情操の育成となる。カリキュラムの範囲は、歌唱や器楽の演奏技能、読譜、音楽理論となり、発展性は、技能の視点で易から難へとなる。

［概念中心の音楽科カリキュラム］このカリキュラムは、アメリカにおいて1960年代の教科の構造・基本的観念を中心に開発された「学問中心カリキュラム」の影響を受け、音楽を一つの学問の対象としてとらえ、1970年代にカリキュラム化されたものである。

カリキュラム編成の原理は構造・概念にあり、これは音楽科では音の表現的特質（リズム・メロディー・形式・音色・テクスチュア・ダイナミクス・調性）となる。カリキュラムの特徴をシルバー・バーデット社の教科書『音楽』（1978）にみると次のようになる。

目標は、芸術としての音楽の力に対するすべての子どもたちの感受性を高めることとなる。カリキュラムの範囲は、音の表現的特質を中心にこれに音楽様式、諸芸術、職業が加わる。発展性は、「行動的把握」「映像的把握」「記号的把握」の認識能力の発達順序に則して音の表現的特質が螺旋的に編成される。

［21世紀音楽カリキュラム］このカリキュラムは、演奏中心や構造・概念中心の音楽科カリキュラムは芸術としての音楽の本質を反映したものになっていないと批判し、日本学校音楽教育実践学会が2006年に開発したものである。このカリキュラムは、芸術としての音楽の本質は「質」にあるとし、これの認識を目的とした生成の原理によって開発されたものである。

生成の原理とは、外的世界に音楽を生成するとともに、それとの相関で学習者の内的世界が再構成（生成）されるという外部と内部の二重の変化を求め人間的成長を期待するものである。この生成の原理が音楽科の教育内容を導出（形式的側面・内容的側面・文化的側面・技能的側面）する原理となり、カリキュラム編成の原理となる。カリキュラムの特徴は、次のようになる。

目標は、音楽の要素や特質を知覚・感受し、表現や批評文を生成することで「質」を認識するとともに感受性を育成することとなる。カリキュラムの範囲は、「音楽の仕組みと技能」（形式的側面・内容的側面・技能的側面）を中心に、これに「人と地域と音楽」、「音楽と他媒体」が加わる。発展性は、幼稚園・小学校・中学校・高等学校の発達段階に則して、教育内容が螺旋的に編成される。（西園）

［参］西園芳信『音楽科カリキュラムの研究－原理と展開－』音楽之友社，1993．

カリキュラム編成

［カリキュラム編成と構成要素］教育の目的に基づき、何をどの範囲で、どういう発展性で学ばせるのかを具体的に決めていく作業がカリキュラム編成である。その際、カリキュラム編成を構成する要素として、教育内容、組織原理、履修原理、教材、配当時数、指導形態等が挙げられる。

［スコープの再構成による編成］学習指導要領は「表現」「鑑賞」の2領域をスコープとして指導内容を配列しているが、他にも学校ごとに特色を生かした独自のカリキュラムが編成されている。例えば、大阪教育大学附属平野小学校では、教科の指導内容と子どもの活動の姿とを検討することから新しいスコープを提案した。音楽科では子どもが活動する姿を「音素材を探究する」「感情や様子を表す」「形式をつくる」の三つの側面に分類した。合科学習の伝統をもつ奈良女子大学附属小学校では、カリキュラムを「けいこ」「しごと」「なかよし」の三つから構成し、音楽を「けいこ」の中に位置付けている。また、熊本大学附属小学校では、新教科「論理科」を中核に、各教科を「くらし」「芸術」「科学」の三つに分類し、音楽を「芸術」に含めている。さらに、成城学園初等学校では、教科等を六つの領域に再構成し、音楽科は美術科、劇科等とともに「情操の教育」領域に含めている。

［教材からの編成］教材のもっている教育的意義に着目したカリキュラムがある。日本伝統音楽を教材としたカリキュラムとしては、大阪教育大学と附属平野小・中学校が開発した「義務教育9年間の和楽器合奏プログラム」がある。これは日本伝統音楽の指導内容を教え授けるという立場ではなく、日本伝統音楽の経験を発展させるという立場を取っている。また、広島県教育センターは、子どもの発達段階に対応した日本伝統音楽のカリキュラムを提案している。そこでは低学年でわらべうた、中学年では箏を中心に身の回りの音との関連、高学年では箏の体験と総合的学習との関連を図った学習を提案している。一方、現代音楽に着目したカリキュラムにJ.ペインターらによる『音楽の語るもの』がある。そこでは、子どもの創作活動を現代音楽と関連付けたプロジェクトを作成している。

［コア・カリキュラムとしての編成］長野県伊那小学校では、総合学習の中に音楽を位置付けている。例えば学級で牛を飼うことを学習の中心（コア）に位置付け、その活動にかかわる内容を教科と関連付けている。音楽では、「せいちゃん（牛）の歌をつくろう」という活動が構成され、子どもが牛とかかわる中で経験したことを歌詞にし、曲をつけた。こうして全校発表会で学年全員が牛を飼う物語をつくり、その中でつくったうたを演奏した。

［校種間の関連を図った編成］近年、小中一貫や幼小中一貫等、校種をまたいだカリキュラムの提案が行われている。岐阜大学附属小・中学校では、9年間を4段階に分けてそれぞれの発達特性と、「情意」「認知」「技能」の三つの側面とを関連させたカリキュラム編成を行っている。ここでは、「創造性表現追求の窓」として、音楽の構成要素を「長さ」「高さ」「強弱」「拍感」「速さ」「ひびき」の6項目に設定し、系統性を考えた単元・題材構成と教材開発を行っている。また、お茶の水女子大学附属小学校では、幼稚園年長から小学校1年1学期までを、幼稚園の領域「表現」の延長とし、2学期を移行期として、3学期からを教科に移行するカリキュラム構成を行っている。

［留意点］同じ学校の同一学年であっても、子どもは毎年同じわけではない。カリキュラムを絶えず検証しつつ、子どもの実態に合わせて再編成することが必要である。（松永）

21世紀音楽カリキュラム

[背景] 21世紀音楽カリキュラムとは日本学校音楽教育実践学会が「音楽の生成」を原理として、理論と実践による研究成果より導出した幼稚園から教員養成までを対象にした音楽カリキュラムである。

背景として、音楽科における指導内容の曖昧性など現代の我が国が抱える音楽科教育の諸問題の克服があった。これら諸問題の克服を目指し、日本学校音楽教育実践学会では5年間にわたって課題研究プロジェクトを実施し、理論と実践から独自の音楽カリキュラムを開発した。その研究成果として2006年に『生成を原理とする21世紀音楽カリキュラム－幼稚園から高等学校まで－』（日本学校音楽教育実践学会編）を出版した。これは日本で初めての、幼稚園から高等学校まで一貫した音楽カリキュラムである。

[カリキュラムを支える哲学] 本カリキュラムは「生成の原理」というカリキュラム構成を支える哲学をもつ。音楽経験における「生成の原理」とは人間が音や音楽の世界に働きかけ、音や音楽の世界をつくることで外部世界と内部世界に二重の変化をもたらすことを本質としている。すなわち音色・リズム・旋律等、音楽の諸要素とそれの組織化によって外部世界に新たな音楽表現を生成することであり、一方音楽をつくる過程においてその表現に新しい響きと意味を発見し、自分の思考と経験をつくりかえていくということが内部世界で起こる。このように音楽経験を通して外部世界と内部世界に二重の変化がもたらされることが「生成の原理」である。

[カリキュラムの構成] 本カリキュラムは、日本伝統音楽を従来の西洋音楽と対等に位置付け、「日本伝統音楽」と「日本伝統音楽以外（西洋音楽、諸民族の音楽含む）」の二本立てで指導内容が構成されている。

カリキュラム構成は「柱1：人と地域と音楽」「柱2：音楽の仕組みと技能」「柱3：音楽と他媒体」という三つの柱からなっている。柱1は「人間が生活の中で音楽をどう生み出し、どう享受してきたのか」、柱2は「人間が音を素材としてどう音楽を形づくってきたのか」、柱3は「人間が音を媒体として内的な世界を表現しようとしたとき、色や動きなど他の表現媒体をどう結びつけて表現してきたのか」が視点となる。

各柱の学習範囲は以下の通りである。柱1では音によるコミュニケーション及び風土、生活、社会、歴史と音楽とのかかわり、柱2では素材としての音の選択、構成要素、形式、音楽が生み出す特質、表現や鑑賞に必要な技能、柱3では、音・言葉・動きのかかわり、多様な表現媒体との関連、日本や諸外国の総合芸術がその範囲となっている。

[カリキュラムの成果] カリキュラムが開発された2006年以降、このカリキュラムを用いた新しい音楽科の授業の実践検証が進められた。カリキュラムの実践への応用の成果として次の3点が挙げられる。1点目はこのカリキュラムが指導内容を体系的に提示したことで、知覚・感受すべき内容が明確になり、音楽科の学力育成に寄与する授業が実現したことである。2点目は伝統音楽の授業で何を教えるべきかが明確になったことで伝統音楽の授業実践の普及に貢献したことである。3点目は三つの柱を関連付けて授業を構想することで、その音楽が生成してきた根本、すなわち人々の行為（文化、風土、生活、コミュニケーションなど）と関連付けて音楽をとらえ直す機会がもたらされたことである。（清村）

[参] 日本学校音楽教育実践学会『生成を原理とする21世紀音楽カリキュラム』東京書籍，2006.

ふしづくり一本道

「ふしづくりの音楽教育」とは、昭和40（1960）年代に山本弘（1917-2005）、中村好明（1917- ）等が岐阜県飛騨地方を中心に行った、ふしづくりを中心に体系付けられた音楽教育である。

その源流は昭和20（1950）年代に飛騨地方の音楽教師が集まってつくった研究会（高山市教育研究所）が作成した「基底カリキュラム」にある。そこに、後に岐阜県指導主事になった山本が現状の音楽授業に対して「音楽の授業で子どもに何の能力も育っていない」と問題意識をもち、県下で「基底カリキュラム」をベースにした実践を行い、その成果を発表した。特に古川小学校（現飛騨市立）における実践を山本は「ふしづくり一本道」と命名し、これは最終的に25段階80ステップにまとめられた。その公開授業には全国の教師が参観に訪れ、各地に広がった。

「ふしづくりの音楽教育」は当時の児童の作品や発表などから、一般的には創作学習であるととらえられがちであるが、その根底に流れているのは、子どもに育てたい音楽の能力を示し、授業において育てることである。それは、「乗る力」「真似する力」「再現力」「即興力」「抽出力」「変奏力」「記譜力」の七つとされている。

山本は、これらの能力を獲得させるために、多くのうたを歌わせ、様々なメロディーのパターンを経験することが必要であると主張し、授業の初めにわらべうたを取り入れたり、既習曲を歌ったりすることを重視した。山本はこうした経験が、旋律創作にも生かされると考えた。そして「愚作の多作」と述べているように、優れた作品をつくることよりも、数多くつくる経験を重視した。（松永）

［参］山本弘『音楽教育の診断と体質改善』明治図書，1968.

和楽器合奏プログラム

和楽器指導は学校外での師匠による個人教授が一般的であったが、学校での集団の授業を前提にした実践が出てきている。単発的ではなく音楽科の年間指導計画に系統的に位置付けたものとしては、1970年代に東京都の小学校の茅原芳男の実践、岐阜県の中学校の田中吉徳の実践がある。前者は、箏とリコーダーとの二重奏、そこに大太鼓、拍子木などを加えた合奏、後者は、鑑賞分野と関連させたリコーダーと箏の合奏、地元の民謡を箏、太鼓、三味線等で合奏。当時は教材曲の順序性の観点よりカリキュラムが考えられ、実践開発も和楽器の教材曲の開発が主であった。

21世紀に入り、学力育成の観点から開発されたのが、大阪教育大学と附属平野小学校・中学校との連携による「義務教育9年間の和楽器合奏プログラム」（2008-2014）である。このプログラムの目的は、日本の風土や文化から醸成されてきた伝統音楽の音楽的特質に対する感受性を、子ども自身の生活経験と連続させて育成するところにある。プログラムの特徴は、①義務教育の9年間の学力育成を意図していること、②他者とかかわり合うことで経験の再構成がなされるという社会的構成主義の考え方に基づき、協同的な学習として組んでいることにある。そのための方略としてわらべうたと箏の関係性を基本にしている。授業は、音探究を起点とし、身体に馴染んでいるわらべうたで箏を探り弾きし、そこにイメージをもって和の打楽器や篠笛、三味線等を入れて合奏にしていくという過程をとる。各プログラムには音楽経験の切り口となる音楽構成要素が設定され、その観点より螺旋的に音楽経験を深化・拡充していくことが期待されている。（椿本）

［参］小島律子『義務教育9年間の和楽器合奏プログラム』黎明書房，2015.

諸外国のカリキュラム

　学校で音楽を教科としている国々では、それぞれの国情に合わせたカリキュラムがつくられている。また、アメリカなど連邦制を採る国々では、州ごとに作成されている。

　カリキュラムはスコープとシーケンスの組み合わせによって構成されることが多いが、そこには国ごとに重視している内容が反映され、特徴のあるカリキュラムとなる。

　日本学校音楽教育実践学会では、平成18（2006）年から平成22（2010）年までの5年間、課題研究として「音楽科カリキュラムと授業実践の国際比較研究」を行った。対象はカナダ（ブリティッシュ・コロンビア州）、アメリカ（カリフォルニア州）、韓国、ドイツ（ベルリン州）、イギリス（イングランド）である。

　比較対象としたのは指導内容の体系化（加）、伝統音楽の位置付け（韓）、批評（米）、思考力育成（独）、到達目標（英）の5項目で、本学会が開発した「21世紀音楽カリキュラム」との比較研究を行った。

　各カリキュラムの枠組みは次のようになっている。カナダでは「構造」「思想・イメージ・フィーリング」「文脈」。韓国では「理解」「活動」。アメリカでは「芸術的知覚」「創造的表現」「歴史的・文化的文脈」「美的評価」「結合・関連・応用」。ドイツでは「音楽を知覚する」「音楽を形成する」「音楽について思考する」。イギリスでは「知識、技能、理解」「さらなる学習の発展」が上位カテゴリーとして位置付けられ、これに「演奏技能」などの下位項目が配置される構造。これらの研究成果は『音楽科カリキュラムと授業実践の国際比較』として出版された。（松永）
［参］日本学校音楽教育実践学会編『音楽科カリキュラムと授業実践の国際比較』音楽之友社，2012.

第4章

学力と評価

音楽科評価の基本概念

音楽科教育実践と学力

1 音楽科教育実践と評価

［教育における理論と実践の関係］「理論」と「実践」は哲学的に対立概念である。それゆえに、理論から実践へという一方向性と、理論は上位、実践は理論より下位、という両者の関係性が生じ、「教育理論」と「教育実践」の関係にもそれが根強く横たわっている。

近年になり、医療分野で用いる「臨床」という概念を教育にも適応させ、「教育臨床」として教育現場や子どもを対象とする教育研究が進んだ。たしかに教育臨床は、患者に直接的に対峙し治癒を目指す臨床医学と等しく、教育現場をフィールドに子どもへの寄与を目指す研究姿勢である。このことで理論と実践との距離は縮まったが、理論を現場に還元し、現場から理論を構成するという、循環的な一方向性は変わらない。

一方で、一般的によく言われる「理論と実践の往還」という概念は、文字通り理論と実践を「行ったり来たりする」という意味で、例えば教職大学院の教育理念にも掲げられるなど、高度の教育実践力を目指すためのキーワードになっている。しかし、理論と実践を行ったり来たりする、ということの意味を適切に説明できているかというと心許ない。

そのような中で、「教育実践学」という新たな学問領域が立ち上がった。そこには、そもそも「実践」とは対象に働きかけて変化をもたらす営みであり、働きかけるものの中には働きかける人の経験とともに理論が組み込まれている、つまり教育実践もまた、その中に教育理論が組み込まれ、決して理論と実践は分離されるものではない、という考え方を基盤に据えている。そして、教育実践を施す教師と対象となる子どもとの関係において新たな理論が構成され、それは再び施す教育実践の中に組み込まれ、発展的に循環していくことを追究する。その時、構成される新たな理論は決定的なものではなく、仮説的な存在として絶えず更新されるものとして位置付く。

［教育実践学としての音楽科教育実践］教育実践学の立場では、音楽科教育実践は常にその研究対象であり、教師は教育実践学を構築していく研究としての意識をもって実践を行うことになる。ゆえに、ここでもまた「研究者」と「実践者」は実質的に分離されない。では、実践において研究としての意識をもつとはどういうことか。

第1は、組み込まれた理論に裏付けられた働きかけをすることである。音楽科教育実践としての働きかけは、年間指導計画作成のような教育課程の編成、単元・題材計画における指導内容の吟味や明確化、指導方法や教材開発、授業、評価などである。第2は、それらの働きかけの結果を基に既存の理論を検証したり、新たな理論構成を目指してそれを更新できるかどうかを検討したりする省察的視点をもつことである。自分の思いつきや経験のみに依拠する働きかけは「実践」に当たらない。また、これまで「実践研究」と称して行われてきた研究授業後の検討会なども、参会者の印象批評を語り合うだけでは実践たる授業の改善には寄与しない。

［音楽科教育実践における評価］音楽科教育実践の全体をPDCAサイクルでとらえると、Checkが全体に対する評価になる。しかし、Plan（計画）においてもDo（実行）においてもAction（改善）においても、そのそれぞれを省察し改善を図るための評価が必要となる。また、Doを授業とするならば、授業全体を対象とする省察（授業評価）と、授業過程において子どもを対象とする評価をともに行わなければならない。前者は教師に、後者は子どもと教師に評価結果がフィードバックされ改善に寄与する。どちらも教育目標の実現を目指すものであるが、ここでもまた、

評価という教育実践そのものに組み込まれている既存の評価理論、あるいは音楽科の特質を踏まえて構築されてきた音楽科評価理論の更新を図る視点が必要となる。また、授業による学力育成についての理論の更新も、評価結果をよりどころにして検討されなければならない。これが教育実践学としての評価実践となる。

2 音楽科教育で求める学力と評価

［学力の概念］「学力」の概念規定についてはこれまで多くの議論や論争があった。現在のところ狭義としては「学校教育における学習によって得られた能力」という規定が一般的である。学力は「人類や民族の文化遺産（科学・技術・芸術の体系）を再構成した『教科』や『教材』が媒介となって獲得され、学習の対象となる教育内容と、学習の主体である学習者の情意的側面との「結合・統一において、『生きて働く力』」となって形成される（引用は奥田真丈・河野重男監修『現代学校教育大事典』における「学力」（木下繁弥）の項より）。

［音楽科の教育内容と学力］では、音楽科教育で求める学力は何か。木下の見解に依拠すれば、それは音楽科で扱う教育内容から導くことができる。しかし、音楽科の内容は「歌唱や鑑賞をすること」というように学習活動と混同してとらえられるなど、学術的にも不明瞭な点があった。そうした中で、日本学校音楽教育実践学会は平成13（2001）年から5年かけて「21世紀の音楽カリキュラム」開発を行い、教育実践学研究として音楽科における教育内容を明確に描出した。その第1は、人・生活・音楽のかかわりを内容とする「人と地域と音楽」。第2は、音楽の認識とそれを基盤に表現することを内容とする「音楽の仕組みと技能」。第3は、音・言葉・動きのつながりや、音楽と他媒体のかかわりを内容とする「音楽と他媒体」。これらは音楽科の教育内容として普遍性の高い3本の柱であり、これに情意的側面が加わって結合・統一される能力は、音楽科で求める学力として普遍的なものであるといえる。

［学習指導要領で求める学力］一方、学力は時代や社会の趨勢を受け止めて規定される面ももつ。我が国の政策として求める学力は学習指導要領によって具体的に示される。平成20年告示（小・中学校）、同21年告示（高等学校）の学習指導要領では、「音楽への関心・意欲・態度」「音楽表現の創意工夫」「音楽表現の技能」「鑑賞の能力」の四つが求める学力として定められている。また今後は、人工知能の出現や一つの解を導くだけでは対応できない社会構造の中で、持続可能な社会創造に貢献できる人材として必要な能力も学力として求められてくる。例えば、平成29（2017）年の学習指導要領（高等学校は平成30年告示予定）では、「知識・技能」「思考力・判断力・表現力等」「学びに向かう力・人間性等」が、「資質・能力の三つの柱」として示されている。音楽科で求める学力もそれに対応して具体化されていくことになる。

［学力と評価の関係］学力育成に向かう教育実践過程において評価が欠かせないことは自明である。求める学力は目標として掲げられ、内容を対象として方法が講じられる。評価は目標の実現状況を把握するものであるが、同時に、内容、方法、そして評価そのものに対しても、それらの適切性を音楽科の特質を踏まえた評価方法によって検証していくことになる。つまり、目標－内容－方法－評価によって構成される教育課程（過程）の全体を評価することが、音楽科で求める学力を確実に育成していくことにつながる。（宮下俊）

音楽科評価の歴史

［学業成績及び指導要録の歴史］学校教育における学業成績を記録する学籍簿は、近代学校教育制度の制定以降、学校教育の変革とともに改訂が重ねられてきた。

近代学校教育制度は、明治5（1872）年の「学制」発布によって開始され、音楽科は科目「唱歌」として位置付けられていたが、実質的に授業が開始されたのは明治20年代になってからのことである。この時代の学籍簿は、戸籍簿的な性格が強く、学業成績に関して統一的な様式はなかった。

明治33（1900）年に学籍簿の様式が統一され、昭和13（1938）年の改訂で相対評価が原則とされた。この背景には、1910年代からのソーンダイク（Thorndike, E.L.）らによる教育測定運動の隆盛があり、正規分布曲線に基づく相対評価が学校教育において一般化されることとなった。

昭和16（1941）年の改訂では、国定教科書に示された各学年相応の学力基準に達しているかを評価する到達度評価が試みられた。

戦後、学籍簿は昭和24（1949）年に「児童指導要録」、「生徒指導要録」と名称が変更され、指導の原簿としての性格が強くなった。昭和30（1955）年、昭和36（1961）年に改訂された指導要録では、外部に対する証明の機能がクローズアップされており、正規分布曲線による相対評価が原則とされた。続く昭和46（1971）年の改訂では、各段階の配分は一定の比率を定めて機械的に振り分けることがないように、との留意点が示されたものの相対評価による評価は維持されている。

この中で昭和47（1972）年、ある中学校音楽教師が5段階評価ですべての生徒に「3」を付けたいわゆる「オール3事件」が起こる。これは、当時社会的にも広く注目を集めた音楽科の評価の在り方を問う出来事であり、評価の規準・基準の明確化・詳細化への指向を促す、一つの重要な契機となった。

昭和55（1980）年の改訂において、「所見」欄が、「観点別学習状況」欄へと改められ、学習指導要領に示す目標の到達状況を観点ごとに評価することとなった。続く平成3（1991）年の改訂では、学習の記録に関しては「観点別学習状況」欄を基本とし、目標の実現状況を観点別に絶対評価を加味した相対評価で表すこととなった。相対評価から目標に準拠した評価（絶対評価）になったのは、平成13（2001）年の改訂においてである。

［実践における評価の歴史］昭和32（1957）年の文部省指導書において、学習指導と評価は一連の活動である旨が示されていることからも明らかなように、1950年代からすでに学校教育において評価は、ただ単に価値付けを行うだけではなく、その結果を指導に生かすという考え方が広まっていく。

その中で、1960年代から1970年代にかけて、目標を階層化し、詳細かつ具体的なものへ分類しようとする動きがみられた。この背景には、ブルーム（Bloom, B.S.）らによる完全習得学習の授業モデルと教育目標の分類体系（タキソノミー）の影響がある。音楽科においてもブルーム理論に則った目標の分類化が試みられたが、音楽科の目標を「行動目標」として表すことの困難さが指摘された。また、細分化した目標のすべてを到達させなければならないことに主眼が置かれ、「評価のための評価」に陥ってしまうという批判が生まれた。ただし、完全習得学習で示された「形成的評価」の理念は、教育の中に定着した。

現在における音楽科評価の実践的研究として、今後の音楽科に求められる学力観に対応した評価観点、評価規準、信頼性や妥当性が担保された多面的で多様な評価方法等の開発が進められている。（古山）

音楽科における学力評価

[学力評価の意義] 広義としては、学校教育で求める学力の実現状況を把握・分析し、学習や指導、教育施策の改善等に資するものとしてとらえられる。しかし一般的には、教育課程実施状況調査、学習指導要領実施状況調査、全国学力・学習状況調査等、国や地域の教育行政や教育施策、学習指導要領の改善を図るために実施されるものという認識がある。

この認識の背景には、学力は国の教育施策と強い関係性をもって規定されていることにある。我が国において、学力は、教育基本法における「教育の目的」(第1条)、「教育の目標」(第2条)、学校教育法第21条に掲げられた目標に則り、学習指導要領に具現化されている。例えば、義務教育で求めるいわゆる「学力の3要素」は学校教育法第30条第2項に定められ、それを教科の特質に即して教科目標として具体化されている。そのため、全国学力・学習状況調査における教科に関する調査でも、「主として『知識』に関する問題」によって「基礎的な知識・技能」を、「主として『活用』に関する問題」によって「基礎的な知識・技能を活用して課題を解決するために必要な思考力・判断力・表現力」を評価できるように設定されている。しかし、全国学力・学習状況調査は、すべての教科や学年に対して実施されているものではなく、また実技のような技能にかかわる学力は調査の対象から外れている。

[音楽科に対する学力調査] 音楽科で求める学力を全国的に調査することは、特に実技面において困難な点がある。しかし、国立教育政策研究所が平成20(2008)年10月から翌年にかけて実施した「特定の課題に関する調査」(小学校第6学年、中学校第3学年、それぞれ約3000人を対象)では、リズムづくり(小学校)や歌唱(中学校)等に対して実技調査が取り入れられた。

同調査は、実技を含むペーパーテストにより、基礎的・基本的な知識、感じ取って工夫する力、音楽表現の技能、鑑賞する力の実現状況を把握することを目的に行われ、結果とそこから導出された「指導の改善のポイント」がホームページ等で公表された。その後、平成24年度の小学校学習指導要領実施状況調査では音楽科についても行われ、平成20年の学習指導要領で求められている学力の実現状況が確認されるとともに、その分析結果は次期学習指導要領改訂に反映されている。

[教育実践学研究としての学力評価] 学力に対する評価は、このように規模の大きな学力調査のみならず、日々の教育実践において教師は常に行っていかなければならないものである。しかし、教育実践学研究として学力評価が重要な意味をもつことはあまり認知されていない。

教育実践学を構築していくサイクルは、「理論→実践による検証→検証に基づく新たな理論の構築」である。実践と検証を経て構築された新たな理論もまた仮説的なものであって、引き続いて実践と検証を行うことにより再び更新されていく。そのサイクルの中で、実践によって育成しようとした学力の実現状況は、一つは指導の改善にフィードバックされるが、もう一つは新たな理論構築のための根拠資料として寄与させるべきものである。

既存の理論を実践に基づいて検証したり、実践から新たな知見を得ようとしたりする時、その実践に対する学力評価の結果は、実践に対する省察の視点でもあり、理論を検証したり更新したりするための客観的事実となる。教育実践はすべからく学力保証を目指して行うべきものであり、また教育実践学研究の究極も学力保証にある。そのために、理論構築においても実践においても学力評価は欠くことができないものである。(宮下俊)

評価の内容

観点別評価

[意義]学習指導要領に示された目標に対して、身に付けた学力や学習状況をいくつかの観点を定めて行う評価のことをいう。初等・中等教育における目標は、教育基本法に掲げられている「教育の目標」を最上位とし、各教科、各学年、各単元・題材、各授業というように順に具体化されていく。また、目標を目指して育成する学力も、学校教育法において示されている「学力の3要素」を軸に、同様に具体化されていく。

そもそも学力とはいくつかの要素で規定される総体的なものである。それは「学力の3要素」、すなわち「基礎的な知識及び技能」（要素1）、「基礎的な知識や技能を活用して課題を解決するために必要な思考力、判断力、表現力、その他の能力」（要素2）、「主体的に学習に取り組む態度」（要素3）である。したがって学力に対する評価もこの3要素を観点に行うこととなる。

各教科における評価の観点は、「学力の3要素」に基づきながら各教科の特性に即して具体化される。そして各単元・題材、及び各授業における評価の観点は、それぞれ整合性を保ちながら階層的に設定される。逆に、各授業における観点別評価の結果は、各授業、各単元・題材、各学期、各学年を通して集積され、それぞれのレベルで学習指導の改善にフィードバックさせるとともに、指導要録における「観点別学習状況」及び「評定」へと総括されていく。

[音楽科における観点別評価の観点]各教科（科目）における評価の観点は、学習指導要領の改訂に伴って変遷する。平成20（2008）年告示（小・中学校）、同21（2009）年告示（高等学校）の学習指導要領に対応する音楽科（芸術科音楽）の観点別評価の観点は、「音楽への関心・意欲・態度」（観点1）、「音楽表現の創意工夫」（観点2）、「音楽表現の技能」（観点3）、「鑑賞の能力」（観点4）の四つであった。「学力の3要素」との関係は、要素1が観点3と観点4に、要素2が観点2と観点4に、要素3が観点1に対応する。

一方、平成29（2017）年の学習指導要領（高等学校は平成30年告示予定）に対応する観点別評価の観点は、小・中・高等学校の各教科を通じて「知識・技能」「思考・判断・表現」「主体的に学習に取り組む態度」の3観点に整理して示される見込である（平成28（2016）年12月の中央教育審議会答申より）。

[観点別評価の実際]指導計画の作成においては、計画する各単元・題材、各授業ともに、そこで扱う目標、内容に即して観点別評価のための評価規準を定める。目標と評価は表裏一体をなすものであるから、当然、各単元・題材や各授業の目標もこの観点に対応させて設定しておく必要がある。評価規準は、目標に照らして観点別に実現状況を評価するためのよりどころとなるものであり、その設定は指導者が行う。その際、国立教育政策研究所教育課程研究センターが作成する「評価規準の作成、評価方法等の工夫改善のための参考資料」は、評価計画作成のための手引きとなっている。

[観点別評価の留意点]観点別評価は、教科で求める学力の総体をいくつかの側面（観点）から見て評価するものである。そのことにより学力の評価がより具体的に焦点化される。反面、各観点の評価結果を単に寄せ集めるだけでは学力全体の評価として信頼性・妥当性が担保されない。指導者は各観点の趣旨と観点間の関係性を正確に理解し、目標に即して適切に評価規準を設定しなければならない。また授業実践においては、観点別評価の結果が評定のための客観的根拠になることを意識して臨まなければならない。（宮下俊）

観点別評価の観点「知識・技能」

　この観点は、平成29（2017）年の学習指導要領（高等学校は平成30（2018）年告示予定）に対応して示される見込である（平成28（2016）年の中央教育審議会答申より）。それは、学校教育法第30条第2項に示されている「基礎的な知識及び技能を習得させる」に対応する評価観点である。

　指導者にとって、音楽科で育成する「知識」「技能」については正しく理解しておくことが非常に重要になる。「音楽にかかわる基礎的な知識」ととらえると、それは音楽理論や音楽史的な内容になる。しかし、初・中等教育における音楽科で育成する知識は、すべての学習者に対する人間形成として、また人生において生きて働くものとして獲得させるものである。それは学習指導要領の教科目標に示されている「生活や社会の中の音や音楽（音楽文化）と豊かに関わる資質・能力」（カッコ内は中学校）の一つとして位置付けられるものである。

　具体的には、「曲想と音楽の構造などとの関わり」（小学校）や、「曲想と音楽の構造や背景などとの関わり及び音楽の多様性」（中学校）などである。それらは当然、表現や鑑賞の活動を通して学習されるものであり、感性や音楽に親しむ態度とあいまって培われていく。さらに、そこで獲得された知識は、その後の学習や生活といった新たな経験において、自己とのかかわりの中で生きて働くとともに、常に更新されていくものである。

　技能についても、歌唱や器楽における演奏技術のみを指すものではなく、感性を働かせて表現したいものと表現されるものとの間を考えたり、音楽活動に主体的に活用できたりするものでなくてはならない。そうした学力をこの評価観点で見取ることとなる。（清田）

観点別評価の観点「思考・判断・表現」

　この観点は、平成29（2017）年の学習指導要領（高等学校は平成30年告示予定）に対応して示される見込である（平成28年12月の中央教育審議会答申より）。それは、学校教育法第30条第2項に示されている、基礎的な知識及び技能を活用して「課題を解決するために必要な思考力、判断力、表現力その他の能力」の育成に対応する評価観点である。

　予測困難と言われるこれからの時代において、人工知能やロボットなどではなく人間でなくてはできない能力が、未来を切り拓き、創造していくための思考力、判断力、表現力である。とりわけ音楽科においては、知性だけではとらえられず、その価値も多様である音楽を、知性と感性とを融合させて認識し、表現したり鑑賞したりする中で思考力・判断力・表現力は発揮され、培われ、自己の感情を形成したり創造性を高めたりしていくことに寄与する。またそれは「知識・技能」ともつながっており、それを活用して考え、判断し、表現することで音楽の認識や課題解決に向かっていく。

　学習指導要領では、教科の目標に示されている「音楽表現を工夫することや、音楽を味わって聴くことができるようにする」（小学校）、「音楽表現を創意工夫することや、音楽のよさや美しさを味わって聴くことができるようにする」（中学校）が、求める思考力・判断力・表現力に相当する。具体的には、音楽を形づくっている要素を知覚・感受し、どのように表現したいかや、楽曲や演奏に対する評価、生活や社会における音楽の意味や役割などが、思考・判断・表現する対象となる。その学力をこの評価観点で見取ることとなる。（清田）

観点別評価の観点「主体的に学習に取り組む態度」

この観点は、平成29（2017）年の学習指導要領（高等学校は平成30（2018）年告示予定）に対応して示される見込である（平成28年12月の中央教育審議会答申）。それは、学校教育法第30条第2項に示されている「主体的に学習に取り組む態度を養うこと」に対応する評価観点である。

従前、音楽科におけるこの観点は「音楽への関心・意欲・態度」として示されてきた。しかし、改訂される学習指導要領が目指す「資質・能力の三つの柱」、すなわち「知識・技能」「思考力・判断力・表現力等」「学びに向かう力・人間性等」が明確化されたことに伴い、この観点は、音楽科で育成する「学びに向かう力・人間性等」を見取る評価観点として位置付くことになる。いずれにしても、音楽科で求める学力の中で、「関心・意欲・態度」にかかわる評価観点であることに相違ない。

「主体的に学習に取り組む態度」が意味する内容については正確な理解が必要となる。例えば、音楽科で育成する「感性」はそれに含まれるかどうかである。前述したように、この観点は「学びに向かう力・人間性等」に対応するものである。「学びに向かう力・人間性等」として示された資質・能力には感性も含まれるが、感性は「主体的に学習に取り組む態度」とは異なる。このことは、同中教審答申でも「感性や思いやり等については観点別学習状況の評価の対象外とする必要がある」と示しているので留意が必要である。

実際の授業では、学習内容への興味・関心、学習への主体的な取り組みなど、目標に対応させて求める姿を評価規準として設定し、実現状況を把握していくことになる。（清田）

カリキュラム・マネジメントとしての評価

「カリキュラム・マネジメント」とは、各学校における教育課程（カリキュラム）の編成・実施・評価・改善を意味する。平成29（2017）年の学習指導要領（高等学校は平成30年告示予定）では「社会に開かれた教育課程の実現」が重視され、前文にも学習指導要領の理念として示されている。

音楽科を視点にカリキュラム・マネジメントを考えると、次の3点がポイントとなる。第1は、音楽科の年間指導計画を各学校が育成を目指す資質・能力と関連付け、全校教職員がかかわって編成・評価・改善していくこと。第2は、音楽科と他教科等とのそれぞれの教育内容を関連付けて教科等横断的に教育課程を編成・実施・評価・改善していくこと。第3は、地域・社会と連携・協働し、そこでの人的・物的資源等を効果的に活用して音楽科で求める資質・能力を育成していくこと。

カリキュラム・マネジメントとしての評価は、音楽科の年間指導計画に対する評価、いわゆるカリキュラム評価にとどまるものではない。上記の3点について検証し改善に寄与するものでなくてはならない。第1については、各単元・題材の配列が教科として、あるいは各学年段階で求める資質・能力に対して適切なものであったか等を評価する。第2については、他教科等と関連付けることにより相互が求める資質・能力をより効果的・相乗的に育成することができたか等を評価する。第3については、外部人材等の活用が効果的であったか、これまで学んだことを生活や社会に生かす経験の場として子どもに与えることができたか、音楽が明るく豊かで持続可能な社会づくりに寄与していることを理解させることができたか等を評価する。（宮下俊）

評定・成績評価

［評定］評定は、各教科の学習において観点別に評価した学習状況を学期末や学年末などの節目ごとに総括したものである。指導要録では「評定」の欄に、例えば小学校は第3学年以上の各学年に、3、2、1の3段階で、中学校は各学年に、5、4、3、2、1の5段階で学年の総括を数値化して記入する。これらの段階は、平成13（2001）年の指導要録改訂までは集団に準拠した評価（相対評価）によって総括されていたが、この改訂により目標に準拠した評価（絶対評価）で行うこととなった。

それぞれの段階の意味は、小学校は、「3：十分満足できる状況と判断されるもの」「2：おおむね満足できる状況と判断されるもの」「1：努力を要する状況と判断されるもの」、中学校は「5：十分満足できるもののうち、特に程度が高い状況と判断されるもの」「4：十分満足できる状況と判断されるもの」「3：おおむね満足できる状況と判断されるもの」「2：努力を要する状況と判断されるもの」「1：一層努力を要する状況と判断されるもの」となる。学校ごとに書式を定める通知表等では◎○△などの記号が用いられることもある。

［成績評価］成績評価は、学習状況、学習の成果や結果を通知表などで本人、保護者に伝え、学習改善に寄与させるものである。なお、指導要録では数値化した評定を「評定」の欄に、文章による評価は「総合所見」の欄に記載するように様式が統一されているが、通知表など成績を保護者に伝える書類の形式については法令による規定はなく、様式や内容については学校長の裁量により作成することになっている。そのため各学校では、学校の実情に合わせた様式を工夫できる。

［単元・題材ごとの評価から評定への総括］評定への総括は、観点別に評価した単元・題材ごとの学習状況を集積して行われる。つまり、各単元・題材の実際の授業において観点別にとらえた児童生徒の具体的な学習の姿を根拠として、可視化された手続きを踏んで評定につなげていくことが重要となる。1年間に学習する各単元・題材は、表現・鑑賞領域の学習とも観点ごとに学習状況を見ることになる。そして各単元・題材について観点ごとに判断した結果を、「十分満足できる状況をA」、「おおむね満足できる状況をB」、「努力を要する状況をC」と、アルファベットで記録する。評定への総括は、学期ごとに行う通知表等の評価への総括と、年度末に行う指導要録の「評定」への総括とがある。指導要録の「評定」への総括は、年間を通した単元・題材ごとの観点別評価の結果を総括する場合や、学期ごとに観点別に総括した結果を総括する場合がある。

観点別学習状況の評価を評定へ総括する際には、例えば中学校で各観点の評価結果をA、B、Cの組み合わせで行う場合、四つの観点の評価結果が「AAAA」だとすれば評定は4か5、また、「BBBB」だと3、「CCCC」だと2か1にするというように、予め評定の決定方法のルールをつくっておく必要がある。

［成績の説明責任］成績は、学習意欲の向上や学習改善のために寄与させなければならない。そのためには、成績として示したA、B、Cなどの記号や数値のもつ意味として、どのような評価規準を設定したか、どのような学習状況からBや◎と判断したかなど、成績の基となるデータの具体的な根拠や、評定の算出方法について本人や保護者が理解できるよう説明できる用意をする必要がある。（田中）

指導要録

　指導要録は各学校において作成する表簿で、児童生徒の学籍に関すること、及び指導の過程と結果の要約など学習評価に関することを記録し、系統的な指導及び外部に対する証明等に役立たせるための原簿となるものである。

　内容は「学籍に関する記録（様式1）」と、「指導に関する記録（様式2）」に分かれている。また、学校教育法施行規則第28条により、その保存期間は5年間、うち学籍に関する記録については20年間と定められている。

　音楽科として記入する欄は、平成22(2010)年改訂の指導要録では、「各教科の学習の記録」の「Ⅰ観点別学習状況」の音楽の欄と「Ⅱ評定」の音楽の欄になる。どちらの欄にも1年間の学習状況を学年ごとに記入するが、評定については小学校では第3学年から記入することになっている。

　「Ⅰ観点別学習状況」の欄には、音楽科の内容のまとまり（「A表現・歌唱」、「A表現・器楽」、「A表現・創作（音楽づくり）」、「B鑑賞」）のそれぞれについて、4観点（「音楽への関心・意欲・態度」、「音楽表現の創意工夫」、「音楽表現の技能」、「鑑賞の能力」）で評価した結果を総括して「A（十分満足）、B（おおむね満足）、C（努力を要す）」で記入する。平成29（2017）年の学習指導要領では「知識・技能」「思考・判断・表現」「主体的に取り組む態度」の3観点に整理される見込みである。「Ⅱ評定」の欄には4観点でみてきた1年間の学習状況を最終的に総括した結果を、小学校では「3、2、1」、中学校では「5、4、3、2、1」の数字で記入する。

　これらの数字について、教師はその結果の背景となる具体的な学習状況や根拠資料などを保存し、評定に至ったプロセスを開示・説明できる用意をしておかなければならない。

（田中）

評価の方法原理

第4章　学力と評価

絶対評価と相対評価

［絶対評価］絶対評価は目標に準拠した評価と同義であり、目標に対応させて設定した評価規準に基づき、個々の児童生徒の学習状況が目標に対してどのような状況にあるのかをみる評価である。

［相対評価］相対評価は集団に準拠した評価と同義であり、集団を構成している児童生徒の学習状況の測定値から評価の基準を設定し、その基準に基づいて集団における段階や偏差値を示すなど、集団との関係で個人の学習状況をみる評価である。

［指導要録における絶対評価と相対評価］平成13（2001）年の指導要録の改訂で、評価方法が「相対評価」から「目標に準拠した評価（いわゆる絶対評価）」に改正された。その理由の一つは、児童生徒一人ひとりの進歩の状況や教科の目標の実現状況を的確に把握し、学習指導の改善に生かすこと、すなわち指導と評価の一体化が重視されたことにある。もう一つは、少子化等により学年や学級の児童生徒数といった母集団の数が減少してきたことに伴い、相対評価の前提となる正規分布が確保されなくなってきたことにある。

［絶対評価のメリットとデメリット］絶対評価のメリットとしては次の点が挙げられる。①学習目標に即して導いた評価規準に対応させて学習状況をみていくため、児童生徒は自身の、学習目標に対する実現状況を明確に知ることができる。②教師は児童生徒の学習状況を個別に把握することができるため、個に対応した指導改善の手がかりを得ることができる。

また、デメリットとしては次の点が挙げられる。①評価規準を設定する際に個人の主観的な考えが入りやすい評価である。したがって評価規準が教師の個人的な経験や主観に基づいた規準にならないように、設定する際には複数の教師で設定することが望ましい。②本人や保護者に伝えられる評価の結果は、相対評価である席次や偏差値とは異なり、教師の主観が作用しているのではないかと思われることがある。したがって評価の結果に公平性、客観性をもたせる意味で、各学校での評価規準や評定の算出方法について本人や保護者の理解を得ておくことが必要となる。

［相対評価のメリットとデメリット］相対評価のメリットとしては、次の点が挙げられる。①集団における位置をみる点で客観性の高い評価であり、判断の過程で教師の主観が入りにくい。②学習状況の測定値が正規分布になることを前提としているため、集団の規模が大きい場合、個々の児童生徒の学習成果を他者との比較により把握できる。

また、デメリットとしては次の点が挙げられる。①集団に準拠した評価であるため、示される段階などの評価結果からは、個々の児童生徒の正確な学力形成の情報は得られない。②同じ評価結果でも集団が異なる場合は、示される段階のもつ意味が異なってくる。③正規分布を前提としているため、母集団の規模が小さくなるほど段階の信頼性が薄れてくる。

［音楽科における絶対評価の留意点］音楽科では、客観的に正誤を判断できるような内容以外に、音楽の本質や児童生徒の感性といった、ある一つの基準をもって一様に評価することができない内容がある。それらに対する評価においては教師の主観をすべて排斥することは困難である。しかし、教育として求める学力とそれを確認するための評価規準との関係に客観性と整合性を担保し、その上で教師自身がもつ音楽的価値観や音楽的力量を評価に生かし、評価結果に対する信頼性・妥当性を客観的に説明できるように努めることによって、絶対評価のデメリットを克服することができる。（田中）

到達度評価

到達度評価とは、何をどこまで到達すべきかを具体的に示した到達目標を規準とする教育評価の考え方である。日本において、到達度評価は、正規分布曲線を規準とする相対評価への批判、ブルーム学派の教育評価論の影響、子どもの学習権の考え等を背景に、1970年代に登場した。

到達度評価の特質は、できない原因を子どもの資質や努力不足に帰するのではなく、分かるように教えてもらう権利（子どもの学習権）を前提として、常に教育活動の反省を促し、学力保障を目指す点にある。それは、実践前に学習への準備状況や興味・関心を把握し、その後の指導計画に生かす「診断的評価」、実践過程において学習状況を点検し、授業方法を改善する「形成的評価」、実践の終わりに学力の到達点をとらえ成績をつけ、実践の反省を行う「総括的評価」によって具体化される。ここには指導と評価の一体化の考えがある。

音楽科教育における到達度評価は、ト長調について理解できる、歌詞を理解してリズム、音程を正しく歌うことができる、曲の主題と演奏楽器との関係が分かるといったように、客観的に把握できる内容を分析し、要素に分けて指導し評価することを主眼とした。このことは、子どもの主観や個性、芸術の全体性を顧慮しつつも、芸術評価ではなく教育評価の立場において一定水準の学力を保証する責務を果たすという考えに立脚していた。

このような到達度評価に対しては、目標の細分化に対するいわゆる「目標つぶしの授業」といった批判や、目標をこえる子どもの姿を軽視する等の批判があがる。「目標に準拠した評価」は、こうした到達度評価の課題の克服を担うとともに、教育改善による学力保障という特質を受け継ぐものである。（小山）

自己評価

評価を受ける者が評価を行う者と同一であること、つまり、学習者自身の知識、技能、態度、意欲、思考、判断、行動等について、自分で振り返り、価値付けを行うことを指す。

自己評価は、外的に設定された規準・基準に照らし合わせて行う場合と、自分自身の判断基準に基づく場合がある。自分自身の基準に基づいて自己評価が行われる場合は、その判断基準が妥当であるかが重要となる。

学校教育における自己評価の重要性への着目は、昭和58（1983）年11月の「中央教育審議会教育内容等小委員会の審議経過報告」（第13期中教審）によって「自己教育力の育成」が目指されたことを契機とする。自己評価によって自らの状態や課題を認識し、それを向上させるため、克服するために学ぶという循環的なサイクルは、まさに自律的な自己学習であり、自己教育力そのものといえる。

現在、自己評価の教育的意義は広く認められている。しかし、自己評価においてかつて問題視されていたのは、その「信頼性」であった。例えば、学習者による自己評価と、指導者による他者評価の結果に乖離がみられる場合、学習者は自分自身の状態や能力を過大あるいは過小評価している可能性がある。学習者の自己評価の的確さは、自己肯定感や自己顕示欲求の程度、課題認識の明確さ、評価を行う際の規準・基準の適切さが影響している。これらが適正なものになれば、自己評価と他者評価の乖離は是正される。したがって、学習者は自らの評価が偏っていないかを確かめる機会が与えられるべきである。

音楽授業においても、自律的な学習者を育てる視点から、学習者自身による評価という行為そのものを指導の一環として位置付け、意識的に活用されている。（古山）

個人内評価

指導者が学習者個人に内在する基準によって評価を行うもの。個人内評価では、他者との比較ではなく、集団との比較でもなく、個人の育ちに主眼を置く。したがって、個人のこれまでの状態がその評価の基準となる。この性質により、個人内評価は一人ひとりの特性や個性を大切にする評価ともいえる。

個人内評価には、「縦断的な視点」と「横断的な視点」がある。「縦断的な視点」とは、時間的な経過の中で、ある一つの能力の伸長を把握しようとするもので、一方の「横断的な視点」とは、他の能力や状態と比較して、多面的な学習者の有り様を把握しようとするものである。いずれにしても、この評価は他者と比べるものではないことから、個人のありのままを認め、その育ちがどのようなものかを把握するために行うものであり、教育的意義を強くもつ評価といえる。

また、指導者による個人内評価の結果を学習者自身に認識させることは、その学習者にとって、自己理解をより一層促すものとなる。指導者にとって個人内評価によって得られる情報は、児童生徒理解を深めるものであり、学習者一人ひとりへの指導に還元されるべきものである。

集団での教育を基本とする学校教育において、外的に設定した到達目標に照らし合わせた学習成果の評価とともに、学習者一人ひとりの育ちを大切に認める評価が教育上重要であることはいうまでもない。音楽学習の過程において、個人内評価を通して学習者が自らの成長状態を把握することは、克服すべき課題を認識することとともに、自分の状態を肯定し自分自身を認める機会にもなる。また、自らの状態の適切な認識は、学習態度の形成にもつながる。(古山)

相互評価

相互評価とは、学級やグループ内で児童生徒が互いに学習活動や成果を評価し合うことである。

平成元 (1989) 年の学習指導要領で「新しい学力観」が示され、その実現のために多元的な評価が求められた。それを受け、教師による評価に加え、児童生徒による自己評価や相互評価が重視されるようになった。

さらに、平成 22 (2010) 年に出された中央教育審議会教育課程部会「児童生徒の学習評価の在り方について (報告)」では、相互評価は自己評価とともに、児童生徒が自身のよい点や可能性について気付くことを通じ主体的に学ぶ意欲を高めるものであると示した。

音楽科における相互評価の重要性は、昭和 27 (1952) 年発行の浜野政雄『音楽教育評価の方法と活用』においてもすでに指摘されている。そこでも、自発的な活動を中心とする学習において、相互評価は極めて効果的であると述べられている。

音楽授業における相互評価は、音楽表現を工夫し合ったり、互いの演奏や鑑賞活動における批評文等について意見を交わしたりする場面で効果を発揮する。そこでは相手の考えや表現を単にある一つの基準 (規準) で価値付けするだけでなく、相手のよさや自分にはない新たな側面を見いだし、相互にそれを伝え合い高め合うことに意義がある。またそのことを通して、目指す目標をより具体的に共通認識することもできる。

相互評価は、このような意義を満たすテーマによる対話や、建設的に意見を交換し合えるように工夫された相互評価カード等がその方法となる。それらを有効に機能させることは、主体的・対話的で深い学びによるアクティブ・ラーニングの実現にもつながる。(酒井)

ポートフォリオ評価

　ポートフォリオとは、学習者の発言や記述の記録、創作メモや使用した楽譜、批評文、演奏録音、授業者の観察記録など、学習者の学びの記録を収集・蓄積したものを指す。

　ポートフォリオ評価は、日々の授業実践を通してポートフォリオに蓄積された様々な資料を活用し、それらを関連付けながら学習者の学びを総合的・統合的に理解し、学習状況や成果を評価する方法である。

　ポートフォリオ評価の利点は、学習成果のみならず学習過程における学びの記録を基に、個の学習過程に即して学びの軌跡をたどりながら学習状況や成果を理解することができる点にある。同時に、学習者にとっては、ポートフォリオをつくり活用する活動を通して、自分自身で過去に学んだ内容をとらえ直したり、現在学んでいる内容と関連付けたりすることができ、主体性や自己評価力が育つ。

　例えば、日本の民謡を教材とする授業では、学習者自身が収集した参考資料、ワークシートの記述、授業者による板書の記録、学習成果としての批評文、演奏CDなどがポートフォリオに毎時間蓄積される。授業者はそれらを手がかりに例えば、教材曲の仕組みを知覚・感受できているかどうか、過去に学んだ内容と関連付けて考えを進めているかどうか、学んだ内容をどのように活用して批評を導いているかなど、一人ひとりの学びの諸記録を関連付けながら評価することが可能になる。同時に学習者は、自身のポートフォリオから過去の学習記録を抜き出し、初めて民謡を聴いた時に綴った印象と比較したり、歌い方の成長を確認したりすることができる。

　以上のように、ポートフォリオの活用は、過去の学びと現在の学びを関連付けて評価し、さらに次の学びへの指針を導くことを可能にする。（横山真）

パフォーマンス評価

　パフォーマンス評価とは、知識や技能を活用して行われるパフォーマンスに基づく評価のことである。この評価の背景には、知識や技能を再生する力だけではなくそれらを活用する力を育成すべきであるという目標観、及び、活用する力を評価するためには断片的な知識を問う客観テストとは異なる評価方法を必要とするという評価観がある。また、この評価は、質的な評価の指標であるルーブリックの使用を提案するものである。

　具体的な評価方法としては、観察や対話による評価、自由記述問題、実演や作品の評価等様々なものがある。特に様々な知識や技能を総合して使いこなすことを求める複雑な課題を「パフォーマンス課題」という。また、リアルな文脈をもつパフォーマンス課題を「真正のパフォーマンス課題」という。

　真正のパフォーマンス課題は、音楽科で従来からなされてきた演奏や創作作品のパフォーマンスに対する評価に、新たな視点を提供する。その一つは、音楽家の仕事や生活の中の音楽活動を模写する課題によって、学習内容の意味を理解させ学習意欲を高めると同時に、より高次の思考や創造性を表現させることを求める点である。もう一つは、課題遂行の過程に、課題の目的や評価規準に基づくフィードバックを基礎とした自己評価・自己調整の機会が組み込まれる点である。

　リアルな文脈をもつ課題としては、「レクチャーコンサートをひらこう」「CM音楽をつくろう」「音楽エッセイを書こう」等が考えられる。このような課題において、演奏や創作にかかわる知識や技能等の個別の学習内容は、創造的な活動に必須のものとして学習される。また、その過程においては自分のパフォーマンスを振り返り練り直しながら完成させていくことが求められる。（小山）

評価の妥当性と信頼性

　妥当性とは、ある評価方法が評価したいものを実際に評価しているかを示す概念である。妥当性の定義については諸説が提案されてきたが、1980年代以降それらは「構成概念妥当性」に集約されてきた。構成概念妥当性とは、テストが評価しようとするもの（例えば歌唱）の構成概念（発声の技能、表現の意欲や工夫等）を適切に測れているかどうかを問う概念である。

　一方、信頼性とは評価結果の安定性や一貫性を示す概念であり、評価方法の信頼性と採点の信頼性がある。前者は、テストが複数回行われても同じ結果を示すかどうかを問うものである。後者には、同じテストに対する異なる評価者の採点結果の一貫性を示す「評価者間信頼性」と、同じ評価者による2度の採点結果の一貫性を示す「評価者内信頼性」がある。

　近年ギップス（Gipps, C.V.）は、教育評価の質を確保する新しい指標を提案している。構成概念妥当性をより具体的に示す「カリキュラム適合性」は、カリキュラムが明確に規定され、評価がそのカリキュラム全体を対象としていることを示すものである。それは、音楽科の学力の全体構造を明らかにし、学力の質に応じた評価方法の開発を求める考えである。この視点によって、例えば「音楽表現を創意工夫する力」や「自分なりの価値判断をする力」といった高次の能力の評価が、知識や技能のみを問うテスト等とは異なる方法によって実施されることが目指される。また、信頼性に代わる概念である「比較可能性」は、評価者らが共通の評価基準で採点することにより確保されるものである。パフォーマンス評価にルーブリックを用いることや、複数の評価者で評価規準・基準を討議するモデレーションを行うこと等が求められる。（小山）

評価計画と評価の機能

評価計画

　評価計画とは、学習指導要領に基づく教育目標に照らして児童生徒の学習の状況を把握し評価するための計画。平成13（2001）年の指導要録改訂により「目標に準拠した評価」が採用されたことから、目標に対する学習状況の評価をするために評価計画の重要性が認知されるようになった。

　評価計画は年間、学期から単元・題材と様々な単位で計画されるが、実際の児童生徒の学習状況を対象とする単元・題材の単位での評価計画がとりわけ重要となる。そこでは、児童生徒の学習活動から単元・題材目標につながる学習状況を、指導要録に示された諸観点から見取ることになる。

　したがって、評価計画を立てるには、この単元・題材で児童生徒が実現すべき学習目標は何かを具体的にとらえることが重要となる。学習目標は、学習指導要領の指導事項から引き出される。そして指導計画と並行して評価計画を立てていくことになる。

　評価計画が示すものは、評価の対象、評価の観点、評価規準・評価基準、評価方法、評価後の指導の手だて等である。評価の対象とは、指導計画のどのような学習活動から見取るのか（例えば音楽づくりで即興的にリズムパターンを生み出す活動）ということである。その活動をどういう側面から見るのかが評価の観点（「知識・理解」「思考・判断・表現」「主体的に学習に取り組む態度」）である。評価の観点は同じ活動に対して複数設定する場合もある。そして見るときの評価規準・評価基準を設定する。それを見取る適切な方法を選ぶ。さらに、評価した結果を次の指導にどうつなげるか、特に評価規準に届かなかったと判断した児童生徒に対する指導の手だてを設定することも評価計画の一つである。（衛藤）

評価の機能

　教育における評価の意義は広範で、様々な機能をもつ。しかし狭義としての評価がもつ機能は、ひとえに目標実現に向けて指導と学習の改善に資するフィードバックにある。それは学習指導の途上における評価は無論、テストや成績評定についても、それを指導者や学習者が把握することにより、次の学習指導のために寄与させることでこの機能が果たされていく。

　平成12（2000）年の教育課程審議会答申では、具体的に以下の3点を挙げている。

　一つ目は、教育目標を実現するために指導計画や指導方法、教材、学習活動等を振り返り、教育改善にフィードバックさせること。例えば、指導内容としている音楽の構成要素が知覚・感受できているかを評価し、不十分であれば新たな手立てを講じてさらに目標を目指すことになる。

　二つ目は、子ども一人ひとりのよさや可能性を積極的に評価し、それを子どもに伝え、豊かな自己実現に役立てること。また、子ども自らが学習状況を把握し、自分や他者のよさや可能性を見いだす自己評価や相互評価も含まれる。例えば、表現活動で自分達の演奏を録音して聴くことで表現のよさに気付いたり、相互評価を行って互いのよさを認め合ったりすることなどである。

　三つ目は、保護者等外部の人々への説明責任を果たし、教育全体について省察し改善を図ること。例えば、保護者に対してどのような方法で指導したか、評価方法、評価規準をどう設定し評価に至ったか等、評価結果の決定過程を開示する。これもまた保護者とともに教育目標を実現していこうとするフィードバック機能である。（衛藤）

授業過程における評価

［意義］授業を進めていく中で、主としてその授業の目標に対して行う評価のことを指す。

1970年代、ブルーム（Bloom, B.S.）らは、評価の概念を実施時期と機能の面から「診断的評価」、「形成的評価」、「総括的評価」の三つに分類した。診断的評価は学習に入る前のレディネスを確認するもの、形成的評価は学習の途上における目標達成状況を確認して学習指導の改善にフィードバックするもの、総括的評価は学習終了後にその成果を確認するもの、という分類である。しかし、実施時期と機能を込みにしてこの分類をとらえるといくつかの矛盾が発生する。例えば、診断的評価の結果を踏まえて指導案を作成したり、総括的評価として行った期末テストの結果から学習改善の促しや施した指導を反省したりすることは形成的評価の機能をもたせていることになる。また、授業の途上で行った小テストの結果もそれ以後の学習指導の改善に反映させなければ形成的評価の機能は果たせない。

授業過程における評価のほとんどは、その結果を教師と子どもがともに認識し、直後の指導や学習の改善にフィードバックさせる形成的評価であるといえる。

［教師の意思決定としての評価］授業中、教師は常に評価を行っている。視覚や聴覚等を通して絶え間なく子どもの情報をつかみ、その情報に基づいて瞬時に次の教授行為を決定したり修正したりする極めてミニマムなフィードバックサイクルによる形成的評価である。それは即時的、連続的になされる教師の意思決定としてとらえることができる。例えば、「もう少し背筋を伸ばして歌ってみてごらん」という指導言が決定されるまでには、次のような意思決定過程をたどる。①背筋が伸びていない姿そのものや声が伸びやかに届いてこないといった事実の知覚。②その事実から、歌いたいという欲求がまだ備わっていないのではないか、イメージがまだ形成されていないのではないか、といった原因の推測。③その原因を解消するために、その子どもにとって最も適切だと考えられる指導言の決定。

教師はこのような一連の意思決定過程を授業の流れを妨げることなく瞬時に行わなければならない。このことは、特に音楽という時間芸術を扱う音楽科教師にとって最も重要な授業実践力の一つであり、授業過程における評価の実践力として求められる。

［授業過程内でのフィードバック］ブルームらは形成的評価の方法の一つとして、授業の終了前に行う小テストのような「形成的テスト」を提示した。これは、その授業時間での学びを確認し、その結果を次の授業にフィードバックさせるという「単元レベル」の形成的評価である。授業過程における評価を「授業レベル」の評価としてとらえると、授業目標（本時目標）に対してその実現を確認することと共に、授業内での実現に向けて形成的に評価を機能させていくことが課題となる。

そこでは、子どもの表情、発言・発話、音楽表現、ワークシート等を対象とする評価が中心となる。それは当然、授業目標に対応させて作成されている観点別評価の評価規準に即して評価しなければならない。前掲した「もう少し背筋を伸ばして歌ってみてごらん」の例のように、授業過程で教師が改善を図りたいと思うことは多く出現する。しかし、それらのすべてに対応していくと、その授業の目標や指導内容の本質から乖離していく恐れがある。あらかじめ作成するワークシート等は無論、授業過程で遭遇するすべての事象に対しても、目標の実現をみるための評価対象になるべきものかどうかを判断しなければならない。このこともまた、授業過程における評価のための高度な意思決定能力になる。
（宮下俊）

評価の手法

■ アセスメントシート

　授業者が、目標に照らして学習の達成状況を価値判断することを目的として、個々の学習者の学習状況を確認する質問紙のこと。単元・題材の最後等、学習の区切りで実施される。学習の成果を適切に読み取るために、音源の聴取や批評文を組み込む、楽譜に表現意図を書き込ませるなど書式は様々に工夫される。また、単元・題材の最終場面におけるアセスメントシートの記述は、授業者にとって単元・題材の最終的な評定の情報となると同時に、学習者がこれまでの学習活動を総合的にまとめて自己評価することにもつながり、学習者自身が学びを価値付ける役割も果たす。さらに、アセスメントシートによる評価は、ワークシートやポートフォリオなどの学びの記録や観察による評価と関連付けられることでより妥当性をもつ。(横山真)

■ 学習カード

　学習のねらいを達成するために、教師が意図をもって作成する印刷物。多くの場合「ワークシート」と同義で使われる。

　学習カードを構成する内容には、音や音楽に対する知覚・感受の結果、表現したいイメージ、表現の意図や方法、文化的側面や図形楽譜を含む音符や音楽記号の理解内容、批評文やその作成に至る過程などがあり、教師は、学習のねらいや活動分野や領域に応じ、それらを組み合わせて作成する。

　学習カードを使用することにより、児童生徒にとっては、自分なりの聴き取り方や感じ取り方、音楽に対する理解や価値判断などを自覚したり、それらを他者に伝えたりするためのツールになる。また、教師にとっては、児童生徒の学習の状況を評価する手段の一つとなる。(山下敦)

■ ワークシート

　学習者が、授業中の活動の前後あるいは最中に、授業者からの問いに対して自分が考えたことや感じたこと気付いたこと等を記述する質問紙のこと。学習者が自分自身の学びを自覚し、次に展開させることにねらいがある。ワークシートの利点は、学習者の内的な思考・イメージ・感情を顕在化、可視化する点にある。それゆえワークシートを用いて他者と相互交流することを通してコミュニケーションを促進させることが可能になる。授業者にとっては、指導内容にかかわる問いの言葉を厳選したり、言葉だけでなく描画を用いて記述できるようにしたりする等、ワークシートの書式を工夫することが重要になる。また、音楽表現活動とワークシートに記述し相互交流する活動を常に関連付けるように留意することが重要である。(横山真)

■ 批評文

　鑑賞学習の総括として、そこでの学びを踏まえて楽曲に対する自分なりの価値判断を言葉（文章）によって表わしたものである。楽曲に対する価値判断は、直感によってとらえた楽曲の印象、その印象や自分の感情に変化をもたらした音楽的要因（楽曲の仕組みに対する知覚・感受）、楽曲の文化的・歴史的背景や作曲者や演奏者の表現意図などに対する発達段階に即した思考や理解が基盤となり、根拠となる。

　批評の能力を批評文によって評価する場合、鑑賞学習によって培った成果としてこれらの根拠が備わった価値判断がなされているかが観点となる。つまり批評文は鑑賞の能力全体を評価する対象となる。(宮下俊)

実技テスト

　表現領域で培った学力を、演奏実技を通して評価する方法である。よって、演奏技術のみが評価の対象になるものではない。また、音楽科教育において「表現すること」の教育的意義は、イメージや表現意図などを音楽によって外界に表わし、外界にいる他者との間に音楽によるコミュニケーションを成立させることにある。よって、演奏による実技テストの場も、それを聴く他者の存在が必要になる。他者がいない場において他者を想定して演奏することは児童生徒にとっては難しい。また、教師1人の前で演奏することは、「評価する者とされる者」という関係性が強化され、演奏するという楽しさが失われる。教育としてのテストであっても、表現や演奏がもつ音楽の本質を失ってはならない。（宮下俊）

 ## ペーパーテスト

　ペーパーテストの特性は、主として知識の習得や理解の状況を客観的に評価できるところにある。音楽科においても求める学力として知識・理解に関する部分はあり、それを評価する方法としてペーパーテストを用いることはある。一方、音楽科にはペーパーテストは馴染まない面もある。ペーパーテストが馴染むか否かという問題は、培う知識は音楽学習における思考・判断・表現や生活における音楽活動に活用されるべきものであるという意識をもつことと、その視点に立った的確・適切な出題がなされることによって解決できる。ペーパーテストでなくてはならない理由や有効性を考え、ポートフォリオ評価などの他の評価方法と組み合わせて行うことにより、音楽科で求める学力を評価するための役割を果たす。（宮下俊）

 ## 観察

　授業者による観察という行為は、学習者にかかわりながら、学習者の諸活動の様子を注意深く見て価値判断し、観察結果を授業実践の改善に還元するものである。すなわち、関心や意欲などの情意的側面、知覚・感受などの認知的側面、演奏表現などの技能的側面の成長をとらえ、改善を図る評価の方法となる。特に、学習者が音を鳴らしたり話し合ったりするなど諸活動の様子を注意深く観察するとともに、諸活動の奥にある思考や判断過程を洞察することにより、学習者の学びの過程を形成的に評価する方法として効果を発揮する。

　観察による評価の信頼性を高めるには、発言や記述に対する評価と組み合わせたり、質的な評価基準となるルーブリックをつくりそれと照合させたりすることが重要になる。（横山真）

評価の実際

歌唱学習における評価

［音楽学習としての歌唱］歌唱、つまりうたを歌うことは音楽活動において大きな比重を占める。しかし、音楽学習としての歌唱はそこに学びが存在しなければならない。歌唱すること自体を学びとしてとらえると、発声やソルフェージュといった技術を得ることがそれに当たる。しかし、音楽科教育における音楽学習としての歌唱になると、歌う曲に対する音楽的認識、表現したいものをうたで表し伝えるための思考や工夫、そして表現するための技能などが学びになる。

例えば学習指導要領（平成29年告示、小・中学校）では、曲想を感じ取ったり曲の特徴をとらえたりして表現を工夫することや、思いや意図に合った表現をするために必要な範唱を聴いたり楽譜を見たりして歌う技能、呼吸や発音の仕方に気を付けて自然で無理のない歌い方で歌う技能、互いの歌声や伴奏などを聴いて声を合わせて歌う技能などを求めている。また、曲想と音楽の構造や歌詞の内容とのかかわりなどを、歌唱分野で求める知識として示している。

［歌唱学習の歌詞の役割］歌唱学習で用いる楽曲は、ヴォカリーズやスキャットで歌う曲を除いて必ず歌詞を伴う。そのため歌唱学習においては、歌詞の内容を理解し、歌詞や楽曲の仕組みとのかかわりからイメージを形成し、曲想を感じ取る過程が重要になる。そこでは、自分の経験とかかわらせながら歌詞に出てくる言葉の意味や描かれている内容を理解したり、歌詞が表す情景や心情を曲想とかかわらせて想像したりすることになる。

［歌唱学習に対する評価］このような学習指導要領に基づく歌唱学習を学力の3要素から評価するならば、次のようになる。

一つは、教材となる歌唱曲に興味・関心をもち、自分の思いや意図をもって意欲的・主体的に表現の工夫に取り組み歌おうとしているかを見る（主体的に学習に取り組む態度）。評価の方法は、ワークシートへの記述の解釈や授業中の行動観察が主となる。

二つは、自分の中に形成されたイメージや心情を歌唱表現で人に伝えるために、〔共通事項〕に示された要素や要素同士の関連を知覚・感受し、表現を工夫しているかを見る（思考・判断・表現）。評価の方法は、ワークシートへの記述や発言内容の解釈が主となる。

三つは、楽曲や表現についての知識や技能を生かして情景や心情などのイメージや思いを形成し人に伝えるために工夫したことが歌唱によって表現できているかを見る（知識・技能）。評価の方法は、演奏の技能や表現の質を解釈することが主となる。

［歌唱学習における評価の実際］ここでは中学校第1学年における《ソーラン節》を教材とする学習を例に挙げる。

「知識・技能」については、歌詞の内容を理解し、その内容や曲想からイメージした情景や心情が聴き手に伝わるように、工夫した発声やコブシなどの装飾音の効果を生かして歌えているかを見る。

「思考・判断・表現」については、歌詞の内容や曲想からイメージした情景や心情を聴き手に伝えるために、発声の方法やコブシなどの装飾音の使い方について工夫したり、何度も歌って確かめ、意見を交し合ったりした内容や状況を見る。

「主体的に学習に取り組む態度」については、《ソーラン節》の背景や歌詞を理解すること、それを生かしてどのように歌いたいかをイメージし、イメージに合った歌い方を工夫すること、工夫した歌い方を表現として実現することなどの学習に、主体的・意欲的に取り組んでいるかを見る。（田中）

器楽学習における評価

［器楽学習における評価］器楽は音楽科の表現領域の一分野であり、「器楽」の学習に対する評価は、特に楽器の音色や奏法、アンサンブルや合奏の特性を評価するところに特色がある。

［器楽学習の評価の視点］器楽学習における評価として重要視すべき視点を挙げる。

第1は、楽器の音色や響きと奏法との関係に対する知覚・感受及び理解である。楽器はそれぞれ固有の音色や響きと奏法をもち、演奏者はそれを生かすことで多様な表現効果を生み出すことができる。この楽器をこう鳴らしたらこのような音色や響きになるという、音色や響きと奏法との関係に注意を向けることで音色や響きに対する知覚・感受の能力が育ち、音色や響きと奏法との関係についての理解が得られる。そしてこの知覚・感受及び理解は、音楽表現の創意工夫につながるものである。そこに、創意工夫という思考・判断・表現の能力を見ていく必要が出てくる。

第2は、アンサンブルや合奏において、各楽器と全体の響きとのかかわりに対する知覚・感受、そしてそれに基づく音楽の構造におけるパートの役割の理解である。アンサンブルや合奏では、パートの役割やパート間の関係を譜面上だけでなく、自分の身体による楽器の操作を通して理解することが可能となる。単に自分のパート譜だけを追って音にしているのか、それとも自分のパートが音楽全体の中でどのような役割を担っているかを意識し、全体の響きを聴きながら演奏しているかという点を見ていく必要がある。

第3は、演奏技能の追究をイメージや思いとかかわらせて行っているかという点である。器楽学習では楽器を扱うことが前提となるため、ともすれば楽器操作の器用さに目がいくが、技能は表現したいイメージや思いとかか

わって育成されるものであることから、両者の関係に視点をおくことが重要である。

第4は、アンサンブルや合奏は協同の活動になるため、器楽学習で協同性や社会性を育成することができるといった特性をもつ。この点は教科を越えた汎用的な学力として21世紀の教育で重視される側面である。この側面をどう評価するかは今後の重要な課題となる。

［器楽学習の評価の実際］前述の評価の視点に対応させて《茶色の小びん》のアンサンブル活動を例に挙げる。第1の音色と奏法については、後打ちのリズムを演奏する木琴を担当する場合、後打ちリズムの軽やかさを出すために適切なマレットを選択し、鳴らした音に耳を傾けながら打ち方をいろいろ試しているかを評価することになる。

第2の全体とパートとの関係については、木琴の後打ちは低音のオルガンパートと組み合わさって、伴奏としての機能を果たしていることを理解し、オルガンパートとの音量バランスやタイミングを意識しているか、そしてそれを全体の響きに調和させているかを評価することになる。

第3の技能については、音楽の前半は軽やかにうきうきしたイメージをもって手首を返して後打ちのリズムを軽やかに鳴らし、後半は気分の高揚感を表すために3音の連打を力強く演奏している、というようにイメージや思いとかかわらせて技能を使っているかを評価することになる。

第4の協同性については、グループ練習の過程で演奏してみてどうだったか感想や問題点を互いに出し合い、解決策を助言し合うというコミュニケーションの様子を評価することになる。また、最後のアセスメントシートで、これまでに学んだ知識を生かし、自分にとって参考となった友達の発想や助言について記述させることも考えられる。（衛藤）

創作・音楽づくり学習における評価

［創作・音楽づくり学習における評価］創作・音楽づくりとは、学習指導要領に位置付けられている音楽科の学習活動の一分野であり、中・高等学校では「創作」、小学校では「音楽づくり」とよぶ。いずれも声や楽器や身の回りの音を素材として音の響きや組み合わせを工夫し、イメージを伝えるために音を音楽へと構成していく活動のことである。

創作・音楽づくりにおける評価では、最終的に完成した作品のみが評価の対象となるのではなく、その過程でどのような意図をもって表現を形づくってきたのか、また表現したいイメージの実現に向けて構成をどう工夫しているのかなど、創作の過程に働く子どもの内面にも着目して評価を行う。

［創作・音楽づくりで求められる学力観］創作・音楽づくりに関しては様々な考え方があるが、ここでは生成の原理という立場から創作・音楽づくりの学力観について示す。

生成の原理に基づいた創作・音楽づくりでは、作品を構成していくという外側の活動と、イメージや感情を発展させていくという内側の活動を意図的に連関させることが重視される。その本質は作品を構成していく活動を通してイメージや感情といった子どもの内面が再構成されていく点にある。

ではこうした創作・音楽づくりではどのような学力が求められるのか。一つはイメージと音楽の構成要素とのかかわりに関心をもち、イメージを表現するために音素材や構成要素の扱い方について思考するなど、子どもの内面で働く能力がある。他方、反復や変化といった音楽語法や技法を活用して満足のいく作品を形づくる能力も求められる。生成の原理に基づいた創作・音楽づくりでは、この両者を関連づけて学力をとらえる。つまり子どもの思考（内側）と作品（外側）の両面から学力が身に付いたかどうかをみることになる。

［創作・音楽づくりにおける評価の視点］創作・音楽づくりの活動を評価する際の視点として「知識・技能」「思考・判断・表現」「主体的に学習に取り組む態度」の3点より考える。

まず創作・音楽づくりにおける「知識・技能」とはイメージを表現するために音楽語法や技法を活用する力を指す。例えば「エネルギッシュな祭りのイメージ」を表現するために「リズムパターンを反復する」ことによって得られる特徴を理解したり、その技法を用いたりしているなど、イメージを表現するために知識や技能をどう活用しているかを見る。

つぎに創作・音楽づくりにおける「思考・判断・表現」とは音や音楽といった対象とのかかわりを通して音楽的意味を見いだし、意図をもって表現を工夫する力を指す。例えば「ドドンコドン」というリズムパターンに対して「力強く、山車が前に進む感じ」というイメージをもち、「エネルギッシュな祭りのイメージ」を表現するために、意図をもってこのリズムパターンを選択しているかどうかを見る。

そして創作・音楽づくりにおける「主体的に学習に取り組む態度」とは音や音楽といった対象に直接かかわり、構成活動を推進していこうとする力を指す。例えば「ドドンコドン」というリズムパターンを取り入れてお囃子をつくる過程において「このリズムパターンを使えばお祭りの盛り上がる感じを表現できそうだ」などとイメージと構成要素のかかわりに関心をもち、活動に見通しをもって主体的に取り組んでいるかを見る。（清村）

［参］小島律子「戦後日本の『音楽づくり』にみられる学力観－『構成的音楽表現』からの問い直し－」『学校音楽教育研究』第9巻, 2005.

鑑賞学習における評価

[鑑賞学習の目標] 鑑賞学習の目標は、音楽の要素や要素同士の関連を知覚・感受することを基盤に、音楽の特徴を文化的側面と関連付けて理解し、音楽の用語を適切に用いながら自らがもった音楽への価値判断の結果を言葉で説明したり批評したりできる能力を身に付けることである。その目標を踏まえ、扱う単元・題材に即して指導内容を明確化させることが、学習指導や評価の出発点となる。

[鑑賞学習における評価の視点] 評価においては、鑑賞学習の目標に即し、音楽の要素や要素同士の関連を知覚・感受すること、音楽の特徴を文化的側面と関連付けて理解すること、音楽を自分なりに価値判断すること、の三つとその関連性が視点として挙げられる。

[要素や要素同士の関連についての知覚・感受の評価] 音楽を形づくっている要素の知覚は客観的に評価できる。例えば、ある旋律を聴いてそのリズムを口ずさめたりたたいたりすることができればリズムの知覚ができているものと評価できる。また、学習者に速度が変化したところで手を挙げさせたり、強弱の変化を手の高さで表したりするなど、学習者の身体の動きを観察して評価することも可能である。

一方で、「明るい感じがした」などの音楽の質に対する感受は人それぞれの感じ方によるものであり、それだけでは客観的な評価はできない。「明るい感じがしたのは、スキップのリズムが使われているからだ」といったように、「明るい」という音楽の質を感受したことと、その理由となる要素の知覚ができているかどうかを見ることによって、要素や要素同士の関連についての評価が可能になる。

[価値判断に対する評価] 学習者が音楽に対してどのような価値をもったのかについて教師が見取るためには、楽曲の仕組みに対して知覚・感受したことを基に、自分が判断した楽曲全体に対するよさや美しさ、面白さなどを含めて批評文を書かせるという方法が有効である。批評文は、価値判断についての記述が明確であるか、価値判断が知覚・感受を根拠にして述べられているかなどの視点で評価する。

[文化的側面の理解に対する評価] ここでいう理解は、音楽の背景となる文化、歴史などと、音楽の特徴とのかかわりについての理解を指している。例えば、北海道民謡である《ソーラン節》を鑑賞した際に、民謡特有の声の音色や音頭一同形式での歌い合わせ方などから知覚・感受したことと、《ソーラン節》がつくり出されたニシン漁におけるうたの役割や漁の際の体の動き、漁が行われた季節や場所、当時の北海道の産業や文化などと《ソーラン節》の音楽の特徴をかかわらせて理解することである。これらの文化的側面の理解については、批評文などに表わされたものを通して評価することができるが、単にその知識が備わっているかどうかだけではなく、文化的側面と音楽の特徴とを関連付けて理解しているかを見ることがポイントになる。

[評価の実際] 単元・題材で計画した目標や内容に即し、観察や対話、記述、批評文などの様々な評価方法を組み合わせて評価を進めていくことになる。また、鑑賞学習の成果として記述させるアセスメントシートも重要な評価の対象となる。楽曲の部分や全体に対する知覚や感受とそのつながり、文化的側面の理解、そしてその楽曲に対する価値判断など、学びの過程や成果を適切に問うアセスメントシートの構成には、鑑賞の学習指導に対する評価活動として教師の高い力量が求められる。
（山下敦）

〔共通事項〕に対する評価

［共通事項］平成20（2008）年の学習指導要領に新設された指導事項。〔共通事項〕の内容は、音楽を形づくっている要素を知覚し、それらの働きが生み出す特質を感受すること及び、この知覚・感受にかかわる音楽の用語や記号を音楽活動を通して理解すること、となっている。

［意義］〔共通事項〕に対する評価を行う意義は、音楽の知覚・感受、音楽用語の理解といった音楽活動の基礎的な資質・能力が身に付いたかどうかを把握できるところにある。従来音楽科では、演奏技能や読譜技能といったみえやすい技能的側面に偏って評価されてきた。しかし、共通事項が示されたことで、知覚・感受を基とする思考・判断・表現の評価、及び思考・判断・表現と結び付いた知識及び技能の評価が可能となった。

［共通事項の指導内容］〔共通事項〕の指導内容は、①音楽の構造（音楽の構成要素と構成原理）、②音楽認識（知覚・感受）、③音楽共有の道具としての用語や記号、の三つの観点から導かれている。評価にあたっては、①の音楽を形づくっている要素、形式、構成を指導内容とし、②それらの要素や要素同士の関連がどのようになっているかを知覚し、それらの働きが生み出す特質や雰囲気を感受しているか、③音や音楽の世界を他者と伝え合い、共有するための用語や記号を適切に使うことができているか、という点から評価する。

［共通事項の評価の実際］授業者は〔共通事項〕に示されている音楽を形づくっている諸要素と指導事項の関係を考慮して単元・題材の指導内容を設定する。その諸要素の働きを子どもがどのように知覚・感受しているか、表現領域では知覚・感受したことを基にどのように工夫して表現を行っているか、あるいは、鑑賞領域では知覚・感受したことを基に楽曲全体をどのように味わっているか、そして用語や記号を適切に使っているかを、学習過程を通して評価することとなる。

《かたつむり》を教材とした歌唱の授業を例に取る。歌唱の指導事項より、曲想を感じ取って表現を工夫し、思いをもって歌うこと、そして思いをもって歌うための技能を身に付けることをねらいとする。曲想にかかわるのが〔共通事項〕に示された諸要素である。そこで《かたつむり》固有の曲想を生み出す要素として付点のリズムパターン（タッカタタ）に着目し、このリズムパターンを知覚し、それが生み出す曲想（例えばかたつむりが楽しそうに散歩している感じ）を感受する学習を行う。これが〔共通事項〕の学習となる。そして、このリズムパターンが知覚・感受できているかをみるのが、〔共通事項〕の評価となる。タッカのリズムを学習すると、そのリズムとは異なる「つのの出せやり出せ」の箇所の感じの違いにも気付くようになる。そして子どもはこのような知覚・感受の学習を基に《かたつむり》の歌い方を工夫していく。このリズムパターンの特質を意識して歌い方を工夫しているかという視点は、「思考・判断・表現」の観点で評価することになる。

歌い方を工夫する中で、〔共通事項〕で学習した「付点（タッカ）のリズムパターン」の用語を適切に使えているか、また工夫した歌い方で歌えているか、という視点は「知識・技能」の観点で評価することになる。

子どもが主体的にタッカのリズムパターンを知覚・感受する学習に取り組んでいる姿を見取ることなどができれば、「主体的に学習に取り組む態度」の観点で評価することになる。

このように、〔共通事項〕は音楽学習の土台となる指導内容であることから、学習過程を通して評価していくことになるのである。（衛藤）

言語活動に対する評価

［言語活動とそれに対する評価の意義］言語活動は、話す、書く、聞く、読むといった言語に関する能力を高めていく教育活動である。言語は知的活動やコミュニケーション、感性・情緒の基盤であるという観点から、平成20（2008）年の中央教育審議会答申によって言語活動の充実が提言され、学習指導要領に反映された。この背景にはOECDのPISA調査や全国学力・学習状況調査の結果において思考力・判断力・表現力、課題発見・課題解決能力、論理的思考力、コミュニケーション能力、クリティカル・シンキング等に課題がみられたことがある。

言語は、児童生徒の内的な思考等と、その顕在化に対してツールとなって作用する。したがって言語活動に対する評価は、言語が適切に使用されているかどうかという視点と、言語を通して内面の様相を把握するという二つの視点をもつ。

［音楽科における言語活動］国語科では、言語の果たす役割を踏まえ「話すこと・聞くこと」、「書くこと」、「読むこと」を通して基本的な国語の力を育成させ、我が国の言語文化に触れて感性や情緒を育成したり、言葉の美しさやリズムを体感させたりすることを求める。その他の各教科等では、国語科で育成した能力を基本に、それぞれの目標を実現させる手立てとして言語活動の充実を求める。このことは、幼稚園教育要領における「言葉の獲得に関する領域『言葉』」と「感性と表現に関する領域『表現』」の関係と同様である。

音楽科における言語活動は、特に「思考・判断・表現」、鑑賞領域における批評活動、そして学習活動全体を通して感性や情操を育成することに寄与する。「思考・判断・表現」においては、イメージとつくり上げられていく音や音楽とを往還させながら音楽表現を考え決定していく過程において、また批評活動においては、楽曲を直感的にとらえ、楽曲の仕組みやイメージ、楽曲の背景等についての知識をかかわらせ、自分なりの価値を形成していく過程において言語が駆使される。またその過程や結果を言語で表わすことによって、他の学習者や教師とのコミュニケーションが実現し、自分の思考や判断が更新されたり深化したりする。そのコミュニケーションにおいては国語科で培った言語能力の他に、音楽に関する用語や音楽ならではの抽象的・感覚的な事象を表現するための語彙やメタファーなどの獲得や使用が必要となる。そこに国語科や他教科等とは異なる音楽科としての言語能力育成の意義がある。

［音楽科における言語活動に対する評価］評価の対象となる児童生徒の言語は、つぶやきや発言、グループ活動での対話等の発話言語と、ワークシートやアセスメントシートに書かれた文章、批評文等の記述言語に分けられる。いずれも目標に対応させ、言語の意味内容から、何を感じ、何をどのように考えているのか、といった児童生徒の内面の状態や変容を的確に解釈しなければならない。

たどたどしい発話や文章構成能力が乏しい記述は、それが国語科で育成する基本的な言語能力の不足とみるのか、内面における思考力の不足とみるのか、慎重に見極めなければならない。しかし、音楽的な思考、判断等は、児童生徒自身が保有している言語能力を使用して行っているものであり、だからこそ、言語によってそれらを育成する必要性が求められる。例えば「明るい－暗い」の二項では言い表せないその狭間にある微妙なニュアンスをとらえているか否かは言語から評価できる。「明るい」「暗い」を形容する様々な語彙や、それを何かに置き換える比喩を音楽活動と密着させて指導することが音楽科における言語活動の充実につながる。（宮下俊）

第 5 章

教材の働きと開発

音楽科における教材の働きと開発

■ 教材

　[教材とは]狭義には一定の教科内容を教えるための材料や手段と解釈される。文部科学省が平成23（2011）年に取りまとめた「中学校教材整備指針」の音楽の欄には、「教具」ともいえる音楽用五線黒板、教育用掛図や、伴奏指導用教材（グランドピアノなど）他が「発表・表示用教材」として、また譜面台、ステレオ一式、各種の楽器類等が「道具・実習用具教材」として挙げられている。これらは、教育効果を高め、児童生徒の基礎的・基本的な学習理解を助けるうえで重要である、という視点で、整備数の目安を参考にしながら、各学校及び教育委員会において整備・活用することが求められている。

　また教科書（教科用図書）は、小学校、中学校、高等学校、中等教育学校（中高一貫校）及びこれらに準ずる学校において、教育課程の構成に応じて組織配列された教科の主たる教材として位置付けられており、教育の機会均等を実質的に保障し、全国的な教育水準の維持向上を図るため、上記の各学校において、使用することが義務付けられている。民間で著作・編集された図書は、文部科学大臣の検定を経て初めて学校で使用される教科書となる。

　教科書以外の図書その他の教材は補助教材とされ、有益適切なものは使用することができるとされているが、教育基本法、学校教育法、学習指導要領等の趣旨に従っていること、心身の発達の段階に即していること、特定の見方や考え方に偏った取扱いとならないこと等に留意するよう求められている。補助教材の例としては、一般に、市販、自作等を問わず、副読本、解説書、資料集、学習帳、問題集、プリント類、視聴覚教材、掛図、新聞等が含まれる、とされる。

　他方、地域の教材化、外部講師の講話、体験談、直接的な触れ合い、小説・詩・うたなどの作品、同世代の児童生徒の作品、歴史的事象等についても、文部科学省のHPでは「効果的な教材の例」として取り上げられている。教材整備指針や教材用図書では材料や手段という視点での教材であるのに対し、地域や歴史的な事象、作品、人との触れ合いや体験談の教材化という場合にはより広義に教材を解釈し、教科内容の具体化を図るもの、あるいは、学習内容と学習者を結ぶ関係概念という位置付けである。生活科等では「学習材」という用語も使われており、今後、ICTの活用やインクルーシブ教育が進められるなかで、学習における教材のとらえ方は一層多様になっていくと考えられる。

　[音楽科における教材概念]唱歌に始まる近代の学校音楽教育では、検定や認可制度によって学校で歌ううたに規制を行いながら、楽曲そのものを教材として位置付けてきた。また、戦後においても、楽曲（教材）による題材構成が多く行われ、教材となった楽曲を演奏できること、鑑賞できることが授業の目当てとされてきた。現在でも学習指導要領には歌唱共通教材が指定されており、世代を超えて共有し、文化を受け継いでいくことがその意義として示されている。しかしその一方で、既存の楽曲によらず、児童生徒が音を音楽に構成する過程を大切にする「音楽づくり・創作」の活動が位置付けられ、活動自体を教材ととらえる視点も生まれてきた。学校において育成すべき資質・能力をどうとらえて実践していくか問われる中で、文化財としての音楽の伝承とともに、意識的に音楽科における教材概念の拡大を図ることが求められているといえよう。（権藤）

　[参]日本教材学会編『教材事典－教材研究の理論と実践』東京堂出版，2013. 日本教材学会編『教材学概論』図書文化，2016.

教材の働き

［教科カリキュラムにおける教材の働き］音楽科は、学校教育法施行規則において、「各教科」の一つとして位置付けられている。各教科のカリキュラムは、芸術や科学などの既存の文化遺産の内容体系から教育的に価値ある内容を選んで、児童生徒の発達段階に合わせて系統的に編成される。平成29（2017）年の小学校学習指導要領「音楽」第5学年及び第6学年の「鑑賞」を例にすると、「鑑賞教材は次に示すものを取り扱う」として、「和楽器の音楽を含めた我が国の音楽や諸外国の音楽など文化との関わりを捉えやすい音楽、人々に長く親しまれている音楽など、いろいろな種類の楽曲」「音楽を形づくっている要素の働きを感じ取りやすく、聴く喜びを深めやすい曲」「楽器の音や人の声が重なり合う響きを味わうことができる、合奏、合唱を含めたいろいろな演奏形態による楽曲」と示されており、教育課程に示された内容を児童生徒に習得させるという働きが教材には求められている。ここで教材とされているのは、音楽を形づくっている要素とその働きの視点で音楽をとらえたり、文化とのかかわりを感じ取ったりできる楽曲である。つまり、教師が児童生徒に、系統的な音楽能力を育成するための具体的な働きを内在した材料や手段となる楽曲を教材としている。

［学習を支える材料としての教材の働き］しかし、教えるための材料や手段としてではなく、学習をするための素材が教材であるととらえることもできる。学習科学の立場から、児童生徒がどのように学ぶのか、という視点で教材を位置付けると、これまでに蓄積されてきた芸術や科学の成果を前提に教材を構成するのではなく、子ども自身の表現行動や生活の中での音や音楽とのかかわりのように、学びを成立させる媒介物としての働きが重要となる。これは、生活体験や活動そのものを対象化しながら、その体験の中での子どもの情緒的な気付きを大切にし、そこからものの見方や科学的な思考へと導く生活科の学習材と似た働きともいえる。また、環境構成を重視する幼児教育における教材観や、生態心理学におけるアフォーダンス理論を手がかりに子どもの行為との関係をとらえることで、教材の可能性を拡げることもできよう。この場合、教材には必ずしも教えるべき概念や構造がアプリオリに備わっている必要はない。むしろ、児童生徒が学習に向かう動機付けとなったり学びを深めたりするなど、個や場に応じた働きかけを内在していることが必要である。

［音楽教材のもつ独自の働き］歴史的には、教材としての唱歌を習得すること自体に徳性の涵養や皇国民錬成という働きがあるとされ、音楽は主として歌詞に盛り込まれた内容の刷り込みにも利用されてきた。『小学唱歌集』（1881）の緒言にすでに書かれていたように、学校教育では音楽の性情としてそうした「妙用」が拡大解釈されてきたのである。

古来、音楽の効用には人の心身への働きも認められているし、そもそも音楽とは、人間にとって重要な表現の手段であり、多様で深い広がりのある文化である。したがって、音楽教材の働きは、概念や知識を教えることだけに限られないし、芸術としての音楽の内容体系だけにかかわるものでもない。言い換えれば、教材の働きは、教育内容や教育方法の設定によって大きく異なってくる。今後は、音楽のもつ表現性や創造性、他者とのコミュニケーションを媒介する働きを活用して汎用的な資質・能力に資する働きに注目したり、地域教材等を通して他教科との結び付きから生まれる働きに注目したりすることも課題としてとらえられよう。（権藤）

教材の開発

［教材開発の三つの方向］教材を教育内容と学習者を結ぶ関係概念としてとらえるなら、教材の開発とは、両者をうまく切り結ぶために、授業者が子ども達の学びに即した形で素材を見つけたり加工したり組織的に位置付けたりすることを指す。大きく分けるとその方向性は三つ存在する。

一つ目は、教育内容から、教育課程の体系に基づいて教材を開発するやり方であり、教師が授業をつくる過程において、子ども達に習得してほしい内容を適切に担う素材を見付けて、組織的に位置付ける。二つ目は、適当な素材から、教育内容を導き出し教材化するやり方である。音楽科での楽曲、国語科での文学作品など特定の作品を教材にする場合、あるいは、「現代の音楽」「日本の音楽」のように、特定の領域における教材性を論じる場合には、教材としたい作品から教育内容を導き出し、教材開発が行われる。三つ目は、児童生徒が自ら教育内容を見いだす発見過程を重視した教材開発の方向性である。

［教材開発と教材研究］いずれの方向から教材開発をする場合においても、一つの素材が教材としての働きを有するためには、その素材を教材としてどのように解釈し、授業過程にどのように位置付けるか、という教材研究が不可欠である。中内（1990）が図示しているように（図1）、教材は、教師が「目標」をとらえ、「方法」によって素材としての文化財を規定したときに初めて教材というにふさわしいものとなり、逆に、教材と切り離して授業過程を考えることはできない。つまり、授業過程、学習形態を含めた方法概念が教材の内側に内包されていなければならない。

教材研究においては、素材を教材へと生み変えるために綿密な教材解釈が行われる。教材解釈とは、文化財としての素材の価値や特徴が客観的に解釈されるだけではなく、「その」教師によって「この」授業における児童観・生徒観が見極められ、子ども達の姿を予想しながら教材づくりへと結び付くものである。言い換えれば、教材開発とは、それぞれの学級、それぞれの授業に固有の文脈に教材として位置付けていく、教師にとって極めて重要な仕事であるといえよう。教科書や他者の開発したものを用いるとしても、学習過程においてどのような働きをするのか、この授業固有の方法と目標に結び付いた時に教材と「なる」。初めから教材が「ある」のではなく、子どもが学ぶという行為に突き動かされる働きかけをもつよう、学ぶ者の立場に立って教材開発がなされた時に教材に「なる」のである。

［音楽科における教材の開発］音楽科の場合には楽曲を探すことが教材の開発であると考えられがちである。しかし、文化としての音楽を真正な形で子ども達に伝達でき、児童生徒が動機付けられて自ら学習に向かうのを助けるとともに、教師が教えたいことを体系的に習得できる構造を備えた教材となるためには、教材の開発に向けた教師の的確な視点が重要である。加えて、音楽作品だけでなく多様な活動が教材となるとともに、範唱・範奏などを通して教師自身も重要な教材となる。タブレット等のメディアを活用したデジタル教材、学習者自らの振り返りや学級での活動での共有と記録を意図した教材など、授業過程の見直しと並行して、学習者と教育内容を結ぶ教材開発が求められる。（権藤）

［参］中内敏夫『新版　教材と教具の理論－教育原理Ⅱ－』あゆみ出版，1990．藤岡信勝『教材づくりの発想』日本書籍，1991．

教　材	
方　法	目　標

図1　中内1990

ICT 活用による教材の開発

［教育における ICT 活用］ICT（情報通信技術）の活用については、平成 20（2008）年学習指導要領の総則において、児童生徒がコンピュータや情報通信ネットワークなどの情報手段を適切に活用できるようにすること、及び教師がこれらの情報手段や視聴覚教材、教育機器などの教材・教具を適切に活用することが重要であるとされ、従来のような情報科だけではなく、全教科の授業での ICT の活用を促している。

［音楽科における ICT 活用］デジタルで記録された音楽や映像は、頭出しが容易で部分的に繰り返し視聴することに適しているため、鑑賞の活動における CD や DVD などの視聴覚教材の活用が音楽科では以前から行われている。このような視聴覚教材は、インターネットの普及によって、以前より多様な教材が入手可能となっているため、比較聴取を取り入れた鑑賞活動を可能とする教材が開発できる。また、情報通信技術の発達や手軽に持ち運べるタブレット端末の普及によって、鑑賞教材を一斉に視聴するだけでなく、一人ひとりが興味をもった部分をタブレット端末で繰り返し視聴することで、個別学習や協働学習にも展開できる可能性が広がっている。さらに録画機能と映像編集アプリを組み合わせて、例えば郷土の伝統音楽を紹介する短いビデオをグループごとに作成させるなど、児童生徒が教材づくりにかかわるような活動も可能となっている。

同様に、例えば歌唱や器楽演奏において、模範となる歌唱や演奏、あるいは奏法のポイントを拡大して分かりやすく示した映像を収集するだけでなく、児童生徒それぞれが自らの演奏を録画して模範と比較してみるという活用方法が可能である。さらに、様々な工夫を加える前と後の演奏を録画して比較することで、児童生徒の振り返りそのものを教材とすることも可能となる。創作活動においても、以前から活用されていた作曲支援ソフトがタブレット端末用に多く提供されているため、お互いの創作過程を見せ合うという協働学習としての活用が可能となる。

［デジタルの特長を生かした教材］デジタル教材は、楽譜などの視覚情報と音とを連動させて提示することが可能であり、音楽を特徴付けている要素や音楽の仕組みの理解を促すのに効果的である。このようなデジタルの特長を生かした教材は、演奏されている部分だけがハイライトされたり、楽譜上の記号を動かすとすぐに音楽に反映されたりするなど、デジタル教科書の中で多く実現されている。

しかし、授業の目標や児童生徒の実情に適したものが提供されていない場合も多い。もちろん、PowerPoint など広く普及しているプレゼンテーションソフトで教師がデジタル教材を作成することも可能である。しかし教師がすべて自作するというのは非現実的であり、よりインタラクティブ性の高い教材の作成にはある程度のプログラミング能力が必要となってしまう。そのため、他の教師や団体がつくった教材を活用することが現実的である。現在でも文部科学省や教育委員会、大学や個人の開発者によって教材がインターネットで公開されているが、目的の教材が見付けやすいとは言い難く、今後デジタル教材が増えればさらに見付けにくくなることが予想される。

デジタルの特長を生かした質の高い教材を授業に生かすためには、教師にとって教材を共有しやすいシステムが構築されることが望ましいが、情報検索の能力と、共有された教材を加工・編集できる情報活用能力が教師にも必要とされるだろう。（坂本）

［参］文部科学省『学びのイノベーション事業　実証研究報告書』、2014.

歌唱教材

［歌唱教材の特質］歌唱は学習指導要領に音楽科の内容として示された表現領域の中の一つの分野である。歌唱の学習で子どもが身に付ける学力は、「教材となる曲に興味・関心をもち、思いや意図をもって主体的に歌おうとする力」「自分のもったイメージを伝えるために歌い方を工夫する力」「工夫したように歌える力、声を合わせて歌える力」となる。学習内容は、学習指導要領に示された指導事項と〔共通事項〕の中に示される音楽を形づくっている要素から構成され、教材となる楽曲について、歌詞の内容を理解し、知覚・感受した曲想から情景や心情を想起して、それらのイメージが伝わるように工夫しながら歌って表現することになる。

初等中等教育で歌唱の学習で育てる具体的な力は、範唱や音源を聴きそれらをまねて歌う力や楽譜を見て歌う力、歌詞の内容や曲の雰囲気を感じ取り思いや意図をもって歌唱表現を工夫する力、自然で無理のない発声で発音・呼吸に気を付けて歌う力、曲種に応じた発声や言葉の特性を生かして歌う力、声部の役割や全体の響きを感じ取り、それらのかかわりを理解して表現を工夫しながら声を合わせて歌う力となる。表現領域の中でも歌唱表現は歌詞を伴うことで、歌詞の内容が曲想と大きくかかわる特質がある。一方、ヴォカリーズやスキャットなど、言葉として意味のある歌詞を用いず、歌詞に替えて種々の子音や母音で歌う曲もある。このような曲を教材とする時は、子音や母音の音や響きの質感を曲想と関連させて表現する学習となる。

［歌唱教材］歌唱の教材としては、歌唱共通教材、教科書教材、その他の任意の歌唱曲が挙げられる。共通教材は学習指導要領に示された教材で、設定の意義は、我が国で長く歌われ親しまれてきた唱歌や童謡、わらべうた、我が国の自然や四季の美しさを感じ取れる歌曲等を取り扱うことで、我が国のよき音楽文化を、世代を超えて受け継いでいくことや、生活の中の様々な場面で音楽を楽しんだり、共有したりする態度を養うことを目的とし、義務教育に設定されている。

［教材の選択・開発］教材については、子どもの多様な学びを保証するため、様々なジャンルの曲を教材化することも求められる。学習指導要領（平成29年現在）に沿った歌唱の学習は、指導事項と〔共通事項〕に基づいて行われるため、教材は学習内容に添って選択・開発することになる。例えば、子どもが興味・関心をもちやすい曲として、Jポップの曲やアニメソングなど、テレビ放送などを通して子どもが慣れ親しんでいる曲を選ぶ場合がある。この場合も、みんなで楽しく歌って終わるだけでなく、その曲を歌う活動の中で、歌唱の学習で育てる力について教材研究を通して明確にしておく必要がある。また、地域に伝わる民謡や郷土の音楽を教材とする場合も同様で、単に地域の人達と一緒に歌ったり、自分達の歌唱表現を地域の人達に聴いてもらったりする活動で終わらないようにしなければならない。

［歌唱における教材研究］教材研究の方法は、例えば『生成を原理とする21世紀音楽カリキュラム』（日本学校音楽教育実践学会編、2006）に音楽科の学習範囲として示された3本の柱に基づいて、①教材曲が風土・文化・歴史を背景として人とどのようにかかわって歌いつがれてきたか、②教材曲を子どもが歌うときに知覚する要素や仕組みと感受する質との関係がどうなっているか、その関係を理解し思いや意図をもって工夫して歌う際にどのような技能の習得が必要になるか、③教材曲が言葉、身体の動き、色彩や形など音や音楽以外の媒体とどのようにかかわっているか、という視点で行うことが挙げられる。（田中）

器楽教材

［器楽教材の意義］器楽は歌唱、創作とともに音楽の表現活動の重要な分野である。器楽教材としては、楽曲だけでなく楽器そのものが教材となる。また、楽器だけでなく身の回りの音の出るものも場合によっては教材となる。楽器を前にすると、どのような音がするのか誰もがすぐに音を出してみたい気持ちになるだろう。自らが楽器に働きかけて音を発生させることは能動的な学びであり、音色を探究したり自分のイメージする音を求めて奏法の工夫をしたりすることは創造的思考力をはぐくむことにつながる。小学校の音楽の授業で合奏が楽しかったという感想がよく聞かれる一方、「リコーダーが苦手で音楽の時間が好きではなかった」という感想もまたよく聞かれるところである。音程やリズムをイメージして表現することは楽しいことであるが、楽器の演奏技術の習得には練習を必要とし、技能面での個人差から音楽の授業の好き嫌いにつながることも少なからずみられる。しかし自分の好きな曲を楽器で演奏できるようになり、皆で様々な楽器の音色を合わせて一つの楽曲を演奏することは楽しい活動であり、音楽を愛好する心情にもつながる。

［教材選択の視点］一般的に器楽指導というと、小学校での鍵盤ハーモニカや中学校でのアルトリコーダーなどを用いて楽曲の演奏をすることをいい、そこで扱われる楽曲が教材となるが、和楽器の箏や三味線などの楽器の仕組み、奏法と音色の探究などに重点をおく場合は楽器そのものが教材であるともいえる。楽曲を教材とする場合、楽器本来の音色や味わいが生かされた楽器オリジナルの楽曲を選択したい。リコーダーならばルネサンス時代の舞曲など、音楽を形づくっている要素である拍子やリズムを感じながら楽しんで演奏できる小品が数多くあり、リコーダーとギターやハンドドラムなどの小物の打楽器を組み合わせるとそれぞれの楽器の音色が調和して表現が広がる。ソプラノ、アルト、テナー、バスによるリコーダー四重奏の曲は、主旋律を担当する声部とそれ以外の声部による音と音とのかかわり合いや和声の響きの美しさを味わうことができる。また生徒が好きな曲を選択し、楽器の編成を考えてアンサンブルすることは演奏へのモチベーションを高める。また楽器がなくても、自分の身体から様々な音をつくり出せるボディパーカッションは音楽表現についての工夫や、児童生徒の思考判断の能力を高めることにつながる。

［鑑賞との関連］平成29（2017）年の学習指導要領において、中学校では和楽器の指導について「3学年間を通じて1種類以上の和楽器を取り扱い、その表現活動を通して、生徒が我が国や郷土の伝統音楽のよさを味わい、愛着をもつことができるよう工夫すること」と明示され、小学校ではそれぞれの学年で取り上げる楽器の選択について「各学年で取り上げる打楽器は、木琴、鉄琴、和楽器、諸外国に伝わる様々な楽器を含めて」取り扱うこととし、第5学年及び第6学年で取り上げる旋律楽器に和楽器を含めた。和楽器の学習において楽器の有無が問題になるが、楽器がなくても箏の「コロリン」や締太鼓の「テレツク」など、それぞれの楽器の唱歌をすることが楽器の音色や奏法及びそれぞれの音楽の特徴を理解するうえで有効である。箏曲《六段の調》の冒頭や、雅楽《越天楽》の竜笛や篳篥の唱歌を唱えた後、視聴覚資料で鑑賞させたい。映像資料を活用し、和楽器や世界の諸民族の楽器の紹介などを通して取り扱う楽器の種類を広げ、多種多様な楽器類はそれぞれの文化や風土と密接にかかわっていることに気付かせることが重要である。（寺田）

［参］日本音楽教育学会編『日本音楽教育事典』音楽之友社，2004.

音楽づくり・創作教材

［創作教材の特質とその背景］表現領域における音楽づくり・創作活動（以下「創作」）の教材の特質は、歌唱や器楽、鑑賞のように文化的素材としての楽曲を軸としないことにある。そのため、教育目標達成の必要に応じて、あらゆる音素材、楽曲（児童生徒の作品も含む）、活動内容が創作教材になりうる。したがって学習内容に対して教材の選択範囲が広範になり、教材研究の難しさは否めない。

創作活動は、戦後間もない昭和22（1947）年の学習指導要領に諸井三郎らによって導入されて以来今日に至る。当時は旋律創作中心で、1960年代より山本弘の「ふしづくり一本道」、すなわち音楽的発達段階と指導内容との関連によるふしづくりが岐阜県から全国へ広がった。平成元（1989）年の学習指導要領では、小中高等学校に創造的な音楽学習が導入され、即興表現などの創造的な自己表現活動にも適切に配慮されるようになる。その背景には、マリー・シェーファー（Murray Schafer, R.）によるサウンド・エデュケーション（Sound Education）、すなわち日常生活にある音環境（サウンドスケープ soundscape）に耳を傾けることで創造性を育成するプログラムと、ペインター（Paynter, J.）による創造的音楽づくり（Creative Music Making）、すなわち楽譜によらず即興演奏を繰り返しながら音楽作品をつくり上げる経験創作（empirical composition）に基づく学習活動が日本に紹介され、これらによる実践が行われ始めたことに端を発する。星野圭朗は実践面、山本文茂は理論面、坪能由紀子は教育現場への普及に尽力してきた。平成17（2005）年以降、小島律子らによるデューイ（Dewey, J.）のオキュペーション概念を原理とした、子どもの生活経験や直接経験を重視した音素材の選択や音楽を形づくる試行錯誤的な過程にみられるイマジネーション、思考力の育成に着目した活動内容の研究・実践が行われるようになる。このような努力の積み重ねにより創作の実践は進展してきたが、実際の学校教育現場では、歌唱、器楽、鑑賞に比べて少なく、そこに教師の苦手意識が読み取れる。

［実践から生み出される創作教材］平成29（2017）年の小中学校、学習指導要領の音楽づくり・創作では、指導内容、言語活動の充実が一層図られ、音楽を形づくっている要素（音色、リズム、速度、形式等）を認識し、それらを用いて創作することがより明確に示された。実践で使用される音素材は、生活に身近で入手しやすいもの、様々な思いや意図を表現しやすい比較的操作が平易で音色の美しいものが選択されている。例えば、手づくり楽器、トガトン（竹筒）、身体・声・言葉、水、音楽室にある楽器、伝統楽器では箏、太鼓、篠笛等がある。楽曲として考えられる教材には、郷土の祭囃子やわらべうた、絵本や先輩（児童生徒）が創作した作品のDVD等も付随的な教材として有効である。つくる過程でイメージされる内容の可視化（図形楽譜）や言語化（オノマトペ）、相互交流場面を効果的に位置付けることも創作活動の活性化につながっている。そして、多くの実践で取り入れられていたのが、身近な生活経験にかかわるテーマの選択と音楽の仕組み（反復、変化、対照等）との関連性で音楽をつくる活動内容である。例えば、テーマは雨、音楽の仕組みは対照的な感じを入れる創作では、小雨から激しく降り、ポツポツ雨になる等、対照を意識して音楽を構成する創作になる。

実践的に有効な創作教材は、子どもの生活経験を基盤として、指導内容の焦点化と評価との一体化、他教科との横断的・総合的な観点から指導内容の共通性等を吟味することにより生み出されるといえる。（長谷川）

鑑賞教材

［鑑賞教材の意義］教材は単元・題材目標の到達を目指し、そこでの指導内容を的確かつ効果的に実現させるための学習材である。音楽鑑賞教材は主として楽曲になるが、指導内容と用いる楽曲との関係性は極めて重要であり、その関係性が薄れると「音楽鑑賞学習のための楽曲」から「音楽鑑賞のための楽曲」へと変化していってしまう。したがって、その単元・題材で何を教え、何を身に付けさせるのかを明確に定め、それを実現させるために最も適切であると考えられる楽曲が、音楽鑑賞教育における教材曲となる。

［音楽鑑賞の意義と求める学力］音楽鑑賞を定義づける要素は次の4点にまとめられる。第一は、鑑賞は受容という自由な面があるものの、価値評価や批評が鑑賞の意義として存在していること。第二は、鑑賞は主体である鑑賞者と対象である音楽との関係において、主体が新しい意味を発見するなど積極的に対象にかかわるものであること。第三は、鑑賞者の感性による知覚、感情、それ以外の客観的なものによって行われるものであること。第四は、それゆえに鑑賞は創造的な行為であること（平凡社『音楽大事典』より）。

さらに、初等・中等教育における音楽鑑賞教育で求める学力は次の四つにまとめられる。第一は、音楽を認識すること。すなわち音楽を形づくっている諸要素や諸要素同士のかかわりを知覚しそれらの働きが生み出す質（雰囲気、楽しさ、面白さ、美しさ等）を感受すること。第二は、文化的・歴史的背景、他芸術とのかかわり、表現の特徴、音楽の多様性を理解すること。第三は、楽曲を価値付けること（批評）（評価）。第四は、主体的に学習に取り組む態度。これらのうち第一は楽曲の仕組み（部分）、第三は楽曲全体にかかわるものであり、第一、第二、第四は第三を実現させるための基盤となる。また、これらは相互に関連付けて習得に向かわせなければならない。

［教材選択の適切性］鑑賞学習に用いる教材曲は、音楽鑑賞の定義や求める学力に適応したものでなくてはならない。学習指導要領では鑑賞教材についての取扱いが示されているが、教師にとって適切な教材選択ができる能力は自身の音楽に対する視野の広さが反映する。

教科書に掲載されているという理由だけでその楽曲を鑑賞させるのではなく、例えば、「旋律の対比」と「異なる旋律が重なり合うことによって生み出される面白さやそれによってもたらされる感情の変化」を指導内容にしようとする時に、「どの曲が最もふさわしいか」を熟慮し《ファランドール》（ビゼー作曲）を選択する、という教材曲決定への筋道が重要である。教科書は、学年段階、指導内容、求める学力に即した適切な楽曲が掲載されており、教材曲選択のための熟慮の過程をサポートしてくれる。しかし、その熟慮こそ音楽を教える教師の醍醐味でもある。

教材曲として《ファランドール》に決定した後も、「王の行進」と「馬のダンス」の旋律の違いやそれらが重なり合う部分をどのように知覚・感受させるか、また楽曲全体の特徴をどう理解させ、児童それぞれの価値付け（批評）（評価）をどう実現させていくか、そのための教材や教具も考えなければならない。

今後の音楽鑑賞教育では、人が社会や世界とかかわって生きていく中で感じたり感動したりすることの意味や音楽文化を創造していくこと等について考え、その成果が生きて働くものとなって培われていくことが求められる。それは持続可能な文化創造に寄与できる人材育成の視点であり、それは鑑賞教材選択の視点としても必要になる。（宮下俊）

生活・社会・文化と音楽

生活・社会・文化と音楽

[音楽の存在要因] 音楽の生成の背景には、風土、生活、社会、文化、政治、経済などがあり、これらは互いに絡み合いつつ音楽とかかわっている。その音楽は人間の生活の中に有機的に組み込まれ、短期長期にわたる変化や発展を遂げ、時には地域を越えて伝えられ変容を重ねてきた。

音楽は、人に情動や感動を喚起するというその特質から様々な目的を担わされてきた。芸術や娯楽、宗教や儀式などの目的の他、トーキングドラムやCMソングなどは伝達、民謡は労働などとその目的は様々である。これらの音・音楽の維持には、教室やホールなどの場、作曲家・演奏家・伝承者など音や音楽を表現する人、調律師・楽器製作者、CDなどの媒体といった音楽に直接携わる人や物の他、音楽関連の経済活動、ナショナルカリキュラムなどの教育政策、それを方向付ける政治などがかかわる。戦争は音・音楽を重視し、日本でも第二次世界大戦の際には「音楽は軍需品なり」として《愛国行進曲》等々、多くの国民歌が戦意高揚のため歌われた。一方、海外でも人気のある組太鼓は武田信玄配下の軍楽隊である御諏訪太鼓が源流とされ、またヨーロッパに侵攻したオスマントルコの軍楽メヘテルはヨーロッパの音楽や楽器に影響を与えたなど、軍楽が時代や地域を越えて音楽的な影響を及ぼすこともある。

教育政策は音楽の維持に大きな役割を担うもので、明治初期に始まる唱歌教育はその典型例である。当時、唱歌については、伝統音楽の取り扱いをめぐり論議や調査がなされたものの、結局は欧化主義のもと洋楽中心となった。この時、音楽取調掛長の伊澤修二の発案でヨナ抜き長音階が唱歌教材に適用されたが、これは呂旋法にも通じ、我が国の伝統の尊重という点でも大義名分が立った。この音階は、教材からは排除されたヨナ抜き短音階と共に演歌などにも摂取される。これはヨナ抜き音階と伝統音楽の音階との共通性によると考えられ、以後、この音階感覚は日本人の新たな伝統的音階感覚として根付いていく。

[教材化への視点] 平成28(2016)年8月「次期学習指導要領に向けたこれまでの審議のまとめ(素案)」では、音楽科の見方・考え方として「感性を働かせて、音楽を形づくっている要素とその働きの視点で音や音楽を深くとらえ、自己のイメージや感情、芸術としての音楽の文化的・歴史的背景などとかかわらせる」ことが示され、「我が国や郷土の伝統音楽」「生活や社会における音や音楽の働き」「音楽文化」についてさらなる充実が求められた。このことを踏まえ、生活・社会・文化やその歴史的側面については、音や音楽及び学習者自身の感性や心情と密にかかわらせてとらえることが肝要である。社会が加速度的変化を遂げ将来の予測も困難であり、かつ大量の音楽情報が地球レベルで行き交う現在、指導者が教材を組織立てて提供するのみならず、学習者が自ら教材を選択し、学習者同士で見解を述べ合うなどの活動を通して、学習者の音楽的アイデンティティの確立を見据える指導も必要である。また、混雑した車内でイヤホンから漏れる音楽、街中にあふれる音楽等々、望まない音や音楽を不断に聞かされる今日、どのように音・音楽環境を整えていくべきかといった問題を、音楽科で、あるいは他教科との連携で考える活動も大切であり、音や音楽を自分と他者との関係性でとらえることにもつながる。(澤田)

[参] 教育課程企画特別部会「次期学習指導要領に向けたこれまでの審議のまとめ(素案)」中央教育審議会初等中等教育分科会教育課程部会，2016．徳丸吉彦『放送大学叢書031 ミュージックスとの付き合い方』左右社，2016．

音楽と生活

[生活の中の音楽] 音や音楽は、人々の生活の場に存在し、様々な機能をもっている。それらは、意識するしないにかかわらず、必要かつ不可欠なものとして、暮らしの中に溶けこんでいる。

現代生活においては、目覚ましや炊飯器などの信号音、交差点や電車の到着メロディーなどの合図の音楽、テレビから流れるコマーシャル音楽やゲームの音楽など、日常の隅々まで音楽があふれている。また、「○○ちゃん、なあに」といったような日常会話には、言葉のリズムや抑揚などすでに音楽的要素が含まれている。鼻歌を歌ったり好きなメロディーを口ずさんだりすることも普段の行為である。人によっては、積極的に音楽を求め、うたや楽器を習って音楽活動に参加したり、チケットを購入し、コンサートに足を運んだりもする。

人の一生といった視点からは、誕生、入学、卒業、結婚、葬儀、法要など、人生の節目においてそれぞれ、誕生を祝ううた、式典歌や校歌、読経や賛美歌など、音楽は人の人生に寄り添って歌い演奏されている。また、日本では、春夏秋冬のそれぞれを愛で、季節の移り変わりや情緒をうたにし、楽しんできた。

民謡や民俗芸能の音楽、お囃子に代表される祭りの音楽などは、そこに住む人々の生活と歴史の中で生まれはぐくまれてきた。

[学校教育からの視線] 音や音楽と人間の生活は一体不可分の存在にあるが、学校の音楽教育がこのことに多くの注意を払ってきたとは、必ずしもいえない。

明治初期、近代学校制度が整えられ、唱歌の授業が開始された。しかし、唱歌教育では、唱歌を歌う活動が中心であり、生活との結び付きは希薄になりがちで、「学校唱歌、校門を出ず」といった象徴的な言葉で語られるようにもなった。戦後、歌唱、器楽、創作、鑑賞などの領域・分野が整えられていく中で、学習指導要領はその目標において生活との関係をうたってきたが、実際の音楽授業では、音楽の表現や鑑賞をいかに充実するかに重点が置かれがちであった。平成29（2017）年の学習指導要領音楽科の目標にも「音楽によって生活を明るく豊かなものにしていく態度を養う」（中学校第1学年）とあり、音楽と生活との関係性に着目することが述べられている。

平成27（2015）年8月、中央教育審議会教育課程部会教育課程企画特別部会の「論点整理」では、音楽、芸術（音楽）において、生活や社会における音楽の働きや音楽文化に関する学習活動の充実を図ることが一層強調されている。音楽を生活の視点からとらえ直し、人間にとっての音楽の価値を学ぶことが、これからの子どもにとって重要な学習内容となる。

[音楽授業と生活との結び付き] 教師は「音楽と生活」との関係をとらえ直し、教室での音楽の学びが、生きることとどのような関係にあるのかといった点から授業を見つめ直す必要がある。具体的には、次のような視点からの授業構成が期待される。①音楽の芸術性のみならず、楽曲がどのような背景から生まれたのかということと関連させて表現する。②例えば、地域の祭り囃子とそれを担う人々の生活共同体との関係、食品のコマーシャル音楽と食生活との関係のように、日常生活と音楽との関係を視点に教材化を図る。③音楽科の学びを教科に閉じず、身の回りの音楽活動や地域の生活とつなげる。（伊野）

[参] 教育課程企画特別部会「教育課程企画特別部会論点整理」中央教育審議会初等中等教育分科会教育課程部会，2015.

音楽と社会

[社会の中の音楽] 音楽と音楽にかかわる状況は、社会の変化を真っ先に映し出すといっても過言ではない。社会の経済活動は音楽の有り様を変える。例えば21世紀初頭の日本では、学校の部活動を中心に吹奏楽が隆盛を極めている。愛好者にとって、それは自らが選んだ音楽・音楽活動である。高く評価される吹奏楽作品も次々に生まれている。しかし視点を移せば、この現状は社会の脈絡と切り離せないことが分かる。半世紀前には、吹奏楽という演奏形態自体が発展途上で、一般の人が楽しむ機会も作品も少なかった。女性は金管楽器をやるものではない、という考えすらあった。事態は半世紀間に一変したが、その背景に、社会が音楽演奏を求める場、求められる音楽の性格、楽器製作・販売の戦略、サブカルチャーと連動した吹奏楽の露出度、などの変化があることがみて取れる。社会の経済活動との密接な関係は明らかである。

音楽には人間の生理的機能に働きかけ、感情や行動様式に作用を及ぼす性質があり、それは時に政策やイデオロギーと結び付く。結び付きの強さの度合いは様々だが、結果的にある音楽が奨励されたり、逆にある音楽が排斥されたりすることもある。学校教育に音楽科が設けられるか、どのようなカリキュラムが採用されるか、なども政策の一環である。日本の学習指導要領に昭和33（1958）年以降指定されている「共通教材曲」はその一例ととらえることができる。「ある音楽をよいと感じること」自体、実際には幾重にも絡まり合う社会的な要因から影響を受けている。

音楽文化を支える技術や職業の種類なども、社会状況に応じて変容する。ICTの急速な発展と共に音楽を供給するメディアが変化し、音楽配信ビジネスが興隆するなどはその例である。ICTは、教師が音楽科の授業を担当するために必要な知識や技術にも、変化をもたらしている。現代は数年先を見通すのが困難な、加速度的に激しい変化の時代である。

[社会における音楽の機能] 現代の社会生活では、国歌、校歌、社歌などが儀式や行事で演唱される。これを唱和することは、国家やコミュニティーへの帰属意識及び人々の団結を強めると考えられている。現代世界では、国歌演奏が国家相互の礼を表すために用いられることも慣例化している。

社会生活の中では、音や音楽が何かを表す記号として用いられる例も枚挙に暇がない。始業・終業時のチャイム、駅メロ、着メロ、ゲームで特定の場面に現れる音楽などは、合図や信号としての機能を担う音の典型である。

ブルースやラップは、思想や感情にかかわる歌詞を、音楽の力でより強力なメッセージとして伝え、人々が共有するための機能を果たす。CM音楽なども、その用いられ方を通じ、特定のメッセージを担うものとなる。

[教材に生かす社会的な視野] このように、音楽が聴取や演奏を通じて楽しむためだけのものではなく、社会的に多様な機能を担っていることを踏まえると、ゲーム音楽やCM音楽なども、教材として多様に展開できる。

平成29（2017）年の中学校学習指導要領においては、「音楽の特徴とその背景となる文化・歴史、他の芸術との関わり」「生活や社会の中の音や音楽、音楽文化と主体的に関わっていくこと」が指導内容に明記された。主教材となる楽曲やその様式は、どのような社会で生み出され評価されたのか、演奏される機会が多いとすればそれはなぜか、など社会的な文脈と関連付けて考えることも、児童生徒の幅広く連関的な理解の契機となる。
（阪井）

[参] 徳丸吉彦「伝統音楽における変化」徳丸吉彦他編『芸術・文化・社会』放送大学教育振興会，2006．

音楽と文化

[営みとしての音楽] 文化とは人間の生活様式全般を指すが、その中でもとりわけ、人の精神的活動（哲学・芸術・科学・宗教など）とそれによって生み出される所産を指す。音楽は、この精神的活動によって生み出されてきた文化の一つということである。

人間が生み出してきた芸術的所産である音楽は、様々な生成の背景をもつ。民謡のように、人々の日常の生活感情が表現されるものもあれば、信仰から生まれる宗教や祭礼の音楽もある。職業人としての音楽家が生み出す音楽もあれば、宮廷音楽のように、ある階級の人々の中で醸成されて発展してきた音楽もある。世界中のあらゆる音楽は、それぞれの土地における風土や生活様式、歴史といった音楽を取り巻く文脈の中で、人々の「営み」として生み出されてきたのである。

[子どもの生活と音楽] 現代の子どもを取り巻く文脈は変化している。特に生活の中で身近であった、わらべうたや民謡が非日常的なものになっていると指摘されることがある。しかし、夏には祭囃子、冬には石焼き芋の売り声を耳にする。子どもは様々なじゃんけん遊びを知っているし、替え歌にして遊んでいることも多い。現代においても、子どもは生活の中で様々な音楽を享受し自らも生み出しているのである。

[音楽の文化的側面の学習] 音楽が生成される背景を音楽の文化的側面という。学校音楽教育において、人がいかに音や音楽を享受し生み出してきたかを考えることが音楽の文化的側面の学習であり、学校音楽教育で扱うべき内容の一つである。音楽の文化的側面を学習する際には、大きく二つのことが問題となる。一つは扱う範囲である。音楽そのものをテクストととらえる場合、音楽以外の文化的側面はコンテクストとされる。その範囲は膨大で多岐にわたるため、一つの単元の中でどこまで扱うべきかが重要となる。すべての範囲を一つの単元で扱うことは不可能であるし、ただ情報を羅列するだけでは、学習の文脈の中での必然性が生まれない。対象となる音楽と学習内容に沿って、取り上げる範囲を精査する必要がある。

もう一つの問題は学習方法である。あくまで音楽学習の中で扱うため、文化的側面を音楽そのものと切り離して学習することは意味をなさない。そこで、コンテクストを把握することが、テクストである音楽構造そのものの理解を促進するような学習展開が重要となる。例えば、八木節様式や追分様式といったリズムの違いが、それぞれの民謡が生まれた背景の違いによって生まれてきたことが理解されると、二つのリズムの理解に対して、より深い意味が付与される。それは、音楽が人の営みによって生み出されてきたものであることへの理解にもつながる。音楽の文化的側面の学習は、より深い音楽理解を促すために必要不可欠なものである。

[異文化理解・国際理解] 文化的側面を含めた音楽学習は、音楽を通した異文化理解や国際理解教育にもつながる。例えば和楽器の授業において、異文化の背景をもつ他者（日本とハワイなど）と交流活動を行う実践では、自らの価値観を見直す契機が与えられる。異質な他者からの見え方に出合うことで、これまでの自文化に対する価値観の枠組みが見直される。このような事例からは、異文化理解や国際理解教育というのは、他の文化を理解するにとどまらず、自文化の価値を再認識し、それまで気付かなかった価値を見いだすことにもつながることを示している。（小川）

[参] 日本学校音楽教育実践学会『生成を原理とする21世紀音楽カリキュラム』東京書籍．2006.

音楽の場

［場の多様性と音楽］音楽が行われる場というと、ステージで歌い手や奏者が演奏し、それを聴衆が鑑賞するという様子を想像する人も多い。しかし、鼻歌を歌いながら料理をしているその時は、キッチンも音楽の場となる。音楽は様々な場で行われ、それぞれの場の雰囲気や用途、奏者や聴き手の状況に応じて、演奏されるスタイルやジャンルも異なる。音楽は場と深くかかわって成立しているので、場との関係において音楽をみていくことは、音楽理解を深めることにつながる。

音楽と場については様々な方向から考えることができる。以下にいくつか事例を挙げるが、このような発想から、教材開発の視点を見いだすことができる。

［屋外と屋内］祭りの山車の中で奏される囃子、パレード、チンドン屋、新内流しなどは屋外が演奏の場となる。「路上」は、しばしば重要な音楽の場となってきた。一方「ホール」や「劇場」あるいは「サロン」や「座敷」さらには「酒場」など、屋内にも多様な音楽の場が存在する。

［目的と場］「娯楽の場」「仕事の場」「祈りの場」など、何を目的として音楽をするかといった点から場をとらえることもできる。「カラオケボックス」「演芸場」では楽しみとしての音楽が行われる。また、酒をつくる時の《酒づくり歌》や大木を運ぶ時に歌われる《木遣歌》などは、もともと労働歌であり、酒蔵や木曳きの場がうたの場となっていた。教会や寺院では、人々の祈りや願いとともに賛美歌や声明などが響きわたる。BGM やヒーリング・ミュージックなどのように、何らかの行為の背景に音楽を流したり、癒やしやリラックスを目的として音楽を聞いたりする場合もある。

［場と聴衆］「コンサートホール」は、クラシックなどの音楽を専門に演奏する場で、音楽鑑賞を目的とした聴衆の存在が不可欠である。そこでは、演奏者と鑑賞者といった関係の上で、音楽に一心に耳を傾ける集中的聴取が成立している。一方、「路上」のストリートミュージシャンは、演奏に興味をもって足を止めて聴衆となった人とそれを耳にしながらも通り過ぎる人が混在する中で演奏を続ける。チンドン屋は宣伝を目的とし、珍しい出で立ちやチンドン太鼓により街中で演奏し、人の気を引く。この場合、聴き手は必ずしも音楽に集中しているわけではない。このように、聴き手の音楽への傾倒の仕方や質の違いも場との関係からとらえることができる。

［場の構造と音楽］音楽や音楽を伴う劇などを上演する場の構造は、そこで奏される音楽の様式と深く関係している。「コンサートホール」は、ホールの音響空間が綿密に計算され、客席に良い響きが行き渡るようにつくられている。また、歌舞伎の花道や能舞台の橋掛かりは、それぞれ演目のもつ特性を生かすとともに独特な音空間を醸し出している。

［場への参加］音楽の場へは多様な参加の有り様がみられる。クラシックの演奏会では、聴衆は音を立てずに演奏に耳を傾ける。一方ロックバンドなどの演奏会場では、聴き手がリズムにのり、演奏者と一体化して会場の雰囲気を盛り上げる。

［場の拡がり］テレビやラジオなどのメディアが発達する中で、音楽の場は空間的な拡がりをもつようになってきた。また、優れた音響機器があふれている中で、例えば一人家で音楽鑑賞を楽しむことも普段のことである。さらに現在では、SNS（Social Networking Service）の発達により、インターネット上の交流が広まり、ネットワーク上で音楽の場が構築されている。このような場の変化は、これまでとは異なる新たな音楽と人との関係を紡ぎだしている。（伊野）

音楽と伝達

[伝達の方法と内容] 音楽で伝えられるものは、物理的には、人間によって組織付けられた音響である。しかしその音響を媒介として、音楽は様々な方法により多様な内容を伝達する。

ある平易なリズムを一種の信号音として伝えるといった素朴な伝達のやり方もあるが、アフリカのトーキングドラムのように、まとまった意味内容を一定の距離をおいて情報伝達するといったことも行われる。

音楽はまた、相手にある種のメッセージを伝える。応援歌や誕生日のうた、CMソングやテーマソングなど、思いや内容あるいはイメージを相手に直接的に伝えたり、宗教的な意味合いや複雑な恋愛感情など、多様な内容を包含して伝えたりもする。これらは、歌詞を伴ったうたの場合、歌詞の内容が旋律と一体化し、そのメッセージ性はより強められたり、新たな意味をもったりするようになる。日本の民謡にみられる掛け声や合いの手、あるいは、音頭一同形式、世界の多様な音楽にみられるコールアンドレスポンスや掛け合いは、伝達の双方向性といった点において重要な意味をもってくる。

音楽はまた、それが生まれはぐくまれた歴史的文化的背景から影響を受けたり、作曲者の意図が反映したりしている。このため、曲の背景や音楽の構造について深く知ることが、音楽の意味内容を一層理解することにつながる場合も多い。音楽が何を伝えているかといったことを理解するためには、その構造や奏される場や脈絡など、そこにどのような様式や考え方が共有されているかといった視点も大切となる。

音楽の伝達する内容は、常に確実性をもっているとは限らない。それは明確な意味内容ではなく、受け手が、ある漠然とした気分や雰囲気、あるいは感情を想起する場合も多い。また、音楽を発信する側の意図する内容がそのまま相手に伝わるとも限らない。というのも音楽を発信する者もそれを受け取る側も、それぞれの音楽経験や文化的背景をもち、その影響から逃れることができないからである。

音楽の伝達手段としては、口頭により直接的に伝えられるもの、すなわち相手に直接歌い掛けたり、演奏したりするものと、視覚によるもの、すなわち楽譜や図や記号などを用いて伝える場合がある。現代では、テレビやインターネットなど、録音技術やSNSの発達により伝達手段は大きく広がるとともに双方向性も強まっている。

[伝達と音楽教育] 音楽と伝達について、以上のようにとらえれば、音楽教育上、次の3点が指摘できる。

①音楽は言語とは異なった次元で、時に言語以上の内容を受け手に伝達する。
②音楽は音を伴った非言語的なコミュニケーションといった観点から重要な意味をもつ。
③音楽の発信者と受信者は、個々の経歴や文化的背景に影響されて発信あるいは受信している。物理的には同じ音を共有していても、意味的には異なるかもしれないという認識が音楽理解を深める。

授業実践においては、次のような視点が浮かび上がる。

①音楽は、何を伝えようとしているのか。音楽から伝わるものは何か。
②音楽は、どのような方法で伝えられるか。また、どのようにして伝えるか。
③音楽の構造や様式、生まれた背景はいかなるものか。それが内容とどう関係するか。
④音楽のメッセージ性やコミュニケーション力、時に双方向性をいかに体験するか。(伊野)

音楽の職業

［音楽にかかわる職業］メディアやテクノロジーの発達などにより、音楽にかかわる職業は多様化している。また、プロフェッショナルとアマチュアの境が曖昧なケースも多い。音楽にかかわる職業について、次のような観点から考えることができる。

①音楽を生み出す：作詞家や作曲家あるいは編曲家など、新しく音楽をつくり出していく人々である。これらの仕事は必ずしも分業しているわけでなく、作詞・作曲・演奏すべてが同一人である場合もしばしばみられる。

②音楽を演奏する：ピアニストやオーケストラの団員、指揮者など、音楽の演奏を職業とする人々である。長唄や能楽などの伝統音楽に携わる人々、ポピュラー音楽の世界では、歌手やアイドルグループ、ロックバンド、そのバックミュージックの担当者、芸人などがいる。ミュージシャンやアーティストといった言葉は、①②を含んで用いられることも多く、多義的である。

③音楽を批評する：評論家など、音楽に関することに対して、専門的な知識を背景に批評をしたり、知識を提供したりする人々である。演奏会の批評やCDに対するコメントをはじめ、音楽に関する情報や知識、見方や考え方等を雑誌、プログラムノート、新聞記事、著書などの媒体を通して伝えていく。社会に対する影響も少なくない。

④音楽を提供する：アーティストの登用や作品の録音、テレビやラジオ番組のプロデュース、SNSなど様々な媒体を通した音楽の配信、音楽関係の雑誌の編集・制作、コンサートのマネージメントなど、音楽産業に携わる多くの人々がいる。またホールの設計や建築、コンサート会場の設置などにかかわる職業は、音楽活動を支えている。音楽の演奏に欠かせない職業として楽器の製作や改良が挙げられる。例えばピアノの変遷にみられるように、時代や様式の変化あるいは環境や民族の相違などから多くの種類の楽器が生まれ、改良を重ねられてきた。また電子楽器など、新しい楽器も生まれている。これに伴い、調律師など、楽器のメンテナンスにかかわる仕事も必要不可欠な職業となっている。

⑤音楽を教える：演奏家や作曲家といった音楽の専門家が、次世代に音楽を教えることも多い。また街の音楽教室など、個人として音楽を教える人もいる。これらの人には、音楽の専門的力量に加えて、教育的な知識や力が求められる。学校で音楽を教える教師の場合、免許の取得が義務付けられており、音楽と教育双方の専門的な能力が必要となってくる。

［音楽の職業と音楽教育］音楽の職業について学ぶことは、音楽と社会・生活・文化との関係性や音楽のあり方について理解することに通じ、音楽教育の重要な内容となる。以下にいくつかの視点を示す。

①音楽はどのようにして我々のもとに提供されるか。一つの音楽を事例に、音楽を生み出す人や媒介者について考える。

②どのような音楽をどのような客層が受け入れているのか、音楽のスタイルや世代など、受容と供給の関係から音楽産業をとらえる。

③音楽を批評するといった観点から、新聞や雑誌の批評文を参考に考える。また、それらを鑑賞活動における批評文に活用する。

④音楽に関する職業には、どのようなものがあるか。それぞれの職種はどのように音楽にかかわっているかについて考える。

⑤音楽の著作権について、無断コピーやインターネットへの配信などの行為が、作曲家や演奏家などに与える影響について考える。
（伊野）

郷土の音楽の伝承者

［伝承者］郷土の音楽は、それぞれの土地において、その土地の人々により、長い年月をかけて伝承されてきた。わらべうたは、子どもの遊びや生活の中で、民謡は、農耕や漁労の作業あるいは祝い事などにおいて、民俗芸能（郷土芸能）は、祭りや年中行事などで歌われ演じられてきた。郷土の音楽の伝承者とは、直接的にはこれらに携わる人達であり、その伝承組織や集団である。しかし広義には、これらをはぐくむ集落など、一定の地域における人々の集まりということもできる。また通時的にみるならば、何代もの世代を超えて伝えてきた一連の人々ともいえる。

［保存と継承］歴史と文化の中で息づいてきた郷土の音楽は、貴重な文化財でもある。昭和25（1950）年に成立した文化財保護法の第1条には、「文化財を保存し、且つその活用を図り」とあるが、ここでは文化財の「保存」が重視されている。全国各地にある保存会は、郷土の音楽の保存にその目を向けてきた。しかし、音楽や芸能は生きたものであり、それを受け継ぐ人々とともに変化し続ける。このことを考えた時、保存よりも継承、さらには継承のあり方を考えることも重要となってくる。

［後継者の不足と新たな取り組み］高度経済成長期以後、価値観の変容や担い手の都市部への流出により、郷土の伝統音楽の多くは伝承が途絶え、あるいは縮小や変容を余儀なくされた。近年の過疎化や少子高齢化の中で、この傾向はさらに進みつつある。

こうした中、伝承者の構成にも変化がみられる。交通網や情報網の発達により、これまでは、土地に住む人だけで執り行われていた祭りに都会へ移り住んだ人が参加するのは、現代ではごく普通のことである。また音楽や芸能に興味をもった地域外の人が、伝統芸能を演ずる一員となるケースもみられる。このように現代では、伝承者が多様化している。

［郷土の音楽の再認識］平成23（2011）年に起きた東日本大震災による大津波は、それまで受け継いできた道具や衣装、楽器をのみ込み、多くの伝承者を奪った。しかし困難の中で人々は力を合わせ、神楽や獅子舞の復興に尽力している。このことを通して、地域に伝わる芸能や音楽がいかに人々のアイデンティティを形成し、文化形成の中核を担ってきたかということに、多くの人が気付いた。またこのような活動において、地域を越えた伝承活動の多様なネットワークも構築されつつある。

［伝承者と教育活動との接続］郷土の音楽を教育活動に取り入れるためには、伝承者との協力体制の確立が不可欠である。その際、学校や教師は、以下の配慮が必要と思われる。
①可能な限り伝承の現場に赴いて取材し、対象となる芸能や音楽の魅力を知り、教材性を整理するとともに、伝承者の気持ちや意識を理解する。

②伝承者の思いと授業者の思いが常に一致するとは限らない。伝承者は、伝承に強い思いをもっている場合が多い。そこを尊重しつつも、活動や授業の目的を共有し、役割分担を明確にする。

③芸能や音楽を子どもが体験する場合、有効な経験となるように、内容や方法を吟味する。その際、教師も子どもとともに、伝承者に尊敬の念をもって接する。（伊野）

［参］日本民俗音楽学会編『民俗音楽の底力－群馬県モデルを中心に－』勉誠出版，2001．星野紘『村の伝統芸能が危ない』岩田書院，2009．橋本裕之『震災と芸能地域再生の原動力』追手門大学出版会，2015．

音楽の学習・伝承

　音楽の学習・伝承及びその方法・内容は、音楽的特質のほか、歴史的、社会的あるいは民族的な側面と不可分であるが、伝承や学習が行われる場や状況により、その方法や内容が変わることが多々ある。

　[伝承] 音楽の伝承とは、ある様式の音楽を受け継ぐことであり、職業的専門家による古典音楽、及び共同体の成員が主に担う民俗音楽のいずれでも、師匠や先輩など直接の指導者の演奏そのものを規範として受け継ぐ。したがって、楽譜など書かれたものがあっても、弟子はそれには頼らず、師匠の実際の演奏を口頭伝承により、聴覚はもとより他の感覚も駆使し、繰り返し模倣して習得する。器楽の場合は、楽器音を何らかの言語音で歌うこと、すなわち日本でいう唱歌（口唱歌、口三味線などとも）という方法を用いることが多い。唱歌は広義のソルミゼーションの一つであり、唱歌自体が音楽的であることから、囃子や舞踊などの稽古の際にもしばしば用いられる。

　今日、日本では伝統譜や改良譜を用いたり、楽譜に旋律や唱法をより詳細に記述するための補助記号や文字で書き込んだりすることもあるが、書かれたものに依存しない、いわば不親切な指導である口頭伝承はいまだに尊重されている。それは一つには、「聴く」ことが最も集中力を要するものであり、師匠の伝える音楽を確実に継承する方法として根付いているためといえよう。

　[学校教育における学習] 明治14（1881）年刊の音楽取調掛編纂『小学唱歌集初編』の冒頭には長音階および教師の先唱に続いて生徒が模倣して歌うための短い旋律や分散和音が、それぞれ数字譜と五線譜の両様により示されている。これは音楽取調掛が招聘したメーソン（Mason, L.W.）のアメリカでの唱歌教育の実績のもとに、生徒がソルミゼーション、楽譜及び旋律の三者の対応関係と主要三和音を理解しつつ、声を合わせて歌えることを目指したもので、19世紀の調性音楽のうたの表現にふさわしい方法であったといえる。この考え方は模唱・聴唱から視唱へとつなげていく今日の歌唱指導にも継承されている。

　明治以来、学校音楽教育が軸としてきた近代西洋音楽の様式による音楽は、作曲家はその作品を演奏家が忠実に演奏（再現）することを想定して作曲し、綿密な楽譜に書き上げられたものである。学習の場では、学習者は作曲者や作詞者自身や作品の意図を理解し、自身の感受や理解を投影して演奏したり鑑賞したりする。一方、今日では地域や時代、行われる場等々もろもろの条件が異なる様々な音楽を教材として扱い、その中には楽譜がない音楽、作曲者が特定できない音楽、口頭伝承により変容を重ねてきた音楽などもあるが、これらの音楽を、基本的には同一年齢の学習者が同一の条件下で学習する。そのため指導方法や教材に工夫が必要となり、その音楽がもつ本来の特性が変わる場合が多い。例えば低年齢の子どもが遊びの中で伝え合い歌うわらべうたを、教室内で中学生が、箏や篠笛などの器楽教材、混声合唱や輪唱などに編曲された歌唱教材、あるいは民謡の音楽的特徴の理解の導入教材として、五線譜を用いて学ぶ、また、親元を離れた子守娘の辛く寂しい思いを内面に抑えて淡々と歌う子もり歌を、歌詞や旋律の変化に応じて強弱を付け情感を込めて歌うなどである。

　指導者は以上のような学習により、音楽の質が変容することも認識し、学習者にも本来の音楽の有り様を理解させることが必要である。したがって、その音楽がもつ本来の学び方、伝え方による学習はその音楽に近付き理解する上で最善の方法でもあり、可能な限り学習に取り入れたい。（澤田）

模倣

　人は模倣すること、まねる（真似る）ことを通して学習する。「学ぶ」の語源は「まねぶ（真似ぶ）」ともいわれ、「まねぶ」と「まなぶ」は同じ語源といえる。音楽の学習において教師や専門家の演奏を美しいもの、よいものと感じ取った時、自分もそのように演奏してみたいという思いや願いが生まれ、その歌声や演奏をまねようとする。

　日本の伝統音楽において師匠や指導者の演奏を範唱・範奏として見て聴いてまねることは重要である。声を出す時の身体の状態や楽器を演奏する時の身体の動きを間近に見、聴き、感じ取り、まねることを繰り返す中で学習者が自身の身体を通して実感し、規範とする音楽に近付き、演奏技術も身に付いていく。民俗芸能においても身体から身体への学びを通して技能の習得が行われている。祭囃子の太鼓や笛などを習う場合、指導者が口で唱える音を耳からとらえ、それを口に出して唱えながら基本のリズムや音型、旋律の動きを学んでいく。特に舞をともなう音楽では、音楽は身体の動きと切り離すことができないほど一体化している。

　また伝統音楽のみならず、音楽の学習では初心者が上級者にひたすら合わせる中で、身体全体の動かし方、息遣い、その音楽表現すべてを体験していくことになる。授業における範唱・範奏では、教師や専門家、あるいは視聴覚教材の活用のみならず、児童同士の演奏等も考えられる。例えば篠笛の学習で音が出ない児童に対してうまく出せる子どもの吹き方をよく見てまねするように指導したり、子どもが互いに教え合ったりする姿も考えられる。（寺田）

［参］久保田敏子・藤田隆則編『日本の伝統音楽を伝える価値』京都市立芸術大学日本伝統音楽教育センター，2008.

口頭伝承

［口頭性と口頭伝承］音楽を伝えるには、口や耳や身体など、すなわち口頭性（orality）によるものと、楽譜など視覚的な方法、すなわち書記性（literacy）によるものとに分けて考えることができる。このうち前者を「口頭伝承」という。「口伝」という言葉にみられるように、日本の伝統音楽は口頭伝承により支えられてきた。そこでは師匠を手本とし、それを模倣して繰り返し練習する。こうした学習は、身体を通して記憶し、再創造する作業であり、身体性とも深く関係している。またこの際、旋律やリズム、奏法などを一体的に口で表現する唱歌が用いられるが、口頭伝承において重要な役割を担っている。

　録音技術の発達に伴い、レコードやCDなどにより、離れた場所や伝承の場にいない人にも音楽を伝えることができるようになってきた。こうした高度な技術による伝達は「第二次口頭性」とも言われる。近年、テレビやラジオ、さらにはSNS（Social Networking Service）などの新たなコミュニケーション技術の発達により、第二次口頭性による伝承は強化されている。

［口頭伝承と音楽授業］音楽授業における口頭伝承の活用については、教師の十分な配慮が必要である。例えば、口頭性を重視して伝承されてきた音楽を、楽譜など書かれたものに依拠し表現することは、様式理解につながらない場合も多いため、身体を通して音楽を直接的に学ばせたい。この方法は、規範を獲得しつつ伝承、変形し、あらたな音楽を生み出すものであり、表現の根幹をなす。（伊野）

［参］ウォルター・J・オング・桜井直文他訳『声の文化と文字の文化』藤原書店，1991. 徳丸吉彦『民族音楽学』放送大学教育振興会，1991. 徳丸吉彦『民族音楽理論』放送大学教育振興会，1996.

ソルミゼーション solmization

音階の各音にsolやmiなど異なる単純なシラブル（音節）を当てて音を名付ける方法、及びその方法を用いた音楽の学習法のこと。ドレミで歌うソルミゼーションの起源は、洗礼者ヨハネの祝日に歌われる賛歌の各句の最初のシラブルとされる。音階の各音に異なった音節を当てはめ、うたの旋律や楽曲の各声部を「ドレミ…」などの音節で歌うことにより、音程の意識化が初めて可能になる。ソルミゼーションはリズム唱と共に読譜の必須要件であり、音楽の仕組みの指導を助ける。ハンドサインは音階の各音の機能を手の形で示す移動ドの簡易楽譜であり、音程感、内的聴感の育成や和声の理解に有効な学習法である。

東洋のソルミゼーションとしては、インドの音階音の名称「サ・リ・ガ・マ・パ・ダ・ニ」による唱法などがある。日本では雅楽の壱越（いちこつ）等の律名や宮（きゅう）商（しょう）等の五音など音高にかかわる名称を用いたソルミゼーションは発達せず、旋律を各楽器固有の音節で歌う唱歌（しょうが）が用いられている。

ソルミゼーションには、明治期に案出された数字譜による「ヒフミ」唱法や「ABC」音名唱法等などがあるが、ドレミによる唱法が現在、多くの国で用いられている。ドレミを階名として用いる場合を移動ド唱法、イタリア音名として用いる場合を固定ド唱法という。

平成29（2017）年の学習指導要領では、相対的な音程感覚を育てるために、移動ド唱法を用いると定めており、音名はイロハ式である。しかし、小学校1年、3年で始まる鍵盤ハーモニカ、リコーダーの指導では固定ドが用いられ、ドレミが階名と音名の両方に用いられるという問題が生じている。中学校の1♯、1♭程度をもった調号の指導には、階名と音名の両方の音感と知識が必要である移動ド唱法をめぐる理解が求められる。（尾見）

唱歌（しょうが）

楽器が目の前になくても「ドンドンカッカ」「ピーヒャラ」といえば、日本人の多くは笛や太鼓のことだと想像できるであろう。本来は雅楽用語である唱歌（しょうが）は「口唱歌」「口三味線」などとも言い、日本語の音韻による言葉として、旋律やリズムだけでなく、日本の楽器の奏法における身体性、強弱や息遣いなど音楽そのものを伝えるものである。日本では器楽を伝える場面で伝統的に唱歌が使われており、雅楽など専門家による演奏の音楽だけでなく、現在でも各地域の祭囃子や郷土の音楽で大人が若者や子ども達に唱歌でそれぞれの楽器の音楽を伝えている。

唱歌は楽器によって唱え方に特徴があり、また箏など流派によって違いも多少あるが、大体は決まっている。例えば、箏曲《六段の調》「テーントンシャン」、雅楽《越天楽》の篳篥（ひちりき）「チーラーロヲルロ」、長唄《元禄花見踊》の三味線「トーンチチンチャチャシャチャチャン」、歌舞伎の囃子・鼓のチリカラ拍子「チリカラ」「スットン」、尺八曲《鹿の遠音》「ツーレーレーレーロー」、能管は「ヲヒャー」「ホウホウヒー」などと示される。

日本の伝統音楽の学習において実際の楽器が不十分な学校現場が多い中で、唱歌を取り入れた学習は有効である。太鼓や鉦などの打楽器では「テレックテン」「コンチキチ」などの一つのリズムの型を繰り返したりそれらを組み合わせたりして音楽が構成されている。例えばわらべうたと太鼓と鉦の唱歌を合わせることは無理なく取り組める活動であり、西洋楽器のアンサンブルとは違った日本の伝統的な味わいが楽しめるものである。（寺田）

［参］久保田敏子・藤田隆則編『日本の伝統音楽を伝える価値−教育現場日本音楽−』京都市立芸術大学日本伝統音楽研究センター, 2008.

楽譜と記譜

　楽譜とは、一定の決まりに従って音楽の諸要素を書き記したものである。楽譜は、音響として表現される音楽の情報すべてを書き表すことはできないが、音楽の方向を規定し、演奏にあたって重要なよりどころとなる。

　17世紀初頭以降のヨーロッパにおいて鍵盤楽器のための記譜法より発展した近代記譜法、すなわち五線譜による記譜法が国際的かつ普遍的なものとして重用されている。日本の学校教育でも明治以後、西洋古典音楽の歴史を背景とする五線譜を学習の基礎に位置付けている。音の高さと長さを厳格に記譜できる五線譜はヨーロッパ音楽やその様式に基づく音楽を記述するためにはきわめて優れた楽譜である。しかし、世界の様々な民族の音楽文化においては民族固有の音楽の伝承方法があり、近代記譜法の体系になじまないものや楽譜のないものもある。非ヨーロッパ圏の音楽では、微細な音程の揺れや音色が重要な意味をもち、また長さが規定できないものもあり、五線譜による記譜が困難な場合が多い。

　楽譜の種類として、五線譜のほかに、ギターのタブ譜のような奏法譜、音の高さを数字や文字で示す音高譜、現代音楽における図形楽譜などもある。日本では口頭伝承が重視され、音楽の学習では唱歌が重要な役割を果たし、それぞれの種目や楽器の音楽の記述にふさわしい固有の記譜法がある。

　学習では五線譜にこだわらず、例えば音楽づくりの場面において、グループ内での決まりに基づいて記したものはグループ独自の楽譜として機能を果たす。学習者が記号や図形などを適宜用いてその音楽表現にふさわしい楽譜を工夫する活動は音楽の構造や特徴を認識する上でも有意義である。（寺田）

［参］皆川達夫『楽譜の歴史』音楽之友社,1985.

いろいろな音楽

日本の伝統音楽と楽器

　日本の伝統音楽のとらえ方は様々であるが、本書では明治期の洋楽受容以前からの伝統をもつ、またはその伝統に根ざした音楽とし、固有の音楽文化をもつアイヌの音楽や沖縄・奄美の音楽もここに含める。

　[種類と特徴]ここでは伝統音楽を、一定の規範に基づき伝承されてきた職業的専門家による古典音楽、及び共同体の成員が主に担う民俗音楽の2種に分ける。前者は学習指導要領における我が国の伝統音楽、後者は郷土の伝統音楽にほぼ相当する。

　古典音楽には、古代の雅楽や仏教音楽、中世の平家琵琶や能・狂言、近世の三味線音楽、箏曲、尺八楽、義太夫節などの浄瑠璃などがある。これらの歴史及び生成面での主な特徴は次の通り。①古典音楽の多くは大陸より摂取された音楽が次第に日本化して発展・分化したものであり、楽器も箏、尺八、三味線、琵琶等々大半が大陸由来である。またこれらの音楽の多くが今日まで伝承され併存している。②各曲種について演奏の場、記譜法、用語などが異なり、流派間の相違もある。③楽譜よりも口伝を重視するため、同一曲種の流派間でも旋律などに相違がある。④音楽が行われる空間は野外、室内、舞台など種目により異なり、能、歌舞伎、文楽は専用の舞台がある。⑤語り物や歌舞伎音楽など多くが言語、文芸、舞踊、演劇、儀礼などと深くかかわり存在している。⑥外来楽器については西洋における合理性を追求するような改良はされず、その楽器本来の構造を生かした微妙な音程、音色の変化が尊重され、噪音も取り込んだ表現法が発達している。

　民俗音楽にはわらべうた、子もり歌、民謡、生活や信仰と結び付いた唱え言葉や語り物、各地の民俗芸能の音楽などがある。共同体内で口頭伝承により、自然にその形が整えられたもので、古典音楽と同様に多くが音楽以外の要素と結び付き、わらべうたは遊びと、民謡は労働、祭礼、祝い事などと密接に結び付き、音楽的な特徴もこれを反映している。使用楽器は太鼓などの膜鳴楽器や、鉦(かね)類、銅拍子(どびょうし)類、ささら類などの体鳴楽器が多い。弦鳴楽器は三味線が大半だが、北陸では胡弓も用いられる。気鳴楽器では篠笛が多いが、民謡の伴奏では近代以降尺八も多用される。

　[教材化の視点]伝統音楽を自分とは遠い存在と思っている学習者は少なくない。そのため、まずは学習者に内在する音に対する感性、言語や身体性など伝統的な資質を指導者がとらえ、伝統音楽と向き合うことでそれを顕在化、意識化させることが必要である。

　また学習方法についても伝統的方法を援用することが望ましい。例えば、西洋音楽では五線譜により音高と音価を特定し、演奏記号で速度や強弱等々を記して作曲者の意図を忠実に再現できるようになっているが、伝統音楽では口承による実態としての音楽を重んじることから、五線譜化されたものに頼らず、歌唱では音源や実唱を聴きながら歌う、また器楽ではその楽器の唱歌(しょうが)を歌うことから始めるなどの方法を活用したい。

　伝統音楽の仕組みについては、序破急(じょはきゅう)のように西洋音楽の構成要素の視点からは分節しがたいものもあるため、必要に応じて伝統的な用語も活用したい。また伝統音楽は風土・生活・文化等、及び身体や言語などとのつながりが密接なため、その音楽の特性を見極めてこれらの音楽外の要因ともかかわらせることが肝要である。またたとえ鑑賞であっても学習者がその音楽の部分を唱歌で歌う、あるいは手拍子を打つなどの表現活動を取り入れたい。このような活動から学習者自身がもつ伝統的な資質や伝統音楽の面白さにも気付き、ひいてはアジアをはじめ世界の音楽への関心にもつながるだろう。(澤田)

わらべうた

　わらべうたは人々の生活の中で生まれ、地域や時代により様々な変容を繰り返しながら歌い継がれてきたものであり、可変性、即興性、身体性、社会性・協調性、文化的側面などの観点から教育での活用の可能性が大きいものである。

　[可変性・即興性] 唱え言葉や友達の名前の呼びかけの場合などにもほんの少しの抑揚の変化で受け止め方が違って聞かれる。わらべうたは、低学年の音楽表現の場において、仲間と歌い合う場をつくると同時に、言葉の抑揚や声の表情への気付きを促せる良い教材となり得る。また本来、子どもの遊びの中で自然発生的に歌い継がれてきた点は、子どもの言葉に対する自由な発想を保障するという点で、創造的な音楽活動への一歩となる。わらべうた遊びでは、例えば、《猟師さん》のように遊びの発展として、当てられた子どもが即興的に応答することを求められる場面も多いが、相手の動きや声の調子、間などを身体で感じ取りながら瞬時に声を使って応答することは、子どもの主体的な声の表現力を培うものである。また唱え言葉の「どれにしようかな」に続く様々な詞章の存在は、各地で子どもが即興的に言葉を連ねて遊びをつくってきたことの証左であるが、この点から、自分の絵描きうたをつくる活動なども子どもの主体的な創造的活動を導くものとなる。

　[身体性] あやし言葉や子もり歌などの一部のわらべうたを除けば、ほとんどのわらべうたは子ども集団の遊びの中で、身体の動きを伴って歌われてきたものであり、仲間の動きや声と合わせることを遊びの中で習得できるものである。例えば、各種の手合わせうたや《正月三日のもちつき》などは歌い始めこそ速さや音程が異なっていても、子どもは自然のうちにその集団の中でもっとも居心地の良い、遊びに興じられる速さや声の抑揚に自身を収斂させていくものである。また《かごめ》などでは歌詞と歩みを一致させ、まりつきうたではまりをつく動きに合わせてうたの緩急を調整するなど、無意識のうちに身体の動きとうたを一体化させることができる。

　[社会性・協調性] 元来、わらべうたは空き地など遊びに応じた場所で異年齢で遊ばれてきた。遊びの中で、年上の子どもの動きに倣って遊びに即した俊敏な動きを体得することや、遊びの中での役の交替を通して、集団での振る舞いを身に付けることも可能である。

　[文化的側面からの学習] 身体の動きを伴ったわらべうた遊びで言葉の抑揚や声の表現の豊かさに気付いた子どもの目を、さらにわらべうたが生活の中に根付いて伝承されてきた文化的背景にも向けられるように配慮したい。また、江戸時代以降の各地のわらべうたの詞章集や採譜集の資料をもとに、現代の子どもが歌っているわらべうたが元来、各々の土地でどのような歌詞や遊び方で歌われていたのかを知ることは、各地域の言語の抑揚と旋律の関係や、文化の伝承と時代による変容を学ぶ良い機会である。かつては季節や祭事ごとに、正月を迎えるうたや七草のうたなど様々なわらべうたがあったことを知ることは、生活の中でうたがもっていた意味を知ることにもつながる。祖父母や地域住民へのわらべうたの聴き取り調査なども、うたと生活の関係を知るために有効な学習方法であり、この点でわらべうたは、小学校だけではなく各校種で様々な面から学習できる教材となり得る。わらべうたの発展として、日本において年端のいかない子守娘にも歌われてきた子もり歌の成り立ちや変遷を学び、西洋の子もり歌との文化的背景の違い、さらには労働においてうたが果たしてきた役割の理解へとつなげていくことができる。また、ここから民謡の学習に発展させることも期待できる。（嶋田）

もの売りや合図の声

ここでは、日本の伝統的なもの売りや合図の声を対象とする。

[声の機能] 声は音響として空間を伝わるので、離れた相手に対して何らかの内容を届けることができる。また、言語を伴いその表し方を操ることができるため、具体的で複雑な内容を雰囲気や感情も含めて伝達することが可能になる。楽器のようにわざわざ持ち運ばなくてもいいので、利便性が高い。

[生活と声] こうした声の機能は日常生活の中でふんだんに活用されてきた。渡し場の合図の声の「おーい船が出るぞー」や金魚売りの「きんぎょーえー、きんぎょー」などのもの売りの声はその代表例である。この他、焼き芋、竿だけ、納豆、豆腐、風鈴など、実に多くのもの売りの声があり、相撲の呼び出しなどもこうした中に分類することができる。

[音楽的な特徴] ものを売ったり合図をしたりする性格上、例えば「りんご、りんご」のように対象物の名前を反復したり、バナナのたたき売りのように、言葉の抑揚やリズムを生かし、品物の由来や高品質を強調したりする。一方で、金魚売りや竿だけ売りのように、無拍のリズムをもち、息を活用し、節の後半を長く伸ばしたりするものもある。これらに用いられている音階は複雑でなく、日本の伝統音楽の基本的な性格をもつ。また、相撲の呼び出しのように、微妙な音高変化やコブシをつけるものもみられ、声の表現の基本的な様相を示している。

[教材性] 音楽的な特徴からは、言葉のリズム、抑揚、反復、無拍のリズム、音階、節回しなどに着目ができる。こうした特徴を生かし、ものを売る、合図を送るといった日常性と結び付けて即興的な表現につなげることも考えられる。音楽と生活といった視点からの教材化も効果的である。（伊野）

子もり歌

[子もり歌とその種類] 子もり歌は子どもをあやしたり寝付かせたりする時のうたである。シューベルトの《子守歌》、ルロイ・アンダーソンの《トランペット吹きの子守歌》のように、子守の雰囲気を模した歌曲や器楽曲を指すこともある。日本では、子守に雇われた娘が一種の労働歌として歌ったものが多い。この種のうたについて渡辺・松沢（1979）は、子どもを眠らせることを目的とした「眠らせ歌」、子どもを遊ばせるための「遊ばせ歌」、子守娘自身の労働の辛さや、雇い主、子どもの母親に対する悪口として歌う「口説歌（くどきうた）」に分け、さらに「その他の子守歌」として子守をする時に口ずさむ広義のうたを加え分類している。

[子もり歌の特性と教材性] 子もり歌は世界の様々な地域や民族の中に存在する。ゆったりと揺れるようなリズムや旋律を予想させるが、これらの特性はすべてに共通しているわけではなく、民族や文化などによって異なる。歌詞もやさしく語りかけるものばかりでもない。時に寝ない子を脅したり、奉公に出された子守娘が自身の身上を嘆いたりする。子守の状況や歌い手の思いを反映し、即興的に歌詞やメロディーも変化したりする。

子もり歌のこうした特性を生かし、音楽学習を深めることができる。例えば、うたというものは、いつも声を豊かに響かせて歌うものではないこと、多くの人ではなく、たった1人の子どもに歌ううたもあること、などの視点が考えられる。また、「子どもが眠るには、どのように歌ったらいいだろう」「自分が子守娘だったら、どんな思いで歌っただろう」といった問いかけは、うたの本質を知る学習につながっていく。（伊野）

[参] 渡辺富美男・松沢秀介『子守歌の基礎的研究』明治書院, 1979.

民謡

　民謡は、民衆が生活の中で長い間歌ってきたうたの総称である。誰がつくったかというのは問題にされない。以前は俚謡(りよう)や田舎歌などと呼ばれたが、英語のfolk songあるいはドイツ語のVolksliedの訳として、明治・大正期に用いられ、しだいにその概念が共有されるようになった。

［種類］民謡には生活の目的に応じた多くの種類がある。柳田（1940）は、「一つの分類案」として、田歌・庭歌・山歌・海歌・業歌・道歌・祝歌・祭歌・遊び歌・童歌といった10の分類をしている。また、昭和54（1979）年より実施された文化庁による民謡緊急調査では、労作歌、祭り歌・祝い歌、踊り歌・舞踊、座興歌、語り物・祝福芸の歌、子もり歌、わらべうたといった分類がなされている。なお、民謡は時代や歌う目的、個人や集団などによって形を変える。例えば、もとは大木を曳く時のうたであった木遣歌は、ある所では祭りの山車を曳くうたになったり、またある所では《沖揚げ音頭》のように漁労のうたになったりする。こうした中で節回しや音楽の構造も変化してきた。

［性格の変容］明治・大正期のラジオ・レコード等のメディアの普及は、それまでの民謡の性格を変えていった。「これが正しい節である」といった正調意識が生まれる中、旋律や節回しが固定化し、うたは専業の歌手によって歌われることも多くなってきた。それにしたがい、うたに高度な技能や芸術性が求められるようになった。このことは、民謡の伝承・伝播の方法の変化とも深く関係している。元来、口伝え、聞き伝えによって人から人へ、土地から土地へと広がってきたのが民謡である。したがって、土地や個人によって自在に変容するのが本来の姿だった。しかし、録音・録画の技術の発展は寸分違わぬうたの姿を伝えることを可能にした。

　民謡はまた、動くこと、踊ること、遊ぶこと、働くことなど、生活の中の行為と一体化して成立してきた。さらに、信仰や交通、地域コミュニティといった一連の文脈の中で生きてきた。しかし現代の民謡の楽しみ方は、例えばテレビの民謡番組のように、こうした文脈から切り離されたところで、舞台歌謡や芸術歌謡として成立することも可能であり、それが一般的な傾向ともなっている。

［民謡と音楽授業］以上のような民謡の多様な様相は、豊かな教材性を内包する。一方で、民謡の何をとらえて教材化するかは、授業実践上の重要な課題となってくる。民謡の性格を生かした授業構成は、例えば、以下の側面から構想することが考えられる。

①民衆が暮らしの中で、生活の「思い」を込めて歌い続けてきたうたであることから考える。どのような生活の場から、どのようなうたが生まれたのかといった視点からうたをとらえる。

②うたのもつ音楽性や芸術性を生かし、発声の仕方や節回しなど、民謡の特徴を生かした音楽表現について学ぶ。

③可変性や即興性に着目する。民謡が変化したり、歌い手によって歌い方が異なったりすることを生かす。

④身体性、総合性の観点から、例えば「網を引く」「櫂を突く」などの所作をしながら歌い、民謡本来の歌い方や音楽のあり方を学ぶ。

⑤日本の伝統的な歌唱に共通した性格をもつうたとして教材化する。自分のもつ声や話し声を基本とした発声、節回しやコブシにみられる装飾的表現、音階や音のめぐり方、言葉と節の密接な関係性、リズム感、間、息遣いを大切にした合わせ方、型をもとに変化させていくうたのつくり方等々、日本人の伝統的な声の表現についてその基本を学ぶ。（伊野）

［参］柳田國男『民謠覺書』創元社, 1940.

郷土の伝統音楽

[種類と特質] 郷土の伝統音楽とは具体的には、各地に伝わるわらべうた、獅子舞の音楽、お囃子、盆踊りうた、民謡、舞楽や神楽の音楽などである。それらが奏される環境の音や素材も含めて考えることもできる。

小島（2002）は、日本の伝統音楽を「民俗音楽」「芸術音楽」「宗教音楽」「大衆音楽」というように分類しているが、この内「民俗音楽」すなわち「わらべ歌」「子守歌」「民謡」「郷土芸能の音楽」（神楽・田楽・風流・その他の芸能）「民間信仰」（民俗宗教）の音楽がほぼ相当する。

郷土に対する日本人の共通意識は、近代の枠組みの中で形成されてきたといわれる（朝倉1989）。郷土とは一般的に、「生まれ育った土地。故郷」、あるいは、郷土芸能や郷土民謡などの用法にみられるように、「その地方（特有）の」といった意味をもつ。すなわち「郷土の音楽」とは、「生まれ育った土地」「故郷」の音楽であり、また「その地方特有」の音楽をも意味する。民謡《ソーラン節》は、北海道の当事者にとっては「生まれ育った土地」の音楽であり、それ以外の人にとっては「その地方特有の音楽」である。これら二つの視点は双方とも「郷土」として認識され、いずれの立場にとっても「郷土の伝統音楽」ということができる。

[音楽の多様性] 民謡や神楽の音楽、お囃子などその種類は多く、音楽の構造や使われる楽器も多様である。一方で、打ち物では、太鼓（鋲留め太鼓、締太鼓、桶胴など）や鉦類（当り鉦、銅拍子、チャッパなど）、吹き物では、笛類（篠笛など）、弾き物では、三味線、地域によっては三線などが用いられる。一定のリズム型や旋律型を反復したり組み合わせたりする音楽構造をもつものも多い。

[音楽の場と背景] 音楽が奏される場の多くは、神社の境内や家々の門口など、その土地の空間である。音源が移動することも重要で、例えば獅子舞の門付けでは、自然の音や町並みも音楽の構成要素の一部となり得る。音楽は祭りや年中行事、娯楽など、人々の信仰や生活、産業などと密接にかかわって成立してきた。それ故に、共同体の維持やコミュニケーションの形成にも重要な役割を果たしている。

[郷土の音楽と学校教育] 近年音楽科においては、「我が国や郷土の伝統音楽に親しみ、よさを一層味わえるようにすること」、「生活や社会における音や音楽の働き、音楽文化についての関心や理解を深めること」についてさらなる充実が求められており（教育課程部会・芸術ワーキンググループ2016）、郷土の伝統音楽の教育的価値は一層増している。

音楽がもっている機能や特徴は、地域学習をはじめ、学校の教育活動に対して有益な内容を含んでいる。音楽は地域特有の個性的な特徴を示すと同時に民俗音楽に共通する点をも併せもつ。また、土地の人々の美意識や価値観、歴史や風土と密接につながっている。「どのような音楽か」「何故こうした音楽が生まれたのか」「何故この表現を〈良し〉としたのか」といった視点をもつことは音楽の深い理解につながる。また、子どもにとって、何となく知っているもの、生活の中に溶けこんでいるもの、祖父母や父母、地域の人につながっているものであり、こうしたつながり感覚から音楽のよさや価値をメタ認知することも大切である。（伊野）

[参] 朝倉喬司『流行り唄の誕生』青弓社，1989. 小島美子「日本の伝統音楽概説」峯岸創監修・編『日本の伝統文化を生かした音楽の指導』暁教育図書，2002. 芸術ワーキンググループ「芸術ワーキンググループにおける審議の取りまとめ（案）」教育課程審議会教育課程部会，2016.

沖縄の伝統音楽

[地理的・歴史的背景] 沖縄は、沖縄本島、八重山諸島、宮古諸島と大きく三つに分かれ、各地域の年中行事や祭りにはそれぞれ特色ある数多くの民謡や民俗芸能が伝承されている。沖縄本島では、15世紀から19世紀まで続いた琉球王国時代に琉球古典音楽や古典舞踊が大きく発展した。特に古典音楽で三線が声楽の伴奏楽器として確立したことで、三線を用いた音楽文化が広まる素地がつくられる。日本本土や中国からの影響も強く、日本本土から伝えられた念仏踊りは、沖縄本島のエイサーや八重山のアンガマとして現在も盛んに演じられる。豊年祭などで踊られる獅子舞には、中国の影響が色濃くみられる。

[楽器] 沖縄の楽器として有名な三線は、古典から民謡まで様々なうたの伴奏楽器として用いられる。本土の三味線に比べ棹が短く、撥（義甲）を人差し指につけて演奏する。三線が本土に伝わり三味線となったため、両者には共通点が多い。例えば、打音という撥で音を鳴らさず左手だけで柔らかい音を出す奏法は、三味線の打ち指と似た奏法である。三線は中国から沖縄に伝えられた楽器とされ、元は士族のみが演奏するものであった。その後、琉歌と結び付き琉球古典音楽の三味線音楽として発展する。18世紀には中国からの使者である冊封使をもてなす音楽として洗練されていき、組踊などがつくられるようになる。

沖縄の音楽では、三線以外に様々な打楽器が用いられる。エイサーでは、鋲打ち太鼓である大太鼓やパーランクーがよく用いられるが、地域によって楽器の種類に違いがある。民謡では島太鼓（平胴太鼓と締太鼓の一対）、3枚の板をカスタネットのように打ち鳴らす三板などがよく用いられる。三板に似た楽器の四つ竹（竹の板を2枚1組にしたもの）は舞踊に用いる楽器である。古典音楽の伴奏楽器として、箏や胡弓もあるが、一般に広く普及しているわけではない。

[うた] 地域によって様々なうたがある。《安里屋ユンタ》は八重山地域を代表する民謡である。沖縄のうたとして有名な《てぃんさぐぬ花》は、よくわらべうたと表記されるが、内容としては教訓歌であり、民謡に類するものといえる。沖縄には伝統的なわらべうたもあるが、その多くは現在歌われておらず、本土のわらべうたが主流となっている。その背景には言語との関係が指摘されている。また、今も新しいうたがつくられており、戦後につくられた新民謡である沖縄歌曲《芭蕉布》は、音楽的には洋楽的な様式が随所にみられるが、沖縄県内では沖縄を代表するうたとして広く認知されている。

[音楽と舞踊] 沖縄の人々の生活に音楽と踊りは身近である。祝いの席では、最後にカチャーシーという早弾きの音楽に合わせて皆で踊ることが常である。また、《かぎやで風節》も祝いの席には欠かせないもので、祝いの始まりに代表者によって踊られることが多い。盆踊りの一つであるエイサーも動きとの関係が深い。主に沖縄本島中部で伝承されてきたエイサーは、近年は大きく派手な動きをする傾向にある。その他にも、踊りを伴ううたが多く、沖縄民謡として有名な《谷茶前》は雑踊という舞踊の一つである。

[音楽的特徴と実践例] 沖縄の伝統音楽の特徴として、琉球音階や後打ちのリズムが挙げられる。特に上下にはねる独特なリズム感は、踊りとの関係も強い。日本やアジアの音楽と関係が深く、それぞれの音階やリズム、楽器の特徴の比較から鑑賞し、音楽的特徴を生かした創作へと展開する実践例も多い。比較的演奏しやすい楽器が多いため、器楽学習として展開されることもある。地理的、歴史的背景をもとに多様な音楽文化の理解を含めた学習展開ができる教材である。（小川）

アイヌの音楽

　アイヌ民族は北海道以北に居住し、その大自然における風、天候、森、川、火、水、熊、フクロウ、魚などをカムイ（神）と崇め敬い、いつもカムイと密接な関係をもちながら自然の法則の中で暮らしてきた。このカムイと人間のコミュニケーションの中からうたや舞踊が生まれた。うたはカムイへの祈りや願い、まじないから発生し、口頭伝承で受け継がれてきた。

　［音楽と楽器］アイヌの音楽の大半は声楽で、手拍子等の音の他は基本的に無伴奏である。うたの種類には、座り歌（ウポポ）、即興歌（ヤイサマ）、子もり歌（イフムケ）、踊り歌（リムセ）、語り物（ユーカラ＝神謡）などがある。

　うたは、半音のない2～3音やオクターヴに達しない自然倍音列的音階で構成される。その旋律構造は、基本的に2～4拍程度の短い動機を組み合わせ繰り返す。「ウコウクukouk」と呼ばれる演唱形式は、一つの旋律を1人か数人ずつで、1拍か数拍ずらしながら次々と歌い継いで多声的な音響をつくる。発声には裏声と表声をすばやく連続的に交替させながら歌うといった技巧がみられる。

　アイヌの楽器には、竹や鉄製の口琴（ムックリ）や5弦の撥弦楽器（トンコリ）があり、どちらも鳥や動物の鳴き声、自然の音響をまねた曲が多い。踊りやうたの伴奏をすることもある。太鼓（カッチョ）は巫術の際に用いられた祭具である。

　［実践の可能性］アイヌの文化的背景を理解した上で、ウポポやリムセを用い、旋律の歌唱や器楽演奏、リズムを取り入れたアンサンブル、旋律を構成する音階によるふしづくりなどが可能である。さらに、「アイヌとキツネ」などの民話の場面に合わせた音楽をつくり、音楽と語りの総合芸術作品づくりの学習と発表に取り組むこともできる。（尾藤）

雅楽

[成立と種類] 雅楽は日本古来の歌舞及び中国大陸や朝鮮半島より5世紀から9世紀にかけて徐々に伝来した楽舞を源流とする。平安期に楽制改革が行われ、楽器編成の縮小、楽曲の整理、音楽理論と楽曲構造の簡素化がなされた。また舞を伴わない管絃はこの過程で生み出された。雅楽の種類は、日本古来の国風歌舞(くにぶりのうたまい)、大陸や朝鮮半島から伝来した歌舞やその様式に倣い日本で改作・新作された大陸系歌舞、平安期に新たに付くられた歌物の3曲種に大別されるが、国風歌舞や歌物は大陸系歌舞の影響を受けている。国風歌舞は主に宮廷の行事と結び付いて行われ、御神楽、東遊(あずまあそび)、大直日歌(おおなおびうた)などがある。大陸系楽舞には中国系の唐楽(左方)(とうがく・さほう)と朝鮮半島系の高麗楽(右方)(がく・うほう)があり、唐楽は舞楽と管絃で行われる。歌物には催馬楽と朗詠がある。

[楽器] 吹き物(管楽器)、弾き物(弦楽器)、打ち物(打楽器)に分類され、吹き物には横笛(竜笛・高麗笛・神楽笛)・篳篥・笙、弾き物には箏・琵琶・和琴、打ち物には鞨鼓・三ノ鼓(さんのつづみ)・大太鼓(だだいこ)・楽太鼓(がくだいこ)・大鉦鼓(おおしょうこ)・釣鉦鼓・笏拍子(しゃくびょうし)がある。大半が外来楽器であるが、神楽笛・和琴・笏拍子は日本由来の楽器である。各楽器は雅楽の種類により用い方が決まっている(表参照)。

[音楽的特徴] 雅楽は、次のような日本の他の伝統音楽に共通の音楽的特徴のほか、雅楽固有の特徴をもつ。①各楽曲は、始まり方や終わり方に一定の形式があり、リズム型や小単位の旋律の組み合わせでできている。②篳篥が主旋律を担い、横笛は篳篥と同じ動きや音域の広さを生かした幅広い華麗な動きにより主旋律を彩る。その両者の旋律に笙の響きが重なり、ヘテロフォニーを生じている。③リズムは有拍、無拍の両様がある。有拍のリズムには4拍を単位とする早拍子(はやびょうし)や8拍が単位の延拍子(のべびょうし)などがあり、また2拍+4拍あるいは2拍+3拍(八多羅拍子)(やたらびょうし)などを単位とする雅楽固有の拍子もある。④舞楽は、基本的には中心となる当曲(じょうきょく)及び舞人の登場前・登場・退場の音楽で構成されている。当曲は序・破・急の3楽章を原則とする(現在は《五常楽》(ごじょうらく)のみ)。⑤合奏では鞨鼓(または三ノ鼓)の奏者が指揮者的な役割を果たす。⑥演出法に、楽曲の反復に伴い徐々に楽器の数を減らす変奏法の一種である残楽(のこりがく)と、楽曲を別の調に移調し、音域や音高の制限から笛や篳篥の旋律が変形される渡物(わたしもの)がある。

[教材化への視点] ①《越天楽》を「ヘテロフォニー」を指導内容とする鑑賞教材として、篳篥と竜笛の2管によるヘテロフォニーの知覚・感受を中軸とする授業が展開できる。②催馬楽《伊勢海》(いせのうみ)を「抑揚」を指導内容とする歌唱教材として、楽曲の模倣を通して声の抑揚を感じ取り歌唱表現を工夫する授業が展開できる。③舞楽《陵王》を「テクスチュア(旋律とリズム)」を指導内容とする鑑賞教材として、〈陵王乱序〉(らんじょ)における打物の乱序と追吹(おいぶき)の奏法による竜笛の旋律との重なりの知覚・感受を中軸とする授業が展開できる。以上の①～③の活動を対象学年に応じて組み合わせることで、雅楽の特徴を大まかにとらえることも可能となる。(髙橋)

[参] 芝祐靖監修・遠藤徹・笹本武志・宮丸直子『図説雅楽入門事典』柏書房, 2006.

分類	打ち物						弾き物			吹き物			
楽器	笏拍子	釣鉦鼓	大鉦鼓	楽太鼓	大太鼓	三ノ鼓	鞨鼓	琵琶	箏	和琴	笙	篳篥	神楽笛	高麗笛	龍笛
大陸系 舞楽			◎	◎	◎	○	◎		△	△		◎	◎		◎	◎
大陸系 管絃		○		◎			◎	◎	◎		◎	◎			◎
国風歌舞	◎									◎			◎		
歌物	◎							○	◎		◎	◎			◎

◎その全曲種で使用　○一部の曲種に使用　△管弦舞楽のみ

仏教音楽

[概要] 仏教音楽は儀礼の際に僧侶が唱和する声明（梵唄とも）や儀礼に伴う器楽を指し、広義には普化尺八など仏教にかかわる音楽も含む。6世紀に仏教が伝来して以来、平安、鎌倉、江戸初期の各時期に、当時の中国の仏教が儀礼や声明を伴い伝えられ、奈良（南都）声明、天台声明、真言声明等々、各宗派・流派で各々の声明を今日に伝える。なお旋律は言語の抑揚を礎とする。

[種類と特徴] 中国語や梵語による声明を受容する一方で、仏教儀礼の整備拡充や布教のため、外来の様式や新たな様式により日本語の声明が新作された。これらを大別すれば、①旋律性先行の唄、散華、梵音、錫杖、漢語讃、梵語讃、讃嘆、経などの類、②内容伝達重視の教化、表白、講式、論義、和讃などの類にほぼ二分できよう。①の類は多数の装飾を施し、時には生み字をもって1字1字を長く引き伸ばす旋律が特徴的である。②は日本語によるもので、装飾はさほど多くなく、詞章単位で旋律が類型化され、その単位は音域も異なる。この構成方法は平家の語りや能の謡の旋律に影響を与えた。楽譜は博士（墨譜とも）といい、旋律線を示す目安博士、音高を示す五音博士に大別される。

[楽器] 種類は多いが、体鳴楽器が大半で金属製の鐘、鈴、鈸、鐃、磬、鏧、鉦、錫杖の類、木製の版（板）、槌砧、枘の類がある。膜鳴楽器は太鼓の類、気鳴楽器は法螺のみで、弦鳴楽器は用いない。その多くは歌舞伎の黒御簾音楽（蔭囃子）に摂取されている。

[教材化の視点] 声明は旋律や音色の多様性を重視する方向に発展した伝統音楽の特徴を端的に備えているため、簡単な声明を模倣して歌う、一つの音を様々に揺らして装飾法を考えるなどの活動により、伝統音楽の基礎的理解にもつながる。（澤田）

琵琶楽

[楽器] 琵琶は西アジアから中国を経て8世紀初頭に雅楽の楽器（楽琵琶）として日本に伝わった。平安期には琵琶法師が楽琵琶の小型のものを用い始め、鎌倉期には平家物語を語る際の伴奏に使われるようになった（平家琵琶）。江戸期には九州の盲僧が当時大流行の三味線に倣い改造し（盲僧琵琶）、さらには武士や町民にも楽しまれたことから近代琵琶が生まれる（薩摩琵琶・筑前琵琶など）。

日本の琵琶はなす型の薄い胴に短い頸（棹）と最上部が反った形（曲頸）で、4本の弦（錦琵琶は5本）を撥で奏するのが特徴的である。

[音楽] 楽琵琶は雅楽の1パートとして一定の音型により旋律とリズムの輪郭を示す機能を担うが、独奏曲もある。他の琵琶は弾き語りとして各々固有の音楽領域をなす。平家物語を語る平家（平家琵琶・平曲とも）は仏教音楽の講式の影響を受け、詞章の内容や構成に応じて口説、三重、拾など様々な曲節が組み合わされている。盲僧琵琶では寺院や檀家での法要で琵琶の伴奏により経や和讃など誦唱するほか余興としての語りもあり、これらの音楽から薩摩琵琶や筑前琵琶などの近代琵琶の音楽が派生した。近代琵琶は楽器の改良と共に奏法（弾法）も改善され、声楽面でも装飾が繊細で華麗になるなど表現性がより豊かなものとなっている。

[教材化の視点] 雅楽の琵琶については、リズムや旋律の枠組みを示す役割に注目したい。平家琵琶は国語科との連携により、実際に簡単な曲節を唱えるなど、詞章と曲節との関係の実体験を通した学習が可能である。琵琶のサワリを交えた独特の音色や表現性は海外からも注目され、尺八と共に和楽器の新たな地平を開いた武満徹の《ノヴェンバー・ステップス》は聴かせたい教材の一つである。（澤田）

能・狂言

　能は、声楽の謡、器楽の囃子、所作の舞から構成される歌舞劇で、現行曲数は約240である。狂言は、中世庶民の姿を題材として狂言方（狂言師）により演じられるセリフを中心とした笑劇で、現行曲数は約260である。能楽は重要無形文化財及びユネスコ無形文化遺産に登録されている。

　[成立と発展] 奈良時代に大陸（唐代）から伝来した雑多な芸能の散楽の中で、平安中期に秀句・ものまねを主体とする寸劇が代表芸となり、表記も猿楽と変わる。これが能楽の淵源である。その後、歌舞劇としての能と、滑稽さを洗練したセリフ劇である狂言とに分化し、室町時代には観世座の初代棟梁の観阿弥と息子の世阿弥により能の芸術的基礎が築かれる。徳川幕府下で猿楽は武家の式典用の演劇である式楽として庇護される。また翁1番と能4番の間に4番の狂言を挟む「翁付五番立」という構成が定着し、正式とされた。その一方、能は庶民には遠い存在となるが、この時期に謡本が盛んに出版されて謡の文化が広まる。明治維新を迎え幕藩体制が崩壊すると武家の式楽であった猿楽は衰微するが、岩倉具視ら華族などの支援を得て能楽として再出発・復興を遂げる。

　[諸役・舞台・面] 能楽に出演する演者を総称して能楽師といい、シテ方・ワキ方・狂言方という立方と、笛方・小鼓方・大鼓方・太鼓方という囃子方、の7役професに分けられる。

　伝統的な能舞台は客席である見所から分離しており、露天または独立の建屋をもち、しばしば能楽堂と称される。能楽の本舞台は三報を見所に囲まれた一辺3間（約5.4m）の正方形様である。本舞台に向かって左にはシテ役の入退場にも用いられる橋掛り、右には地謡方が座る地謡座、奥には囃子方と後見が座る後座がある。能では役どころや表情を、面を掛けて表す。その代表として翁面・尉・小面・飛出・般若がある。

　[能楽の音楽性] 能の声楽部分である謡は、七五調を基本としている。謡はセリフに近いコトバと、歌唱に近いフシとに分類できる。謡の発声法である吟型には、柔らかく息を扱う弱吟と強く息を扱う強吟がある。弱吟に基づく弱音階は、上音・中音・下音を基本音とし、それぞれが完全4度の音程幅となっている。強吟に基づく強音階は音高を特定し難いが、上音・中音・下ノ中音・下音を基本とする。リズム法は拍を意識しないで歌う無拍の拍子不合と、意識する有拍の拍子合に分類できる。拍子不合はコトバ・サシノリ・詠ノリがある。拍子合は8拍を基本単位として、平ノリ・中（修羅）ノリ・大ノリがある。地謡は、能のシテ方のバックコーラスと位置付けられ、主題・情景・登場人物の心情などを描写して重要な声楽的表現を担っている。

　囃子には笛（能管）・小鼓・大鼓に曲目により太鼓が加わる4種類が用いられ、これらを四拍子と総称する。囃子には指揮者に相当する者はおらず、次のような方法によってテンポ・拍子・強弱などが伝えられる。まず、太鼓が囃子全体を先導し、それを大鼓が受け、さらに小鼓が従い、笛が対応するという流れがある。

　[教材的側面] 音楽・舞踊・演劇が一体となった総合芸術として能をとらえ、謡（詞章）から古典文学の知識や歴史的背景を学習し、舞、謡、囃子のかかわりから生み出される音楽の美しさを感じ取る。また表現活動として謡や囃子の口唱歌を繰り返し模倣し、身体全体で声の出し方や間のとり方を習得するなどの活動は能の理解をより深化させる。（田村）

[参] 三浦裕子『能・狂言の音楽入門』音楽之友社，1998.

三味線音楽

[三味線の歴史と特徴] 三味線は中国の三弦(サンシェン)(弦子(シェンズ)とも)が源で16世紀末に琉球を経て堺に伝わり、琵琶奏者により改造され、江戸時代に活躍した。伝来した楽器は蛇皮であったが、これを犬や猫の皮に替え、撥で奏するようにした。またサワリといい、最も太い絃がビーンというような独特の響きを生み出す仕組みを案出し、抱えて演奏できるように大きくし、三味線特有の響きが生まれた。このような三味線の日本化はかかわった者が琵琶奏者であったためといわれている。

三味線の種類として、細棹・中棹・太棹があり、棹が太いほど胴も大きく、駒の高さや素材、撥の素材、糸の太さが異なり、音色の違いを生み出している。

[三味線音楽の種目] 三味線はうたや語りの伴奏楽器として民謡から芸術音楽まで幅広く採用されている。語り物と歌い物の両様があり、語り物として義太夫節、常磐津節、富本節、清元節、新内節など、また歌い物として地歌、長唄、荻江節、端唄、小唄などが挙げられる。また細棹は長唄、中棹は常磐津節や清元節、太棹は義太夫節などと、種目により三味線の種類が異なる。なお太棹を用いる津軽三味線は、津軽民謡の伴奏から独立して三味線独奏の種目として確立している。

[教材としての視点] 三味線は、様々な奏法があることから、まず音色に注目させたい楽器である。また、楽器の素材や胴の皮の張り方など楽器づくりの工程に目を向けさせることも重要である。種目の視点からは、語り物と歌い物をそれぞれ取り上げたい。語り物の義太夫節は、3人で一つの人形を使って芝居をする文楽(人形浄瑠璃)の伴奏をする音楽である。太夫が旋律を付けずにせりふを語る詞(ことば)と特有の曲節を付ける部分とを語り分けていくが、登場人物の心情を表すような太棹三味線の音色や間を感じ取らせたい。歌い物の長唄では、西洋音楽とは異なる言葉の歌い方や発声、節回しを体験させたい。せりふ調のところは言葉の抑揚を楽しんでまねできるところである。

文化的側面として、その楽器の歴史から、中国の三弦、沖縄の三線(さんしん)との比較や、琵琶との比較なども有意義である。

[唱歌(しょうが)による学習] 三味線音楽は、基本的にうたと三味線がつかず離れず(不即不離)の状態で演奏される。三味線単独による前弾や合方、替手や上調子(うわちょうし)など別パートの三味線を合奏させることもあり、様々な奏法によって生まれる音色との関連として三味線の唱歌の学習も有効である。一般に三味線やその他の和楽器を学校現場で十分にそろえることは予算的にも難しく、和楽器を取り入れた授業を行うときの問題の一つとなるところであるが、楽器が十分にそろっていなくても唱歌の学習と鑑賞とを関連付けるなどの工夫により三味線音楽に関心をもたせることは十分に可能である。例えば、長唄の曲の三味線の一節を、唱歌を歌ってから聴くと、果たして歌ったように聴こえるものである。「チリチレツン」「トンツルロン」など生徒にとってはなじみのない言い表し方だと思われるが、ハジキやスクイなどの奏法の説明と合わせると理解も深まるであろう。

長唄《勧進帳》の中の「寄せの合方」は鑑賞教材として取り上げられることが多い。うたと三味線の掛け合いや迫力ある囃子の演奏を鑑賞する際に三味線部分の唱歌を歌ってみると、鑑賞の手掛かりになる。また長唄《元禄花見踊》や《供奴》などの一部分を三味線の唱歌を歌ってうたと合わせる活動は、長唄のうたと三味線のかかわりをとらえるうえで効果的な活動である。(寺田)

[参] 田中悠美子・野川美穂子・配川美加『まるごと三味線の本』青弓社, 2009.

箏曲

[箏の特徴と代表的な曲] 箏は奈良時代以前に中国より伝来し、雅楽の楽器、すなわち楽箏として天皇・貴族に愛好され、安土桃山時代に僧の賢順が越天楽今様などの寺院雅楽をもとに筑紫流箏曲を創始する。江戸時代に盲人音楽家八橋検校が筑紫箏を改革して陰音階に基づく調弦(平調子)による俗箏を創始し、以後箏曲(当道箏曲・近世箏曲とも)は盛んになる。明治時代以降は女性や晴眼箏曲家が進出し新時代に入る。なお楽箏・俗箏は区別の便宜のために用いている呼称である。

箏は形を龍になぞらえ、各部を龍頭、龍尾、龍足、龍口、龍舌、龍眼、龍角、雲角などと称する。裏板の左右の音穴は共鳴を支えている。胴は桐製、全長180㎝、幅27㎝、13本の糸を張り箏柱を立てる。龍頭側に座り、右手の親指、人差し指、中指に象牙の箏爪をはめて演奏する。弦は手前より一二三四五六七八九十斗為巾といい、高さ5㎝の箏柱を立てて調弦するが、基本的にはミ(相対音高、以下同様)を主音とした陰音階ミファラシドミ(平調子・雲井調子)、ドを主音としたドレミソラド(乃木調子・楽調子)を使い、その他、曲に応じた調子を自由につくることができる。音は龍角側が固く、離れるにつれ柔らかくなる。様々な奏法があり、右手奏法では輪連、摺リ爪、散ラシ爪、掻キ爪、アルペッジョなど、左手または左手と右手を用いる奏法には、押シ手、揺リ色、突キ色、後押シ、千鳥の鳴く声を模したという添エ爪(消シ爪)、ピチカート、フラジオレットなどがある。

代表的な曲には、1600年代の段物で八橋検校作曲とされる《六段の調》や《乱輪舌》、1800年代幕末の手事物の二世吉沢検校作曲《千鳥の曲》、箏二重奏曲の光崎検校作曲《五段砧》など、明治以降では東京音楽学校開校式で演奏された手事物の山勢松韻作曲《都の春》(1890)、箏尺八二重奏曲の宮城道雄作曲《春の海》(1929)、箏独奏曲の中之島欣一作曲《三つの断章》(1942)などがある。

[箏を用いた実践の可能性] 箏の伝統的音楽は、五音音階を基本とするが、五つの音により様々な音階をつくり、それを用いて様々な雰囲気の音楽をつくることができる。この特徴はオルフ楽器とも共通し、創作にも適している。箏の実践では、器楽として箏曲や日本古謡、民謡などを演奏体験させることができる。また、《さくらさくら》を活用して、箏らしい特徴ある奏法の音の余韻を変化させる左手の奏法(突キ色、後押など)や右手の奏法(スクイ爪、合せ爪)を取り入れて学習することができる。さらに、前奏や後奏を取り入れることで、それ以外の箏らしい奏法(流シ爪、引キ連、輪連、スリ爪、散シ爪、裏連、ピチカート、トレモロなど)の中から、学習者のレベルに合わせて学習体験をさせることができる。また、器楽学習における表現の工夫の学習にも大変効果的に活用できる。例えば、意図的に旋律の奏法を選択できるように計画された楽曲や、強弱やテンポ、フレーズの繰り返しの回数を学習者の表現意図に沿って工夫して演奏することができる楽曲を探すことが重要である。そのような楽曲を教材とすることで、学習者の工夫する意欲を引き出し、さらに工夫を演奏に反映するために技能の習得にも意欲的に取り組むことができる。

箏は創作領域に関しては、どの楽器よりも創作しやすく、初心者でも旋律づくりをしやすい楽器として非常に有効な楽器といえる。学習方法の例として、①8拍分のふしをつくり全員でリレー演奏する、②箏らしい奏法を使って風や木々の様子など景色を表現する創作を行うなど、多様な活用の可能性がある。また表現領域の学習効果を高めるためにも、現代箏曲など箏の超絶技巧を取り入れた楽曲の鑑賞が必要である。(宮下伸・尾藤)

尺八音楽

[楽器と記譜法] 外来楽器である尺八の類には平安初期まで雅楽で用いていた古代尺八、室町末期から江戸初期にかけて流行した一節切（ひとよぎり）、江戸期に普化宗の虚無僧が吹いた普化尺八、天吹（てんぷく）、多孔尺八があるが、尺八音楽は一般的には普化尺八による音楽を指し、以下はこれに準じる。

尺八の素材は、もともとは天然の真竹で、前面に四つ、裏面に一つ、計五つの穴を開け、竹筒に息を吹き込むだけの極めて単純な楽器である。名称は標準の管長が曲尺の一尺八寸であることに由来する。尺八の楽譜は幹音（DFGAC）の指遣いにフホウエヤイ（フホウ譜）、あるいはロツレチなど（ロツレ譜）の文字、すなわち譜字を当てたもので、後者は流派により多少異同がある（下表参照。譜字は都山流の場合）。練習に際しては譜字を唱える唱歌を用いるが、尺八ではこれを唱譜（しょうふ）という。

[奏法] 尺八は簡単な構造であるが、①息（呼吸）、②指、③首と顎（あご）、といった身体の各部位の機能を巧みに用いて様々に表現する複雑な奏法が発達している。①呼吸法は腹式呼吸が原則であり、鼻から息を吸い、極力リラックスして呼吸することが肝要である。息による技法では歌口に強く息を吹きかけることにより噪音的な音を出すムラ息が代表的である。②指孔の全開・全閉によって奏される幹音は5種であるが、半開・半閉、さらにはより狭い開閉も交え、様々な音高を出せる。指を少しずつずらしポルタメントをつけて微音程で変化させるスリ上げ、スリ下げなどがある。③顎の角度を変えて音高を下げるメリ、上げるカリ、両者を交互に反復するユリがある。「首振り三年」という言葉があるように首の振り方によって多様な音が可能になり、例えば首を横に振った場合はビブラートがかかり、縦に振った場合は音程が上下する。以上①〜③のバランスで作音していく。

[音楽の種類] 尺八は虚無僧の修行として奏されたが、この伝統を受け継ぐ古典本曲は尺八の独奏または二重奏による。琴古流、明暗流などで伝えられ、《巣鶴鈴慕》《鹿の遠音》が有名である。近代以降、都山流などの流派が生まれた。西洋音楽の要素も摂取した《木枯》《石清水》などが作曲され、これらを古典本曲と区別して近代本曲ともいう。

また外曲といい、近世以来、箏曲や長唄など他楽器・他種目との合奏のために編曲された音楽がある。箏と尺八の二重奏による宮城道雄の《春の海》は新曲に分類される。

なお尺八は民謡の伴奏などにも用いられる。

[教材] 鑑賞で扱われることの多い尺八だが、わらべうたを取り入れることにより器楽活動として実際に楽器に触れ、その魅力を実感できる。例えば二音歌の《たこたこ》をまず「レツレツレレレ」と唱譜・吹奏し、次に三音歌の《なべなべ》で「チ」を加えるというように徐々に音数を増やして学習を重ねることが可能である。鑑賞教材としては、古典本曲は尺八の表現力の幅の広さを感じ理解する上でふさわしい。また伝統様式に西洋音楽の様式を取り入れた《春の海》は尺八の新たな展開を示す音楽として、現代の尺八の国際的な拡がりの理解にもつながる。（筒石）

[参考] 筒石賢昭「日本伝統音楽の基礎的教授法について：尺八の音楽教育導入への基礎的アプローチ」『東京学芸大学紀要. 芸術・スポーツ科学系』60, 2008.

指孔	運指				○開	●閉
五（裏孔）	●	●	●	●	●	○
四	●	●	●	●	○	○
三	●	●	●	○	○	○
二	●	●	○	○	○	○
一	●	○	○	○	○	○
譜字	ロ	ツ	レ	チ	ハ	ヒ
幹音の音高	D	F	G	A	C	D

歌舞伎

　歌舞伎の語源は、勝手な振る舞いや奇抜な身なりを意味する「傾く」にあり、江戸初期に奇抜な風体で踊る念仏踊をかぶき踊と称したことに由来する。歌舞伎は時々の流行や他の芸能を取り込み、演劇・舞踊・音楽が融合した総合芸術として発展してきた。

　[種類] 時代や内容からは世話物と時代物に分類される。世話物は江戸期の町民の生活を描いたもので、当時の現代劇を指す。時代物は江戸時代以前の話や人物設定による歴史劇であり、巧妙に人名等を変え、江戸当時の様子に模している場合も多い。一方、舞踊を主体としたものに所作事がある。表現様式から和事と荒事、題材から道成寺物、獅子（石橋）物、松羽目物（能・狂言が素材）、判官物などの分類がある。

　[音楽と楽器] 音楽としては歌い物の長唄を主とし、語り物では義太夫節が活躍し、ほか常磐津節・清元節などがある。三味線は長唄では細棹、義太夫節では太棹、常磐津節や清元節では中棹を用いる。これらが舞台上の雛壇で奏される場合を出囃子・出語りと言う。また舞台の陰で背景音楽として、心情や情景描写などを多種多様の楽器や音具により音楽や効果音で表す蔭囃子（下座音楽・黒御簾音楽）がある。さらに開始・終了と場面転換を告げる柝と、役者の動作と見得を彩るツケとツケ板もある。なお能では役者は謡を謡うが、歌舞伎では役者は原則的に歌わず、台詞と舞踊と演技に専心する。

　[演目と教材化] 能・狂言とのかかわりから、江戸中期成立の所作事の道成寺物《京鹿子娘道成寺》が分かりやすい教材の一つで、女方の歌右衛門や芝翫や玉三郎、立方の勘三郎や菊五郎等も含め多くの役者が手がけている。能の《道成寺》と同様に乱拍子→鐘入→鐘出があり、能と比較するとよい。能《石橋》の力強い舞に影響を受けた獅子物の《新興鏡獅子》《連獅子》《越後獅子》は見応えがあろう。角兵衛獅子の様による《越後獅子》の「辛苦甚句も～獅子の曲」の部分は歌唱教材としても適当であり、この「町屋の合方」の旋律は、歌劇《蝶々夫人》一幕にも登場する。「六法」の見得で鮮やかに退場する《勧進帳》は判官物、義経記物などといわれ、また、能《安宅》が素材となっていることから松羽目物とも呼ばれる。他に《紅葉狩》《船弁慶》《土蜘》《黒塚》《棒縛》等があり、いずれも能・狂言との比較学習が理解を深めよう。

　一方、時代物の《仮名手本忠臣蔵》十一段目の赤穂浪士吉良邸討入の場面は殺陣・見得・ツケ・柝が相まって見事に表現される。これに簡単な筋書を加えて、手づくりのツケとツケ板を用い（写真参照）、寸劇をつくると、歌舞伎が身近な存在として効力を輝かせる。

　世話物の《曾根崎心中》は濡れ場や責め場など刺激性の強い写実性や官能性もあるが、それは歌舞伎の本質的な美でもあり、文楽と絡めつつ、発達段階も考慮して鑑賞させたい。

　1933年初演の《高坏》は当時流行したタップダンスに傾倒した六代目菊五郎が下駄タップを取り入れてつくった新作である。実践では、例えばガーシュイン《巴里のアメリカ人》のタップ場面と北野武《座頭市》の最終タップ場面と厚紙のタップ人形によるオルフのリズム即興を加えるなどの工夫により、広い音楽観の上に立つ題材が成立し、歌舞伎の語源が示す本質にも迫ることができよう。
（木暮）

端木で作った「ツケ」と「ツケ板」

人形浄瑠璃

人形浄瑠璃は、人形浄瑠璃文楽（以下「文楽」）と地方の人形浄瑠璃の二つに大別される。文楽（国指定重要無形文化財・ユネスコ無形文化遺産）は、主に興行として、国立文楽劇場で技芸員によって演じられる。地方の人形浄瑠璃は、主に奉納芸として、地域の祭礼において、地域の人々によって演じられ、阿波や淡路の人形浄瑠璃（国指定重要無形民俗文化財）が有名である。

［人形浄瑠璃の特徴］人形浄瑠璃は浄瑠璃を語る太夫、語りを支える三味線弾き、そして人形を操る人形遣いの三者が一体となって演じられ、文楽では「三業一体」といい、文楽の本質を守るものとして重視する。

かつては様々な浄瑠璃が用いられていたが、今日では他を圧倒した義太夫節を用い、情を伝えることを第一義としている。伝統的な声楽では基本的には正座して正面を見据え、身体を動かしたり、表情を変えたりすることは極力避ける。しかし義太夫節では、太夫は豊かな声で大きな身振りや表情の変化を巧みに用い、また「音遣い」といい、表現する内容に応じて声質や節回しを細やかに使い分ける技法を駆使して登場人物の性別や身分などを語り分ける。この義理と人情の板挟みで苦しむ登場人物の心情の機微の写実的、劇的な表現が義太夫節の大きな特徴である。

三味線弾きは、単に語りの伴奏をするのではなく、登場人物の感情や心理、その場の情景などを太棹三味線の音色の変化により表現し、掛け声を掛けて太夫を支え、時には演出家的な役割も担う。

人形遣いは語りや三味線の表現と一体となり、登場人物の微妙な動きや心理を表現する。文楽や阿波・淡路の人形浄瑠璃では３人の人形遣いが人形を操り、その生身の人間を超えるような高度な表現は世界に類をみない。

［学習における人形浄瑠璃—《傾城阿波の鳴門》の場合］ここでは時代物の作品《傾城阿波の鳴門》〈順礼歌の段〉を取り上げる。この段は巡礼姿の娘お鶴に母お弓が我が子と知りつつも母の名乗りができぬまま別れる有名な場面であり、子のために母と名乗りたい気持ちを抑えるお弓の辛苦の心情が簡潔に表現され、親子の離別という悲哀の典型でもある。

中学生を対象とした音楽の授業としては、声の音色を中核的な学習内容とし、鑑賞と表現を密接に結び付けた生徒の主体的な音楽活動が考えられる。音楽面では地（地合）の生み字の部分の声の音色に生徒の注意を向かせ、人間感情の様態を詳細に把握させたい。具体的にはお弓の辛苦の心情が顕著に表現されている「引き寄せて」「振り返り」という地（地合）の一節を取り上げ、この部分を実際に生徒が語ることにより、母の人間感情の様態をイメージし、深化させていくことができる。可能ならば太夫を迎え、その演奏を間近に鑑賞させ、その後に太夫の直接の指導により、生徒に「引き寄せエエーエエエー」と、生み字による母音の音色を、母お弓の心情をイメージしつつ工夫しながら語らせる。また実際に映像などで鑑賞し、その場面と音楽表現とのかかわりを考えさせ、さらには歌舞伎にも同題の作品があることから、歌舞伎の学習へと発展させていくこともできる。

この学習が《傾城阿波の鳴門》の舞台となる地域やその周辺の地域で行われる場合、郷土の伝統芸能の価値を改めて認識し、この伝統を広く伝えていこうとする意識も生まれる。近くに農村舞台や伝承者がいれば、地域の伝統文化の保存継承への関心にもつながる。

人形浄瑠璃の学習は、作品に内在する人間の感情に触れることにより、子どもの内面を豊かにし、人形浄瑠璃の価値を認識する一方で、文化の伝達と再創造の営みを促進させる可能性ももつ。（川北）

諸民族の音楽と楽器

［音楽的特徴と文化の交流］民族により言語が異なるように、音楽にも民族や地域により固有の特徴がみられる。例えば、西洋では3度の重なりを基礎とする和声法が発達し、アフリカでは異なるリズムを幾重にも重ねたポリリズムが、アジアでは七音音階の他にも各種の五音音階（インドネシアのスレンドロ音階等）が広くみられる。西アジアを中心とするイスラム音楽文化圏では、半音よりも狭い微分音程を含む緻密な旋法体系（マカーム等）と、付加リズムによるリズム体系（ウスール等）が基盤となっており、さらに自由リズム様式の声楽も魅力的である。

また、異文化の受容や交流により新しい音楽も数多く生まれている。例えば西洋でも、トルコの軍楽隊の影響からモーツァルト等の《トルコ行進曲》が作曲され、ドビュッシーの印象主義はガムランから影響を受けた例として有名である。アメリカのジャズも、西洋起源の和音・楽器と、オフ・ビート等を特徴とするアフリカ起源のリズムの融合によって生まれた音楽としてとらえられる。

［楽器分類］中国では、古代より素材による楽器分類「八音（はちいん）」が知られている。金石土革糸木匏竹の8種あり、例えばラッパも鐘も金に、笙は匏（ふくべ）に、篳篥は竹に分類される。これに対し日本の雅楽では、演奏法により3分類する。例えば笙、篳篥、竜笛の3管は吹き物に、和琴、箏、琵琶は弾き物に、鞨鼓、太鼓、鉦鼓は打ち物に分けられる。

20世紀には、世界の楽器すべてを分類する方法を、ホルンボステル（Hornbostel, E.）とザックス（Sachs, C.）が1914年に発表した。マイヨン（Mahillon, V.C.）の楽器分類法を10進法により改善したもので、今日ではMHS法またはHS法といい、楽器博物館等で広く使われている。楽器のどの部分が振動して発音するかにより、体鳴楽器（idiophones）、膜鳴楽器（membranophones）、弦鳴楽器（chordophones）、気鳴楽器（aerophones）に4分し、後に電鳴楽器（electrophones）を加えた。これによると例えば、管楽器は管中の空気が振動して鳴るので気鳴楽器に、打楽器のうちシンバルは体鳴楽器、ティンパニは膜鳴楽器に、また鍵盤楽器のピアノは弦鳴楽器に、それぞれ分類される。

［楽器の伝播と分布］楽器の分布にはその地域固有の特色もみられ、例えば、東南アジアのこぶ付きゴング類を用いたアンサンブル（インドネシアのガムラン等）、東アジアのロング・ツィター族（中国の古箏（グーヂョン）、日本の箏、韓国のカヤグム等）、アフリカの親指ピアノとも称されるサンザ（カリンバ）やバラフォン等の木琴類が挙げられる。また楽器の伝播では、シルクロードを通って西アジアのウードが中国の琵琶（ピーパ）へ、逆に西に伝播して西洋のリュートへとつながった例は有名である。

［教材化への視点］音・音楽そのもの（音響テクスト→A）の魅力と、音楽の社会的・文化的・歴史的背景（コンテクスト→B）の両面からアプローチすることが大切である。例えばインドネシアのジャワ・ガムランでは、ゴング類を中心とする深い音色や、反復と変化からなる独特の音楽構造の魅力に迫る（A）と同時に、宮廷楽として発達し、舞踊や人形芝居等とのつながりも深い文化的背景（B）を学べば、日本の雅楽との比較鑑賞への発展学習にもつなげられる。同様に篳篥とオーボエとトルコのズルナなど、東西のダブルリード楽器も、比較鑑賞に適している。（川口）

［参］島崎篤子・加藤富美子『日本の音楽・世界の音楽　世界の音楽編』音楽之友社，2013．徳丸吉彦・高橋悠治・北中正和・渡辺裕編『事典　世界音楽の本』岩波書店，2007．

東アジアの音楽と楽器

　東アジアは中国、台湾、韓国・北朝鮮、日本、モンゴル等を含む地域で、文化面に共通性がある一方で、多数の民族と独特な固有の文化が混在する。

　[中国] 55の少数民族を擁する中国では多種多様な音楽・芸能が行われているが、代表格が漢民族における劇音楽である。北京を中心に発達している京劇は、うたとせりふ、仕草と立ち回りの総合体として展開される。京劇に用いる楽器は文場（管弦楽器）と武場（打楽器）に分けられ、前者は京胡（ジンフー）、京二胡（ジンアルフー）、三弦（サンシェン）、月琴（ユエチン）、笛子（ディーズ）、哨吶（スオナ）等が、後者は単皮鼓（ダンピーグー）、檀板（タンバン）、大鑼（ダールオ）、小鑼（シャオルオ）、鈸（ボー）等が使われる。琴箏類の一部は奈良時代以前に日本にも伝わった。その一つの古箏（グージェン）は、現在でも雅楽の唐楽で用いられている。ただし、現在の中国の古箏は13弦ではなく、弦数が増え、21弦が主流である。古琴（グーチン）は譜とともに伝来したが、江戸時代に文人の間に広まる程度であった。

　[モンゴル] ホーミー（khoomii）といい、喉と腹、頭を使いつつ同時に2種以上の声を出す等、自由自在に音高と音色を変えながら歌う独特な発声法がある。リズム様式面では、細かい装飾音が特徴的な無拍のリズムによるオルティン・ドー（urtin duu：長いうた）と有拍のリズムによるボグン・ドー（bogino duu：短いうた）がある。前者は主にモリンホール（馬頭琴）や横笛のリンベで、後者はモリンホール、リンベ、ヨーチン（揚琴）等で伴奏する。モリンホールは中国の胡琴や韓国の奚琴（ヘグム）と同様に2弦の擦弦楽器で、風の音や馬の蹄の音等様々な音を表現する。リンベは循環呼吸法を用いることがあり、細かい装飾音を付けて音が途切れずに表現できる。

　[台湾] 伝統音楽では、様々な先住民の音楽と明・清以来の漢民族の音楽がある。前者は非常に多彩で、ブヌン族とアミ族等の音楽にみられる多声の声楽、いわば合唱様式は彼らの音楽の本質的特徴を示す。パイワン族の鼻笛は双管で複音を出すよう2本の竹を組み合わせた構造をもつ。鼻腔の呼吸は霊魂を呼ぶ呪術的な力があると信じられ、鼻笛は葬祭や宗教的な催事にも使われた。漢民族の音楽には中国と共通した音楽も多く、国劇すなわち京劇、日本でも律令時代に存在していた軍楽の鼓吹、孔子廟の音楽などがある。

　[韓国・朝鮮] 音楽の分類は担い手や主体により考えることができる。まず朝鮮時代の宮廷音楽としては五礼（吉礼・嘉礼・賓礼・軍礼・凶礼）の音楽、宗廟と文廟の祭祀にかかわる祭礼楽、王家の婚礼や進宴に奏される宴饗楽、王の行幸と関連する行楽として大吹打（テチュイタ）が伝承されている。次に正楽といい、ソンビ（知識階級）による風流房（ソンビの嗜みの場）での管弦合奏や声楽の歌曲、時調（シジャン）等の音楽がある。そして社会を底辺で支える庶民による民俗楽としては、パンソリ、巫俗音楽とそれをもとにする即興的な器楽合奏のシナウィ、旋律楽器の独奏である散調（サンジョ）、農楽（ノンアク）等がある。このほかに仏教音楽の梵唄としてアンチェビソリ、ジッソリ、ホッソリ等が伝わる。

　[多文化学習としての視点] 歴史的には日本に、新羅より楽人が渡来（453年）、唐僧の道璿やインド僧の菩提僊那らが来日（736年）し、その都度、仏教儀礼や雅楽等が伝わり、また日本から遣唐使を派遣する等、多くの文化交流があった。外来の音楽文化は日本の風土において受容と変容の過程を経て、日本独自の音楽文化を形成した。日本の伝統音楽を学ぶ上でも、こうした文化交流の過程から培われた音楽と楽器を尊重しつつ、その根底にある社会的・民族的特性を見いだしつつ理解すること、つまり東アジアの多様な音楽文化との関係まで視野をひろげ、その普遍性と固有性を認めることが大事であろう。（金）

中央・西アジアの音楽と楽器

[導入] 中央・西アジアは、アラブ・ペルシア（現イラン）・トルコを中心としたイスラム文化圏と重なり、イスラム教徒が多い。私達の耳には歌のようにも聞こえるアザーン（adhān、1日5回のお祈りの時間を知らせる呼びかけ）や聖典『コーラン』の読誦が、ムスリムにとってはあくまで「読誦」であり「音楽」とはとらえられていないことも興味深い。ピアノの起源となったイランのサントゥールなど身近にある西アジア起源の楽器を探したり、アラブ世界で人気を博した歌手ウンム・クルスーム（Umm Kulthūm、1908-1975）やファイルーズ（Fairuz）らの演奏を聴いたりして、耳を慣らしていくのもよいだろう。

[マカームの音楽] 音楽面では、アラビア語で「マカーム（maqām）」と呼ばれる旋法・音階によって特徴付けられ、半音よりも狭い微小音程が含まれる。イランではペルシア語のダストガーハ（dastgāh）がこれに相当し、トルコではマカーム（makam）、アゼルバイジャンではムガーム（mugām）、ウズベクやタジクではシャシュ・マカーム（shash-maqom）、中国新疆ウイグル自治区の十二木卡姆（オンイッキ・ムカーム）など、チュルク語族の居住地域にまで広く分布している。

アラブ・ペルシアでは、ウードで音組織を示したアル＝キンディー（790頃-874頃）やアル＝ファーラービー（950頃没）らによって古くから音楽理論研究が行われ、マカームやイーカーゥ（īqā'、リズム周期）といった西アジアに通底する音楽理論や楽器群がオスマン・トルコにも引き継がれていった。

[トルコの軍楽] オスマン・トルコの時代には軍楽隊メヘテル（mehter、メヘテルハーネとも）が西欧諸国にもよく知られ、ブラス・バンドの成立にも影響を与えた。18世紀にはモーツァルトやベートーヴェンの《トルコ行進曲》など「アッラ・トゥルカ（alla turca、トルコ風）」音楽の流行へとつながる。何が「トルコ風」にしているのかについて音楽の構成要素から考える学習も可能である。

軍楽隊の楽器は、上下に振りつつ音頭をとるチェヴゲン（錫杖）、大音量でチャルメラ風の音のズルナ（zurna、嗩吶）やボル（boru、トランペット）、ズィル（zil、シンバル）、ダウル（davul、筒型両面太鼓）、ナッカーレやキョス（kös、ティンパニ）などで、楽曲では、《ジェッディン・デデン（Ceddin Deden、祖父も父も）》が有名である。

[長いうた・短いうた] 歌唱ではチュルク・モンゴル系の諸民族に長いうた・短いうたの2分法が広くみられ、トルコ民謡では「ウズン・ハワ（uzun hava、長いうた）」と「クルク・ハワ（kırık hava、割られたうた）」とに大別される。日本の追分様式と八木節様式、モンゴルのオルティン・ドーとボグン・ドーなどと関連させて学ぶのもよいだろう。

[中央アジアの音楽と楽器] カザフやクルグズ（キルギス）にキュイ（küi）やキュー（küü）といった器楽独奏のジャンルがある。ソヴィエト時代からは各国で民族楽器オーケストラも盛んである。代表的な2弦の撥弦楽器にトルクメンのドゥタル（dutar）、カザフのドンブラ（dombra）、同じく3弦ではクルグズのコムズ（komuz）などがあり、足を軽く組んで弦をかき鳴らすスタイルで、名人芸的な演奏が繰り広げられる。楽器を肩の上にのせながら演奏したり、多彩な手の動きを伴ったりして、視覚的にも観客を楽しませる。中央アジアには結婚式などの人生儀礼に際してトイと呼ばれる祝宴を開く習慣があり、余興として音楽家が招かれることも多い。複数の音楽家が即興で掛け合い、詩やうた・楽器の演奏を競わせる競演（アイトゥシュaitysh、アイトゥス aitys）は、2015年にユネスコの無形文化遺産に登録された。（山下正）

東南アジア・南アジアの音楽と楽器

［東南アジアの音楽と楽器］東南アジアはタイ等の大陸部とインドネシア等の島嶼部から成り、多様な音楽文化を展開しているが、共通する特徴として、青銅製のゴング文化、豊富な竹の楽器、多層なリズム・アンサンブル（ミャンマーのサインワイン等）、独自の音組織、仮面舞踊や影絵芝居等の総合芸術性が挙げられる。

マレー語の gong を語源とする青銅製のゴングは、東南アジア発祥の楽器といわれる。特に調律されたこぶ付きゴングを音階順に並べた小ゴングのセット（インドネシアのボナン等）と、青銅の鍵盤打楽器（インドネシアのサロン、ガンサ等）はこの地域特有の楽器である。これらの代表がゴング・オーケストラともいうべきインドネシアのガムランで、優美な宮廷楽として発達した中部ジャワ様式、村人の暮らしと宗教儀礼の中で息づくバリ様式、笛やうたが活躍するスンダ様式（西ジャワ）がよく知られている。

竹の豊富なこの地域では、竹筒の合奏トガトンや竹ダンスのティニクリン（フィリピン）、笙のケーン（ラオス、タイ等）、竹筒を振ってならす合奏アンクルン（インドネシア等）、竹笛のスリン（インドネシア）やクルイ（タイ）、竹琴のガムランともいえるジェゴグ（インドネシア・バリ島）などが、庶民の暮らしと結び付いて発達してきた。

音楽構造の特徴としては、一定のリズム型や旋律型の反復と変化を基礎とする例が多く、一つのリズムや旋律を複数で紡ぎ出す共同性の高いアンサンブルも発達している。2人1組で奏するインターロッキングのリズムが、バリ島のガムラン、特にグンデル合奏に顕著にみられる。バリ島のケチャも、複数のリズム型を多層に重ねた声のガムランともいえる。一方、装飾を駆使した自由リズムの声楽（西ジャワのトゥンバン・スンダ等）も各地でみられる。音階は、五線譜では表しがたい5音や7音の音階（インドネシアのガムランのスレンドロ音階やペロッロ音階、タイの7等分平均律等）があるが、植民地時代以降の西洋音楽の影響もあり、ドレミで歌える民謡（インドネシア・マルク諸島の《ラサ・サヤンゲ》や《ノナ・マニス》等）も親しまれている。

［南アジアの音楽と楽器］南アジアはインドを中心に、精緻な理論をもつ古典音楽を発達させ、声楽が特に盛んである。インドの古典音楽は北部・南部の2様式をもち、共にラーガ（旋律・旋法の体系）、ターラ（リズム周期の体系）の理論に基づいている。ソロや重奏を中心とする名人芸が重視されており、北インドのヒンドゥスターニー音楽の弦楽器として有名なシタールは、片面太鼓タブラー・バーヤと掛け合いながら超絶技巧の即興演奏を展開し、ドローン（持続音）を奏でる弦楽器タンブーラがそれを支える。南インドのカルナータカ音楽では、弦楽器のヴィーナーや両面太鼓のムリンダガムの他、西洋起源のヴァイオリンも独特のインド風奏法で活躍している。また、独特のミュージカル形式の映画音楽等のポピュラー音楽も庶民に人気で、伝統的な歌唱法やタブラー等の楽器も用いられ、独自の音楽文化を築いている。

この他、イスラムの宗教的歌謡ともいわれるカッワーリー（パキスタンなど）は、ハルモニウムという小型オルガンやタブラーなどの太鼓、手拍子を伴奏に、主唱者と序唱者が掛け合いながら進行し、終盤には声の技法を駆使した即興的な繰り返しで盛り上がる。

インド起源の叙事詩「ラーマーヤナ」と「マハーバーラタ」は、東南アジア各地でも現地の芸能と結び付いて親しまれており、舞踊劇クーリヤッタム（インド）と仮面劇コーン（タイ）、影絵芝居ワヤン・クリット（インドネシア）等の比較鑑賞も興味深い。（川口）

ヨーロッパの音楽と楽器

［概要］今日のヨーロッパの音楽は、東西陸続きの大陸に多くの民族が交差した歴史と近代化の過程によってもたらされた重層構造を成す。すなわち、芸術音楽、諸民族が伝承している民俗音楽、それらの要素を含むポピュラー音楽に分かれるが、関連し合う。

芸術音楽は、産業革命・市民革命による近代化の主役となった西欧で興り、ヨーロッパから世界に広まったが、ゲルマン系、ラテン系民族の民俗楽器の存在は薄く、民謡や民俗舞踊の伴奏音楽が芸術音楽に包摂された感がある。一方、西欧の周縁部では民族のアイデンティティにかかわる民族文化の伝承を守り続け（ケルト系）、あるいは自民族の音楽伝承を発見・発掘し、継承・発展させてきた歴史があり（ハンガリー、ブルガリア）、民衆に普及し愛好される民俗楽器は芸術音楽の楽器とはほとんど交わらない。

ヨーロッパの民謡やわらべうたは、明治以来、日本の教科書に数多く摂取され、《カッコウ》《ぶんぶんぶん》《蛍の光》など、外来音楽と認識されていないほど定着している。

［各地の音楽と楽器］音楽（music, Musik, musique）の語源は古代ギリシャのムーシケー（mousikē）だが、現代のギリシャには古代のキタラやアウロスが奏でる音楽の伝承はなく、今日の代表的な楽器は、その後に来住した民族のブズーキ（撥弦楽器）である。

ゲルマン系では、移動性の牧畜を営むアルプスで生まれたヨーデル、アルプホルン（指穴のない長い木製ホルン）、クーグロッケン（カウベル）、ターラーシュヴィンゲン（乳鉢にコインを入れて回す）等が伝承されている。

フィンランドではカンテレ（撥弦楽器）が代表的である。小学校で伝説叙事詩「カレワラ」を歌い、5弦のカンテレ伴奏を弾き、多弦のコンサート・カンテレを知る。

神秘の歌声と驚異のポリフォニーと称される「ブルガリアン・ヴォイス」は、フィリップ・クーテフが伝統を甦らせ芸術化したもので、同様にルーマニアではナイ（パンパイプ）の名手、ファニカ・ルカが楽器と奏法を改良して民俗音楽を芸術化した。

バグパイプ類はケルト系の楽器として、軍楽の流れを組む勇壮な響きをもつスコットランドのバグパイプが有名だが、他にアイルランドのイリアン・パイプス、ハンガリーのドゥダ、ルーマニアのチンポイ、ブルガリアのガイダなどがある。16世紀にはフランドル地方の農民の踊りの伴奏楽器であった。ケルト系の音楽は映画「タイタニック」、歌手のエンヤにより世界中に広まった。アイルランドでは人々が生活の中で伝統音楽やダンスを楽しみ、フィドル（ヴァイオリン）、ティン・ホイッスル（ブリキ製の縦笛）、イリアン・パイプス、バウロン（太鼓）、アイリッシュ・ハープ等の楽器やダンスを大人も子どもも習える機会が国内各地にある。

ハンガリーでは20世紀初頭にコダーイやバルトークらが真のハンガリー民謡を農民音楽の中に発見し、精力的な採集と分析・研究を行った。この成果を基に幼稚園・初等中等教育を通した、自国の民俗的伝統（わらべうた・民謡・伝統楽器）から芸術音楽に至る系統的音楽教育を実現させた。ハーディー・ガーディー（弦楽器の一種）はハンガリー以外の地域にも分布し姿も音も個性的な楽器である。ツィンバロムはジプシー楽団の主要楽器で、ロマが楽器と奏法を洗練させた。

フラメンコはロマ系の音楽・舞踊で、スペイン南部のアンダルシアの在来の民族舞踊・音楽とロマの民族的感性が融合して生まれた。カンテ（うた）、バイレ（踊り）、トケ（ソロのギター）から成る。ミ旋法、多彩なリズム、パルマ（手拍子）、パリージョ（カスタネット）が特徴的である。（尾見）

アフリカの音楽と楽器

アフリカでは儀礼や祭りに参列者もうたや舞踊で参加するなど、音と言葉と踊りが一体となり、人々の生活と密接にかかわって豊かな音楽文化が生み出されてきた。楽器の多くは身近な素材からつくられ、その中で多種の打楽器、とりわけ太鼓が発達し、特有の太鼓文化を開花させた。特にサハラ砂漠以南では太鼓は王国の権力の象徴でもあり、諸王国は楽師を擁し、儀礼等での演奏や、太鼓の音で通信伝達をする役割を担わせていた。

[膜鳴楽器] かつて通信伝達に用いられていた楽器の一つが、トーキングドラムである。多くは砂時計型の両面太鼓で、片手で抱え込んで脇の下に挟み、側面に張られた細紐を締めたり緩めたりして音高を変化させながら、L字形のバチと素手の両方を使って演奏する。アフリカの言語の多くは、言葉の抑揚が意味を左右する音調言語だが、それを太鼓音の高低やリズムで「楽器ことば」として表現し、一定の約束事を送信者と受信者が共有することで、遠隔地との意思疎通を図っていた。

ジェンベは西アフリカにおける儀礼や祭りの音楽等で、舞踊とともに用いられる片面太鼓であり、木をくりぬいた胴に羊などの皮を張る。立奏の場合は胴につけた紐を首に掛け、座奏の場合は床に置き、全体をやや斜めにして皮の張られていない部分を開くようにし、鼓面を素手で打って演奏する。

[体鳴楽器] ウォータードラムは水がもつ、音を伝える性質を利用した楽器である。代表的なものは、半分に割ったひょうたんやバケツに水を入れ、半球状にしたひょうたんを逆さまにして浮かべ、スプーンや撥でたたいて演奏する。うたに合わせて他の打楽器と一緒に奏されることが多い。二つの硬い物が当たる音と、弱くて低い音とが混ざった音が出る。

バラフォンは西アフリカの木琴の類で、木の枠台に木板の鍵盤を取り付け、その下に木板の音高に応じて大きさの異なるひょうたんの共鳴体を吊り下げる。撥は鍵盤と同じ材質の円材の先にゴムベルトを巻きつけたもので、人差し指と中指の間に挟むように持つ。マリンバのルーツと言われている。

カリンバは平たい板に木や金属の薄い舌状の鍵盤を段階的に並べ、箱やひょうたん、ブリキ缶などの共鳴体の上に据え付けた楽器である。金属片等を付けることによりサワリ音も表現している。アフリカ中部から南部に分布するが、地域によってサンザやムビラなど名称は様々である。主に親指だけで演奏することから西洋では「親指ピアノ」と呼ばれる。

[音楽の特徴と教材化の視点] 打楽器中心であるアフリカ音楽の指導に当たっては、その文化的背景を大切にしたい。打楽器群から生み出されるリズムは多様であり、特にポリリズム（クロス・リズムとも）が特徴的である。ポリリズムは異なるリズムを同時に進行させ拍のずれによるリズム的緊張を生み出す手法である。ボディパーカッションの実践等で、そうしたリズムの重なり合いを感じることができる。またコールアンドレスポンスも多くみられ、日本でも知られている西アフリカのガーナの遊びうた《チェッチェッコリ》がその例である。遊びはまず子ども達が輪をつくり、その中央に立ったリーダーがフレーズごとに動きを付けながら歌い、周りの子どもはそれをまねしつつ繰り返すもので、音楽の特徴を声と身体で感受・表現できる教材として導入したい一つである。（飯島）

[参] クヮベナ・ンケティア著, 龍村あや子訳『アフリカ音楽』晶文社, 1989. 塚田健一『アフリカ音楽学の挑戦－伝統と変容の音楽民族誌』世界思想社, 2014. 成澤玲子『グリオの音楽と文化－西アフリカの歴史をになう楽人たちの世界』勁草書房, 1997.

中南米の音楽と楽器

［概要］中南米には先住民族、15世紀から流入してきたヨーロッパ系民族（主にスペイン人とポルトガル人）と奴隷として連れて来られたアフリカ系住民による融合した文化が多くみられることが特徴である。先住民族の音楽とヨーロッパ系音楽が融合したメスティーソ音楽には、日本でも《コンドルは飛んでいく》で知られるアンデス地方のフォルクローレ（folklore）があり、ヨーロッパ系とアフリカ系が融合したムラート系音楽の代表的なものとしてブラジルのサンバがある。また、この地域に弦楽器は存在していなかったが、ヨーロッパからもたらされたギターやハープなどの楽器が普及し、特にギターは、地域により様々な種類が使われている。なお、ラテン・パーカッションとして知られているコンガはアフリカ系の楽器であり、今日広く用いられているカホンはキューバからペルーに来たアフリカ系労働者が太鼓の代わりに木箱をたたいたのが起源とされ、フラメンコでも使われている。

［フォルクローレ］フォルクローレは民間伝承を意味するが、狭義には民間に伝承される音楽も指し、日本ではより限定的に、ペルーやボリビアなどアンデス高地地方の音楽を指すことが多い。この地域には先住民族の要素が色濃く残り、スペイン語の他、インカ帝国の言語ケチュア語や同じく先住民族の言語アイマラ語のうたや、古くから伝わるウァイノ（舞曲）が演奏される。楽器には、インカ時代から伝わるケーナ（尺八と同じ構造の葦製の縦笛）、サンポーニャ（パンパイプス。シーク、アンタラとも）、アルパ（ハープ）、チャランゴ（小型ギター。木製またはアルマジロの甲羅を使用）、ボンボ（太鼓）などがある。音階はドレミソラから成る五音音階が多く使われている。

［サンバ］リオのカーニバルで知られるブラジルの音楽と舞踊。ブラジル北東部サルバドルから流入したアフリカ系労働者の民族舞踊の音楽とヨーロッパの舞曲が融合して成立したとされる。19世紀中頃に生まれたヨーロッパ系の音楽ショーロの影響も受けている。キリスト教の行事であるカーニバル（謝肉祭）と結び付き、ブラジル各地でパレードが行われ、エスコーラと呼ばれるグループごとに演奏や舞踊、衣装などが競われる。音楽は軽快な2拍子でアゴゴー（ベル状の金属製の体鳴楽器）、タンボリン（浅い片面太鼓）、スルド（太鼓）、クィーカ（摩擦太鼓）など多様な打楽器が使われ、各楽器がそれぞれのリズムパターンをもつ。1960年代にはジャズの影響も受けたボサ・ノヴァが生まれた。

［タンゴ］ブエノスアイレスの場末の港町で、キューバのハバネラ、ヨーロッパのポルカ、アフリカ系の音楽などの影響により生まれた。当初は労働者など下層階級の舞踊とその伴奏音楽とみなされていたが、次第に広く認められるようになり、現在ではアルゼンチンの国民的な音楽・舞踊となっている。独特のアクセントをもつ2拍子の音楽で、バンドネオン（小型ボタン式アコーディオン）が歯切れのいいリズムを刻み、打楽器は使われない。それにピアノ、ヴァイオリン、コントラバスが加わった楽団オルケスタ・ティピカで演奏されることが多い。

［マリアッチ］メキシコでは、ヴァイオリン、トランペット、ギター、ビウエラ（小型ギター）、ギタロン（大型ギター）から成る楽団マリアッチがポピュラーであり、フルートやアルパなどが加わることもある。中部ハリスコ州のうたや舞踊曲が主なレパートリーとして演奏される。（浦本）

［参］大貫良夫他『新版中南米を知る事典』平凡社，2013．藤井知昭他『民族音楽概論』東京書籍，1992．

北米の音楽と楽器

　アメリカ合衆国とカナダは世界各地の諸民族から構成される多民族多文化国家であり、その音楽と楽器も、それぞれの民族の故郷である地域から継承されたものや相互に影響し合って生まれたものなど、多種多様である。
　［アメリカインディアンの音楽］アメリカインディアンは、ハワイとアラスカを除くアメリカ合衆国およびカナダ南部に居住していた先住民の総称として使われる。この広大な地域に多くの部族が居住し、言語や音楽も各部族で異なるが、多くの部族で共通するのは、音楽と踊りが部族の歴史や英雄の物語を伝える役割を担っていることである。楽器は主に太鼓やラトルといった打楽器が用いられる。
　［黒人霊歌とゴスペル］黒人霊歌（Spiritual）は、西アフリカから奴隷として連れてこられた人々及びその子孫が日々の生活の中で歌い継いできたものである。キリスト教の聖書の内容を歌詞としたものが多いが、乳幼児をあやすなど、日常の暮らしを歌ったものも多い。音楽的には多様だが、その中でも、西アフリカ音楽の特徴とされる問いと答え（Call and Response）とシンコペーションを多用する様式は、後のアメリカ音楽に多大な影響を与えた。また口承のみで伝えられたため、単純な歌詞とフレーズの繰り返しによるものが多い。この様式が宗教的高揚感に結び付くこともあって、奴隷解放以後にアメリカのキリスト教会で歌われるようになり、ゴスペル（Gospel）として広まったものも多い。覚え易いメロディーと歌詞、独特のリズム、問いと答えや音の重なりの面白さから、《Michael Row the Boat Ashore》や《Rock My Soul》などの黒人霊歌は音楽の授業でも取り上げられることが多いが、歌詞に隠された意味や思いを想像する機会も重要である。（坂本）

オセアニアの音楽と楽器

　［音楽と文化］オセアニアは太平洋島嶼地域であるミクロネシア、メラネシア、ポリネシアの島々とオーストラリア大陸を含み、非常に多様な文化が存在する。多くの地域でみられるのが、うたと楽器と舞踊が統合された総合芸術のような形態である。近代では欧米の音楽文化の影響を受け、観光化が進む中で、音楽的にも様々な変容がみられる。その一方で伝統的な音楽文化も継承され、音楽と文化的アイデンティティとのかかわりも深い。
　［うたと楽器］個人で歌うものから集団で歌うものまで、様々な形態のうたが存在する。例えば、ポリネシアには歌詞の中の1音節に複数の音を装飾音として入れるメリスマティックな独唱やドローンを有した多声合唱などがある。また、地域の特性がみられる楽器が数多く存在する。例えば、オーストラリアの先住民族アボリジニが使うディジェリドゥは、オーストラリア原産のユーカリの木（シロアリによって中が空洞になったもの）でつくられる最も単純な構造のトランペットである。鼻から空気を取り入れながら、吐き出す息の量を調整する循環呼吸で奏されることで、音が途切れずに持続低音を出すことが可能となる。さらに、音色やアクセントを変化させた複雑なリズムがつくられ、独特な音の世界が生み出されることから、最近はプロの演奏家が他の曲種や楽器とコラボレーションを行うなど、新たな展開もなされている。
　［教材化への観点］現行の教科書（2016年現在）では、オセアニア地域の音楽の扱いはごくわずかであるが、日本や諸外国の音楽と比較する、楽器をつくる、唱法をまねするなどの体験的な学習をする、といった様々な観点から扱うことが可能であり、音楽を通した異文化理解・国際理解教育にもつながる教材である。（小川）

西洋音楽と楽器

　ここでは西洋（ヨーロッパ）の音楽における楽器について、特に学校教育の場と関連させて概観する。

　［楽器］古代ギリシャの楽器としてはハープ類、リラ類、笛のアウロスと呼ばれるものなどがみられる。パンの笛として知られる数本の筒を吹くものもギリシャ神話に登場する。今日、実際に使用することは少ないが、西洋音楽史では取り上げられることが多い。

　その後、楽器はその素材の開発、発音体（発音原理）の工夫によって改良され、多種多様な楽器がつくりだされた。特にヨーロッパでは他の地域より音楽自体の高度化、複雑化、多様化が進んだが、それと並行して楽器の改良も発展していった。

　西洋音楽の楽器は通常その素材から弦楽器、管楽器（木管楽器・金管楽器）、打楽器に分類され、打楽器だけはその素材が多様なため奏法用語が用いられている。20世紀半ばに、ホルンボステル（Hornbostel, E.）とザックス（Sachs, C.）が発音体を基準とした楽器分類を提唱し、今日ではその分類による説明もみられるが、西洋音楽という中世から現代に至るクラシック系の音楽では、弦、管、打楽器の分類が分かりやすく、小・中学校の教科書ではそう表示されている。

　これ以外に、区分としては例えば鍵盤楽器というような呼称、撥弦楽器（弦をはじく）、弓奏楽器・擦弦楽器（弓で弦をこする）というような奏法による補足的な名称や分類も使われることがある。

　楽器は、音楽表現を実現するための道具であるが、道具の開発・改良によって新たな音楽がつくりだされることも特徴である。

　鍵盤楽器では、パイプオルガン、チェンバロ（ハープシコード）、ピアノが代表的である。特にピアノは前身のフォルテピアノより改良が重ねられ、独奏楽器として広く愛好され、ピアノ・ソナタや多様な独奏曲が多数生まれた。

　弦楽器のうち、弓奏のリュート族に属するヴァイオリン族は、弦や弓の改良や奏法の工夫・向上によって音量も音楽の質も大きな広がりをもった。ギターも重要な楽器の一つである。

　管楽器も笛類のほか、木製が主体だった素材に金属製が入って、管楽器を二分する楽器群となった。近代になって登場し市民権を得ている代表としてはサクソフォーンがある。

　打楽器はその素材、形状、奏法によって実に多様な音色をもち、通常のオーケストラでも数種類の楽器が用いられるし、作曲家によって各地域や民族の楽器もしばしば用いられる。打楽器のみの合奏も行われる。

　西洋音楽における楽器は、いずれも明快で大きな音が出ること、高度な奏法や技巧に適したものを目指して改良発展してきた。それは社会の発展、演奏会場の変化、音楽の高度化や複雑化に対応するように考案されてきた結果といえる。また、合奏の際のピッチ（音高）の正確さも追求された。これは近代までの西洋音楽が調和と整然とした統一が特色であったことによる。近年では電気的な発音原理（電子楽器）の開発もあって、多様な音や楽器が用いられている。

　［楽器と音楽］ヨーロッパの音楽は、楽器との関係から、それぞれの独奏曲、2～8程度の同種あるいは異種の楽器による合奏（室内楽）がある。ほかに小規模な10人程度から100人に至る大オーケストラ、各楽器の特色を生かした協奏曲、主に管楽器と打楽器による吹奏楽などがあるが、一般には時代とともに大規模化または多様化する傾向がみられる。（藤沢）

　［参］皆川達夫監修『楽器』マール社，1992.『標準音楽辞典』音楽之友社，1991.

中世・ルネサンスの音楽と楽器

[中世の音楽と楽器] 現存する、即ち楽譜が存在する中世の音楽（8世紀後半～15世紀初頭）とは、キリスト教会と宮廷における音楽である。キリスト教会では、「グレゴリオ聖歌」と総称される単旋律聖歌が体系的に統合され、修道院を中心に伝承された。伝承に際しては声の上げ下げや歌詞の抑揚を示す「ネウマ」と呼ばれる記譜法が用いられた。典礼を通じて日常の言葉が神の言葉へと高められる過程を重んじた聖歌は、最初は単旋律音楽（モノフォニー）であった。しかし次第に、聖歌の上（または下）に別の旋律を組み合わせて壮麗さを表現するようになる。多声音楽（ポリフォニー）の始まりである。楽器は神を讃える人声に従属するものとみなされてきたため、無伴奏の声楽合唱が主な演奏形態であったが、10世紀頃からはオルガンが聖歌を伴奏することもあった。教会で楽器が最も用いられたのは、典礼劇である。ここではタンブリン、シンバルといった打楽器が、うたや踊りの伴奏として頻繁に用いられる。

一方宮廷では、トルバドゥール（南仏の詩人・作曲家）やジョングルール（旅芸人）が、詩やうたを単旋律にのせて歌っていた。独唱だけでなく、ハープやフルート、ヴィエル（ヴァイオリンの原型）が伴奏することもあった。ちなみにこの時期のフルートには、すでにリコーダー型と横笛型が存在する。

[ルネサンスの音楽と楽器] ルネサンス時代（15～16世紀）は、多声音楽（ポリフォニー）の時代である。教会の音楽（宗教音楽）ではミサ曲やコラール、宮廷や新興市民の間ではシャンソンという形で、多声部で華やかな声楽曲が数多く作曲された。声楽曲を編曲した、楽器のための音楽（器楽曲）も盛んにつくられるようになる。この時期には教会の聖歌隊の演奏を、オルガンだけでなくトランペットやトロンボーンも伴奏した。また、宮廷で流行した社交舞曲には器楽伴奏が欠かせない存在であった。器楽の興隆である。

家庭的な独奏楽器として最も人気があったのは、リュートというギターやマンドリンに類する楽器であった。この楽器演奏のために、タブラチュアと呼ばれる奏法譜が流布した。この時期にはまた、鍵盤楽器が広く使用されるようになる。弦をはじく機構をもつチェンバロや弦を打つ機構をもつクラヴィコードは、独奏用にも合奏用にも愛用された。

[教材としての扱い] 中世・ルネサンスの音楽については、中学校教科書の音楽史を扱っている箇所にグレゴリオ聖歌と楽譜の起源を記載するものの、楽曲そのものは記載されていない。しかし、グレゴリオ聖歌を鑑賞の教材として扱うことも可能である。例えば、教会旋法によるモノフォニーの音楽であること、無拍のリズムで歌われていること、男声のみで教会特有の音響の中で歌われていることなどを知覚・感受し、文化的背景とのかかわりから、音楽を味わうことになる。その際に、ポリフォニーのミサ曲やコラールなどと比較しながら鑑賞することで、グレゴリオ聖歌の特徴を一層理解することになる。

文化的背景としては、4世紀にキリスト教がローマからヨーロッパに広まり、教会や聖職者が一般の人々を教育するようになったこと、キリスト教で用いられる音楽を教える立場の人が楽譜の発達に大きくかかわったこと、その中で、ネウマ譜については多声音楽に対応して、より正確に書き表すため、現在の五線譜の原形に当たる複数の線と、音価を示す定量音符へと進化したことなどを理解することになる。このように楽譜の起源と発達について理解することは、楽譜が音楽を伝承するための手段の一つで、音楽を形づくっている様々な要素の中の限られた部分を伝えていることの理解につながる。（田崎・田中）

バロック・古典派の音楽と楽器

［バロック音楽と楽器］バロック期（16世紀末～18世紀前半）のポリフォニーの器楽曲は、もはや声楽の代理や模倣にとどまらず、楽器独自の語法を開拓していく。声楽を母体として生まれた器楽形式リチェルカーレは、その後フーガに発展した。この構築的なフーガは、器楽特有の即興様式に基づくトッカータ（またはプレリュード）と結合し、動と静の強烈な対比の美学を生み出した。この時期の荘厳な芸術音楽の中心的様式は、カノンにみられるような厳格な対位法である。17世紀にはオルガン音楽が全盛期を迎えた。また、ヴァイオリン族の楽器がコンチェルト・グロッソ（少数の楽器群と全合奏による協奏曲）等の器楽合奏に欠かせない存在となった。

一方、17世紀初頭にイタリアでオペラが誕生する。これにより新しい劇的音楽様式が出現した。モノディーの原理（声による1本の旋律と和声音楽による伴奏）に基づくホモフォニー書法である。この時期には調性体系が確立され、旋法に取って代わるようになる。和音をつくり出しつつ自由な即興を加える伴奏（通奏低音）の楽器として、チェンバロのような鍵盤楽器とヴィオラ・ダ・ガンバ（またはチェロ）が一組となって活躍した。

［古典派の音楽と楽器］古典派の時期（18世紀～19世紀初頭）に至って、器楽ジャンルは声楽を凌駕する重要な地位を獲得する。この時期に交響曲、協奏曲、弦楽四重奏曲、ピアノ・ソナタが確立された。

交響曲はバロック時代のシンフォニア（器楽合奏によるオペラ序曲）から独立したもので、弦楽器に加えて管楽器が積極的に用いられた。ホルン、トランペット、フルート、オーボエに加えて当時の新しい楽器であったクラリネットも登場する。ピアノ・ソナタ流行の背景には、チェンバロに替わり、強弱の幅広い表現が可能なピアノ（フォルテピアノ）が急速に発達したことが挙げられる。

［教材としての扱い］バロック期の音楽、A.ヴィヴァルディ作曲《四季》より〈春〉の第1楽章を対象とする学習内容は、まず知識理解面では、ソネットに基づく標題音楽であることや、用いられる楽器が独奏ヴァイオリンと弦楽合奏に加えて通奏低音を担当するチェンバロであることの理解が挙げられる。また音楽的思考面では、音色、旋律、強弱、速度などの知覚・感受を通して、ソネットが表す情景がどのように表現が工夫されているかについて考えることや、リトルネッロ形式の知覚・感受を通して繰り返し現れるテーマの変化とその前後の部分の関係に気付き、作曲者の意図を推察することなどとなる。

文化的背景は、例えば、夏、秋、冬のソネットから、作曲者が生まれ育った当時のイタリア北部の四季の情景やその中での人々の生活を想像し、当時の人々の春への思いを理解することなどが挙げられる。

古典派の音楽、L.v.ベートーヴェン作曲《交響曲第5番ハ短調》を教材とする場合、まず知識理解面では、オーケストラで用いられる弦楽器、金管楽器、木管楽器、打楽器の分類的理解、及び個々の楽器の音色と名前の理解などとなる。また、音楽的思考面では、それぞれの楽器の音色と他の要素とのかかわりから生じる効果、あるいはソナタ形式による楽曲の構成方法などについて、知覚・感受を通して理解し、楽曲のよさや美しさ、面白さなどを味わうこととなる。

文化的背景は、作曲者の肖像画などから、ベートーヴェンが正装用のカツラを付けていないことに気付き、彼がそれまでの作曲家のように貴族に雇われていなかったため、自由な立場で音楽の新しい手法を探究し、生み出していけたことなどを理解することが挙げられる。（田崎・田中）

ロマン派の音楽と楽器

［ロマン派の音楽と楽器］ロマン派の時代（19世紀～20世紀初頭）になると、音楽は宗教や宮廷の制約から次第に解放されて、自律した「芸術」としての地位を高めていく。音楽語法や形式などは古典派の伝統を継承する一方で、心理描写や個性的な表現法が追究される。そして、文学、美術など他の芸術分野と対等な立場で相互融和・浸透を試みるようになる。こうした背景のもと、特にドイツにおいて、抒情詩と音楽を密接に結び付けた声楽とピアノのための芸術歌曲が注目を集めた。ドイツリートの興隆である。個人的で複雑な内面の世界を表現しようとした結果、ピアノはもはや単なる声楽伴奏楽器ではなくなり、詩の内容を表現する上での重要な役割を担うことになる。この時代のピアノは、広い演奏会場にて大音量を出すことができるよう改良が重ねられた。音域は7オクターヴに拡大、金属の板と支柱、連打を可能にするダブル・エスケープメントが採用され、現代のピアノに至っている。

器楽分野では、標題音楽が確立された。音楽外の要素（文学、絵画、哲学など）を器楽で直接・間接に表現しようとするこの概念は、一方では抒情的で親密な、独奏楽器のための性格的小品（キャラクターピース）を流行させた。しかしもう一方では管弦楽の規模を拡大させ、広範な音域と音量をもって、劇的表現や色彩豊かな音色を追究している。かくして、多くの新しい管楽器が、オーケストラに登場する。H.ベルリオーズは《幻想交響曲》で、イングリッシュ・ホルン、バス・クラリネット、コントラファゴット、オフィクレイド（現在はチューバで演奏）を導入した。バルブが発明され、金管楽器のオーケストラでの活躍も目覚ましくなる。標題音楽の理念を突き詰めたR.ワーグナーは、音楽、演劇、舞踊、美術、文学等が統合される総合芸術（楽劇）を確立する。そして登場人物の性質、観念等を、声楽以上に管弦楽にて表現した。

［教材としての扱い］ドイツリートとして、F.P.シューベルト作曲《魔王》を挙げる。この教材では、J.W.v.ゲーテがつくった詩の内容の理解と音楽の知覚・感受を通して、情景や登場人物の心情を想像し、楽曲を構成している要素やその働きを理解することで、楽曲のよさや美しさ、面白さなどの価値を見いだすという学習が行われる。また文化的背景については、ピアノがこれまでのように単なるうたの伴奏としての役割だけでなく、情景や心情、場の雰囲気など詩の内容を表現する重要な役割をもつようになったことなどが挙げられる。このことからは、自由な表現を尊重し、形式よりも内容を重視するロマン主義の下で、文学など他の芸術で表現されたものを器楽で表現すべく音楽が発展していったことを、ロマン派の特徴とかかわらせて学ぶことになる。また、この詩には、C.レーヴェなどシューベルト以外の作曲家も曲をつけている。異なる楽曲を知覚・感受を通して比較し、両者の共通点と相違点からそれぞれのよさを感じ取り味わう学習も考えられる。

総合芸術としては、G.ヴェルディ作曲オペラ《アイーダ》を挙げる。この教材では、物語の内容を理解し、曲想の変化と場面の情景や雰囲気との関係を学ぶこととなる。そして、それらの場面における登場人物のうたやオーケストラの演奏表現を知覚・感受し、情景や雰囲気を表している大道具、小道具、照明、衣装、加えて心情や感情も表す舞踊など、他媒体による表現とかかわらせて総合的に楽曲のよさや美しさ、面白さなどの価値を見いだす学習が行われる。また文化的背景については、オペラがつくられた背景となる史実について理解しておくことなどが挙げられる。
（田崎・田中）

近代の音楽と楽器

[近代の音楽と楽器] ドイツで興隆したロマン主義の音楽は、19世紀後半以降、周辺諸国にて国民楽派と呼ばれる音楽の誕生につながった。人間の真実探求を目的とした民謡復興運動、伝説のもつ神秘性への憧憬、ナショナリズムの台頭が相まって、周辺諸国の音楽家達は、それぞれ独自の民族意識を芸術的に昇華させ高揚させることを試みた。

北欧を代表する作曲家となったのが、ノルウェーの作曲家 E.H. グリーグ（イプセンの戯曲『ペール・ギュント』の付随音楽を作曲）である。同じく北欧でフィンランドの国民的作曲家となったのが、J. シベリウス（《フィンランディア》を作曲）である。彼らは、20世紀前半ヨーロッパ音楽における管弦楽の分野で重要な位置を占めている。

この時期には、特殊な効果をねらって、オーケストラ楽器の用法に新しい工夫が施される場合が多くなる。フランス絵画における印象主義と関連付けられる作曲家 C. ドビュッシーは、大編成だが大音量を出さず、弦楽器や金管楽器に弱音器を付けて独特の色彩を表現する、高音用の楽器であるフルートに中音域を吹かせて曇りのかかった音色を出す等の試みを行った。また新古典主義を開拓した作曲家 I. ストラヴィンスキーは、原始主義的バレエ作品である《春の祭典》にて中・低音域用の楽器であるファゴットに高音域を担当させることで、異様な緊張感を醸し出した。この頃はチェレスタ、鉄琴、木琴、タムタムなど多くの種類の打楽器が頻繁に使用される他、ハープやピアノもオーケストラに加わり、音響の多様化が進んだ時代である。それは異国風の響きの演出から、E. ヴァレーズ《イオニザシオン》のように打楽器群だけから成る音楽作品の制作まで、様々な試みに関連している。

[教材としての扱い] J. ロドリーゴ作曲《アランフェス協奏曲》を教材とする鑑賞の場合、独奏楽器であるギターの様々な奏法による音色、特徴的な旋律やリズム、ギターとオーケストラとのかかわり方などを知覚・感受し、変化する曲想のよさや美しさ、面白さを味わうという学習がまず考えられる。そして作曲者の思いや意図について考えるために、文化的背景として、作曲者のプロフィールや、作曲者とアランフェスにある宮殿との関係を理解することになる。加えて第2楽章において、弦楽器が弱音器を付け、またフレンチホルンがミュート奏法を行うなどの作曲者が用いた手法について、この当時はオーケストラが特殊な効果をねらって、楽器の奏法に新しい工夫がなされることが多くなった時代であるという、歴史的な背景も併せて理解する必要がある。

G. ホルスト作曲《組曲「惑星」》第4曲〈木星〉を教材とする鑑賞の授業は、一般的に、音色の特徴や音色のかかわり方、多様な旋律の特徴や旋律のかかわり方による曲想の移り変わりを知覚・感受し、楽曲の構造を理解して、楽曲のよさや美しさ、面白さを味わうという学習になる。文化的背景面では、作曲者の木星に対する思いの理解があるが、加えてフレンチホルンが6本使われていることや、6台のティンパニーを2人で担当して旋律を演奏していることなど、音響の多様化が進む時代の中で、これまでにない楽器編成や奏法を用いて表現されていることも理解する必要がある。

近代の音楽では打楽器の用い方や、楽器の奏法が多様になった。そのために教材として扱う際には、近代の音楽の鑑賞において、特徴的な音色や曲想を味わい批評するためには、それぞれの楽器の名前と音色、基本的な奏法について、知識として音楽の発展の流れの中で理解しておく必要がある。（田崎・田中）

ポピュラー音楽と楽器

［ポピュラー音楽とは］広義では、ポピュラー音楽（popular music）は文字通り「大衆音楽」のことで、「一般大衆に受け入れられ、親しまれる音楽」を指す。音楽的な知識がなくともそれを聴けば理解できる音楽であり、誰でも気軽に愛好できるのが大きな特徴である。1877年の蓄音機の発明以来、レコードなどの複製技術の発達とラジオ、テレビ等のマスメディアと結び付いて急速に世界的規模で広がり、今では様々な音楽が影響しあいながら新しいポピュラー音楽が生まれている。世界中の音楽では、芸術音楽と民俗音楽の中間に位置する最も広い領域の音楽である。

［ポピュラー音楽の源流と発展］1492年ヨーロッパ人による北アメリカの植民地化が始まり、奴隷制、独立戦争を経て、北アメリカの人々の暮らしから独自の音楽文化が生まれた。その源流は、アフリカ系アメリカ人によるアフリカ起源の音楽（ブルース、ジャズ、リズム・アンド・ブルース等）と、白人系アメリカ人によるヨーロッパ起源の音楽（フォーク・ソング、カントリー・アンド・ウェスタン等）の二つの流れがある。両者は様々な形で交流、融合しながら、ビ・バップ、ロックンロール、ロック、ソウル・ミュージック、フュージョン等々が生まれ広がり、現在も発展している。この発展の原動力としてレコードとラジオの存在が大きい。1920年代には、多くの人々は、お気に入りの曲とミュージシャンの演奏を居ながらにして聴けるようになったのである。このことは100年たった今も変わりがない。またマイクロフォンの使用によってハーモニーや甘い声質を強調したうたが人気を呼び、ポピュラー・ヴォーカルの主流となっていった。一方、元々国や地域の民俗音楽だったラテン音楽（フォルクローレやタンゴ、サンバ等々）もマスメディアによってポピュラー音楽化し、ボサ・ノヴァ等様々な音楽が生まれ発展している。

［日本のポピュラー音楽］明治時代は三味線伴奏の俗曲、民謡、唱歌等が流行し、大正時代には様々な西洋音楽を融合する形で歌謡曲や演歌などに発展していった。1930年頃から歌謡曲や演歌が、放送や映画、レコード等と結び付いて日本中で流行した。1960年代にはアメリカの影響を受けて、グループ・サウンズやフォークが流行し、その後のニューミュージック、J-POPへと発展する基となった。また、1977（昭和52）年の中学校教科書でもフォークや歌謡曲が掲載され始めた。

［楽器］ドラム・セットとエレキ・ギター（エレクトリック・ギター）といわゆるキーボードがポピュラー音楽の楽器の代表である。①ドラム・セット：ポピュラー音楽には不可欠なリズムの要の楽器で、ドラム・セットはジャズの誕生とともに始まるといわれている。その根幹にはペダルとハイハットの発明がある。足で操作するペダルは両手を自由にし、ハイハットはシンバルの音の表現を大幅に広げた。その後タムタム、フロアタム、ライド・シンバルなどがセッティングされて、1940年代には現在の形態が出来上がった。そして1950年代のロックンロールの大流行で一気に世界に広がった。②エレキ・ギター：1936年、アメリカのギブソン社が発売したES-150を使ったグレン・ミラー楽団のソロ演奏が大評判になり、1950年に発売されたフェンダー社製のボディーに空洞のないソリッド・ギターがロックンロールのブームに乗って爆発的に普及した。③キーボード：現在は電子ピアノやシンセサイザー等の総称としての呼び名。1940年頃にアメリカのローズが開発した電気ピアノが基で、1960〜70年代にジャズやロックのミュージシャンに大人気となり、80年代には新たにシンセサイザーが開発された。（橋本）

ポピュラー音楽の教材

　これまで学校音楽でポピュラー音楽が重視されていなかった背景には、教員養成から教員研修、そして音楽科の教育実践において既存の知識・技能の指導に力を入れてきたこと、さらには、その過程で偏った音楽観が再生産される構造的課題があった。しかしアクティブ・ラーニングの視点からの授業改革が求められるに至り、多くの子ども達が「生活の音楽」として現に慣れ親しみ、強い興味関心をもっているポピュラー音楽の教材としての有用性が認知されてきた。

　学習の構想にあたっては、他の教材と同様に、背景も含めたその音楽ならではの特徴に注目する。例えば、マイクやアンプを使用した歌い手の声質やテクニック等の個性やデジタル処理が施されたサウンドには、楽譜に演奏を規定されるような音楽の表現とは異なる特質がある。そのうち歌声の微細な音程変化を切り口としてみれば、一つひとつの音について、一旦低いところから入る「しゃくり」の有無、伸ばした音のヴィブラートの有無や次の音に移る際の音程変化のなめらかさなど、様々な差異があることに気が付くだろう。これらを音程変化パターンとして整理して示すことで、子ども達自身で歌唱計画を立てるという実践が可能になる。また、生の表現とは異なるサウンドそのものの工夫を切り口としても、現在ではiPad等のタブレット端末による表現の試行錯誤を通して経験的に学ぶことができる。他の音楽と比較しながら、冒頭に述べた音楽受容の実態を子ども達自身で考えるような背景の学びも成立する。（吉村）

［参］吉村治広「歌唱教材としてのポピュラーミュージックの可能性－音程変化パターンの意識化を通して－」『学校音楽教育研究』Vol. 7, 日本学校音楽教育実践学会，2003.

現代の音楽

［現代の音楽の諸相］今日、地球上には、今の時代に生み出されている音楽や伝統的な音楽など様々な音楽が存在し、ICTの急速な進展と普及により我々は何らかの形でこれらの音楽に触れることが可能になった。伝統音楽でも伝統を継承する一方で現代化も進展している。現代の音楽としては、大きく、①西洋芸術音楽の発展の延長線上にある現代音楽及び調性的要素を取り入れた音楽、②現代化された伝統音楽、③大衆音楽（ポピュラー音楽）に大別できるが、これらの境界は明瞭ではない。また演劇や舞踊など他の媒体とも結び付き、その様態は多岐にわたる（別項「他の媒体とかかわりをもつ音楽」参照）。

①現代音楽の基本理念である革新性は音楽様式の多様化と価値観の多元化を生じ、様々な試みによる音楽がつくられた（次項「現代音楽」参照）。一方、調性的要素を取り入れた音楽は現代音楽の成果を踏まえながらも、必ずしも音楽上の革新性を前提とはせず、コンピュータを利用したメディア・アート、あるいは映画やテレビなどのマスメディアと結び付いたものも少なくない。例えば、「劇伴」とも呼ばれる映画やテレビドラマの音楽を専門とする作曲家も現れ、《交響組曲「ドラゴンクエスト」》のようにゲーム音楽がオーケストラ版に編曲され、広く愛好されるなど、分業化・多様化が進んでいる。②日本や諸民族に伝わる伝統音楽については、専門家によって伝承される古典音楽と、民謡など民衆の生活の中で行われてきた民俗音楽のいずれもが、伝統を継承する一方で、現代化も進行している。③大衆音楽は西洋音楽の機能和声を背景とするが、国や民族を超えて多くの人々に愛好され、また芸術音楽や伝統音楽とも結び付くことも少なくなく、均質化、ボーダレス化が進んでいる。

［日本の伝統音楽の現代化］明治期の西洋音楽の摂取において、まず西洋音楽をフォーマルに学んだのは宮内省の楽人であった。宮城道雄は伝統音楽に西洋音楽の考え方を取り入れ（新日本音楽）、《春の海》などを作曲するほか、低音を奏する十七絃箏を考案した。今日、演奏家自身による現代化も盛んで、例えば雅楽家の芝祐靖が雅楽作品を作曲し、雅楽演奏団体の伶楽舎が子ども向けの作品をつくり、箏曲家の宮下伸が自ら改良した三十絃箏で新曲をつくるなど、古典音楽の多くの曲種で現代化が試みられ、曲種間のコラボレーションも急速に進展している。NHKの「にほんごであそぼ」では狂言の野村萬斎など様々な曲種の演奏家が伝統的要素を備えつつ子ども向けに工夫された言葉、音楽や動きを演じて親しまれている。

民俗音楽では、専門の民謡歌手がマイクをもって技巧的に歌い、さらには伊藤多喜雄がロック調の《ソーラン節》を歌うなど新たな表現が生まれている。また民謡や民俗芸能を地域起こしも兼ねてイベント化したり、別の地域の芸能を摂取したりするなど、音楽のみならず、伝承の仕方も変容している。

［教材化の視点］教材化にあたっては、教科書収載の教材にとどまらず、地域やその時々の社会の状況を踏まえる必要がある。また人は世の中の様々な音や音楽から、個々人の状況に応じて必要な音や音楽を選び、享受するのであり、その意味ではあらゆる音・音楽が教材として機能しうるともいえる。現代の日本では地球上の様々な音楽が行われ、多種の伝統音楽も現在進行形で併存し、それらの種類や数は世界のどの国よりも多いと言っても過言ではない。このグローバルな音楽の享受は、752年の東大寺大仏開眼供養会でアジア各地の音楽・舞踊が楽しまれたことが示すように、日本人の特性とみることもでき、教材選択にはそのような視点も望まれる。（澤田）

現代音楽
Contemporary Music

第1次世界大戦以降の現代の芸術音楽の総称。1922年にザルツブルクで国際現代音楽協会（ISCM）が設立されて一般的な用語になった。もともと芸術の「現代性」と表現の「自由」それに「国際性」を主張する運動は、19世紀末からヨーロッパ各地で起こっていた。第1次世界大戦（1914〜18）とロシア革命（1917）でヨーロッパの旧体制が一挙に崩壊すると、この主張はモダニズムと呼ばれ革新的な芸術活動の基本理念となる。そして革新性は音楽様式の多様化と価値観の多元化を強力に推進した。しかし、モダニズムの行方に疑心が生じてきた21世紀では、現代音楽とモダニズムとの関係は薄くなっている。現今の現代音楽には、革新性が特には重視されないオルターナティヴ（alternative 選択肢）や広義のサウンド・アートも含まれる。

［19世紀末から第1次世界大戦］19世紀ロマン派の流れからは後期ロマン派の時代であるが、現代音楽の序奏の時期でもある。既成概念にとらわれない明敏な感性を重視する印象派は、新鮮な響きを求めた。特にドビュッシー（Debussy, C.）は多旋法と平行和声を駆使した。内的な心理や精神の表出を主体とする表現主義では、シェーンベルク（Schönberg, A.）が無調、無主題の音楽を創始した（1908）。これは親交のあった画家カンディンスキーの抽象絵画の創始とほぼ同時期のことである（1910頃）。その他、神秘主義のスクリャービン（Scriabin, A.）の「神秘和音」や「色光ピアノ」、原始主義のストラヴィンスキー（Stravinskiy, I.）の「8音音階」や「変拍子」などが重要である。いずれも、機能和声に基づく調性構造や拍節構造を弱体化し、崩壊に導いた。

［両大戦間］1920年代の主要な傾向は反ロマン主義であり、直前の過去である印象主義や表現主義も否定して、むしろ18世紀のバロックや初期古典派時代のような客観的で明快な音楽に接近した。この傾向を一般に「新古典主義」と呼ぶ。実際、バロック風の協奏曲や、舞曲、あるいは組曲、初期古典派風のシンフォニアやソナタが現代的な装いで復活した。

フランスでは、サティ（Satie, E.）の反ロマン、反印象主義の「裸形の音楽」やラヴェル（Ravel, M.）の明晰な音楽が出発点になった。また、若手グループ「フランス6人組」には、アメリカのジャズやブラジルのサンバを取り入れたミヨー（Milhaud, D.）やシュルレアリスムの詩人達と結び付きの深いプーランク（Poulenc, F.）などがいる。革命後、フランスに帰化したストラヴィンスキーは、古代ギリシャ以来のヨーロッパ音楽の偉大な伝統を自在に混交し現代化し時代を代表した。

ワイマール共和国時代のドイツでは、「時事オペラ」が流行。ワイル（Weill, K.）は、なかでもアメリカの当時の流行歌のスタイルで小歌劇を書き、ヒンデミット（Hindemith, P.）は、バロック風の合奏曲、室内楽を様々な楽器編成で作曲した。そのころ、戦前に表現主義の美学で「無調」に達していたシェーンベルクは、12の半音を組織的に活用する「音列作法」を考案し、組曲やセレナード、時事オペラなどを作曲した。この12音音楽は、自立的で客観的な音楽という趣旨では、新古典主義と共通するところがある。音列作法は当初、シェーンベルクとその門下のウェーベルン（Webern, A.）、ベルク（Berg, A.）によってその可能性を広げた。東欧諸国からは、モラヴィアの方言の抑揚を研究したヤナーチェク（Yanáček, L.）や自国ハンガリーのみならず隣国ルーマニアを含む周辺地域の農民音楽を研究したバルトーク（Bartók, B.）のような科学的民族主義の作曲家が登場した。

新古典主義が主体のこの時代ではあったが、

動力や機械を美的にとらえた未来派芸術も誕生。アメリカに活躍の場を求めたフランスのヴァレーズ（Varese, E.）は、「組織された音響」という独自の考えの実現のため新しい素材として打楽器や電子音響に関心を抱いた。

世界大恐慌後の30年代に入ると現代音楽は、ナチス・ドイツで退廃音楽、また社会主義リアリズムを提唱したスターリン時代のソ連では形式主義の名の下で弾圧される。

［第2次世界大戦後］東西冷戦期の自由主義諸国で、現代音楽の振興が図られた。まず、新古典主義と12音音楽が再興した。その状況下で、メシアン（Messiaen, O.）は、独自の音階（移調の限られた旋法）とリズム（付加音価）、採譜した小鳥のうたなどを組み合わせた宗教的メッセージの大作を意欲的に発表した。

50年代に入ると戦後世代が台頭。作曲理論で先端を競う西ヨーロッパの前衛主義では、12音音楽の特徴である音列作法を、音高だけでなく、音価、強度、音色にも適応して組織化するトータル・セリエリズム（全面的音列主義）が、ブーレーズ（Boulez, P.）、シュトックハウゼン（Stockhausen, K.）、ノーノ（Nono, L.）らによって探求された。また新しいメディアを活用して、録音した現実音をコラージュするシェフェール（Schaeffer, P.）創始の「ミュジック・コンクレート（具体音楽）」や録音技術や電子的発信音を使った電子音楽が話題となった。一方、音楽とは何かを、独自の方法論で問うアメリカの実験主義は、ケージ（Cage, J.）が代表。すでに調性や和声に依存しない音楽として打楽器アンサンブルやプリペアード・ピアノを開発していたケージは、『易経』にヒントを得て偶然性の音楽の実験を進めた。図形楽譜など様々な方法によって、「無意図性」の音楽を求めた。

60年代に入ると現代音楽は急速に多様化し、音楽の表現力が改めて重視されるようになる。ポーランドのルトスワフスキ（Lutoslawski, W.）は、偶然性を表現要素に加えた大作を発表。また、反音列主義で共通する、クセナキス（Xenakis, I.）、ペンデレツキ（Penderecki, K.）、リゲティ（Ligeti, G.）の、音塊、音響によるトーン・クラスターの音楽がこの頃から主流となる。音響の重視は、新たな音色主義を招き、伝統的な楽器の特殊奏法の開発を進め、新しい名人芸をもった演奏家達の台頭を招いた。その後、もっぱら特殊奏法で作曲するラッヘンマン（Lachnmann, H.）、シャリーノ（Sciarrino, S.）のような作曲家も登場する。

アメリカのカウンター・カルチャーを背景に、イタリアのベリオ（Berio, L.）の「引用の音楽」や、ライリー（Riley, T.）、ライヒ（Reich, S.）、グラス（Glass, P.）によるインド音楽やアフリカ音楽を参照した「ミニマル・ミュージック」も登場。さらにはコンピュータ音楽の実験も始まる。いずれもその後の現代音楽の語法や様式、研究対象の中心となるものである。

80年代に入るとソ連解体を前にシュニトケ（Schnittke, A.）の「多様式主義」、ペルト（Part, A.）の中世風の趣をもつ音楽などが注目されるようになった。またこの頃からシェファー（Schafer, M.）のサウンドスケープの提唱を背景にして環境音楽、サウンド・インスタレーションが盛んになる。

現代音楽の国際性は、東西文化の遭遇の場でもある。東アジア諸国は、60年代から日本の黛敏郎、武満徹、韓国のユン・イサン（尹伊桑）など国際的な人材を輩出。中国からも文化大革命後、タン・ドゥン（譚盾）を代表に多くの才能が活躍している。（石田）

［参］グリフィス（Griffiths, P.）・石田一志訳『現代音楽小史』音楽之友社，1984．D. コープ（Cope, D.）・石田一志他訳『現代音楽キーワード事典』春秋社，2011．

現代音楽の教材

［教材の観点からみた現代音楽の分類］現代音楽は、通常とは異なる音の世界で表現されているという点で、魅力的な教材となり得る。教材化という視点で現代音楽をみていくと、おおよそ次のように分類できる。

①様々な音素材を用いた音楽：家具や植物といった身の回りのものを音素材としたケージ（Cage, J.）の《居間の音楽》《木の子ども》などの諸作品、シェフェール（Schaeffer, P.）が創始した様々な具体音を電子的に変調させて構成するミュジック・コンクレートなどもここに含まれよう。

②特殊奏法・唱法を用いた音楽：器楽曲ではラッヘンマン（Lachnmann, H.）、シャリーノ（Sciarrino, S.）の諸作品、声楽曲ではベリオ（Berio, L.）の《セクエンツァ第3番》に代表される、通常の奏法や唱法以外を用いて新たな音響を追求した作品。ケージが創始したピアノの弦に異物を挿むプリペアード・ピアノもここに分類されよう。

③沈黙を取り入れた音楽：ケージの《4分33秒》に代表される意図的に発する音を排した作品。また細川俊夫の諸作品のように、日本の伝統音楽における間の概念を取り入れた作品。

④不確定要素をもつ音楽：音価や音高、演奏順序、テンポ、強弱などが一定の範囲で奏者にゆだねられている作品。しばしば図形楽譜と結び付いていて、フェルドマン（Feldman, M.）やケージの作品に多く存在する。またフェルドマンの《5台のピアノ》、武満徹の《ウォーターウェイズ》の中間部分をはじめ、パートごとに独立して音楽が進行する書法は多くの現代音楽でみられる。

⑤限定された音型の反復と変化からなる音楽：いわゆるミニマル・ミュージックと呼ばれるライヒ（Reich, S）、グラス（Glass, P.）、ライリー（Riley, T.）の諸作品。オスティナート音型と変化する音型が組み合わさった《ピアノメディ》《タイムシークエンス》をはじめとする一柳慧の諸作品。

⑦様々な拍子をもつ音楽：グラスの作品のように拍子が変化し続ける作品。またリゲティ（Ligeti, G.）の《ピアノのための練習曲集第1巻》第1曲のように異なった拍子が同時進行する作品。

⑧様々な音高を用いた音楽：1オクターヴ内の12音高を均等に用いた12音技法による作品。鍵盤上では表されない微分音や音高を連続的に変えるグリッサンドを用いた作品。

［現代音楽の教材化の意義］現代音楽を教材として用いることの意義として、まず様々な音の世界に耳を開くことができるということが挙げられる。また、非楽音、最高（低）音、あるいは変拍子のような、音楽を構成する諸要素の拡大的な用法を聴いたり模倣したりすることは、身の回りの音に耳を傾けたり、音高が低音から高音まで連続的に存在することやいろいろな拍子が存在することを理解したりと、各々の要素の全体像をとらえることにつながる。加えて、リズム、音高が確定していない音楽を演奏したり、モデルにして音楽をつくったりすることは、技能的な巧拙に関係なく取り組むことができるため、決められた音高で歌ったり拍の流れを感じて演奏したりすることの前段階の学習として位置付けることができる。

現代音楽の中には日本の伝統音楽や世界の諸民族の音楽に通じる特徴をもつものも多い。例えば、新しく開発されたフルートの特殊奏法のいくつかは、既に尺八の基本的な奏法として存在する。また、異なった拍子が同時に進行するポリリズムの音楽は、アフリカの音楽の中に多くみられる。このように現代音楽を通時的、共時的にとらえて教材化していくことも大切であろう。（松下）

他の媒体とかかわりをもつ音楽

［概要］19世紀以降の西洋で「音楽」とは、第一義に「作品」（work）であり、聴取という目的に特化した自律的な芸術である、ととらえられた。しかし、能、文楽、歌舞伎などの日本の伝統芸能にみられるように、音楽が演劇、舞踊、文学などと混然一体となって存在する場合は多い。祭儀や祭典、あるいは遊びうた、労働歌、泣きうたなど、音楽の目的が純粋な聴取ではない特定の機能と結び付いている場合もある。ここにおいて、音楽は何らかの「音楽外の」媒体（メディア）を伴って聴衆に届くものであり、媒介の存在により音楽は存在意義を得ているのである。

［現代の他媒体と教育現場］自律的芸術であれ総合芸術であれ、20世紀以降の音楽と媒体は、科学技術の飛躍的発達により刷新されている。録音・録画、さらには音響の加工と再生・伝達の技術が、人と音楽との関係性を大きく変化させているのである。学校音楽教育では、新たな媒体は教材として次の二つの音楽活動傾向に関与しているといえよう。

一つは、従来の表現（創作・演奏）・鑑賞の形態を継承しつつ、よりアクセシビリティの高い素材や情報量の多い素材を使用する傾向である。例えば「テレビ」のコマーシャルソング・テーマソングは、家庭の音楽環境の違いにかかわらず多くの生徒に親しまれるため、旋律創作活動に応用可能な音素材や形式となる。『マリオブラザーズ』（任天堂、1983年初版）など若者人口に膾炙したゲーム音楽は、器楽演奏・合奏による表現の素材として人気が高い。また、オペラやミュージカルの「映画」化版は、限定的な舞台空間では通常表現できない多くの視聴覚情報提供が可能な鑑賞教材となりうる。例えばミュージカル《サウンド・オブ・ミュージック》（1959年初演）の映画版（1965年公開）では実際のザルツブルクの自然や街並みが背景に繰り広げられており、鑑賞により生徒達の外国文化（ここではオーストリア）の多角的理解が期待できるのである。

もう一つの傾向は、これまでにない新しい音楽表現・音楽鑑賞の形を生み出していることである。まず「パーソナル・コンピュータ」（PC）を一つの電子楽器と位置付け、いわゆる「楽器」の演奏に自信がない生徒でもデータ入力の形で作曲・演奏をする試みがある。特に音声合成技術の一つ「ボーカロイド」（ヤマハ、2003年初版）のソフトウェアを用いてPC上で歌い方や歌詞を「入力」し、画面上の仮想人物に歌唱させる表現形態は、身体的制約に縛られない表現の可能性から人気を得ており、教材活用が検討されている。鑑賞では、「ソーシャル・ネットワーキング・サービス」（SNS）を利用して、作品を制作した現代作曲家と生徒とがインターネット上で質疑応答や意見交換を行うことで、生徒の音楽作品への理解を深めていく試みが始まっている。

最後に、新たな媒体の出現により、従来の表現・鑑賞の概念的枠組みが変質しつつある例を挙げる。古川聖らによる『スモールフィッシュ』（1997年制作）というコンピュータ・ソフトは、画面上の絵が動くことで音が生まれるインタラクティヴ（メディア）・アートである。その絵は美的対象であると同時に、ある一定の音楽的意味をもつ（音をデコードする）楽譜（記号）でもある。ここにおいて、生徒は視覚的対象に何らかの働きかけを行うことで、「絵を演奏する」ことができる。そして表現・鑑賞という枠組みを超えて、児童・生徒各自の内的欲求に沿った感覚的・知的楽しみ方を見いだす仕掛けになっているのである。（田崎）

音楽の仕組みと表現

音楽の仕組み

　音楽は、人が音の様々な特質を秩序立てながら組織化し、身体や物体を操作して音響化することにより生成される。この生成の過程で機能する様々な要素が音楽の仕組みである。
　〔内容〕音は音量・音高・音色からなり、これに時系列にかかわる音価が加わる。この音が様々なレベルで音楽的に関係付けられ組み合わさったもの、そしてその秩序や方法を示すものが、音色、リズム、拍、拍子、リズムパターン、音階、調、旋律、テクスチュア、強弱、速度、構成、形式などの音楽用語で示される要素であり、さらに、声を用いる場合には音韻や言葉、そして音響として表現する際の演奏形態などが加わり、これらが音楽を仕組んでいく。また「描写」などの音楽外的なものが音楽を構成する要素に働きかけることもある。
　ただし、上述の音楽用語は主に西洋芸術音楽を礎とするものであり、そうでない音楽の場合、各々の音楽の特質に沿った固有の用語をもつことがある。また「拍子」など、明治期に日本の伝統的用語を借用して翻訳された西洋音楽の用語と本来の用語の意味が異なる場合もあるので、注意が必要である。
　〔学習指導要領における音楽の仕組み〕昭和43・44（1968・1969）年の学習指導要領で「基礎」領域が新設され、小学校・中学校を通してリズム・旋律・和声を指導することが示された。昭和52（1977）年の改訂では「基礎」はなくなったが、小学校では低学年でリズム、中学年で旋律、高学年で和声にそれぞれ重点を置くことが目標に掲げられた。平成20（2008）年の改訂で小・中学校に〔共通事項〕が新設され、音楽の用語や記号を表現や鑑賞の諸活動と関連付けながら理解することが示された。〔共通事項〕は、音楽の形づくっている諸要素を知覚し、その特質や雰囲気を感受し、そこから音楽のよさや美しさを味わうことを音楽学習の基盤に据えるもので、音楽を構造的に認識する力の育成を目指すものである。
　なお、音楽の仕組みは、現行（2017年現在）の中学校・高等学校学習指導要領における「音楽を形づくっている要素」とほぼ同義である。ただし、小学校では用法が異なり、反復、問いと答え、変化、音楽の縦と横との関係といった音楽の構成にかかわるものを「音楽の仕組み」として限定的に用いている。したがって、小学校では、この限定的な用法での「音楽の仕組み」、音色やリズムなどの「音楽を特徴付けている要素」、及び歌詞や演奏形態を合わせたものが、本書でいう音楽の仕組みに対応する。
　〔指導における音楽の仕組み〕音楽の仕組みを学習の基盤の一つとすることは、今日、欧米や東アジアの諸国等々で広く行われている。音楽の仕組みが分かり、その用語を援用しつつ音楽を構造的に認識することは、自己の認識を言語化することにより他者と共有でき、また音楽の仕組みを文化や社会と関連付けることにより、異なる音楽文化の理解にもつながる。しかしながら、音楽の仕組みは民族や社会により異なることもあるため、その民族や社会における用法を尊重し、用語をそのまま使うなど、可能な限りその音楽に沿うことが必要である。
　指導に際しては、〔共通事項〕を重視する余り、音響体としての音楽と離れて用語の言語的理解に終始するようなことは避けたい。また、一つの特徴的な要素に注目する場合でも、音楽は様々な要素が融合し構成されたものであることは常に意識したい。
　教員養成においては、声楽や器楽等の実技関連科目でも、指導者が音楽の仕組みを踏まえ、用語を適宜用いつつ、音と奏法ともかかわらせて指導をすることが望まれる。（澤田）

音色（身体）

　人は身体を通して、また身体の使い方を工夫して多様な音を生み出し、音楽に用いている。ここでは音色について、特に声と身体が出す音の視点から述べる。

　［声の音色］最も身近な媒体は声である。人の声はそれぞれ個性的な音色をもつが、それらは、年齢、性別などによっても異なる。また、笑い声、泣き声など、感情によって変化したり、話し声、演説など、状況によって変わったりもする。さらに、身体的特徴や生活習慣などによっても異なる。音楽に用いられる声は、このような声の個性や生活・文化における声の有り様がもととなっている。

　［声と言語］声の音色は、言語的特性とも深く関係している。例えば、シューベルトの《魔王》をドイツ語で歌った場合と日本語訳で歌った場合とでその響きが異なるように、歌声の響きは言語の特性が強く影響する。世界にある多様な言語は、それぞれ特徴的な響きを伴っている。それは、口腔内への響かせ方など、言葉を発するための身体の使い方が言語により異なることによる。

　個々に発せられる音の音色や言葉のリズムの言語的特性は、旋律やリズムを表現するツールとしても活用される。例えば、日本の伝統音楽では、楽器の習得の際、「ドンドコドン」や「テントンシャン」などの唱歌が用いられてきた。

　［曲種と声の音色］声の音色は、曲種によって異なった様相をみせる。ポピュラー音楽やクラシック音楽あるいは民族音楽など、音楽のスタイルや民族によって音色の好みは異なり、発声や発音の方法が工夫されている。また、合唱においては、ソプラノ、アルト、テノール、バスなど、声域や性別により声の音色にも差がある。声部をどのように重ね合わせ、特徴的な響きを出すかは合唱表現の重要な要素となっている。一方、日本の木遣りでは、一つの節を多人数が個々の声の音色を生かして歌う。これによりうねるような響きが生まれる。こうした違いの背景には、どのような声の重なりや響きを「良し」とするかといった価値観が存在する。

　［日本の伝統音楽の声］日本の伝統音楽の場合、いわゆる丹田を意識した地の声の発声を基本としつつも、義太夫節や長唄、謡などそれぞれ微妙に発声法が異なり、特徴的な声の色が生まれている。また、民謡のコブシのまわし方や揺らし方、あるいは義太夫節の音遣いなどのように、時に噪音的な効果も含め、一つの節の中で技巧的な工夫をし、声の色を多様に変化させることもある。

　［身体が出す音］声以外にも手、足、息、あるいは身体全体を使って音楽表現がなされる。手を打ったり手で身体の一部をたたいたり、あるいは足で床を踏み響かせたりする。ボディパーカションやタップダンス、能の足拍子、歌舞伎の六法など、身体の出す音は、音楽や芸能と一体化し、重要な要素となっている。

　［音色（身体）と授業］声や身体が出す音は、身体の使い方や動きと一体となりながら特徴的な音色となり、音楽を構成する重要な要素となっている。授業で音色に着目することは、音楽の深い理解につながる。その際、以下のような視点が有効であろう。

①音色単独で扱うことを避け、多様な音色の組み合わせや他の要素との関係性でとらえる。
②発声法や身体の使い方、身体の動きがどのように音色に影響しているかに着目する。その際「まねる」などの体験を通して理解する。
③どのような状況でどのような音色が求められるのか、音楽が奏される場との関係性からとらえる。
④言語や様式の価値観、生活や文化的な背景とのかかわりから考える。（伊野）

音色（音具・楽器）

　楽器の音色を規定するものは、素材、発音原理、楽器の形状、奏法など様々な要因がかかわる。また一つの音には様々な周波数の音が含まれている。楽器の場合、周波数が2倍、3倍と整数倍に高くなった音が重なっているという特徴があり、西洋の楽器は整数の倍音が中心となるが、打楽器や尺八などの日本の伝統楽器は整数の倍音以外の雑音、噪音とも呼ばれる音を多く含んでいる。

　［楽器の素材と音色］楽器の音色を規定する要素の一つとして、素材が大きくかかわっている。中国の楽器分類法である八音（はちいん）が、金、石、糸、竹、匏（ふくべ）、土、革、木などの素材を分類の拠（よ）り所（どころ）にしていることはその反映である。

　ヨーロッパの楽器は木、革、金属、またベークライトなどの化学製品からもなる。ホルンなどは歴史も古く、角笛から発達して金属製に、フルートは木製から金属製になった。また弦楽器の弦は、古くは羊の腸が使われていた。弓には馬の尾の毛が使われている。

　竹林が多く分布する東アジアや東南アジアには竹の特性を生かしてつくられた楽器が多い。鼻笛のように密やかな音色のものから、「竹のガムラン」といわれるジェゴグなどの大がかりなものもある。ガムランはインドネシア及びその周辺の打楽器を中心とする合奏形態の音楽であるが、古代からの青銅の精錬・鍛造技術の発達とともに発展した。日本の伝統楽器は、木、革、竹など自然の素材によるものが多い。例えば箏、和琴の胴体には桐や檜、三味線は花梨、紅木、黒檀、琵琶は桑、歌舞伎の拍子木は白樫、和琴の柱には楓の枝を使う。革を使うものとして大鼓や小鼓は馬皮、締太鼓や大太鼓は牛皮、締太鼓の撥が当たる部分は鹿の皮が、また三味線は猫皮や犬皮、沖縄の三線は蛇皮がそれぞれ使われる。竹を使うものとして尺八、能管、竜笛、篠笛、歌舞伎の擬音笛、篳篥、笙など、吹き物の種類は多くそれぞれ特徴のある音色である。特に能管は構造的にも特殊で音階を否定した独特の音色を生み出している。

　［音具・音の出るもの］身の回りの音の出るものとして、仏具のおりん、夏の風物詩である風鈴などがある。風鈴は素材により音色が異なるが、南部鉄のものと江戸ガラスのものどちらも味わいがあり、涼しさを感じさせる。また日本庭園で聞かれるししおどし、水琴窟などの音は、自然音に対する日本人の感性が生み出したものといえよう。

　［音色に着目した授業］楽器それぞれの固有の音に着目して、オーケストラで使われる弦楽器や管楽器の代表的な曲を聴いて音色の特徴を知ることはオーケストラの理解に欠かせないことである。ラヴェルの《ボレロ》やベルリオーズの《幻想交響曲》では楽器個々の音色が生かされており、オーケストレーションの視点からも鑑賞教材として有効である。また表現として、リコーダーとギターを合わせたり、リコーダーの合奏を通して、ソプラノリコーダーからバスリコーダーまで大きさの異なる楽器の音色の違いや、そこから生み出される豊かな和声の響きを味わうことができる。日本の笛の種類は多くあり、それぞれの音色を比較するのも面白い。また楽器の奏法も音色の変化を生み出すことにかかわっている。例えば三味線で糸を下からすくって弾く「スクイ撥」や撥を使わずに絃を指ではじく「ハジキ」など、同じ高さの音でも音色が異なり、音楽表現の上でも味わいが変わる。一つの楽器からどのような音色が生み出せるかといった音探しの活動は自分と楽器とが向き合う楽しい活動であろう。また発見した音を組み合わせて音楽づくりに生かすこともできる。（寺田）

［参］茂手木潔子『日本の楽器』音楽之友社, 1988.

リズム Rhythm

リズムは時間芸術としての音楽の成立に必須かつ最も基礎的な要素といえる。近代西洋音楽では一般に旋律、和声、リズムを音楽の三要素とするが、世界の多様な音楽に目を向けてみると旋律と和声を前提としない音楽は存在してもリズムがない音楽は存在しない。

［有拍のリズムと無拍のリズム］一般的に、リズムは時間的な周期性の有無によって大別される。その繰り返しを構成する最小単位はパルス（pulse）と呼ばれ、心臓の鼓動のような等しい刺激の連続を意味する。このパルスに基づくものを有拍のリズム、パルスによらないものを無拍のリズムと呼ぶ。また前者でパルスがアクセントをもって顕在化したもの、すなわち拍（beat）が周期性をもつものを拍子（meter）という。なお、拍節的リズム、非拍節的リズムという分類もあるが、これは拍節すなわち拍子の基礎となる構造の有無によるものであり、上述の分類とは異なる。

有拍のリズムは等拍のリズムともいう。日本の伝統音楽では、その典型的な民謡の名前から八木節様式と呼ぶことがある。西洋音楽のほとんど、また世界の多くの音楽が、有拍のリズムで成り立っている。例えば、南インド古典音楽におけるターラ（tāla）と呼ばれるリズム周期による音楽や、インドネシアのガムランなどにもみられる。日本の伝統音楽ではわらべうた、《八木節》や《こきりこ節》などの民謡、長唄、箏曲、能の大ノリの部分などにみられる。ポリフォニー、ホモフォニーの音楽も含め、皆で唱和する場合、規則正しい動きを伴う場合、また打楽器を伴う場合は、この有拍のリズムによることが多い。

無拍のリズムは不等拍のリズム、自由リズムともいい、日本では代表的な民謡の名前をとって追分様式と呼ぶことがある。無拍のリズムは西洋音楽では少ないが、日本を含むアジアには多くみられる。特に、モンゴルのオルティン・ドー（urtin duu）や、イラン音楽のアーヴァーズ（āvāz）などの声の音楽に多い。日本では相撲の呼び出しや物売りの声、《江差追分》や《刈干切歌》などの民謡、《鹿の遠音》などの尺八本曲、雅楽の音取、声明の《散華》など数多くあり、他の民族と比較しても無拍のリズムの多さは際立っている。

無拍のリズムには規則的な周期性はないものの一定の周期性は感じられる。この要因には、無拍のリズムによる音楽の多くが声楽であることによる人の呼吸法とのかかわりや、詩の朗唱における言葉のリズム・アクセントとのかかわり、また音楽の多くが旋律型に依拠していることなどが考えられる。いずれにしても、無拍のリズムを何の制約もないものとしてではなく、言葉、息、動きなどとのかかわりで理解する必要があるだろう。

［世界のリズムに関する概念］西洋音楽のリズムのように、他の社会にも音楽の時間的な要素を示す伝統的な概念が存在する。例えば、アラブ古典音楽のイーカーゥ（īqāʻ）、南インド古典音楽のターラ（tāla）、日本の雅楽の「拍子」などである。しかし、これらの用語はリズム周期やパターンを示す概念である。五線譜上で小さな単位に分節化が可能な西洋音楽と異なり、他の音楽文化では一般的にパターンやまとまりでリズムをとらえることが多い。また、それぞれの社会において音楽の時間的な要素のとらえ方が少しずつ異なることに留意する必要がある。（塚原）

［参］柘植元一『世界音楽への招待』音楽之友社，1991．寺田吉孝「コラム1 リズム」徳丸吉彦監修・増野亜紀編『民族音楽学12の視点』音楽之友社，2016．徳丸吉彦「リズムと時間構造」徳丸吉彦・笠原潔『音楽理論の基礎』放送大学教育振興会，2007．

■ 拍

［パルス−拍−拍子］リズムは時間の周期性の有無によって、有拍のリズムと無拍のリズムに大別されるが、この時間の周期性を構成する基本的な単位がパルス（pulse）である。クーパーとメイヤーの用法によれば、パルスは心臓の鼓動のような等しい刺激の連続であり、このパルスがアクセントをもって顕在化したものが拍（beat）である。したがって無拍のリズムはパルスに基づかないため、拍は生起しない。ただしパルスと拍とは区別されずに用いられる場合もある。拍を顕在化させるアクセントが生じ、アクセント間の拍数が一定になり周期性をもつことによって、拍子（meter）が生まれる。

［止まる拍］楽譜にフェルマータが書き込まれている場合、演奏では特定の音が伸ばされることによって、それまで規則的であった拍の流れが一時停止する。拍が止まることによって独特の音楽表現が得られる。

［のびる拍］拍は規則正しい刺激の連続であるパルスに基づくとしたが、身体の動きが先行する舞踊音楽、遊びうたや作業歌などではそうでない場合がある。例えば、遊びうたの《なべなべ底抜け》では、輪をくぐり抜ける際の動作に伴って拍がのびる。また日本の伝統音楽の緩徐な部分では、拍がのびることがしばしばある。例えば雅楽《越天楽》の前半のゆっくりした部分では、演奏者が互いの息づかいを見計らいながら次のフレーズを演奏するため拍がのびる。能の拍子合は有拍のリズムに基づくが、部分的に拍がのびたり、部分的にずらしたり省いたりすることにより、拍が規則的でなくなる。拍ののびは呼吸や身体の動きと深くかかわっている。（塚原）

［参］G.W. クーパー・L.B. マイヤー・徳丸吉彦・北川純子訳『新訳 音楽のリズム構造』音楽之友社，2001.

■ 拍子

有拍のリズムで、拍が一定の周期性をもったものが拍子（meter）である。拍子の分類方法は様々であるが、以下、西洋音楽については日本の音楽教育における用法に従う。なお、拍子は明治期に翻訳の際、雅楽の用語を適用したものだが、原義とは異なる。

［単純拍子と複合拍子］単純拍子は 2 拍子、3 拍子、4 拍子のように原則として一つの強拍といくつかの弱拍によるものである。複合拍子は 3 拍子が複合されて構成される拍子であり、6 拍子、12 拍子、9 拍子などがこれにあたる。これらは 1 拍を 3 分割した 2 拍子、4 拍子、3 拍子としてもとらえられる。

［混合拍子と変拍子］異なる単純拍子の組み合わせによる拍子を混合拍子という。例えば、2 拍子と 3 拍子が組み合わされた 5 拍子や、3 拍子と 4 拍子が組み合わされた 7 拍子などがある。また不規則に変化・交代する拍子を変拍子といい、頻繁に拍子が交代する場合のほか、混合拍子もこれに含まれる。

［2 拍子系のリズムと 3 拍子系のリズム］多様な音楽の拍子をより普遍的に理解しようとする場合、1 小節もしくは 1 拍を 2 分割するものを 2 拍子系のリズム、3 分割するものを 3 拍子系のリズムととらえることがある。3 拍子系のリズムは民族によって多様であるが、2 拍子系は、二足歩行をする人間にとって民族の差異を超えた自然なリズムである。これを構成する二つの拍は、一般的にアクセントのある拍を強拍（strong beat）、もう一方の拍を弱拍（weak beat）と呼ぶ。日本では伝統的に、前拍を表間、後拍を裏間と呼ぶが、必ずしも表間が強拍とは限らず、その音楽を性格づけている動作や掛け声に依存し、むしろ裏間で緊張し、表間で弛緩する場合が多くみられる。日本の拍子については「伝統的音楽用語」を参照。（塚原）

リズムパターン
Rhythm Patterns

　リズムパターン（リズム型）はリズムの一定のまとまりをいい、舞踊などともかかわり、様々な音楽文化において基本的な語法として多用されている。特に民俗音楽や非西洋の音楽では豊かなリズムパターンが存在する。

　［オスティナート］同一のリズムパターンや旋律型を執拗に反復して用いることをオスティナートという。西洋音楽では、バス声部に用いられることが多く、バッソ・オスティナートやグラウンド・ベースなどといわれる。日本伝統音楽では、地歌・箏曲の「晒地」、「砧地」、「巣籠地」などが、その典型例である。また日本の音楽科授業における音楽づくりでは、特定の曲の一部分や、即興的につくったリズムパターンや旋律型をオスティナートとして用いる実践が行われている。

　［日本の様々なリズムパターン］日本伝統音楽では分野・曲種や楽器ごとに固有のリズムパターンをもち、それらを総称して手または手組などという。打楽器は楽器ごとに、固有の名称や唱歌によってとらえられるパターンをもつことが多い。また、旋律楽器では、楽箏の「閑掻」や「早掻」などがある。ただし、旋律楽器の場合はリズムだけを分離して認識することはなく、旋律型として認識される。また、雅楽の「早四拍子」や「夜多羅（八多良）拍子」などは、曲の拍子を示す語であると同時に太鼓、鉦鼓、鞨鼓・三ノ鼓によって演奏されるリズムパターンを指す語でもある。その他、日本伝統音楽に特徴的なリズムパターンとして、ゆっくりと始まり次第に加速し、かつ音量を減らしていく「漸次加速のリズム」が挙げられる。例えば、能や長唄の打楽器における「流し」（「通」とも）、山田流箏曲の「オトシ」、雅楽の鞨鼓による「片来」などがこれにあたる。

　［世界の様々なリズムパターン］世界にも多様なリズムパターンが存在する。例えばサンバ、ボサ・ノヴァ、タンゴのようなラテン系舞踊音楽には特徴的なリズムパターンが用いられる。またアフリカではリズムが非常に発達しており、単純なリズムパターンが多様な方法で組み合わされたり、重ね合わされたりすることによって、複雑なクロスリズムやポリリズムがつくられる。ジェンベなどで演奏されるアフリカのリズムパターンは、それが演奏される場との関連から固有の名称をもっている場合がある。

　また、いくつかの単純なリズムパターンが複合されることによって、曲全体のリズム周期が形づくられる場合があり、西アジアや南アジアの音楽によくみられる。南インド古典音楽では、無拍のリズムで演奏されるアーラープ（ālāp）以外の部分は、ターラ（tāla）というリズム周期の中で演奏される。それぞれのターラは固有の名前をもち、例えば、「アーディ・ターラ」は１周期が８拍からなるが、４＋２＋２というまとまりで認識される。その他、リズム周期を表す概念としては、アラブ古典音楽のイーカーゥ（īqāʻ）や、朝鮮半島の伝統音楽におけるチャンダン（長短）などがある。チャンダンは、３拍子を基本として構成されるリズム周期であり、主としてチャンゴ（杖鼓）で奏される。朝鮮半島の伝統音楽では、これに合わせて旋律を演奏するのが基本となっている。（塚原）

　［参］柘植元一『世界音楽への招待』音楽之友社，1991．寺田吉孝「コラム１リズム」徳丸吉彦監修・増野亜子編『民族音楽学12の視点』音楽之友社，2016．徳丸吉彦「リズムと時間構造」徳丸吉彦・笠原潔『音楽理論の基礎』放送大学教育振興会，2007．

音の高さ

音の高さは、音の周波数に関する聴覚上の性質で、音の大きさ、音色とならんで、音の性質の一つである。旋律を音の高低及び長短の変化の連続した流れととれば、二つの音に高低が生じることが、旋律生成の原点であるといえる。

日本の伝統音楽の場合、日本語のアクセントが高低アクセントといわれるように、その高低はうたの生成の基盤となっている。わらべうたには、その民族のもつ基本的な音高感覚が表出されるが、その単純なものは、長2度程度の関係にある高低2音による。例えば、日本のわらべうたの《どれにしようかな》では、ほぼ言葉のアクセントに準じた音の高低で歌われる。（塚原）

 音の方向

一つの音が次の音に進む方向は、上行か下行、あるいは同音高という三つの場合がある。これには民族の違いや分野・曲種に応じて一定の傾向があり、このことの理解は、音の方向のみならず、うたの歌詞の抑揚、声の技法や器楽の奏法、そして音階や旋律型などの特質をとらえる上でも重要である。

核音構造による音楽、特に器楽に依存しない声楽の旋律は基本的に核音へ向かって進行し、そこに帰結する。日本の伝統音楽の場合、例えば、高低2音によるわらべうたの《どれにしようかな》では、フレーズの終わりは歌詞の抑揚にかかわらず、核音である上の音に進む。なお、核音とは旋律のなかで音程が安定し、主音や終止音としての機能をもつものをいう。一方、器楽での音の方向は手の動かし方などの奏法ともかかわる。箏の「コロリン」は、親指で絃を手前から順に奏すことで、順次下行する3音の旋律をなす。（塚原）

音階

音階は、ある音楽を構成する基本的な音を音高順に並べたもので、時代や民族により様々である。類義語の旋法はある音楽の音程関係や特徴的な機能・関係の様態を示すものだが、両者の区別は必ずしも明確ではない。

［西洋音楽の音階］配列された音の枠組みが１オクターヴで反復される。７音からなる長音階や短音階は中世ヨーロッパの教会旋法に由来し、世界的にも多用される長音階はイオニア旋法を源とする。短音階はエオリア旋法を源とし、同じ音の配列によるものが自然短音階であり、さらに和声や旋律の充実のため、和声的短音階、旋律的短音階が生まれた。

ドレミソラで構成される五音音階（ペンタトニック・スケール）は西洋以外の地域・民族にも見られる。日本の呂の五音（宮・商・角・徴・羽）と同じ配列であり、明治期に唱歌教材の音階として採択され、以後、唱歌・童謡、さらには演歌などでも多用された。欧米では子どもの遊び歌の音階のソミ、ラソミから始まり、五音音階そして長音階に至る教材構成による学習がよく行われている。

１オクターヴを等分に分割する等分音階にはドビュッシーが用いた６等分による全音階、12等分による半音階がある。また20世紀にはこの12音を同等に扱い、調性音楽の秩序を崩壊させる12音音楽が生まれた。

一方、19世紀以降は民族的な音組織の関心が強まり、リストやサラサーテ、ラヴェルなどは自作品にジプシーの音階を取り入れ、バルトークとコダーイはハンガリーの民謡を収集し、民族性に根ざした語法により、子どものための作品を含む作曲を行った。

［日本の伝統音楽の音階］雅楽・声明には中国の音律論に由来する呂・律の旋法があり、派生音を含む七声では呂はファソラシドレミ、律はレミファソラシド（以上相対音高）となり、音の配列は教会旋法のリディア旋法、ドリア旋法にそれぞれ等しい。しかし今日に伝承されている旋律はその理論通りではない。能の謡や平家琵琶の語りは仏教音楽の講式などの影響を受け、核音による完全４度の枠組み、すなわちテトラコードの積み重ねによる音組織をもつ。近世音楽では箏曲の平調子、三味線の本調子など基本的な調弦はオクターヴを枠組みとし、尺八も同様である。各々の楽曲を構成する音階の内容は多様であるが、小泉文夫による都節・律・民謡・沖縄の基本的な単位名で説明されることが多く、近世音楽では都節が特徴的である。

民謡等の民俗音楽はテトラコードの積み重ねによる音階で構成される、様々な物売りのうたやわらべうたにはテトラコードを形成しない狭い音域の２音歌や３音歌がある。また沖縄やアイヌの音楽は固有の音階をもつ。

［諸民族の音楽の音階］東洋では伝統的理論をもつ音楽が多く、日本、朝鮮など東アジアに影響を与えた中国の調の理論、インドネシアのガムラン音楽のスレンドロ音階とペロッグ音階、音階に旋律型を加味したラーガ、トルコやアラブ諸国のマカームなどが代表的である。等分音階もあり、西アジアでは微少音程が用いられ、24等分音階が有名である。またタイの音楽には７等分音階が見られる。

［学習における音階］人は音律や音階に関心をもち、様々な工夫を重ねてきた。音階は歴史や民族の文化を反映するものでもあることから、器楽や歌唱では、日本の伝統音楽や諸民族の音楽など、長短音階以外の音階による教材も積極的に用いたい。また音楽づくり・創作では数種の音階を用いた活動を行い、それらの音階による音楽を鑑賞し、その違いを感じ取り、その効果を論じるなどの多角的な活動も取り入れたい。（澤田）

［参］小泉文夫『日本伝統音楽の研究Ⅰ』音楽之友社，1958．

調

　特定の音を主音とする音階を指す。用語は奈良期に中国より日本に伝わり、明治以降、洋楽の「Tonality」の訳語ともなった。

　［西洋］一般的に特定の音を主音とする長音階と短音階をいい、ハ音を主音とする長音階であればハ調長音階つまりハ長調と呼ぶ。調の構成音には和音が機能的に配列され、調は和音ともかかわり感受される。調はグレゴリオ聖歌などに用いられる教会旋法が源で、長調はイオニア旋法、短調はエオリア旋法に由来する。調性は調と同義ないし広義の概念で、調性の有無という場合、長短両調のほか、教会旋法など主音を礎に組織付けられた音階によるもの全般を対象とすることもある。

　曲中で調が変わる転調は調性音楽の重要な手法である。古典派の音楽ではハ長調とト長調・イ短調など、主に近親関係にある調の間で行われるが、ロマン派以降に複雑な転調が多用され、頻繁な転調により調が確立されぬままに新調になる音楽もつくられ、ついには調性を否定する無調の音楽を生み出すに至る。

　［日本］一般に調子と称し、雅楽では六調子として、呂の壱越調・双調・太食調、律の平調・黄鐘調・盤渉調の総称、また特殊な曲の名称（《壱越調調子》等）として用いる。主に雅楽・声明で呂・律などに大別され、宮（主音に相当）・商・角・徴・羽の5音、派生音の変徴・変宮または嬰商・嬰羽を加えた7音による。ほか箏の平調子、三味線の本調子など、調弦法でも用いられる。

　［教材としての視点］短調と長調、調性と無調性といった特徴の違いは聴いて感受できよう。またヘ長調は牧歌的など各調に固有の性格をもたせることが行われ、日本でも陰陽五行思想の影響で音楽外的要素と結び付け享受されてきたが、このような見方は人と調そのものとのかかわり方を示す。（澤田）

旋律

楽音の上下動の連鎖すなわち音高線にリズムを付与したもので、メロディーの訳語として明治期に造語された。旋律を音楽的な意味を表現するまとまりとし、断片的、副次的なものを除くこともあるが、ここではそれも含めて広義に解釈する。

［旋律生成の要因］旋律の生成には様々な要因がかかわり、音楽の時代様式や民族などによっても異なるが、主な要因には以下が挙げられる。①一定の音組織：音高線の形成には音階など一定の音組織が必須で、子どもが即興的に歌った短い旋律でもそれまで子どもが体験した音組織の感覚がその礎にある。②音の方向と幅：一般に上行は緊張、下行は弛緩、また大きな幅は強調、小さな幅は減少を表すとされる。③表現媒体：声か楽器かで異なり、まず声の場合、母音唱法の場合などを除き、歌詞のアクセントや抑揚、韻律が音高の上下方向、旋律のまとまり、リズムに影響する。声域の制限も加わり、大きな跳躍などは避けられる。楽器の場合は、各楽器の特性により制限が異なり、例えば長い持続音はヴァイオリンなど擦奏の弦鳴楽器では容易な一方、ピアノ、箏などでは困難であるが、その代わりトレモロやユリなどの奏法で補完し、それが新たな旋律的効果を生じる。④テクスチュア：モノフォニーの場合、旋律をより複雑にすることが行われ、グレゴリオ聖歌では１音節を多数の音符で歌うメリスマが、また非西洋の音楽では多様な装飾法が発達した。ホモフォニー、ポリフォニー、ヘテロフォニーではそれぞれの書法における制限が加わる。ホモフォニーの場合、主旋律と和声生成を専ら担う部分とが区別され、逆に主旋律は主音で終止するといった和声進行による制限を受けることになる。

［旋律型］旋律を組み立てる素材であり、単位として抽出できる類型的な旋律のまとまりを指す。楽式の概念が確立し、独創性を尊ぶ近代西洋音楽とは異なり、中世の音楽あるいは諸民族の音楽や日本の伝統音楽では伝承されてきた旋律型やその変形を組み合わせにより音楽を構成することが行われてきた。

日本の伝統音楽の場合、旋律型の最小単位の一つが装飾であり、箏の塩梅、声明や雅楽の歌い物におけるユリの類などが古くから用いられ、以後の音楽も曲種や楽器ごとに固有のユリやイロなどの装飾法を多用している。民謡や演歌のコブシもこの装飾の流れを汲む。旋律型は装飾レベルの小さな単位から、声楽分野では段落に対応する大きな単位のものまで多種多様である。

非西洋の音楽では、雅楽や声明の調子、インドのラーガ、西アジア・中央アジアのマカームのように音組織（音階・旋法）と装飾法等の旋律型とは不可分であることが多い。

［教材化への視点］旋律は最も認識しやすい構成要素の一つであり、歌唱や器楽では教材曲の旋律を演奏することが実質的な学習の中心となっているが、その旋律の方向性、旋律線の動き、歌唱では旋律と言葉の抑揚や意味内容とのかかわりなどに注目して教材をとらえることは演奏の深化にもつながる。鑑賞ではテーマの旋律を抽出し、実際に楽器などで部分的に演奏するなどの活動を取り入れたい。音楽づくり・創作は旋律の意識化に最も有効であり、言葉の抑揚を生かして即興的に口ずさんだり、音階や形式に注目して声や楽器で旋律づくりをしたり、伝統音楽の場合、例えば箏であれば唱歌の「コロリン」を用いて旋律をつくり重ねるなど、様々な学習が可能である。なお旋律を美しい、面白い、自然・不自然などと感じるのは時代や民族、個人によっても異なり、それには文化的・社会的背景、個人の経験や感性と密接にかかわっていることも理解させたい。（澤田）

テクスチュア

本来、織物の織り方、織地などを意味し、まず西洋音楽の分野で、多声の旋律線の重なりを横糸、和声的な響きを縦糸に喩(たと)えて用いられた。平成20年の学習指導要領でテクスチュアが導入され、単旋律を含む音の重なりの様態を示す語として定着した。

[種類] テクスチュアは単声、及び複数の旋律やリズムによる多声に大別できる。

単声のモノフォニー（単声音楽）はグレゴリオ聖歌に代表されるが、これには斉唱も含まれるように、単声には慣習上、ユニゾンやオクターヴ並行の音楽も含める。

多声については、西洋音楽の書法の考え方から、ポリフォニー（多声音楽・複音楽）、ホモフォニー（和声音楽）、ヘテロフォニー（異音性音楽）に分類される。西洋では9世紀頃からグレゴリオ聖歌に別の旋律を重ねることが行われ、水平の音の動きとその重なりによるポリフォニーが生まれ、厳格な模倣によるカノン、一つか複数の主題が複雑に模倣・反復していくフーガといった書法へと高度に展開していく。一方、垂直の音の重なりに重点を置くホモフォニーは中世にその萌芽がみられるが、16世紀末に器楽における通奏低音、17世紀初頭には歌唱旋律に通奏低音の楽器が和音伴奏を付す書法（モノディー）が始まり、調性の確立に伴い18世紀以降は和声音楽、特に主和音・属和音・下属和音が主要な機能を担う機能和声の音楽が主流となる。

ヘテロフォニーは一つの旋律にそれを装飾する旋律ないし類似した旋律を重ねるものである。中世のオルガヌムなどにもみられるが、ヘテロフォニーはむしろ西洋の民俗音楽や東洋・日本の音楽に多くみられる。日本の伝統音楽では雅楽の篳篥とそれを綾取る横笛による「すれ」はヘテロフォニーの例といえるが、近世邦楽や民謡などの特徴でもある主要旋律とそれを綾取る旋律が時間的にもずれる奏法、また能、長唄、浄瑠璃類、民謡などで掛け声あるいは囃子詞が加わるものはヘテロフォニーに一括しがたい固有の特徴がある。

テクスチュアは本来、旋律を対象とするが、音楽の多様化に伴い、リズムの織り合わせ方、重なり方も含める。諸民族の音楽には多様な重なりのリズムがあり、ポリリズムは異なる語法のリズムを同時に響かせるもので西アフリカの音楽に典型的にみられ、現代音楽にも用いられる。複数の奏者でリズムを分担し掛け合うインターロック奏法（入れ子方式）はバリ島のガムランやフィリピンのカリンガ族によるトガトン等の合奏にみられる。

[教材としての視点] 教材ではポリフォニーは簡単な輪唱で通過的に用いられる程度であるが、旋律の重なりを感受する上でポリフォニーも重視したい。例えば14世紀初頭とされるカノン《夏は来ぬ》は声部の重なりから得られた和声を感受・表現でき、西洋音楽におけるテクスチュアや調の発展を学ぶ上でも効果的である。ホモフォニーの合唱では各声部の重なりの表現が要となるが、必ずしも学習者が声部の響き合いを感受して歌唱しているとは限らない。ポリフォニックな体験の積み重ねは他声部の感受の深化につながる。

多声性の音楽には機能和声とは異なる和声的な音楽もあり、スコットランドのバグパイプによる音楽、ブルガリアの民俗音楽を礎とする女声合唱、ミクロネシアや台湾・中国の少数民族の多声性の合唱など、機能和声と異なる多声の響きを音色と共に注目させたい。

日本の伝統音楽ではユニゾンでも時間軸や音高をずらした演奏や、アシライといい、三味線音楽や能で主要な声部に別のリズムや旋律による声部を平行して奏する方法（併奏）、また雅楽に追吹(おいぶき)や退吹(おめりぶき)というカノンに似た奏法などがある。このような原理を用いて創作してみることも可能である。（澤田）

強弱

　音楽における強弱は、曲中の音量についての相対的な大小を意味する。西洋芸術音楽の場合は、五線譜上に *p*、*f*、*crescendo*、*decrescendo* などの強弱記号を記すことによって、強弱のみを単独で操作する。一方、日本伝統音楽をはじめとした世界の諸民族の音楽では、強弱は音色やアクセントなどの他の要素と密接に結び付いているため、強弱記号のように音の強弱のみを示す概念をもたない場合がほとんどである。

　[強いと弱い] 強弱は相対的なものであるため、音楽の強弱をとらえるには、強い部分と弱い部分を対比する必要がある。西洋芸術音楽では、*pp*、*p*、*mp*、*mf*、*f*、*ff* というように音の強弱を段階的に示すが、それぞれに相当する絶対的な音量が存在するのではない。したがって、それらの記号に伴って音楽表現の質がどのように変化するのかをとらえる必要があろう。日本の伝統音楽の場合では強弱の対比はあまり重視されないが、例えば、雅楽の楽太鼓における「図」と「百」は、前者がやや弱く、後者はやや強く打つことを意味し、これらの組み合わせは曲のリズム周期を構成する一つの要素になっている。インドネシアのガムランやジェゴグ、ケチャなどは速度とともに、強弱の対比が際だった表現が特徴的である。

　[漸次変化] 強弱の変化には、対比的な強弱の組み合わせだけでなく、次第に強くなったり、弱くなったりする場合がある。西洋芸術音楽では、それを五線譜上に *crescendo*、*decrescendo* などの記号で示す。歌舞伎の蔭囃子（黒御簾音楽）で、太鼓によって奏される幽霊や妖怪変化などの出現・消滅などを表象する「ドロドロ」は、場面の状況や演者の大まかな動きに応じて、強さと速度が密接にかかわりながら奏される。（塚原）

速度

　速度は曲を演奏する速さを意味する。西洋芸術音楽ではテンポ（tempo）と呼称し、♩＝60のように絶対的な数で示す方法と、モデラート（Moderato）やレント（Lento）のように速度標語で示す方法がある。速度標語は速さのみならず、緩急など曲の性質も示すため、速度と音楽表現とのかかわりでとらえる必要がある。日本の伝統音楽では、例えば、雅楽の唐楽における延、早は曲の遅速を示す概念である。複数の楽章をもつ曲では序破急の構成に応じて、破の楽章が「延拍子」、急の楽章が「早拍子」であることが多い。

　[漸次変化] 速度が次第に連続的に変化する場合のこと。西洋芸術音楽の場合は、アッチェレランド（*accelerando*）やリタルダンド（*ritardando*）などの速度標語によって五線譜上に表記される。日本の伝統音楽では、初めは遅く、徐々に速くなるという漸次変化の感覚が根付いており、雅楽の《越天楽》や能の謡の「大ノリ」、箏曲の《六段》などの古典音楽に多くみられる。また、漸次加速という変化は、曲の形式を構成する大きなものだけでなく、比較的小さなリズムパターンにもみられ、鐘や太鼓、三味線などの「流し」（「通」とも）がその例である。

　[いろいろな変化] 速度の急変や、上述の漸次変化の他に、速度に微妙な変化をつける場合がある。これを西洋芸術音楽では、アゴーギク（Agogik）やテンポルバート（tempo rubato）と呼ぶ。これらには速度を加減するだけでなく、拍を微妙にずらすことも含まれる。日本の伝統音楽にも、これに近い概念が存在し、例えば、速度を部分的に漸次遅くすることを「シメル」、逆に速めることを「ハシル」という。（塚原）

　[参] 平野健次ほか監修『日本音楽大事典』平凡社,1989.

構成

　旋律やリズムなどが反復したり、変化したり、対照的なものと組み合わされたりすることによって音楽にまとまりが生まれる。こうしたまとまりを形づくる原理が構成である。楽曲の形式はこれが一般化されたものであるといえる。

［学習指導要領における構成］平成29（2017）年の中学校学習指導要領では、〔共通事項〕の「音楽を形づくっている要素」の中に「構成」が指導内容として示されている。ただし、小学校では「構成」という言葉は用いられておらず、「音楽の仕組み」に示された事項のうち、「反復」、「呼びかけとこたえ」、「変化」がこれに相当する。小学校に「音楽の仕組み」、中学校に「構成」の学習が明確に位置付けられているのは、音楽のまとまりがそれらの構成原理によってつくられると意識することが、音楽の理解を深めるために重要だからである。音楽は音色、リズム、旋律などの様々な要素がかかわり合い成り立っている。したがって、それら個々の要素をとらえる学習とともに、音楽の構成をとらえることで、音楽の全体像がよく理解できる。世界のあらゆる音楽は、変化や反復などの構成原理によって何らかのまとまりをもつ。高度に様式化された「形式」という視点では看過されがちだが、そうした普遍性に目を向けることも重要であろう。また、小学校での「反復」、「呼びかけとこたえ」、「変化」の学習を、中学校における「構成」の学習へと系統的に発展させることが重要である。

［反復］反復は音楽を形づくる最も基本的な原理であり、ほとんどの音楽が何らかの反復によって成り立っている。

　反復には、①曲の一部分を繰り返すものと、②動機、節や手などの旋律型・リズムパターンなどの一部の要素を繰り返すものがある。例えば、《おせんべ焼けたかな》などの手遊びで、うたを反復しながら遊びが続く場合や、西洋音楽のABA形式やロンド形式などが①の典型的な例である。②では、オスティナートや、祭り囃子などで太鼓が一定のリズムパターンを打ち続ける「地(じ)」などがある。

　また反復の学習では、模倣に注目することも有効であろう。教師が提示した旋律型やリズムパターンを即座に模倣し、つなげていくことは、反復の効果が得られるばかりでなく、「呼びかけとこたえ」の学習にも発展していく。

［呼びかけとこたえ］ある音、ある節や手などの旋律・リズムの演奏に対して、一方の音や旋律・リズムが相互に呼応する関係のことをいう。呼びかけとこたえの学習は、「変化」の学習や、中学校における「対比」の学習へと発展していく基礎になる。

　子ども達の間でしばしば行われる「〇〇ちゃん、遊びましょ」「はあい」といったやりとりは、その一例である。また、文部省唱歌《春が来た》は、「はるがきた、はるがきた」の部分と「どこにきた」の部分、曲の前半と後半が、それぞれ呼びかけとこたえの関係になっており、分かりやすい例である。

［変化］音楽にまとまりを形づくる最も基本的な原理が反復であり、それに変化が加わることで複雑な音楽が生まれる。ラベルの《ボレロ》ではリズムと旋律は反復する一方、楽器編成と音量は漸次増大し、圧倒的なコーダで収束する。変化は、反復と不可分の構成原理であり、音楽をより豊かにする。

　日本の手遊びうたには、節が反復し、歌詞の変化に伴って動作にも変化が生じるものが多くある。《十五夜さんの餅つき》は、その典型的な例である。また曲を複数回反復する際に、変化が加わる場合がある。雅楽で曲の反復の際に奏者を漸次減らしていく「残楽(のこりがく)」は、その典型的な例である。（塚原）

形式

楽曲の全体構成またはある部分の配置と、それらの相互関係にかかわる原理をいい、音楽形式、楽式ともいう。

［西洋音楽］西洋の芸術音楽は二部形式、ロンド形式、ソナタ形式など高度に様式化された形式をもち、その理論も体系化されている。

二部形式は二つの部分からなる形式の総称である。二つの部分の関係には、反復によるAA、装飾的反復によるAA′、対比によるABがある。ABの二部形式では、AとBの全体が対比的な場合だけでなく、各々の部分が反復されることも多い。その典型的な形式がAABAである。前半のAAを大きくA、後半のBAを大きくBととらえることができる。Aの部分が多少変化してAA′BA″となる場合もある。この形式は、多くの唱歌にみられ、《春の小川》や《ふるさと》などがその例である。

三部形式はABAやABA′のように、最初の部分（A）が、対照的な第二の部分（B）を経て、そのまま（A）もしくは多少変化（A′）して反復される形式である。歌唱教材では《むすんでひらいて》や《ぶんぶんぶん》などにみられるほか、メヌエット、ワルツなどの舞曲や、スケルツォ、マーチなどに多い。

ロンド形式は一つのテーマ（A）が挿入部（B、C、D……）を挟んで何度も現れる器楽の形式で、ABACADAのような均整のとれた構造である。対照と反復が関連した明快な構造のためとらえやすい形式である。ロンド形式は、ベートーヴェンの《エリーゼのために》や、ポーランド民謡の《クラリネット・ポルカ》のほか、古典派のソナタや交響曲、協奏曲などの終楽章に多く用いられている。

ソナタ形式は、西洋芸術音楽における古典派以降の器楽において最も重要な形式である。基本的には、提示部・展開部・再現部の3部分から構成される。提示部では、性格と調の異なる二つの主題（第一主題、第二主題）が提示され、多くの場合、提示部全体が反復される。展開部では、様々に転調しながら、提示部で示された二つの主題が変形され、楽章の頂点が形づくられる。再現部では、提示部で示された二つの主題が主調で回帰する。以上の三つの部分のほかに序奏やコーダ（結尾部）が付け加えられることもある。ソナタ、交響曲、序曲など様々な曲種の特に急速な第1楽章に用いられることが多く、その他の楽章や緩徐楽章で用いられる場合もある。

［日本の伝統音楽］日本では音楽的に自律性のある形式は少なく、言葉や踊りなどに準じて曲がつくられている。以下、形式的な性格をもつ代表的な用語を挙げる。

曲頭のフレーズを音頭（おんど、音頭取り・句頭・頭人・頭などとも）が独唱あるいは独奏し、それに続き、多人数で同時に演奏する形式を近来、音頭一同形式と呼ぶ。長時間にわたり作業をする木遣歌や田植歌、《ソーラン節》などの仕事歌、あるいは盆踊歌などにこの形式が多くみられる。

序破急は複数の楽章からなる雅楽曲の各楽章の名称である。唐楽の場合、各楽章について序は無拍のリズム、破は緩徐な延拍子（のべびょうし）、急は軽快な早拍子（はやびょうし）でそれぞれつくられている。今日、序破急のすべてを備えている曲目は、《五常楽》（ごしょうらく）などわずかである。中世以降、能など他の音楽や舞踊などでも用いられ、また芸道論と深く結び付き、所作や演出などに関連した思想的意味をもつようになった。序破急は雅楽のみならず日本の伝統文化に浸透している重要な概念であり、学習指導要領の〔共通事項〕にも取り上げられている。

自律的形式をもつ例には、各段の拍数が定められている箏の組歌や段物、地歌の手事物（てごともの）などがある。（塚原）

演奏形態

音楽には様々な演奏形態があり、それらを演奏・鑑賞すること、また同じ曲でも演奏形態の異なる演奏の比較により演奏形態の違いによるよさや味わいに気付くことは、音楽観や音楽の楽しみ方を広げることにつながる。

［独唱・独奏（ソロ）］「ソロ」はイタリア語で「単独に」の意。ある楽器または声が単独で行う。ピアノや弦楽器、管楽器等の独奏曲、ドイツリートなどの芸術歌曲、また尺八本曲など、演奏者は楽曲への思いや感情を楽器や声を通して表現している。

［斉唱・斉奏（ユニゾン）］「ユニゾン」とは二つの音が同音高であること。同一の旋律を同度またはオクターヴで多数の人数で歌う場合を斉唱、複数ないし異種の楽器が奏する場合を斉奏という。グレゴリオ聖歌や日本の声明では、まず先唱者が歌い、その後に全員が斉唱しこれを交互に繰り返して歌う形式（「音頭一同形式」とも）により演奏するが、酒造りや漁などで歌われる仕事歌、木遣歌などにもこの形式がみられる。

［重唱・重奏］重唱及び重奏は、各声部をそれぞれ1人ずつの唱者・奏者が担当する演奏形態で、唱者・奏者の数によって二重唱（二重奏）三重唱（三重奏）などという。例えば四重唱は、同声・混声のピアノなどの伴奏付き、または無伴奏の独立楽曲やオペラの主要人物の四重唱などがある。また西洋音楽では重奏を「室内楽」ともいう。弦楽四重奏はその中核を成し、各パートの役割やかかわりをじっくり聴くことができる。日本の伝統音楽における重奏では、江戸中期に始まった箏、三味線に胡弓あるいは尺八を加えた三曲合奏が代表的であり、明治以降普及した。

［合唱・合奏］合唱は、大勢の人が一緒に歌う音楽、またその演奏形態のこと。日本ではヨーロッパの音楽文化が学校義務教育に取り入れられることなどによって国内に浸透した。合唱というと西洋音楽の様式によるものを指すのが通例であり、合唱の種類として、混声合唱、女声合唱、男声合唱、児童合唱などがある。パレストリーナなどのルネサンスのポリフォニーの作品は、どのパートも独立しながらも他のパートと協調していく楽しみが味わえ、ホモフォニックな作品は声の重なりが生み出す豊かな響きを楽しむことができる。インドネシアのケチャは、歌詞ではなく擬音語を用いる合唱形態として知られている。

合奏は、二つ以上の楽器が合わせて演奏する演奏形態で、管弦楽（オーケストラ）、協奏曲、弦楽合奏、管楽合奏、吹奏楽、打楽器合奏がある。管弦楽は、管楽器・弦楽器・打楽器が指揮者の指示のもと演奏する形態で、豊かな響きが魅力である。ベートーヴェンの《交響曲第5番「運命」》第1楽章冒頭の有名な第1主題の表現について指揮者による比較鑑賞はよく行われる。日本では雅楽が管弦打の各楽器から成り、世界最古の管弦楽でもある。協奏曲は独奏楽器とオーケストラの対比が楽しめる演奏形態で、バロック時代の合奏協奏曲から様々な形態をとりながら発展してきた。18世紀以降、独奏楽器とオーケストラのかたちで書かれることが多く、独奏楽器の技巧の華々しさも魅力的である。メンデルスゾーンの《ヴァイオリン協奏曲》、チャイコフスキーの《ピアノ協奏曲第1番》などロマン派の時代に多くの作品が生まれた。打楽器合奏の歴史は浅く、1931年にエドガー・ヴァレーズが打楽器群による《イオニザシオン》を発表して以来、打楽器合奏の作品がつくられるようになった。身体を用いたボディパーカションは教材として児童生徒に人気がある。日本では戦後、複数の和太鼓を組み合わせた組太鼓が考案され、今日、アマチュア団体による演奏も盛んで、海外でも愛好者が多い。（寺田）

音楽と描写

音楽がある情景あるいは登場人物の感情や心情を描写することは洋の東西を問わずみられる。西洋音楽の描写的音楽では16世紀にジャヌカンの《鳥の歌》などがあり、ヴィヴァルディ作曲《合奏協奏曲「四季」》は春の鳥のさえずりや夏の雷鳴の様子など自然の場面の写実的描写で知られる。このような表現しようとする内容を示す題名や短文がつけられた音楽を「標題音楽」といい、題名などを伴わない「絶対音楽」の対概念として19世紀に成立した。この時代には内面を表出する主観的、幻想的なものが多くみられる。ベルリオーズ作曲《幻想交響曲》では、恋人の幻影を象徴する「固定楽想」(イデー・フィクス)という旋律の音型が全楽章に形を変えながら現れ、斬新な楽器編成のもと、情景の移り変わりと共に主人公の心理が巧みに表現されている。またスメタナ作曲の連作交響詩《わが祖国》の〈ブルタバ〉にはブルタバ川の様々な姿と周囲の場面が描写されている。

日本の音楽では近世以降、描写的表現が発達し、歌舞伎の蔭囃子(下座音楽・黒御簾音楽)では、雨、風、波、雪、雷などの自然現象の音や幽霊が現れる前の不気味な音型など、楽器の擬音効果が活用されている。例えば雪がしんしんと積もる様子を大太鼓で表現するが、本来音がしないものを音で表し、観客の聴覚に訴えることにより、視覚的、心象的なイメージを補う効果をあげているといえよう。また立ち回りの場面の合方や見得(みえ)を切る時のツケの音は演技とのかかわりから重要な要素となっている。内面を表出するものとして、例えば義太夫節の太棹三味線の一音の音色とそこに生み出される間は大夫の語りと相まって登場人物の心理描写を支えている。(寺田)

[参] 服部幸雄他編『(新版)歌舞伎事典』平凡社, 2011.

言葉の音

漢字の「言」と「音」の字が語源的に関連していることが示すように、言葉は様々な抑揚、リズム、響きをもつ音の組み合わせで成り立っている。このような言葉の音がもつ要素に気付かせることは鋭敏な耳と感覚を育てる音楽教育の第一歩である。マリー・シェーファーの『音さがしの本』(春秋社)には多くの活動例が示されており、これらの活動を通して子どもに言葉がもつ音そのものの豊かさへの気付きを促せる。その際、教師は単に「ゲーム」として楽しませるだけではなく、音自体に対する知覚を高めるように活動を展開することが必要である。

オノマトペを使った音楽づくりも幼少時から行える活動である。NHKの番組「にほんごであそぼ」所収の「ポッシャリ」「どっどどどうど」などのオノマトペを使った作品はこの種の活動へのアイディアを与えてくれる。一つのオノマトペでも速度、強弱、高低などの変化をつけたり、重ねたりを繰り返して唱えることにより、音楽的な響きが生み出され、作品としての世界の広がりを体験することは意味のある音楽活動である。竹内(たけうち)ちさ子の《呼びかけ》などの作品を使った多くの実践事例もこの活動の参考となる。

日本の伝統音楽の学習に関しては、篠笛の「ヒャイトロヒャイトロヒャリリ」(江戸祭囃子《神田丸》)や箏の「テーントンシャン」(《六段の調》)などの唱歌(しょうが)は、そこに音色や奏法も含むことになり、一斉授業での日本音楽の指導に有効なものである。また日本語の生み字(産字(うみじ))がもたらす旋律の豊かさに気付くことは声を主とする日本音楽の学習の理解を深め、《なべなべ》《どっちどっち》などのわらべうたの地域による抑揚の違いの理解は日本語文化の豊かさの学習にもつながるものである。(嶋田)

言葉と音楽

人間にとってうたは最も基本的な表現方法であり、言葉に抑揚やリズムをつけたものを使って感情を表現し、生活を営み、遊びや労働、さらには儀式や宗教も執り行ってきた。さらに総合芸術としては西洋で発展してきたオペラ、オペレッタ、ミュージカルや日本の伝統芸能の能楽、歌舞伎、人形浄瑠璃などがある。このように古今東西の音楽が言葉と密接に結び付いて発展してきたことを学ぶことは、両者の多様なかかわり方を知ることだけでなく、伝統的な文化の意義や新しい文化創造への視点をもつためにも大切なことである。

［日本語と音楽］時間的制約も多い一斉指導の中で言葉と音楽の関係を学習するためには従来のオペラのアリアなどの学習の他に、日本語の特性を生かした語り物の領域で教材開発を進めることも一つの方策である。例えば、歌舞伎の「名乗りせりふ」を掛詞などの詞章の面白さや小気味よいリズムに留意しながら各々の声の特性を生かした表現の工夫を試みることは、声の表現の可能性に気付ける学習となる。詞章のどこの部分で声を張ると場面が引き立つかを歌舞伎上演のDVD視聴を交えながら表現してみることは、自身の声の表現を豊かにすると同時に、芝居の中のせりふが市井の人々の暮らしに息づいてきたという点で、文化伝承の意味を考える良い機会となる。一方、ラップ・ミュージックづくりの活動は、言葉のもつリズムへの気付きを促し、即興的な表現を保障するという点で、歌唱活動に苦手意識をもちがちな児童生徒も積極的に取り組める活動となり得る。

［歌唱と音楽劇］歌唱では歌詞の抑揚と旋律の動き、あるいは歌詞の意味内容と強弱や速度というように歌詞と音楽表現が密接にかかわり、それを感受して表現することが求められる。ただし、例えば日本の伝統音楽では曲種により歌詞における感情を音楽上に反映させず淡々と表現することもあり、このような表現にも注目させたい。歌唱に身体表現などを加えた音楽劇は、学校教育の限られた時間数の中では動きを取り入れる大掛かりなミュージカルのような学習は難しいが、物語の中にうたや曲を挿入する音楽劇の形式はしばしば幼児教育や小学校教育で行われる。市販の台本や楽譜は便利であり、学校行事などで使われることも多いが、この場合にも個々の子どもの自主性や創造性が育まれるような指導を心がけたい。

［国語科との連携］音読劇は国語教育の側面から考えられることが多いが、声の抑揚や間の取り方などの側面から十分に音楽教育の範疇であり、国語科との合科的な学習も考えられる。小学校の一部の国語教科書には「お手紙」「木竜うるし」などの音読劇が掲載されているが、この中で声の表現や呼吸法の指導など、音楽教育に連なる指導も可能である。これらの教材は国語教育の中では、さらに脚本を読むことや能・狂言の学習へと導かれるが、このうち特に狂言は、教材選択と指導法の検討を加えれば音楽教育の教材としての可能性が大きいと考える。狂言は言葉の抑揚や間という点もさることながら、囃子物の場面がある曲目（演目）も多く、音楽科の教材として指導法の開発が望まれる一方で、音読劇の一種として学校行事などで発表の機会が得られれば「総合的な学習の時間」や図画工作との合科学習も可能である。なお日本の伝統音楽に関しては日本芸術文化振興会運営の文化デジタルライブラリーや他のインターネット上の動画視聴も可能であり、学校現場での有効活用が期待される。（嶋田）

［参］吉瀬千代・嶋田由美「表現・創作活動を通して学ぶ狂言〜小学校における『くさびら』の指導実践の考察〜」和歌山大学教育学部『教育実践総合センター紀要』No.21, 2011.

伝統音楽の固有性

極東に位置し、他民族の長期にわたる支配を受けることがなかった日本は、外来文化を断続的に摂取し自文化に同化させ、独自の音楽文化を築き上げてきた。

［外来文化と伝統］歴史的には5世紀より9世紀にかけて雅楽や仏教音楽が伝わり、古典音楽の礎となったが、その後も中世、近世に仏教音楽やキリスト教音楽、中国音楽などが断続的に伝わり、日本文化に同化し、多くが今日に伝えられている。明治の西洋音楽受容後も同様に伝統文化への同化は意識的無意識的に行われた。例えば数多くつくられ親しまれた鉄道唱歌などの地理教育唱歌は有節形式により何十番もの数多くの歌詞からなるが、これには日本人が古来慣れ親しんできた御詠歌や和讃、あるいは口説形式の盆踊り歌など長大な詞章を有節形式的に歌い語る形式の伝統があった。鉄道唱歌にも用いられ、唱歌の音階に音楽取調掛が採用したヨナ抜き長音階は、奈良期に中国より伝来した理論に依拠する呂旋法の五音と音配列は等しく、その後、演歌などにも摂取され、広く日本人に愛好された。このような外来音楽と伝統音楽との往還により新たな伝統が形成されてきた。

［伝統の尊重］日本の音楽は、西洋の音楽の発展の仕方とは異なり、在来の音楽に依拠しつつ何らかの変形を加え新たな音楽を生み、在来の音楽も継承していくという重層的な発展の仕方を遂げてきた。そのため多くの曲種が併存するという世界でも稀な状況である。

楽器についても同様である。西洋の楽器は音楽の発展に伴い、より均質な音、より豊かな音量、より高度な演奏技法の可能性を目指して改良されてきたが、日本では、演奏の合理性を追求するような改良はさほどなされず、逆に演奏のしにくさや音程の不安定さを生かした多様な表現が生み出されてきた。

以上の伝統は、楽譜など書かれたものに依拠せず、師匠が器量のある弟子に口頭で伝えるという伝承の考え方により、また江戸以降は家元制度も加わり、守られ継承されてきた。

［日本人の感性と音楽表現］外来音楽を自文化に同化してきた要因の一つに、日本の風土で育まれた日本人の感性が挙げられよう。

例えば対比よりは漸次変化を好むという傾向がある。序破急はその例であり、無拍から有拍のリズムへ、緩から次第に急へというように整えられている。また有拍でも冒頭部分では拍が伸びるなど無拍の性格を保ち、次第に有拍らしくなっていく。その漸次変化についても変化の度合いが微細である。装飾法については、篳篥（ひちりき）の塩梅（えんばい）が音高・音量が相俟って連続的に変化し、微妙な表現効果を生み出しているように、各曲種固有のユリ類などは音高の変化のみならず、音色や音量、またうの場合は音韻も含めた要素が複合したもので、その差異は他者には判別しがたいほど微細なこともある。色彩では、赤系の色でも牡丹色、紅色、緋色、朱色等々20数種に及ぶ名称で区別するが、このような微細な相違を好むのは伝統的な文化全般の特徴でもある。

［音楽の記述］伝統音楽では音楽を響きの総体としてとらえ、口伝により学ぶことを尊重する。したがって音楽の要素や奏法などを言語や記号で示したり、誰もが客観的に理解できるような楽譜を工夫したりすることには重きをおかなかった。このため、曲種、楽器、流派で記譜法や用語が異なり、用語自体も多義的含意的であることが多い。ただし、それを補うべく師匠の口伝を詳細に記述した口伝書が数多くつくられ、書き写されてきたことは、日本人の伝承に対する考え方の一つの現れである。教材化にあたっては、状況に応じて、伝統音楽の用語をそのまま用い、体験と結び付けてその特質を感受させたい。（澤田）

音楽表現の概念

　世界には様々な文化があり、民族固有の音楽がある。それらは異なる風土や言語、文化や歴史から生み出されたもので、音楽も文化的背景と深くかかわっている。

　[型と口伝] 伝統的な芸道、武道などで規範となる形式や方式を「型」といい、能・狂言では所作の単位を示す用語として定着している。例えば「シオル」とは手を目の位置にもっていくことで、泣くことを様式的に表すものである。このほか器楽の手組における太鼓のリズム型や奏法なども「型」と呼ぶことがある。音楽自体が、その曲種において定着している型やそれを変形、発展させたものの組み合わせを礎に構成されている。またその型は楽譜、また器楽の場合であれば唱歌(しょうが)から認識できることが多い。しかしそれはあくまでも型の目安であり、この型が様々な響きで具現化されることになる。例えば催馬楽の楽譜に「容由(ようゆ)」という装飾の型の名称が記載されているが、容由は揺る回数が変化するなど、時代や伝承者により唱法が変化し、実際の表現は師匠から学ぶことになる。このように伝統音楽の場合、型を礎に師匠の演奏をまねることにより学び取る。それは単なる物まねではない。師匠の所作、音、声、息づかいなどすべてを自分の身体に取り込み自分のものにしていく過程の中で、まねから始まった技術がその精神の理解と表現にまで連なり、個の表現として現れるのである。世阿弥は「定まれる形木」としての「節」と、実際に表現される「曲」とを分けるが、型はこの節と曲を合わせた規範といえる。

　[不即不離・ずれ] 地歌や長唄で、三味線の奏する旋律に対して、唄のタイミングを少しずらして奏することで、不即不離(つかず離れず)と呼ばれる。西洋音楽のうたと伴奏の在り方とは異なり、三味線、うたそれぞれが独立しながらも一体感を生み出している。三味線の唱歌とうたのグループに分かれて合わせる活動は不即不離が実感できて効果的である。

　[指揮者がいない音楽] 雅楽の管弦の演奏も歌舞伎の長唄連中の演奏もオーケストラにみられるような指揮者はいない。例えば雅楽では竜笛の独奏(音頭)に始まり、次いで鞨鼓と鉦鼓が、そして太鼓、残りの管全員が加わっていく。長唄連中の演奏では立三味線の短い掛け声や、太鼓や大鼓の奏者の掛け声が曲の流れを進める役割を果たしている。これらの表現は演奏者の位置とも深くかかわっている。すなわち演奏者は正面、あるいは垂直や平行といった方向で座し、顔は前方を向き、お互いに顔を合わせてアイコンタクトを取るようなことは一切しない。雅楽では鞨鼓の奏者が指揮者的な役割を果たすが、他の演奏者は鞨鼓の奏者の動きを直接見ることはせず、相手の息や気配を見計らって演奏する。「息の合った」「呼吸を合わせる」などの言葉が日常的に用いられるように、息づかいを察することは表現する上で重要である。掛け声はより積極的な合図であり、演奏のきっかけの合図やリズム感を生み出す役割などを果たし、それ自体も音楽の一部になっている。ユニゾンによる音楽では、声楽の場合は頭、音頭、句頭、地頭など、器楽の場合は主管や立三味線などと称される先唱者・先奏者がまず演奏し、他の人はその区切りを察して合わせるという方法が用いられる。この日常的な形態が、何かを始める際の「せーの」、手締めの「よー」などである。授業で和楽器を使って合奏する場合、1人が「よーい」と発する始めの合図をしっかり聞いて合わせたり、鼓の「三番地」などを例に実際に掛け声をかけながら鼓を打つ動作をしたりしてみると、掛け声がリズムを生み、音楽の一部となっていることを実感できるだろう。(寺田)

演奏方法

［楽器の奏法］日本の楽器は様々な奏法によって楽器固有の音色や音高などが生み出される。またこれらの奏法にはそれぞれ唱歌(しょうが)がある場合が多い。箏では弦を押す、あるいは引くことによる微妙な音高変化や、柱の移動による自由な転調が可能である。尺八は歌口や指孔も大きいため、息を入れる角度や指孔の押さえ方やかざし方の加減で複雑な音色が生まれる。三味線では、撥を下から糸に当ててすくい上げるスクイ、撥を使わずに左指で糸をはじいて音を出すハジキ、勘所を押さえて発音した後に左指をずらして余韻の音程を変化させるスリなどがある。実際に三味線のある1音で、これらを奏してみると音色の違いがよく分かるであろう。

［楽器の構え方と姿勢］一般的に和楽器は正座で演奏するが、箏では生田流は楽器に対してやや斜めに座り、山田流では楽器に対してまっすぐに座る。これは爪の形の相違も影響しているが、音楽表現にもかかわっている。例外では、春日大社おん祭などで和琴の両側を2名の琴持ちが持って立奏したり、歌舞伎で「大薩摩」といい、場面転換で浅黄幕の外に長唄の唄方と三味線方が立奏するなどの場合がある。また「流し」といい、新内節や義太夫節を三味線で弾きながら顧客を求めて街中を歩くこともかつてはよく行われた。琵琶は種類によって構え方に特徴がある。楽琵琶と平家琵琶はほぼ水平に、盲僧琵琶及びそれから派生した薩摩琵琶と筑前琵琶は縦抱きに構える。この縦抱きは、江戸初期に盲僧が当時流行の三味線の演奏をまねるため、琵琶の柱を高くするなどの改造をし（盲僧琵琶）、その演奏の利便性に由来する。

なお声楽では、演技や舞踊を伴うものを除いては正座して歌う。表情は出さず、目線は数間先に落として毅然としているのが作法である。例外として義太夫節では内容を写実的に表現するため太夫の身振りや表情は大きい。

［合奏］現行の伝統音楽ではソロの音楽は少なく、講式など一部の声明、平家琵琶などの琵琶楽、三味線組歌、三味線や箏の組歌、尺八楽等に限られ、多くは合奏の形態による。例えば、三味線音楽では「上調子」といい、合奏する際、高音用として奏する三味線で、本手より高く調律するために、普通の三味線にかせをかけて演奏する。尺八音楽では、尺八2本が掛け合いで演奏する形を「吹合わせ」といい、山奥で鹿の呼び合う声が谷にこだまし、風に揺れて伝わる情景を尺八曲《鹿の遠音》に聴くことができる。また「アシライ」といい、別の声部が別のリズムや旋律で併奏することがある。例えば三味線音楽で囃子や三味線がうまく間を合わせたり、能で謡や打楽器のリズムとは別に笛の奏者が独自に全体を見計らって合わせたりなど、様々に用いられる。

［唱法］楽器同様、五線譜では示し難い微妙で複雑な唱法がそれぞれの曲種にある。例えば、声明には音韻、音価、音色、強弱等々にかかわる多種多様の唱法が数多くあり、能の謡では強吟・弱吟といい、息づかいやヴィブラートの付け方、そして音高も異なる発声法がある。また三味線音楽の声楽部分や民謡などで「歌い尻」といい、歌詞の切れ目をはっきりさせる役割の唱法がある。特に長唄の場合、歌い尻には、伸ばした音の最後でお腹に力を入れ、1音下げて止まる「カギ止め」、伸ばした音を止める直前で少し跳ね上げた後、もとに戻して止める「当たり止め」、早いフレーズで一瞬止める「棒切れ」などの方法がある。演奏者の歌い方をまねながら一部分でも実際に歌ってみることは唱法の仕組みの理解につながる。（寺田）

［参］二世杵家弥佑『長唄「唄のしおり」』尚雅堂，1998.

伝統的音楽用語

　明治期の西洋音楽の受容に際して、「拍子」「調」「唱歌」など、伝統的な用語が翻訳で用いられたが、伝統的用法とは異なる意味の場合も少なくない。ここでは伝統音楽の教材の理解の助けとなる主要な用語を取り上げる。

　[序破急] もとは雅楽の舞楽の用語で、序は無拍のリズム、破は緩徐で有拍のリズム、急はテンポ感のある有拍のリズムだが、後に能などの伝統音楽でも、速度が次第に速くなる構成や形式上の三つの区分を表すものとして用いられるようになった。序破急を備える雅楽《五常楽》はリズムや緩急の変化と舞とのかかわりを感受する上でも有意義な教材である。

　[ノリ]「ノリがよい」などと日常的にも使われるが、音楽面ではリズム様式や速度にかかわる語で、拍節的になること、能ではリズム感や大ノリ、平ノリ、中ノリなどのリズム型、三味線音楽では主に速さについていう。

　[拍子] 手拍子・足拍子など拍を打つことや、拍子木、能・狂言の四拍子など拍を打つ楽器、あるいは白拍子など演者を指すこともあるが、本来は雅楽の用語である。また雅楽関連でもいくつかの用法があるが、主には太鼓によって区切られる基本単位を示し、例えば「早四拍子」は4拍のまとまり（小拍子）が四つによる形式を言う。能・狂言の謡では拍節感の希薄なものを拍子不合、拍節感の明白なものを拍子合と称す。拍子合には平ノリ・中ノリ・大ノリがある。大ノリは1拍に1文字を入れるもので、《船弁慶》の「そのとき　よしつね　すこしも　さわがず」のように四四調の8文字を8拍に収める。

　[間] 時間にかかわる概念を示す用語。多様な意味があり、ある拍から次の拍までの休拍部分を指す場合は休止のみならず次の音が響くまでの緊張感に満ちた沈黙も含めている。また表間・裏間など一定の拍の周期の中の特定の拍またはそのタイミングを指す場合などがある。間は空間にかかわる概念を示す語でもあり、空白部分の余情を味わうなどの伝統的な感性とも共通する。

　[詞] 能など演劇的な芸能や語り物の音楽で、旋律性の強い節に対して、旋律性の弱い、あるいはない部分をいう。能の場合は独特の抑揚があり、女性、武将等役柄によりその抑揚の付け方を区別する流派もある。義太夫節の場合は、俳優がせりふを語るようにその人物になりきって表現する。

　[節] うたの旋律の一区切りを指す。「節を回す」「節回し」などといい、節の中で音を揺らしたりコブシをつけたりすることで独特の味わいが生み出される。能の謡で詞に対して旋律をもつ部分、義太夫節で詞や地に対して他の音楽種目から取り入れた旋律的な部分など、類型的な旋律を指すこともある。またこのことの転用で、義太夫節・清元節など流儀・種目の別を示したり、あるいは民謡で《八木節》《ソーラン節》など有節的に旋律を反復して異なる詞章を歌う種類を指したりする場合にも用いられる。

　[掛け合い] 2人以上、または2部以上のパートが交互に演奏すること。往古は歌垣といって男女が掛け合って歌う交互唱が行われたが、今日でもうた（唄）掛け、掛歌（唄）として、奄美などで伝承されている。わらべうたでは《花一匁》がその典型例である。器楽では箏曲で本手と替手、本手と地、箏と三絃（三味線）のように複数パートで交互に演奏を行う場合などがある。三味線音楽では異種目間での交互演奏をいう場合もある。

　[掛け声・囃子詞] 調子付けたり、力付けたりするため歌詞の本文の合間に「ソレ」「ヤア」「ハイハイ」などの言葉を掛けることで、表現を支える上で重要な役割を果たしている。能の小鼓、大鼓、太鼓の掛け声は能の音楽を

形づくる不可欠な要素となっている。また三味線音楽における三味線方の掛け声はうたや語りの間やタイミングを整える指導的な役割のほか装飾的な役割も担う。民謡などで掛け声に旋律をもたせて歌うものが囃子詞であり、《ソーラン節》《ホーハイ節》など囃子詞が曲名になったものもある。

［音頭］本来は雅楽の用語で先唱者・主奏者を指す。雅楽では句頭、声明では曲種に応じて讚頭などともいう。民謡や民俗芸能の部分名、形式名としても用いられる。民謡では先唱者が歌って全体をリードし、唱和者が囃子詞などを斉唱する形式がよくみられ、近来「音頭形式」「音頭一同形式」とも呼ぶ。《○○音頭》などのように音頭形式で歌われる曲そのものを指して呼ぶこともある。一般に先頭に立って物事を推進する意の「音頭を取る」とはここに由来している。

［塩梅(えんばい)］音色や音のつながりに関する器楽の装飾的技法である。雅楽《越天楽》の篳篥(ひちりき)の唱歌譜(しょうがふ)は片仮名で示されているが、実際の旋律は仮名一文字に微妙な音の動きがあり、唱歌譜ではとらえきれないため、師匠の唱える唱歌を模倣し塩梅の微妙な表現を覚えることが必要である。日常語の「あんばい（塩梅・按排）が良い」はこの語に由来する。

［ユリ・イロ］ユリは「由里」「揺」などと書き、単に「由」「ユ」とすることもある。主要な音を揺らす装飾的な唱法・奏法である。声楽では声明に最も多種のユリが用いられる他、例えば雅楽の催馬楽における容由、あるいは能の謡の本ユリ、平家の語りの一ツユリ、義太夫節の一ツユリ～九ツユリ等々、多種多様である。器楽ではユリの語はあまり用いられないが、尺八の縦ユリ、横ユリ、箏の揺り色などがある。同様の語にイロ（色）があるが、「色を添える」の語法があるように、伸ばした音を多少変化させて飾ったり、余韻をもたせたりするもので、声楽分野ではユリと同様に多様であり、器楽では箏の引き色などがある。民謡や演歌などで用いられるコブシもユリやイロの一種である。

［生み字（産字(うみじ)）］歌詞の1音節を長く引き伸ばして歌う場合、例えば「さー」と歌うところを「さー、アー」と歌うなど、途中で声を切り、改めてその音節の母音を延ばして歌うことを指す。声明では1音節を何度も切って生み字を連ねて歌われることが多い。

［手］三味線の手、太鼓の手など、楽器を奏する際の特定の奏法やリズム型、あるいは合の手、手事(てごと)など、楽曲の構成部分を指す。また箏曲において本来の旋律の本手(ほんて)に対して、替手(かえで)といい、別の箏が比較的高い音で装飾的な旋律を合わせることもある。

［メリ・カリ］おもに吹き物の演奏用語として用いられ、尺八の場合、最も基本となる技法である。音の高低に関する用語として、基本となる音に対し音を低くすることをメリといい、音を高くすることをカリという。

［流し］主に楽器の奏法の意と、演奏形態の意で用いられる。前者では小鼓などで同一の打音を連続させる奏法や、三味線などでゆっくりと強く始まり少しずつ速く弱くする奏法などを指す。後者では新内節において弾き語りを行う太夫と上調子の三味線奏者とで歩きながら新内流しの手を演奏することをいう。

［調子］壱越調(いちこつちょう)、平調(ひょうちょう)など、雅楽や声明で調について総称的に用いる。三味線や箏、尺八などの音律についても「六本の調子」などという。調弦することを「調子を合わせる」「調子を変える」などといい、このことから人間関係の様態を示す日常用語ともなった。
（寺田・澤田）

［参考］『邦楽百科辞典』音楽之友社，1984.『日本音楽大事典』平凡社，1989.『日本音楽基本用語辞典』音楽之友社，2007.

第6章

授業デザイン

授業デザイン

授業デザイン

1　授業デザインとは

［授業デザイン］授業成立の諸条件・諸要因の関係性を、実践的問題意識あるいはそこから導かれる理論的枠組に拠って体系立て、具体的な授業のかたちとして統合していく行為である。デザインという語から授業の計画のみを指すように受け取られるが、「計画－実践－検証－フィードバック」のサイクル全体を含む。このサイクルは段階というより循環を示し、単元・題材単位、授業単位、さらには授業実践の場で即座の判断により実行される。

［授業デザインと授業づくり］学校教育に授業デザインという用語が普及してきたのは2000（平成12）年代からといえよう。それまでは授業づくりという用語が使われていた。授業デザインという用語は新たに何を意識して登場したのだろう。3点挙げられる。

1点目は、授業を動的なシステムとしてとらえるという立場である。授業というものを、旧来のように授業者が教材を媒介として子ども集団に働きかけるという一方向ではなく、授業者、子ども、教材にかかわる様々な要因が相互に関連したシステムであるととらえる。しかもそのシステムは固定的なものではなく、探究され更新されていく動的なものである。

その背景には、授業者がある指導内容を設定し、授業者対子ども集団という形態で、経験的な方法で教えていくという伝統的な授業観ではなく、子ども自身が環境や他者とかかわって自ら活動を組織していくことを通して学習するという関係論的授業観がある。

2点目は、授業を「計画－実践－検証－フィードバック」という研究プロセスをもつものとしてとらえる。旧来は授業を計画して実践するところで終わっていたが、授業デザインは授業実践を実験とみて、実践を検証しフィードバックするという科学的な手続きをとり、より目的にかなう授業の実現を目指す。

3点目は、新しい理論的枠組みによる新しい姿の授業を創出しようとする意識である。授業デザインでは検証に耐えられる根拠が必要とされる。旧来のように授業者が自分の経験の範囲内のみで授業を考えていてはその要求に答えられない。自分の問題意識から導いた理論的枠組みを根拠とし、その条件を踏まえて授業を開発し、実践検証を経てフィードバックすることで、新しい授業の実現、そして新しい授業理論の創出が可能となる。

つまり、授業デザインは授業に関する知識体系に基づいて実践し、実践検証を通じて知識体系自体を再構成するという科学的な営みとなる。

2　授業デザインの構成要素

［目標の設定］何をねらって授業を行うかは最も重要な要素といえる。目標は、内容及び育てたい資質能力の2面を考慮して設定される。内容は、概念、イメージ、知識、技能等からなる。資質能力は、関心・意欲、音楽の知覚・感受力、音楽的思考力、協同して取り組む力、省察力等からなる。

［子ども理解］対象とする子どもの状態を把握しておく必要がある。一人ひとりの思考体制、関心のありどころ、情緒的状態、クラス内の人間関係等が学習に関係してくる。そして、それに基づき、子どもの指導内容への取り組みを予想する。

［指導内容の構造化］指導内容については、日本の学校教育では学習指導要領が規準になるが、システムを動的にするためには、そこから指導内容を構造化することが必要となる。

［教材の選定］音楽科では教材は楽曲の場合が多いが、活動自体が教材となる場合もある。授業の外では単なる楽曲や活動であるものを、子どもの成長に働きかける教材にするために、

楽曲あるいは活動をどうとらえるかが教材研究の視点となる。

［単元・題材構成］単元・題材での子どもの活動の連続性をいかに保証して展開させるか、単元・題材構成を行い、活動の筋道を立てる。学習のまとまりを単元でとらえるか、題材でとらえるかでその筋道は異なる。

［学習過程］以上の構成要素を踏まえ、この単元・題材での学習活動の展開、及びそこでの授業者の行動や留意点を時間軸に即して計画する。教材の提示媒体や学習形態等も含めて学習指導を具体化する。

［学習の評価］単元・題材の学習指導を通して一人ひとりの子どもがどのように教材に取り組み、何が変化したのかを把握する。そのための視点と方法を考える。

3　授業デザインの方法と事例

［方法］上記の諸要素が有機的関連をもって授業を構成する。その関連付けを支えるのが授業の理論的枠組みである。授業デザインはねらいが明確であることが求められる。そのねらいを提供するのが授業者の教育観や学習観や子ども観であり、その教育観や学習観や子ども観の背後にある理論的枠組みである。

授業デザインではまず、この理論的枠組みを成り立たせている諸条件・諸要因を導く。例えば、問題解決能力を高める授業デザイン、協同学習の授業デザインというように、授業デザインはねらいを明確に掲げる。となると、次に問題解決能力、協同学習を成り立たせる諸条件・諸要因は何かという疑問が生じる。そこを理論的に明らかにし、授業デザインの諸要素を考慮して授業を設計する。設計では諸要素を関連付け、統合し、授業のかたちにすることが求められる。それが仮説としての学習指導案となる。それを実践前に検討するために、仮説生成模擬授業という研究方法がある。模擬的、実験的に授業を行い、複数の目で検討する方法である。また、授業実践の中でも「計画－実践－検証－フィードバック」のサイクルを作用させ、仮説としての学習指導案をつくり変えていく。そして、実践を仮説に基づき評価する。ここでは授業研究と授業評価が重要になる。授業での事実をとらえる方法として、座席表やカルテ、フィールドノーツの使用、授業分析、談話分析、授業批評がある。このような授業研究はアクションリサーチとして研究者と実践者が協働して行う場合がある。

［事例］生成の原理による授業デザインの事例を述べる。生成の原理とは、芸術的経験によって外部世界に作品を生成し、その過程で内部世界を生成するというもの。その理論的枠組は、教科内容、学習過程、集団過程という三つの観点において以下のように導かれる。

①教科内容　音楽は人間と環境との相互作用から生成するもの。音楽の諸要素とその組織化によって音楽のかたちがつくられ、かたちによって内的世界のイメージや感情が具体化され、それが音楽の中身となる。それは背景に支えられ、技能によって音楽となる。

②学習過程　経験の再構成の過程となる。経験の再構成の論理に基づく「経験－分析－再経験－評価」という単元構成を行い、探究としての問題解決を内容とする。

③集団過程　個の違いを授業に出させ、違いについて交流させ、互恵的な関係を生むようなコミュニケーションの場をつくる。

以上の理論的枠組みから、前述した授業の目標、子ども理解、指導内容といった諸要素を関連付けて、学習指導案を作成する。そして実験としての授業を実践し、そこに現れた事実を分析し、分析結果を学習指導案にフィードバックする。この筋道において授業の諸要素の新たな関係性が創出され、授業理論が再構成される。（小島）

授業実践

[授業] 昭和50（1975）年発行の『授業研究大事典』（明治図書）によれば、「授業」とは、実務的な用語であり、教師と学習者を一定時間一定の場所に拘束して活動させることとある。明治の学制と一斉授業の形態を源として生まれ使用されてきた我が国独特の用語であるといえる。

この活動のねらいは、一定の知識・技能を授けることと一般的に思われてきたが、欧米の教育学の影響を受け、「授業」の意味合いも時代によって変化してきている。上記の事典によれば、戦前は教師中心であったので「授業」と「教授」はほとんど同義であった。戦後、子ども中心に移ったことで「学習指導」が登場し、1960（昭和35）年ごろから教授と学習の相関という意味で再び「授業」が使われるようになったとされている。

[授業実践] 芸術教育実践学を論じた西園芳信は、「実践」とは、自らの経験と知識とによる表現行為によって物や人に働きかけ、物や人をつくることであるとする。つまり実践は一種の表現行為である。そして、働きかける対象が授業という場における人であるとき「授業実践」になり、授業実践によって人をつくる、すなわち変化させることになる。そして、授業実践が表現行為であることから、外側に人がつくられるだけではなく、働きかけた授業者本人も変化をうけ、新たにつくられることになる。二重の変化が起こることになる。授業者も授業実践を通して成長していくのである。

[授業実践の重層性] 佐藤学は、授業実践が三つの相をもつ重層的な存在であると指摘する。一つは、授業は教育内容として設定された事象に問いかけ働きかける認知的・文化的実践の次元。二つは、授業は社会的・政治的実践として展開される次元。教室という場でコミュニケーションによって教師との関係、子ども同士の関係が様々に生み出される。三つは、教室の学習を通して学習者はアイデンティティを編み直すという、倫理的・実存的実践の次元。授業実践は、これら三つの次元が重層的、複合的に絡み合って成りたっている。

[授業実践のとらえ方] 授業実践のとらえ方に二つある。先に計画を練ってその計画通りに教室で実行するというものと、教室で実践しながら、実践によって生起した状況をその場で反省的に思考し次の行動を判断していくというものである。前者は「技術的実践」と呼ばれ、教師は計画を進めるために一般化された授業技術やプログラムに頼ることになる。後者は「反省的実践」と呼ばれ、反省的実践による授業は反省的授業と呼ばれる。教師と子どもの両者が素材に働きかけ、互いのコミュニケーションによって意味を生成し、その意味を教室で共有し合う授業となる。これが、先に述べたような教師と子どもの両者に変化をもたらす授業実践となる。

[授業実践と授業研究] 授業実践は、意図的、計画的、組織的な性格をもつ。教師が自らの経験と知識によって、人に働きかける行為が授業実践であるなら、それが独りよがりの思いつきに陥らないように授業研究と対で行う必要がある。社会的構成主義の学習理論においては、教師から学習者への働きかけは環境構成の観点からの間接的、媒介的なものとなっている。よって授業研究は教師の固定的な指導技術に集中するものではなく、教室の中の出来事が学習者にとってどのような意味をもつものかという事例研究として展開されるのが適切であろう。（小島）

[参] 佐藤学『教育方法学』, 岩波書店, 1999. 西園芳信『芸術教育実践学』「研究の必要性－認識論の視点から－」, 芸術教育実践学第1号, 1998.

単元と題材

［単元］授業デザインは、目標・学力・評価、カリキュラム・教科内容、学習指導過程等、授業の諸要因を関連付けかたちにする行為である。それは子どもの学習活動に具体化される。その具体化においては、学習活動は単に羅列されるのではなく、相互関連をもって組織されることが求められる。相互に関連付けられ、学習内容として一つのまとまりに組織されたものが「単元」（unit）である。つまり、単元とは授業の諸要因が有機的に関連付けられた学習内容のひとまとまりである。

［単元の変遷］単元の発生は、19世紀ドイツのヘルバルト学派が教科内容をどのような手順で教えるかという教授過程を、子どもの認識過程を踏まえて「分析－総合－連合－系統－方法」と考えたことにある。それ以後様々な種類の単元が生み出され、結局、教科の指導内容をまとまりの中心とする「教科単元」（「教材単元」）と、教科の枠を超えて子どもの興味に基づく経験をまとまりの中心とする「経験単元」の二つに分類された。単元はもともと子どもと教科内容の統一によって人間の主体形成を実現する概念であったが、二つに分類されたことで単元は生命を失い形骸化してしまったといえる。

［題材］日本では、戦後初の昭和22（1947）年学習指導要領（試案）では「単元」が使われていたが、昭和33（1958）年学習指導要領改訂を受け、文部省は音楽科を含むいくつかの教科に「単元」の替りに「題材」を用いることを提案した。そして昭和55（1980）年の指導資料では「題材」は「学習指導のための目標、内容を組織付けた指導の単位」と定義された。「題材」はあくまでも指導の単位であり、ここには「単元」本来の子どもと教科内容の統一という考え方はみられない。

現在でも音楽科、図画工作科、技術科、家庭科は「題材」を使用している。これらの教科では、《夏の思い出》を想いをもって歌う（演奏をつくる）、造形紙を折って帽子をつくる、木材を使って本立てをつくる、針と糸を使って小物をつくるというように、何かをつくりあげることが目標で、目標までの段取りが指導のひとまとまりとされている。「題材」は学習のテーマもしくは材料を指す用語であり、「単元」とは次元の異なる用語である。

［音楽科の場合］昭和22年学習指導要領（試案）の音楽科の「単元」では、その内容として「音楽の要素に対する理解と表現」「音楽の形式及び構成に対する理解と表現」「楽器の音色に対する理解」「音楽の解釈」の四つが挙げられた。しかしこれでは楽曲演奏とそのための基礎技能の育成がやりにくいということで「題材」に替った。そこでは「楽曲（教材）による題材」が最も普通の指導計画として紹介された。それは《浜辺の歌》等の楽曲名をそのまま題材名とし、階名唱から順にその曲を演奏するための学習内容が並べられるというものになっている。

［課題］日本では戦後間もない一時期を除いて、どの教科においても、「単元」も「題材」もその意味を問われることなく、ただ習慣的、形式的に使用されてきた。その要因として、「題材」では、教材と教科内容の区別がなされなかったことがある。教材曲《浜辺の歌》を歌うことにはどういう教科内容があるのかという視点が見過ごされてきた。他方「単元」では、子どもと教科内容の統一という視点をもたなかったことがある。

近年、音楽科では、「教科単元」と「経験単元」の統一を課題とし、J.デューイの「経験の再構成」の立場から子どもと教科内容の統一を図る新たな単元「学習経験単元」が提出され実践されている。それは、子どもが授業において自己の経験を再構成するところに教科内容の作用を位置付けている。（小島）

単元構成

　単元構成とは、学習指導の内容を単元として有機的なまとまりに組織することをいう。単元は、まとまりの中心を教材におく「教材（教科）単元」、学習者の経験におく「経験単元」に大別されてきたが、近年、教材と経験を統合した「学習経験単元」が提唱された。

　「教材単元」はリズムや拍子といった音楽の諸要素を指導内容とし、知覚を通した音楽の諸要素の概念理解を学力とする。学習過程は、例えば3拍子の概念理解の場合、同じリズムを2拍子と3拍子で打って音符の並びを問う質問や、示された音符を2拍子と3拍子で打つ問題等が系統的に設定される。ここでは諸要素の概念が活動をつなぐ。そこに学習者交流の場は必須とされない。

　「経験単元」は、経験カリキュラムを構成する単元であることから、あらかじめ指導内容を設定せず、学習者の興味に基づく経験を通して形成される探究的な学習態度を学力とする。学習過程は、学習者の興味を追究する問題解決過程をとる。例えば地域の山探検に出かけ、カタクリの花を発見する。その神秘性に魅了され絵や詩に表し、うたをつくる。花を観察して疑問に思ったことから、開花と温度との関係を実験する。ここでは学習者の興味が諸活動をつなぐ。そこに問題解決を図るために学習者交流の場が設定される。

　「学習経験単元」は、音楽の形式的・内容的・文化的・技能的側面から導かれた教科内容を指導内容とし、思考力の基盤としての音楽の諸要素の知覚・感受の能力とそれに基づく知識・技能を主たる学力とする。学習過程は「経験－分析－再経験－評価」の方法的段階による問題解決過程をとる。ここでは学習者のもつ問題が諸活動をつなぐ。そこに問題解決を通した知覚・感受の深化・拡充のために学習者交流の場が設定される。（髙橋澄）

題材構成

　題材構成とは、題材における学習指導の内容を組織付け、その題材をどう展開するかを示すことをいう。平成5（1993）年に文部省（現文部科学省）が示した小学校音楽指導資料では、「題材」「題材の目標」「指導内容」「評価」「教材」「時数」等を題材を展開する項目として示している。

　題材構成の仕方には、「主題による題材構成」と「楽曲による題材構成」とがある。「主題による題材構成」は、音楽的なまとまりや生活経験的なまとまりを視点として主題を設定し構成する。音楽的なまとまりを主題とする題材には、「リズムにのって表現しよう」「和音の響きを感じ取ろう」のように音楽の一要素としてのリズムや和音を主題とするものと、「おんがくでおいかけっこ」のように音楽活動そのものを主題とするものが示されている。生活経験的なまとまりによる題材構成は、季節や行事等を中心に生活とのかかわりを取り入れて計画するものであるとされ、小学校第1学年の入学の時期に合わせた「うたでなかよし」や、小学校6年の卒業式に合わせた「音楽で心をつなぎ合おう」が示されている。「楽曲による題材構成」は、「主題による題材構成」で扱うすべての学習を統合して、楽曲のそのものの美しさや素晴らしさを体験することをねらいとするとされ、「ふるさと」のように楽曲名がそのまま題材名とされている。

　「主題」と「楽曲」による二つの題材構成については、例えば「弦楽合奏の響き」という主題が教材曲を設定するところに機能し、教材曲が学習活動を組織しているという点で、両者は同じであると指摘されている。（髙橋澄）
［参］髙橋澄代・小島律子「音楽科における単元の構成原理」『大阪教育大学紀要第57巻』, 2009.

学習指導案

　学習指導案は、授業の目標を達成するために授業の諸要因を関連付けて構想した授業の計画書である。学習指導案を書くことは、授業者にとって構想した授業像を具体化しつつ、確認する作業となる。学習指導案に特に決められた書式はないが、目標・評価・学力、教科内容・指導内容・教材、指導計画・学習指導過程等の授業の諸要因を含み、それらがバラバラに挙げられるのではなく、有機的な関連を備えていることが必須である。

　これまで学習指導案というと、研究授業や発表会などで配布される「本時案」と呼ばれる1時間の授業展開を示すものが慣例となっている。そこには、よい授業とは教師の指導技術いかんにかかっているという旧来の授業観がある。一方、授業デザインとして学習指導案を作成する立場では、どの程度詳細に書き示すかは事情にもよるが、子どもの経験の連続性を検討するために、単元全体の展開を具体的に提示することが求められる。

　授業実践との関係からみると、作成した学習指導案は固定化された計画書ではなく、あくまでも仮説になる。授業実践では状況の変容に即し、生身の子どもの様子に対応して仮説をつくり変えていくことが前提となる。学習指導案通りに授業することは、逆に子どもから離れたものとなってしまう。臨機応変の実践力を養うためには、学習指導案作成の過程で仮説生成模擬授業を実施することが有効である。そこで仮説としての学習指導案の実験を行い、仮説のつくり変えの可能性を様々に検討することができる。学習指導案作成と仮説生成模擬授業はセットで実施されることで「仮説－実験－検証－フィードバック」というサイクルに組み込まれる。(髙橋澄)
［参］小島律子編著『音楽科　授業の理論と実践』あいり出版，2015.

児童観・生徒観

　学習指導案に記載する項目の一つで、単元・題材にかかわる児童生徒の実態を明らかにするものである。ここでは、抽象的、感覚的な児童生徒の姿ではなく、本単元・題材を構成していく上で必要な児童生徒の実態を具体的に述べていくこととなる。

　第一には、本単元・題材にかかわる学習経験についてである。例えば、民謡を素材に「息を合わせる音楽の特徴を感じ取ろう」という授業を設定する場合、これまで民謡についてどのような学習をしてきたか、その学習においてどのような力を習得しているか、興味・関心の状況はどうか等を明確にする。本事例では、音楽科における民謡の学習経験はないが、運動会で自校用にアレンジした《ソーラン節》を踊るために「総合的な学習の時間」に民謡の学習を行った。その結果、児童は《ソーラン節》が歌われている場や歌詞の内容については理解できている等の内容がそれに当たる。その際、「ソーラン節について知っていること」のように学習内容に関するアンケート等を取り、理解の状況を具体的に把握しておくと、児童観・生徒観がより客観性を帯びたものとなる。

　第二には、本単元・題材の学習を進める上での課題や個別の実態についてである。例えば本事例における「《ソーラン節》について調べたことを発表することはできるが、そこから感じたことや考えたことを友達と交流したり、全体の前で発表したりすることが苦手な児童が数名いる」等の記述がそれに当たる。

　「児童観・生徒観」を踏まえて「教材観」「指導観」が検討され、より具体的な単元・題材が構成されていく。(松本)
［参］課題研究「日本伝統音楽のカリキュラム再創造と授業実践（その3）」『学校音楽教育研究』vol.18．2014.

教材観

　学習指導案に記載する項目の一つで、単元・題材のねらいを達成するために選定する教材について、その価値を述べるものである。音楽科では、教材が楽曲である場合が多いが、楽曲をそのまま児童生徒に提示するだけでは教材にはなり得ない。楽曲分析から見いだされた楽曲の特性や「児童観・生徒観」を踏まえ、本単元・題材の指導内容を習得させる上で、その楽曲のどういう点が教材としてふさわしいのかということを明確にしていく。

　例えば、前項「児童観・生徒観」で取り上げた「息を合わせる音楽の特徴を感じ取ろう」の授業において「有拍・無拍」を指導内容として設定し、《ソーラン節》（有拍のリズム）と《南部牛追歌》（無拍のリズム）を教材として選定することとする。この場合、楽曲の特性としては「拍の有無を明確に対比できる楽曲であること」「前者はニシン漁で、後者は牛を使った荷物の運搬の際に歌われた労働歌であり、労働の違いが歌詞の内容や音楽の特徴にも表れていること」などが挙げられ、そこから児童が「有拍・無拍」の知覚・感受を深めていく教材として適切であろうという「教材観」が導き出されるわけである。また、「児童が運動会で踊るために、《ソーラン節》に関する学習を既習経験としてもっている」こと等も、児童の主体的な学習を促進することができると判断する要因となる。

　一方、音楽科においても、絵画や映像、身体の動きなどの他の媒体や音楽づくりなどの活動自体を教材として用いることがある。その場合は、上記楽曲を用いる場合と同様に、そのことの価値を明らかにし、「教材観」として述べることとなる。（松本）

[参] 課題研究「日本伝統音楽のカリキュラム再創造と授業実践（その3）」『学校音楽教育研究』vol.18, 2014.

指導観

　学習指導案に記載する項目の一つで、「児童観・生徒観」及び「教材観」を踏まえた上で、有効な指導の在り方について、指導の重点、指導上の工夫、留意点等を中心に述べるものである。

　前項「児童観・生徒観」「教材観」で取り上げた「息を合わせる音楽の特徴を感じ取ろう」の授業を例にとると、「児童自身の気付きや経験を踏まえた導入とする」「動きを取り入れて児童が主体的に学べるようにする」等が指導の工夫として挙げられる。前者は、「総合的な学習の時間」における学習を通して《ソーラン節》について一定の理解が図られているという児童の実態を踏まえ、知っていることを「ソーランマップ」に整理し、児童の気付きや運動会の踊りの経験を基盤に学習に入ることにより、児童が主体的に聴いたり歌ったりすることをねらっている。後者は、手拍子を打ちながら《ソーラン節》を聴いた後、《南部牛追歌》を同じように聴くことで、これまで打てた手拍子が思うように打てなくなる経験をさせ、身体の動きという能動的なアプローチから「有拍・無拍」を理解できるようにすることをねらっている。これは、両曲の違いを言葉でうまく表現できない児童に対する手立てにもなっており、指導者が「児童観」と「教材観」を十分に咀嚼した上で導き出した工夫といえよう。

　このほか、「指導観」としては、ペアやグループ活動等の指導形態や環境設定の工夫等について述べることが考えられる。

　なお「指導観」は、実践後に授業を検証し、フィードバックする際にも重要なファクターとなる。（松本）

[参] 課題研究「日本伝統音楽のカリキュラム再創造と授業実践（その3）」『学校音楽教育研究』vol.18, 2014.

授業構成における教材研究の視点

［語義］教材研究とは、授業を行うことを前提として、授業で取り上げる素材について、子どもにいかに働くかという点から吟味・検討する教師の活動。音楽科の場合、楽曲や音楽づくりのような活動自体が授業で取り上げる素材となる。授業の外では単なる楽曲や活動である素材を、子どもの成長に働きかける教材にするために、楽曲や活動をどうとらえ、どのような授業を構成するのかを考えることが教材研究の視点となる。

［教材のとらえ方］従来、教材とは、まず学問・科学・芸術があって、そこから事実、過程、原理等の体系としての教科内容が選択され、その教科内容を授業での学習指導のために具体化したものとされてきた。これは教材を文化遺産から下ろしてくるとらえ方である。

一方、生成の原理では、教材は子どもの外にあらかじめ準備されたものではなく、子どもが素材と相互作用するなかで生成されるものという立場をとる。つまり、子どものこれまでの経験とつながりをもち、その経験を新しくつくり変えていくことに作用するものが教材ということになる。これは子どもの経験から上げていく教材のとらえ方といえる。したがって教師が教材として選択した楽曲や活動が、授業過程を通して子どもの経験の発展に何も作用しなければ、それは単なる楽曲や活動であって、教材とはいえないのである。

しかしながら、このことは学問・科学・芸術を否定することにはならない。子どもの経験を発展させるには、文化遺産が必須であるのはいうまでもない。そのために、文化遺産を人類が世代から世代へと努力し成功してきた成果の累積ととらえ、文化遺産もまた人類の経験の所産とする見方が必要になる。

つまりそれは、文化遺産を固定化された概念、法則、技術としてみてそれがそのまま教材になるというとらえ方ではなく、文化遺産を生み出してきた人々の営みがもつ過程や方法に着目するとらえ方である。この立場において文化遺産は子どもの経験に関連付けられ、子どもの経験を発展させる教材となって機能するものとなる。

［教材研究の視点］教材を子どもの経験からとらえるという立場から、授業構成にかかわる教材研究の視点を3点挙げる。

①素材は子どもの経験とどのような接点をもっているか。例えば《茶つぼ》というわらべうた（楽曲）が素材の場合は、遊びが子どもの生活経験との接点になる。そこで《茶つぼ》で遊ぶ活動を設定することが必須となる。

②この素材を通して子どもの現在の経験にどのような意味を付加することが可能か。《茶つぼ》を通して子どもに獲得させる意味がすなわち指導内容になる。それは《茶つぼ》のよさ、おもしろさを生み出すのに主に働いている構成要素になる。これには複数候補が考えられるので、学年や既習事項を考慮して決定する。また、《茶つぼ》の音楽の構成要素や仕組みの側面だけでなく、遊びにおける動きと音楽と言葉のかかわりの側面も指導内容の範囲に入れることができる。ここで「指導内容の4側面」を考慮することが学習を奥行きのあるものにする。

③子どもの現在の経験に意味が付加され発展すると、それはどのような経験になるか。《茶つぼ》の指導内容を「音の重なり」とした場合、「チャッ、チャッ」等のオスティナートを重ねるといった経験が想定される。それは、学習当初の歌って遊ぶという経験とは違う、オスティナートの重なりがもたらすにぎやかさといった音楽の新たな特質が感受される経験となる。（衛藤）

［参］小島律子「生成の原理に基づく音楽単元構成における『経験』と『教材』のかかわり」『学校音楽教育研究』Vol.17, 2012.

授業における教材の働き

[教材] 教科学習における教材とは、教科内容の習得のため授業において使用され、学習活動の直接の対象となる素材のこと。教科内容の価値を具体的、典型的に反映する事実や現象が教材となる。

[教具] 教材と教具は混同して使われることが多い。教具とは学習の展開を補助し有効にするために、教材の視覚的、聴覚的、操作的、運動的な把握を可能にする物質的手段。教材としての楽曲を歌唱表現する学習展開において、その旋律を音取りするときに使われるピアノは教具といえる。音色や奏法といったピアノの楽器としての特性を素材とした表現活動を目的とするときに使われるピアノは教材となる。このように授業展開における内容と手段の関係によって、授業で使われる素材は教具になったり教材になったりする。

[問題を生じさせる教材の働き] 教材は子どもとの間にズレを起こし、問題を生じさせる働きがある。《早春賦》を聴いて、全体的に流れるようで穏やかな曲だと思っていたのに、歌ってみたら第3フレーズが流れていなくて歌いづらかったと感じるのも、自分と教材との一種のズレである。そして、ズレを解消しようと、第3フレーズが流れていないように感じるのはなぜか、第3フレーズはどうなっているのかというように問題意識をもつ。このようにズレは問題を生じさせる。

[解決の根拠を与える教材の働き] 教材は、子どもが問題を解決していく過程で、解決に助けとなる情報を与える働きがある。《早春賦》の第3フレーズの旋律が他のフレーズと何か違うことに気付くと、第3フレーズはどうなっているのか、その前と何が違うのかと子どもは問題を意識する。そして問題を解決するために楽譜をみる。そこに「aa′ba′」の二部形式で構成されており、「b」の部分は跳躍する音程であるといった情報を得ることができる。

《早春賦》は、反復と変化という人類が体系付けてきた楽曲を構成する原理が働いて「aa′ba′」という形式になっている。つまり、《早春賦》は文化遺産であり、それまでの人類の感性と知性の働きの積み重ねのうえに成り立っている。その成果が《早春賦》を通じて情報となって子どもの問題解決に根拠を与える。

[個の違いを明白にする教材の働き] 学級に40人いる子ども達がそれぞれの考え方や感じ方をもっているということを、授業の場に顕在化させる働きがある。それによって個々人の違いや共通性を認識し、相互にかかわれるようになる。

先の例では、教師が第3フレーズに対するイメージを問うと、子どもから「暗く、ひたむきな感じがする」「時期尚早と我慢している感じがする」というように個の感じ方の違いが出てくる。そして、それぞれ感じたことを人に伝えるにはどんな歌い方をすればよいか考え、ひたむきさを出すには「ときにあらずと」までは弱く、「こえもたてず」はだんだん強く歌うという歌い方が試される。もう少し弱くすれば、我慢している感じも出せると互いの意見をすりあわせる。教材は個々人のイメージや考え方を引き出す。

このように授業における教材は、子どもの経験を発展させる機能をもつものである。この点からみれば、教材は文化遺産に限定されるものではなく、子どもの日常経験の中にも教材となりうる素材を見つけることができる。例えば、身の回りにある空き缶やペットボトル等も子どものかかわり方次第で教材となる。あるいは、子どもの学習経験の中にも教材となり得る素材がある。子ども達の演奏を録音した音源も、学習経験を発展させるように使用すれば教材になるのである。（衛藤）

授業の目標と評価

［授業の目標］授業の目標は、音楽科の授業を行うことで子どもに習得させたい内容、及び育てたい資質能力を表現するものである。

学校教育を通して育てるべき資質能力（学力）は時代により変化している。平成26（2014）年3月には国立教育政策研究所から「21世紀型能力」が提案された。それは①「思考力」を中核とし、それを支える②「基礎力」と、使い方を方向付ける③「実践力」の3層構造とされる。学力は、旧来の知識・技能の蓄積型から知識・技能の活用型に転換され、諸問題を解決する思考力を育成する方向が示されている。それまで音楽科も「既習曲の作詞・作曲者を答えられる」「楽譜通り間違えずにリコーダーが吹ける」といった蓄積型の知識や技能が学力とされてきた。これからは「知識・技能」を活用し、思考力を育成し実践力につなげる教育が求められる。

生成の原理に基づく教育では、学習者は探究としての問題解決過程をたどり、経験を再構成して新たな知識・技能を得る。それは知識・技能である教科内容と、思考力を育成する方法とが一体となった教育となる。そこでは次のような資質能力が育成される。音楽科の探究としての問題解決過程では、まずは学習者が環境（教材等）とつながり相互作用を行なう。学習者と環境をつなぐには「興味（interest）」（間をつなぐもの）、相互作用を行うには手持ちの「知識・技能等の道具」の活用と、道具を選び使い方を考える「思考」が必要になる。また、音楽科における探究は「いよいよ卒業だという感じを出すにはどう歌うか」のような、イメージが主導する問題解決になる。ここでの思考は、音楽に対する知覚・感受に基づき働く思考とされる。小島律子（2014）は、探究に働く「興味」「知覚・感受・思考」「知識・技能等の道具」の三つの要素を歯車に見立て、歯車が回るために必要な他者との「コミュニケーション」を土台とする「生成型学力構造」を提案している。下記の表は、指導内容を「旋律の重なり」とする歌唱授業について上記の三つの要素を対応させた目標例である。目標は評価規準と一体で示される。「コミュニケーション」は、指導内容を中軸とした授業展開のいずれの場面においても常にみていくことになる。

［授業の評価］「評価」は、個が学習の目標をいかに実現しているかを質的に見取ろうとして生み出された用語である。現在の学習評価である「目標に準拠した評価」は、目標を評価規準としてすべての児童生徒を目標に到達させることを目指し、学力の獲得状況を具体的にとらえ指導に生かしていくという特質をもつ。つまり、「評価」本来の意味である指導と評価の一体化をねらいとする。目標は、教科目標を分析的に評価する「評価の観点」に対応させて明確に設定することで「観点別学習状況」の評価を容易にする。例えば、「旋律の重なりを知覚・感受する」という目標・評価規準は、「旋律の重なり方がとらえられ、重なり方に何らかのイメージをもてている」といった全員に到達させたい評価規準として評価の実際に機能させられる。（髙橋澄）

［参］小島律子編著『音楽科　授業の理論と実践』あいり出版，2015.

生成の学力の要素から導かれた評価の観点	単元目標・評価規準
興味	旋律の重なりに関心をもち、意欲的に歌唱表現する。
知覚・感受・思考	旋律の重なりを知覚・感受する。
	イメージしたことが伝わるように表現を工夫する。
知識・技能	旋律の重なりを意識し、イメージが伝わるように歌唱表現する。

授業過程

[授業過程] 一般的には、授業における教師と教材と学習者の三者関係において、教師がどのような過程を通して、どのような教材を用いることで学習者に教育内容を身に付けさせるのか、その一連の道筋のことを指す。この道筋を学習者の内面に即してとらえるならば、それは学習者の諸能力が発達していく過程であり、教材を媒介とする教師の働きかけや学習者同士の相互作用の下で、学習者が自己の成長を遂げていく学習の過程である。

[授業過程と教育内容及び方法とのかかわり] 授業過程は、教師が何に重点を置くかによってその道筋は変わってくる。例えば、教材を媒介として学習者が自ら思考・判断し、諸能力を身に付けていくことに重点をおくならば、その授業過程は学習者主体の学習活動として展開されることになる。つまり授業過程は、教師が学習者にどのような諸能力、すなわち、どのような教育内容を身に付けさせるために、どのような教材を用い、どのような学習活動を設定していくかという教育方法と密接な関係をもつことになる。

[21世紀に求められる教育内容と授業過程] では、21世紀を生きる子ども達にとって必要な教育内容とは何か。そして、そのためにどのような授業過程が求められるのか。

まず、知識基盤社会となる21世紀では、知識・技能の習得だけでなく、学習者の主体的な活動や、習得した知識・技能を活用しながら目標に至るまでの思考・判断の過程を重視し、その方法を獲得すること自体も教育内容として位置付けられる。これらの教育内容を身に付けさせるために、2000年代に入ってからは、主体的・協働的な問題発見・解決の授業が求められるようになった。そこに、デューイ（Dewey, J.）が論じた問題解決の過程を軸としながら、現代的課題に応えようとする学習の型が提唱されてきている。

子どもの思考力育成のためにデューイの反省的思考を基にしたいくつかの段階を踏むことを重視した「問題解決型」の授業、他者と協働して問題解決を行うという問題解決の社会的側面を重視した「課題解決型」「探究型」の授業。ここには知識・技能が社会的に構成される点に着目したヴィゴツキー（Vygotskii, L.S.）の影響がある。「課題解決型」では、現代社会が直面している社会的な課題に対してチームを組んで解決していく。「探究型」では、教科横断的なテーマに対して自らの興味・関心に基づいて問題を設定し、それを立場の異なる人々と協働して解決を図り、結果を社会に実践するという実践力育成までが授業過程に組み入れられている。

また、授業の概念そのものをとらえ直す「プロジェクト型」や「ワークショップ型」がある。この背景には、一生に渡って学び続けるという生涯学習の理念がある。「プロジェクト型」では、授業者と学習者が共に目的を立て、計画を練り、推敲し、判断し、実行していく。「ワークショップ型」では、学習者各自が創作的な活動を行う過程で、授業者が学習者個々の学びを最大化するために質問や意見交流の場を設定する等をし、学習者間の交流を促すファシリテータの役割を果たす。

[音楽科における授業過程] 音楽科においても21世紀に生きていく子ども達に対して主体的・協働的な問題発見・解決を実現させるような授業が求められる。上記のような様々な型を手がかりに授業デザインをするにしても、子どもが感性を働かせて音楽から感じ取ったことを基に、思考・判断し表現する一連の過程を軸とした学習が求められている。そこに働くのが「音楽的思考」である。つまり、子どもが音楽的思考を働かせるような授業過程を実現する必要があるといえる。（兼平）

授業における音楽的思考

[音楽的思考の過程] 音楽的思考とは、音や音楽について知覚・感受したことを基盤として、自分の表現したいイメージに合うように、根拠をもって音や言葉等を選択したり組み合わせたりして演奏表現や作品（批評文を含む）をつくるという一連の過程に働く思考。

[音楽的思考を働かせている子どもの姿] 《さくらさくら》を自分なりにアレンジして表現するという箏による創作授業の事例。

初めに子ども達は、教師が様々な箏の奏法を用いて編曲した3種類の《さくら変奏曲》を聴く。そこでは教師は「1曲目は桜が満開に咲いている感じ」のような発言をとらえて、音楽のどんなところからそう感じたかを問い、箏の奏法による音色の知覚・感受の活動を行う。そして子ども達は「スクイ爪は二つ目の音がかすれて儚(はかな)い感じ」等のように、箏の奏法による音色を知覚・感受する。その後は、自分のイメージする桜を表現するために、知覚・感受した奏法を組み合わせて《さくら変奏曲》をつくる。そこでは、「満開の桜から花びらが少し散る感じ」を出すためにトレモロとスクイ爪を交互に弾く等のような工夫がなされていく。ここに、知覚・感受したことを根拠として、イメージに合うように作品を形づくっていく過程で音楽的思考を働かせている具体の姿がみられる。

次に《チャルダッシュ》を教材とした身体表現づくりを取り入れた鑑賞授業の事例。

まず、速度の変化がどのようになっているかに気を付けて音楽全体を聴く。そして、遅い部分と速い部分が交互に出てくるが、「2回目の遅いところは、1回目よりも可愛い感じがする。1回目は寂しかった」のように、場面ごとの感じの変化を知覚・感受する。

次に、緩急に合わせて、緩は腕を大きく左右に振る、急はその場で駆け足をする等、身体を動かしながら音楽を聴く。その中で、教師が「動きを変えたくなったら変えてもよい」ということを伝えると、子どもは速度の変化を知覚・感受したことを基に、動きに変化を付けだす。そこで、6人1組のグループになり、相談しながら音楽に合うような身体表現を考える。具体的には、「2回目の遅い部分は、音が高くて小さいから腕を小さく振ったらどうか」のように知覚・感受したことを根拠に、音楽的思考を働かせて身体表現を工夫していく。そして身体表現を通して獲得した内容を批評文として再構成する。

[問題解決過程の実現] 子どもが音楽的思考を働かせるためには、どのような手立てが必要なのか。音楽的思考とは、イメージの実現に向けて音を媒体とした問題解決過程に働く音楽科特有の思考のことである。したがって授業過程において問題解決過程を実現することで音楽的思考が働くことになる。問題解決過程では、問題を解決するための「観察」と「実験」が連続的に行われる。「観察」とは、箏の事例でいうと、教師の演奏する《さくら変奏曲》にはどのような奏法が使われているのかをとらえることで、鑑賞の事例では、《チャルダッシュ》の速度の変化がどのように現れるのかをとらえることになる。つまり、音楽を知覚・感受することである。そして、箏の事例であれば、様々な奏法を組み合わせて自分のイメージする桜の様子を表現し、鑑賞の事例であれば、音楽の緩急をとらえ、それに合わせて身体表現をつくる。これが「実験」となる。そして「実験」の結果をまた「観察」していくというように、「観察」と「実験」が連続的に進められることで、問題解決の結果として、自分のイメージする桜を表現したオリジナルの《さくら変奏曲》や、楽曲に根拠をもった《チャルダッシュ》の批評文が完成することになる。（兼平）

探究型の授業

　デューイ（Dewey, J.）の問題解決を基に、教科横断的なテーマに対して自らの興味・関心に基づいて問題を設定し、それを立場の異なる人々と協働して解決を図り、結果を社会に発信・実践するという特徴をもつ授業。

　戦後登場した探究学習は、学習者が科学者の知識生成の思考過程をたどることで、その学問の基本的な概念と探究方法の両者を獲得することを目的としていた。

　21世紀以降の探究型の授業は、「環境」「福祉」等の教科横断的なテーマから自らの興味・関心に基づいて問題を設定し、地域社会の様々な立場の人々との協働を通して継続的な探究が行われる点に特徴がある。学習の成果は、学校のみならず地域社会に多様な形で発信され、それを実践していくことまでが授業過程に含まれることも特徴の一つである。

　音楽科の授業例としては、ジャズをテーマとした学習が考えられる。子どもが自らの興味・関心に基づき「ジャズはいつ、どこで生まれたのか」「クラシック音楽との違いは何か」等の問題を設定し、図書館やインターネットでの情報収集はもちろん、音楽の専門家やジャズプレイヤーへのインタビューも交えた調査を行う。その内容は、実際のジャズの鑑賞や演奏体験を通した知識・技能の習得はもとより、ジャズの歴史的背景や他の音楽文化とのかかわりの理解等、多岐にわたることになる。そして、習得した知識・技能を基に、ジャズの演奏活動や既習曲のジャズ風のアレンジに取り組む等の、継続的な探究活動が行われる。このような学習成果の発信方法としては、オリジナルの楽曲とジャズ風にアレンジした楽曲の比較を取り入れた、演奏を交えながらのプレゼンテーションによる校内での発表はもちろん、ジャズプレイヤーとのセッション等も考えられる。（兼平）

問題解決型の授業

　デューイの問題解決を基に、その反省的思考の過程を「問題の意識化」「問題の明確化」「仮説の設定」「仮説の立証」「検証」等の段階としてとらえ、この段階を踏むことを重視する授業。

　戦後の問題解決学習は、子どもが生活の中で意識した矛盾から問題を設定し、他者とかかわりながらその解決のために情報を収集し、実験や観察の方法を考えて解決策を検証し、その結果に基づいて知識や技能を得ていくという授業過程をたどる。

　21世紀の問題解決型の授業は、教科の体系を取り組みの対象とし、その中で子ども自身に問題意識をもたせることを重視し、解決の過程を段階的にたどらせることで、子どもが能動的に学習活動に取り組み、思考力・判断力・表現力を育成することを目指す。

　音楽科の授業としては次のような事例が考えられる。A子が五線紙の《さくらさくら》の楽譜に「ララシララシ」と階名を書いていくと、特定の音がないことを不思議に思い、「なぜこの曲にはレとソがないのか」と問題を明確にする。そこで教科書の他の曲を調べ演奏してみると、他にも特定の音がない曲を発見する。そしてそれは日本の音楽に多いことに気付き、「日本の音楽には、特定の音がないのではないか」という仮説を立てる。そして仮説を立証するために、箏や三味線の楽譜を調べる、図書館やインターネットで情報収集する等をし、実際に演奏することで、日本の伝統的な音楽は、西洋の長音階・短音階とは異なり5音で構成されるものが多く、さらに、その構成音にもいくつかの種類があり、それぞれに異なる特質をもつことも知る。さらに諸外国でも五音音階が多数あることを知り、音組織は多様であるという知識を得ることになる。（兼平）

課題解決型の授業

デューイ（Dewey, J.）の問題解決を基に、学習者が自分を取り巻く社会のもつ課題に対して、習得した知識を活用しながら他者と協力して、チームで課題を解決していくという特徴をもつ授業。

戦後の課題解決学習は、問題解決学習と系統学習の折衷として現れた。それは問題解決学習で追究すべき「問題」を、教師が選んだ「課題」に限定し、一定の知識技能を確実に学習できるように意図されたものである。

21世紀における課題解決型の授業の「課題」は、現実社会における実践的な状況における課題であり、正解のないものとされる。そして習得した知識や技能を活用して、チームで協力しながら課題を解決していく。学習の成果もまた、チームで協力してまとめて発表することが重視され、協働性やプレゼンテーション能力育成が視野に入れられている。

音楽科の授業例として、実際に学校で行われる海外の姉妹校との国際交流が考えられる。この交流会を音楽交流の場としてどのように実施しようかという課題をもつ。各自がわらべうたや日本古謡をベースとして「どんな風にアレンジするか」「外国の生徒も一緒に参加できる場面をつくってはどうか」等の課題を設定し、グループで協力してアンサンブルをつくる。そして実際に交流会では外国の生徒達と演奏発表で交流することになる。

また、文化祭で上演するクラスの演劇を宣伝するためのCMソングづくりが考えられる。自分達の演劇を校内に宣伝するという現実状況の中で、子ども達は演劇の内容や見どころ等を踏まえ、各自が「どんな歌詞や旋律にするか」等の課題を設定する。そして、グループで話し合いながら音楽づくりを行い、完成したCMソングをお昼の放送で校内に紹介するという形で発表することになる。（兼平）

プロジェクト型の授業

「プロジェクト・メソッド」は、アメリカの教育学者キルパトリック（Kilpatrick, W.）が1918年に提唱した「社会的な環境の中で展開される、心身を打ち込んだ、目的をもった活動」である。学習者が教師と共に目的を立て、計画を練り、推敲し、判断するというステップに定式化された。デューイの教育哲学を実践的に具体化し広めたものとして評価されている。

具体的な活動を介して、目標を自分達で立てて追究することで、学習者が自身の興味と問題意識に導かれて学ぶことになる。また活動を通して協働していくことや、必然的に社会的な視点をもち学際的学びになっていくという点から、今日の「総合的な学習の時間」における学びの典型とみることができる。

例えばボベツキー（Bobetsky, V.）（2008）は、《We Shall Overcome》という一つの楽曲を素材にシンポジウムを開催し、高校生、大学生や小学生と教師、さらに地域の合唱団が、この曲の前身の7曲について調べ、歴史的背景を探究し、演奏を行うというプロジェクトを行った。楽曲の演奏に至る過程で、前身の曲との関連を見いだし、その音楽がどのような存在であったかを、スピリチュアルの演奏様式や詩の社会的背景や作曲家にも照らして確認する。何層にもわたるそうした音楽の理解が自発的な探究のプロセスを通じて深められることで、その音楽が人々にとってどのような意味をもつものであったかに共感しつつ歌うことになる。曲の総合的な理解にとどまらず、人間における音楽の意味をホリスティックにとらえ社会への目を開く学びをつくることができる点に、プロジェクト型授業の最大の特徴をみることができよう。（桂）

[参] 佐藤隆之『キルパトリック教育思想の研究』, 風間書房, 2004,

ワークショップ型の授業

　近代の学校において定着した授業方法は、教師が教壇に立ち、教育内容を学習者に講義する「一斉授業」という形式である。同じ学齢の学習者による学級編成を基礎として、一度に効果的に内容を伝達できる効率性によって、学校教育の主流の教育形態として定着した。これに対して、近年「学び」を異なる文脈と形態で編み直そうとする動きの中で、学校外の市民教育で用いられる「ワークショップ」が注目される。これは、学習者各人の多様性を授業構成の原理とする点で、一斉授業の対極に位置付けられる。

　「ワークショップ」は、「工房」を語源とするように、専門的に制作活動をする一群の人々が、協同で創作にあたったり相互に教え合ったりする場の可能性に焦点を当てた言葉である。これを学校教育（高等教育）に用いる先鞭となったものに、米国のアイオワ大学における文芸創造の教育である「ライターズワークショップ」があり、顕著な成果を上げたこの事例がワークショップ型授業としてそれ以外の領域に一般化していったともいわれている。参加者全員が、それぞれに自分の創作を行い成員で共有する。前もって、作品を全員に読んできてもらい、ワークショップの場で作品について質問や意見を交流し、作者にとっては読者からの批評を得ることで作品を推敲する手立てやヒントを得ると同時に、ワークショップ参加者にとっても、他者の創作のプロセスに関与しつつ学ぶという互恵的な学びが行われる。授業者は個々の成員の学びを最大化するように交流を促すファシリテータの役割を果たす、というのがワークショップ型授業の基本型である。

　芸術教育においてこれを効果的に用いた例として、米国のリンカーンセンター・インスティテュートが開発した「美的教育ワークショップ」がある。一つの芸術作品を鑑賞するにあたって、授業者（ティーチングアーティスト）が、作品の背景に関する情報には触れずに、作品そのものに個人が向き合うように意図して、学習者各人がその作品にある何に気付き、どのような印象や解釈をもったかを聞いていく。さらにどのような「問い」をもったかについて発言を促し、参加者の多様な視点が全員の間で共有されるように対話を進行させていく。自分とは異なる視点に接し、各自が自分のまだ見ていなかったものに気付かされ、新たな問いをもち、それを全員で交流していくことで、協同の探究の深まりを導くのが授業者の役割となる。探究の過程には、自身で制作表現を行ったり、作品の背景に関する情報を得て学んだりすることも含む。このような授業形式は、同時期の美術教育におけるヤノワイン（Yenawine, P.）の「ビジュアル・シンキング・ストラテジー」にも共通しており、リンカーンセンターの美的教育と共に、マキシン・グリーン（Greene, M.）の芸術教育哲学の影響が認められる。

　授業者には、芸術作品に関する広い知識や経験の積み重ねを通して得られた、高い鑑識眼が求められる。それによって、多様な学習者の様々な気付きに共感的に接したり、その多様な視点のもつ意味を即座に感じ取り、同時に他の参加者に言語的に翻案して伝え共有を促したりという、交流をつくり出す役割を果たすことができるからである。授業者は、自身も一個人として固有の視点をもち、しかしながらそれは絶対視されることはなく、多様な視点の一つとしながら協同探究に参加するという立場を保つ。こうした芸術への向き合い方は、個人によってユニークに経験されるものである芸術の本来的な特性に根ざした教育の形態であるといえよう。（桂）

［参］Greene, M. *Variation on a Blue Guitar*, Teachers College Press, 2001.

授業における楽しさの諸相

[音楽の授業における「楽しさ」とは]「楽しさ」とは、対象を認識したことによる学習者の情動的変化の一つとみなされ、それは学習者と対象との相互作用の中に生じるものである。認識とは、対象とのかかわりの中で対象を分析し、その情報を自分のものにすることによって、自分のもっている情報の構造が変化することをいう。

構造の変化には二つあり、一つは、対象の情報が私達のもっている既存の知識や経験の構造にうまく受容され「同化」される場合、もう一つは、対象の情報に合致するように自分のもっている既存の知識や経験のレパートリーを変容させ構造を「調整」する場合である。いずれの場合にも、認識が成立する過程における同化や調整には、快・不快、驚き、恐れ、怒り、喜び等の情動的反応が伴う。

つまり、音楽の授業における「楽しさ」は、音楽という対象と学習者との相互作用の中で、音楽の情報を自分の知識や経験の構造に同化したり調整したりして音楽を認識したことに伴う情動的変化の一つであるといえる。音楽の授業で「楽しさ」が生まれるためには、子どもが自分自身の体と頭と感覚を使って、対象と直接的な相互作用を行う必要がある。

[「楽しさ」の次元と広がり]「楽しさ」には段階がある。初めは非常に素朴な喜びの段階である。それは、例えばひたすら打楽器を打ち鳴らす子どもの表情や姿から読み取れるもので、子どもの心の内にある情動が解放されたことによる「楽しさ」といえる。その次に、外界に音楽を工夫したり組織したりすることによってもたらされる「楽しさ」の段階がある。例えば、新たな技能を習得して以前とは異なる表現ができるようになったときに「楽しさ」は生まれる。また、楽器の奏法を工夫したり、強弱や速度を変化させたりすると、音の世界が変わり表現の内容も変化する。表現したいイメージと音楽の工夫が関連していることを発見することにより、「楽しさ」は変化し深まっていく。

一方、他者とのかかわりの中で音楽のよさを共感し共有したときにも「楽しさ」は変化し深まっていく。例えば仲間と一緒に音楽のイメージをふくらませ、表現に変化を与えることができたときや、仲間と一緒に技能の習得等によって問題解決をし、表現への達成感が得られたとき、自らの表現を仲間に認められたときなどである。

以上のことから、「音楽の授業における楽しさ」は、認識や技能の学習が達成されることにより深まり広がるとともに、他者とのかかわりの中で音楽を表現し、そのよさが社会的に共有されたときに深まり広がるといえる。

[学習課題と「楽しさ」]人間の知識や経験には「構造」があり、それは知的構造と情動的構造に分けられる。これらは相互にかかわり合い、互いに影響し合いながら認識を促進する。したがって、学習課題と子どもがもっている知的構造のズレがかけ離れてしまっている場合、子どもは課題に無関心となり、情動的反応を示さない。一方、学習課題と子どもの知的構造が適度にズレていれば、子どもは課題に興味・関心を示し、想像を働かせ、新しい発見や追究をしようとする。それに伴い、対象に対して「楽しさ」等の情動的反応も生まれてくる。以上のことから、授業において「楽しさ」が生まれるためには、学習者の知的構造と適度のズレのある学習課題によって学習が展開されるような授業をデザインしていく必要があるといえる。(松本)

[参]日本学校音楽教育実践学会編『音楽の授業における楽しさの仕組み』, 音楽之友社, 2003. 課題研究「音楽の授業における楽しさとは」『学校音楽教育研究』vol.1. 1997～vol.5. 2001.

できることと楽しさの関係

　新たな「技能」を習得して以前とは異なる表現ができるようになったときに「楽しさ」は生まれる。これは、例えば「間違えずに演奏する」ことができるようになったり、「速く演奏する」ことができるようになったりしたときに感じる「楽しさ」である。

　ところで「技能」は、音楽を実際に表現として具体化するときに欠かせないものであるが、その際、子どもの中に表現に対する思いや意図がなければ、たとえ上手に楽器を演奏する技能を身に付けたとしても、それは意味をなさないということに留意する必要がある。

　従前、音楽科は「活動教科」「技能教科」と呼ばれ、どちらかというと発声法や楽器の奏法を学ぶこと等、技能を習得するという面に重きが置かれがちであった。それゆえ、授業においても技能だけ切り離して取り上げられその結果、子ども達は、なぜ発声練習するのか、なぜ楽器を繰り返し練習するのかなどを考える余裕もなく、教師の指示どおり「できるようになること」を目指して取り組んできたという反省がある。

　現在、音楽科において求められているのは、子どもが知覚・感受したことを生かして、「こう表現したい」「こんなふうに伝えたい」と主体的に表現を工夫したり、それに必要な技能を自ら進んで習得していこうとしたりする意欲や態度を身に付けることである。つまり、「できること」は、「自分の思いや意図のとおりに表現ができること」を指すのである。

　このような筋道で技能を習得し、音楽を豊かに表現できるようになったとき、「できること」による「楽しさ」の質もより深まっていくといえる。(松本)

[参] 日本学校音楽教育実践学会編『音楽の授業における楽しさの仕組み』, 音楽之友社, 2003.

分かることと楽しさの関係

　「分かる」とは「認識する」ということである。子ども達が音楽を「分かる」とは、形式的側面・内容的側面・文化的側面・技能的側面からなる音楽に、子ども達が自ら働きかけて分析し、それらの情報を既存の知識や経験の構造に同化したり、構造を調整したりすることといえる。つまり、音楽の認識は、音楽の形式的側面の知覚と音楽の内容的側面の感受によって成立し、その過程において「楽しさ」は生まれる。このことを鑑賞・創作・歌唱の例を挙げて以下に示す。

　音楽を聴き、繰り返されるふしを聴き取ったり、ふしの変化と対照からABAという音楽の構成を発見したりしたときに「楽しさ」が生まれる。これは、音楽の形式的側面を知覚したことに伴う「楽しさ」である。また、場面の様子を想像しながら音楽を聴いたときにも「楽しさ」が生まれる。これは、音楽を特徴付けている諸要素とそこから想像される情景を、イメージをもって知覚し感受したことによる「楽しさ」である。これは創作においても同様で、例えば変奏曲をつくる過程で、音楽の内容的側面であるイメージと形式的側面である音楽の諸要素を関連付け、それにふさわしい楽器の選択や旋律・リズム等の工夫によって自分の意図する表現が実現できたとき、「楽しさ」が生まれる。

　一方、歌唱においても、例えば川の情景を歌った楽曲で、和音パートを重ねて歌ったときに、「旋律だけのときと異なり、大きな川が力強く流れるように感じた」等の感想が述べられることがある。これは、「音の重なり」と歌詞内容を関連付けて知覚・感受したことにより生まれた「楽しさ」である。(松本)

[参] 日本学校音楽教育実践学会編『音楽の授業における楽しさの仕組み』, 音楽之友社, 2003.

工夫することと楽しさの関係

　イメージと演奏がつながり、一つの表現をつくり上げることができたときに「楽しさ」は生まれる。それは単に、楽譜どおり正確に演奏できたという「楽しさ」とは質の異なるものである。

　例えば「変奏曲をつくろう」という事例において、グループで変奏曲をつくる際に、1人の子どもの提案を受け、旋律を変えて演奏できるよう練習する場面があるのだが、正確に演奏できるようになっても、子ども達からは「ひとまずできた」という印象の「楽しさ」しか感じられない。ところが各グループの中間発表を通して、子ども達は、変奏の方法には旋律だけでなくリズムを変える方法もあることに気付くとともに、音楽から受けたイメージを言葉で伝え合うことにより自分達が表現したいイメージを明確にもてるようになる。このことが、その後、自ら楽器を変更したり、多様なリズムを試みたりする姿につながっていく。自分達の表現したいイメージが鮮明になり、それを表現する手がかりをつかんだことが、工夫する「楽しさ」を生み出したといえる。

　このように、音や音楽からイメージを発想し、そのイメージとそれを実現するための構成要素を結び付けて考えることができるようになったとき、子どもは主体的に表現を工夫するようになり、そこに工夫することの「楽しさ」を見いだすようになる。これは創作だけでなく、歌唱や器楽の分野においても同様である。また、試行錯誤の過程を通して、工夫する「楽しさ」の質は深まり、それに伴って知覚・感受や表現の技能も高まっていくと考えられる。(松本)

［参］日本学校音楽教育実践学会編『音楽の授業における楽しさの仕組み』，音楽之友社，2003.

コミュニケーションと楽しさの関係

　音楽の授業における「楽しさ」は、音楽という対象と学習者との相互作用によって生まれるが、それは他者とのかかわりの中で変化し、深まっていく。

　例えば、子ども達数名で手をつないで《なべなべ》のわらべうた遊びをするとき、「かえりましょう」と歌いながらくるりと回ったところで必ずといってよいほど楽しい表情をみることができるが、これは他者と手をつないでいるというところに重要な意味がある。つまり、ここで生まれる「楽しさ」は、1人の動きが互いの手と手を通じて微妙に調整され、この調整によって得ることができた動きが他との共感を引き起こすことによって生まれる「楽しさ」であり、身体の動きによるコミュニケーションから生まれた「楽しさ」であるといえる。

　また、例えば創作活動の過程において友達の音や音楽を聴き、それを共有したいという思いが芽生えたとき、子どもは自分の音を重ねたり、自分が発見したことを言葉で友達に伝えたりしようとする。そこには、自分が見いだした「楽しさ」を音や言葉によるコミュニケーションを通して友達と共有したいという欲求をみることができる。それはさらに他者と「楽しさ」を共有したいという欲求となり、そのことが相互作用の場を広げ、結果として多様な音楽を生み出すことにもつながっていく。それに伴い、「楽しさ」の質もさらに変化を遂げていく。

　様々なコミュニケーションの方法で他者とかかわる中で、音楽のよさに共感し、共有することにより、「楽しさ」は一層深まり広がっていくといえる。(松本)

［参］日本学校音楽教育実践学会編『音楽の授業における楽しさの仕組み』，音楽之友社，2003.

教育方法

知覚・感受の指導

［語義］「知覚・感受」とは音楽科の学力の中核をなす認識の能力のことを指す。人が音楽とかかわるときに基本的に働く能力が知覚・感受である。知覚（perception）とは、音楽を形づくっている諸要素間の関連（形式的側面）を、聴覚を中心とした感覚諸器官を通して知る働きのこと。感受（sensibility）とは知覚された形式的側面が生み出している雰囲気や曲想といった特質（内容的側面）を、イメージを通して知る働きのこと。人はある音楽を聴いたときに「ヴァイオリンで演奏され指で糸をはじいて音を出している」とピッツィカートで弾かれたヴァイオリンの音色を知覚し「ポンポンと軽やかに弾んで楽しい感じがする」とその特質を感受する。本来、音楽経験においては知覚と感受は一体のものであるが、授業では認識における焦点化の必要性からあえて分けて確認する場面を設ける。

［経緯と意義］平成元（1989）年学習指導要領改訂における新学力観への転換を受け、これまで重きが置かれていた楽譜・作曲家・楽曲に関する知識や演奏技術に替わって、音楽にかかわるときに働く思考・判断する力を育成することが重要であるとされた。そこで音楽を認識するのに働く知覚・感受の能力が注目されたのである。中学校では平成10（1998）年改訂の学習指導要領に、小学校では平成20（2008）年改訂の学習指導要領に「聴き取る（知覚）」「感じ取る（感受）」という用語が示された。また、平成20（2008）年には、音楽科の指導内容として〔共通事項〕が新設され、知覚・感受の対象が示された。

音楽科では音の知覚・感受を基盤に思考を進めることになる。知覚と感受は表裏の関係にある認識の能力である。特に「感受」は、音楽科特有の認識能力となる。それは感受が、この世界の諸事象を数値に置き変えて量的に把握するのではなく、それらが醸し出している質そのものを把握することだからである。人間形成には、世界を量的にとらえる能力だけでなく、質的にとらえる能力が不可欠である。この世界を質的にとらえる能力を養うところに音楽科の独自性をみることができる。

［指導の実際］三つの授業場面を挙げる。
①指導内容を知覚・感受させるための活動を企画する。例えば、サン・サーンス作曲《動物の謝肉祭》の〈象〉の鑑賞学習を計画するには、この曲を特徴付けている要素を挙げ、その中から指導内容を設定する。3拍子を指導内容として設定するならば、どのような活動を企画すれば誰もがこの曲の3拍子を知覚・感受できるだろうかと考える。子どもが3拍子を知覚・感受するにはまず3拍子が生み出す音楽の動きに関心を向ける必要がある。例えば、音楽を聴かせ、3拍子のステップを踏ませることで拍の三つのまとまりに関心をもたせる。そして、2拍子の〈象〉と比較聴取させて3拍子を知覚・感受させる。

②知覚と感受を関連付ける。知覚と感受が言語によって表出されたら、知覚と感受の関連付けを図り意識化させる。関連付けを図るには、聴覚だけでなく身体諸器官を使う活動が有効。「踊っている感じ」と感受が出たら、踊っている感じを意識させて三つのまとまりでステップを踏ませる、手拍子を打たせるなど、知覚面に注意を向ける活動をさせる。

③知覚・感受を学習の成果として確認する。学習の最後には、指導内容の知覚・感受の学習状況を評価し確認する。それには聴取を伴うアセスメントシートを用いることが多い。例えば、学習で使用した楽曲とは別の3拍子と2拍子の楽曲を比較聴取させ、3拍子の知覚・感受ができているかどうかを問う応用問題が考えられる。知覚・感受を評価の対象として据えることで知覚・感受の能力を伸ばすことが可能となる。（衛藤）

比較聴取

[語義] 複数の音楽例の比較によって、音楽の構成要素の働きとそれによって生み出される表現効果との関係を学習させる、知覚・感受のための指導法。音楽例は、共通性をもちながらもある点で異なる面をみせ、違いが明白なものとする。また比較聴取といっても聴くだけでなく、実際に歌い比べる等、知覚・感受に向けて他の感覚諸器官や身体を使う活動を組み合わせるとより効果的になる。

[比較の意義] 比較は日常生活でも一般的な知覚の方法となっている。色合い、手触りなど感覚諸器官を通して対象を知覚するとき、一つだけ見ていたのでは対象の特質はつかみどころがないが、二つを比較すると両者の違いからそれぞれが識別しやすくなる。

[留意点] 一つ目は、AとBを比較する場合、学習者がAかBのどちらかに馴染んでいる必要がある。目新しいものを二つ並べられても比較は難しいし、また特に比較しようという気持ちも起こらない。しかし、Aに馴染んでいれば、それと異なるBが出てきたとき戸惑いを覚える。戸惑いが生じることで、なぜ戸惑いを覚えたのかという問題意識をもつことができ、その解決を促す比較聴取という活動に能動的に取り組める。《あんたがたどこさ》の例でいえば、付点ありの弾んだリズムにのってジャンプしながら遊んでいたところに、付点なしのうたを耳にすると調子がつかめず戸惑いが起こる。その戸惑いを解消するために、戸惑いを生んだ状況をよく観察しようとする。そのための状況設定が「比較聴取の場面」となる。そこで、付点ありと付点なしの二つのうたを比較聴取させる。知覚・感受するためには、学習者自身が対象に耳を傾けようとする意識が必須条件である。そのためには、経験に戸惑いが生じ、「なぜだろう」という問題意識をもたせることが重要となる。

二つ目は、学習指導のねらいに即して、比較させる音楽例の構成要素の条件統制を行う。このことは楽曲を聴く観点をもたらし、それにより知覚と感受が関連付けられる。それには指導内容を明確にすることが重要である。「リズムパターン」が指導内容であれば、他の構成要素はできるだけ同じにして、リズムパターンのみ変えたものを比較させれば違いが際立ち、そのリズムパターンの働きと表現効果が知覚・感受されやすい。《あんたがたどこさ》でいえば、付点あり、付点なしの二つの歌い方を比較聴取させる。すると付点ありは「楽しくスキップしている」、付点なしは「とぼとぼ歩いている」とリズムパターンの違いを知覚し、それぞれのリズムパターンの特質を感受することになる。

三つ目は、比較聴取したことを互いに交流する場を設定する。このことで個々人の断片的な知覚や感受が関連付けられ、知覚と感受が結び付く。《展覧会の絵》より〈プロムナード〉を教材とし、「オーケストラの音色」を指導内容とした場合、ピアノ版とオーケストラ版の演奏を比較聴取する。オーケストラ演奏の「たくさんの楽器で演奏している」「盛り上がっている」「トランペットの音がする」という断片的な発言を、全体交流で音楽を通して確認していくことで、「トランペットの出だしが、展覧会が始まるというわくわくした感じを出している」「全部の楽器が出てくるところでたくさんの絵を見て気持ちがクライマックスになる」と知覚と感受が結び付く。そのためにも比較聴取の成果は、ワークシート等によって目に見える形にする手立てが必要となる。（衛藤）

[参] 衛藤晶子・小島律子「音楽授業において知覚・感受を育てる方法論としての比較聴取－表現の授業の場合－」『大阪教育大学紀要　第Ⅴ部門』第54巻, 第2号, 2006.

■ 知覚・感受の表出

　知覚・感受の表出とは、音楽を聴いて、知覚と感受を相互に関連付けることなく、知覚したこと、感受したことをそれぞれ言語によって外に表すこと。

　例えば、カバレフスキー作曲《道化師》の中の〈行進曲〉という楽曲を聴いた時に、S児が「ピエロが玉乗りで失敗したり、成功したりしている」と発言する。この発言は、S児が音の跳躍の少ない穏やかな旋律Aと劇的に下行する旋律Bの反復を知覚し、それが生み出す質を自分の生活経験とかかわらせて感受したことをピエロの玉乗りのイメージとして話したものと受け止めることができる。

　しかし、ここではまだ、旋律Aと旋律Bの音の進み方や反復といった音楽の諸要素に関して気付いたこと、つまり知覚したことは言語にされていない。ゆえに知覚したことと感受したことの関連は言語にされていない。これは知覚・感受の表出の段階といえる。

　表出の段階はそれでとどめておくのではなく、知覚と感受を関連付けるという意識化の段階へ進める必要がある。しかし意識化の前提として表出の段階は重要な位置付けをもつ。

　知覚・感受を表出させるには、個々人が音や音楽と直接的に相互作用する場を設定する。具体的には歌ったり、楽器を演奏したり、音楽を聴いて身体を動かしたりといった誰もがすぐにできる音楽活動の場を設ける。そして、その活動後に「歌ってみてどう感じたか」「音楽を聴いてどんな様子が浮かんだか」などの問いかけを行い、活動のリフレクションを言語にさせる。また、全員に知覚・感受を表させる場合、有効な方法として付箋の使用がある。音楽を聴取し気付いたこと、感じたことを付箋1枚に一つ書くように指示する。「どんどん速くなる」「危機感」など、多様な知覚・感受が表出される。（衛藤）

■ 知覚・感受の意識化

　知覚・感受の意識化とは、音楽を聴いて言語によって表出された「知覚したこと」と「感受したこと」とを相互に関連付けること。

　サン・サーンス作曲《動物の謝肉祭》の中の〈雌鳥と雄鳥〉という楽曲を聴いた時に、S児は「雄鳥が雌鳥を追いかけ回して走っている」と発言する。これは感受したことであり、知覚したことは言語にされていない。そこで、教師が「それは音楽のどこからそのように感じたのか」と問うと、「ヴァイオリンとクラリネットが雄鳥と雌鳥で、8分音符の細かいリズムが走り回っている感じを出している」というように、表出された感受が音楽の諸要素と関連付けられて言葉にされる。一方A児は、「どんどん速くなる」と知覚したことのみを発言し、感受したことは出ていない。そこで、教師が「それでどんな様子が浮かんだのか」と問うと、「雄鳥と雌鳥のけんかが激しくなる」と感受が言語にされる。

　最初の知覚・感受の表出の段階では、知覚と感受が、それぞれが別個に言語として出される。それを意識化の段階へ進めるには、感受したことに音楽の諸要素の根拠を求める、知覚したことについてイメージを問う、といった知覚と感受を関連付ける働きかけが必要となる。意識化の手立てには、比較聴取の場の設定、知覚と感受に分けたワークシートに記述させる、楽譜による感受の根拠の確認、付箋に表出された知覚と感受を関連付けて並べ替えさせる、などがある。また、そこには他者との交流が欠かせない。交流により「はじめ仲良くえさを食べていたのに、だんだん速くなるところからえさの取り合いをし出して、最後けんか別れした」というように、断片的な知覚・感受が統合され、より詳細な知覚・感受となる。（衛藤）

イメージの形成

イメージとは、以前に知覚された聴覚、触覚、運動感覚などの感覚的性質を伴う対象に対しての心的表象のことを指す。音楽科教育の本質は、音を媒体とする表現を通して、世界を質的に把握する様式を育てることにある。世界を把握するには、大きくみると記号によって量的に把握する場合と、感覚を通して質的に把握する場合がある。質的把握はイメージ形成を伴ってなされる。

宮城道雄の《さくら変奏曲》を聴いて、箏によるトレモロの震える音を知覚する。それを「はかなさ」という質として感受して、「桜の花びらがはらはらと静かに散っている様子」をイメージする。このとき、「花びらが風に舞い散るときに何かしらはかなさを感じた」という過去の感情の裏付けをもった情景が思い起こされている。このように音楽の質をとらえるときには、過去の経験から類似した質をもつイメージを呼び起こし、そのときの自分の感情も呼び起こす。つまり、箏を聴いている現在の経験に過去の経験が融合されることでイメージが形成されるといえる。

イメージは表現意図となり、表現の工夫、技能の習得を導いていく。「はらはらとはかなく散っている桜の様子を表したい」とトレモロを実際に試してみる。手首に力が入ると硬い音になって「はらはら感」が出ない。手首に力を入れずに振ってみると「はらはら感」が出る。もっと「はかないはらはら感」を出すためには、振り幅を小さくしてみてはどうだろうと思考し、音との相互作用を行う。このようにイメージは思考を先導し、その思考過程で変容していく。(衛藤)

[参] 西園芳信『小学校音楽科カリキュラム構成に関する教育実践学的研究－「芸術の知」の能力の育成を目的として－』風間書房, 2005.

表現の工夫

音楽授業における「表現の工夫」とは、自己の内的イメージを音楽で他者に伝えるために音楽的思考を働かせ、表現の発想やアイデアを生み出すこと。表現の工夫は、平成29(2017)年告示の学習指導要領では音楽科の目標に入っており、音楽の授業で学習することが求められている。

表現の工夫は、歌唱や器楽では「どのように表現したいのか」という問題にかかわって、曲の出だしはゆっくり目に、そっとささやくように入りたい、3段目のフレーズをクレシェンドしようというように、強弱、速度、ニュアンス等の観点から提案されることが多い。また、音楽づくりでは「音楽の構成要素をどう働かせるか」という問題にかかわって、リズムを反復してみよう、金属の音色と木の音色を交代にしてみようというように、音色や構成の観点から提案されることが多い。

子ども達が「どのように表現したいのか」という問題を自分自身の問題とするには、自分の「表現したいイメージ」をもっていることが前提となる。

《もみじ》の二部合唱で、前半は「赤や黄色の葉がちらちら落ちてくる感じで、葉っぱが追いかけ合いをしているよう」、後半の3段目は「遠くの方まで山一面が赤や黄色に染まっている感じ」というイメージをもった子どもは、前半のちらちらと葉が落ちるイメージを表すために、輪唱のそれぞれの出だしを「弱めに、しかし『あ』をしっかりと発音して歌ってみよう」というような工夫を、そして後半の遠くを見渡す広がりを表すために「盛り上げるように強く歌う」というような工夫を提案する。提案された工夫は即、実際に歌って試され、イメージが伝わったかどうか判断され、歌唱表現とイメージの双方をつくり変えていくことになる。(衛藤)

知識・技能の指導

[語義]知識とは個人の探究の過程で得られた成果であり、自己の新たな知見として秩序付けられ構成されていくものを指す。技能とは、運動的要素と知的要素を自己の中で統一し、対象への働きかけを遂行する能力を指す。個々の経験において見いだされた、個別の事象にかかわる実際的な知識や技能だけでなく、それに関するイメージや想像、感情などの主観的な情報も、構成された知識の一要素といえる。成果として得られた知識・技能は、次の探究の道具として使われる。

[音楽科における知識・技能]従来音楽科における「知識・技能」とは、楽譜が読める、作曲者について知っている、リコーダーで教科書の楽曲が吹ける等、断片的な情報や技術を得ることを指していた。その多くは、反復練習や暗記等によって得た成果であり、文脈をもたないことから探究の道具として使われにくいものであった。

学力観の転換により、知覚・感受を軸とした思考力を育成することが音楽科の学力の中核として位置付けられたことから、知識・技能のとらえ方も変化した。知覚・感受の能力とは、例えば、トントンと鼓動のように太鼓が打たれているという音楽的状況とそこに生み出されている質をとらえる能力である。この知覚・感受の能力によって、「太鼓をトントンと等拍に打つ」という手段と「前進していく生命感ある音楽が生み出された」という結果が関連付けられる。と同時に、「トントンと同じ間隔で打っている、これを『拍』という」と概念化し、知識とする。そして、実際に太鼓をたたいてこの知的要素と身体的要素を統一させ、技能とする。このような過程で獲得した知識や技能は、その子どもにとっての意味となって記憶に定着し、次に活用できる知識・技能となる。

[指導の留意点]知識・技能の指導にあたっては、知覚・感受したことを基盤とすることが原則である。指導にあたっての留意点を挙げる。①音楽用語を言語で説明するのではなく、知覚・感受したことと音楽用語を結び付ける。②訓練的に技術を習得させるのではなく、知覚・感受したことを、実際に音で試しながら技能に結び付ける。知覚・感受したことを、常に音・音楽との往還によって確認、試行させる。③自分とは異なる考え方、技能の使い方に接することによって、自己の知識・技能が更新される。そのために他者とのコミュニケーションの場を設定する。

[指導の実際]《茶色の小びん》の合奏の授業を例にする。裏打ちのリズムを受けもつ木琴パートのある演奏とない演奏を比較聴取することで裏打ちのリズムと「踊りたくなるような軽快な感じ」を知覚・感受する。踊りたくなる軽快な弾んだ感じという質を醸し出しているのは裏打ちのリズムが重なるという「音の重なり」があるからだと認識する。このとき教師は「音の重なり」「裏打ちのリズム」といった音楽の用語を伝える。

次にその感じを実現するためには、どうやって身体を動かせばよいか実際に試す場を設定する。すると「手首を柔らかくしてマレットを持ち上げるようにすると軽い感じが出せる」と、実際に音で試すことを通して技能が意識される。さらに、他のパートと合わせると「低音パートは全体を支える感じだから、裏打ちリズムはそれに乗る感じ」といった「パートの役割」という知識を得、「もっと手首のスナップを効かせないと低音に乗る弾んだ感じがでない」というように、それらを生きた知識として活用しながら、技能の追究を行っていく。鑑賞の授業では、知覚・感受したことを基に学習した用語を使い、批評文として楽曲のよさや味わいを表に出し、他者と交流して自己の味わいを広げる。(衛藤)

**授業における
コミュニケーション**

［コミュニケーション］コミュニケーションとは、情報の伝達や交換にとどまらず、人々が共通の目的の実現のため、協力して意味を共有していく、経験の共有過程のことをいう。
［授業におけるコミュニケーションの意義］コミュニケーションをこのようにとらえるならば、授業という環境において、コミュニケーションはどのような意義があるのか。

近年、学校教育では、思考力を中心とした学力育成がその中核に位置付けられている。そして、社会的構成主義の影響により、学習を個の孤立した営みではなく、子どもの協同的な学習を重視する考え方が広がっている。社会的構成主義の立場では、意味を所定の知識や技能を受容したものとはとらえず、他者との協同的関係の産物ととらえる。このことから、授業の意義は、他者とのコミュニケーションを通して学習活動が展開され、他者と意味共有していく点にあるといえる。
［音楽科授業におけるコミュニケーション］では、音楽科授業ではどのようなコミュニケーションが行われるのか。そこでは、言語によるコミュニケーションの他、音によるコミュニケーションや身体によるコミュニケーション等が行われる。具体的には、音楽作品（演奏含む）の完成という目的のために、言語や音、身体を媒体として、他者と協力して意味を共有していく点に、音楽科授業におけるコミュニケーションの特徴があるといえる。

例として、水を素材とし、水による楽器づくりを教材とした創作授業におけるコミュニケーションを取り上げる。
［共通の目的］子ども達はまず、水槽の水面を手のひらで打ちつけたり、滴を垂らしたりして、様々な音色を見つけていく。そして、各自が「チョロチョロ」のような擬音語で表したお気に入りの音色をもち寄り、4人1組で音色を組み合わせてグループとしての作品づくりを行う。したがって、ここでは「各自のお気に入りの音色を関連付けて作品をつくる」ことが共通の目的となる。
［意味の共有］では、この目的を実現する過程で、子ども達はどのような意味を共有するのだろうか。それは、各自が水との相互作用によって知覚・感受したことから生じる。例えば、ある子どもが、空のペットボトルを水中に沈めたときの音を「ブクブク」という擬音語で表し「カエルが池に潜っていくみたい」とつぶやいたとする。この子どもは、ペットボトルを水中に沈めた音からカエルが水中に潜っていく情景を想起し、そこに漂う質を感じ取っているととらえられる。本来、質は言語では表せないものとされているため、子どもはよく「○○みたい」のような比喩的表現を用いる。これが、その子にとっての空のペットボトルを水中に沈めたときの音に対して知覚・感受したことから生じた意味である。これらをお互いに紹介し合うという活動によって、各自が知覚・感受した音色から生じた意味が共有される。
［意味の関連付けによる作品の生成］そして、意味を関連付けながら作品をつくっていく。「カエルが池に潜っていくみたい」という発言を聞いた班員が、別の子の「チョロチョロ」という擬音語で表された「雨が降ってきたみたい」という音色と関連付けてはどうかと思い、「雨が降って〜、カエルが跳び込む」とつぶやきながら「チョロチョロ」「ブクブク」と連続して鳴らしてみる。すると、それを聴いた班員が口々に「いいね！それ！」と賛同し、班員全員に新たな意味が生成・共有されていき、作品が形づくられていく。（兼平）
［参］兼平佳枝「楽器づくりと共感的コミュニケーション」小島律子・関西音楽教育実践学研究会『楽器づくりによる想像力の教育』黎明書房, 2013.

音によるコミュニケーション

[語義] 共通の目的の実現に向けて、音を媒介として共同行為を行い、意味を共有していく経験の共有過程のことを指す。

[具体的姿] 例えば、音楽づくりのグループ活動において、M児の音に対して友達が波のようだと感じたことから「夏の浜辺の感じを表わそう」という共通の目的をもつとする。M児の寄せては返すリズムで鳴らされるギロの音を聴きながら、共通の目的の実現に向けて各自、即興的に音を付けていく。A児は、ドドドーンと太鼓を波のリズムの合間に入れる。それは時々やってくる大波をイメージしているそうである。B児は、カウベルの乾いた音を波の音の背景に入れる。それは夏の海の太陽の日差しをイメージしているそうである。

このように、音によるコミュニケーションは、他者の音を聴き、音そのものから意味を汲んで、それに関連付けを図って自分の音を鳴らすやりとりとして現れる。結果的に出てくる音楽の形としては、反復、呼応、同時等、音楽を構成する手法が出てくる。

[イメージの共有] ここで重要なのは、メンバーが「おおよその」表現したいイメージを共有していることである。それがないとコミュニケーション自体が成立しない。もちろん「夏の浜辺の感じ」といっても個々人によってイメージは異なる。違うからこそ様々な関連付けが生じ、それが自分達のグループ固有の音楽の味わいをつくっていくことになる。そして、その目的に向けて、メンバー全員の音をそれぞれ生かして共同で音楽をつくっていくという共同行為が行われる。その過程でそれぞれの「夏の浜辺の感じ」にかかわる意味が生成されていくのである。

[特性] 音楽表現活動において、音によるコミュニケーションが言葉や身体によるコミュニケーションと異なる特性としては、広義のリズムがもたらす律動感が意味の共有を成り立たせている点にある。誰かが鳴らしたリズムパターンに続いて、それをまねして鳴らすだけでもここに意味の共有が起こる。このリズムパターンの音は単なる無意味な雑音ではなく、誰かの感じている律動感を自分も感じ取って、自分も感じたと応えていることになる。鉦や太鼓のお囃子に担ぐ人達が掛ける「おうた、おうた」「おうた、おうた」という掛け声も、このお囃子の律動感にのった呼応・問答の形式になっている。

音によるコミュニケーションのこのような特性は、何らかの原因で言葉等によるコミュニケーションを拒むいわゆる「閉じた子」にとってコミュニケーションを可能にさせる。いつも緘黙の子どもが自分の気に入った音を鳴らし続けるところに、その雰囲気に調和するように友達が自分の音を付けていき、作品を生み出したという事例報告もある。

[授業における位置付け] 音楽授業においては、音によるコミュニケーションは言葉や動きなど他の媒体によるコミュニケーションとの関連で出現し、発展していく。

グループ発表での演奏者と聴き手との交流も音によるコミュニケーションといえる。それにより、演奏者が意識していない意味を聴き手が見いだし共有することができる。音楽づくりの発表の場面で、演奏者は「夏の海辺で遊んでいたら大きな波がやってきて逃げていくところを表した」と表現意図を伝えて演奏する。聴き手からは「小さな音から大きな音になっていて、遠くから波が打ち寄せている感じが出ている」というように、演奏者が意識していなかった意味を見いだした発言が出る。音によるコミュニケーションの意義は、一定の意味を誰にも同じように伝達するところにあるのではなく、各自に意味を創造させていくところにある。（衛藤）

**言語による
コミュニケーション**

［定義］言語によるコミュニケーションとは、言語を媒体として自己の内的世界を外に表出し、他者と意味を共有していく行為のことである。音楽授業で共有される意味は、音楽の形式的側面について知覚したことや内容的側面について感受したこととなる。ただし音楽授業では、言語のみでその意味が共有されることはなく、必ず鳴り響く音を介して意味が共有される点にその特徴がある。

［音楽授業における言語活動］平成20（2008）年の学習指導要領改訂においてすべての教科で言語活動の充実が示された。言語活動は物事を論理的に考え、理解したことを伝えることや互いの考えを伝え合うこととされている。つまり人間の知的、社会的なすべての活動の基盤として位置付けられている。

音楽授業において音楽経験と言語活動は「経験－省察」の関係になる。歌う、聴くなどの音楽に働きかける行為（経験）を通して「付点リズムをたたくとわくわくする」などと言葉にすることで行為を振り返ることができ（省察）、それにより「付点リズムは楽しげな雰囲気を生み出す」という新たな意味が生成され、より意識して付点リズムを演奏するという、次の活動への指針が得られる。

このとき、他者とのかかわりの中で言語活動を行うことで多様な感じ方が登場し、それが土台となって音楽経験はより発展する。言語活動を協同的な学びの場とするためには言語によるコミュニケーションが必須となる。

［音楽授業にみる具体の姿］言語によるコミュニケーションの事例として、音楽づくりの授業における相互交流の場面を取り上げる。相互交流では作品を発表し合い、感じたことや気付いたことを言語を介して交流する。例えばトガトンをポンポンと鳴らすという演奏が行われた後、聴き手から「本当に滝の水が枯れているみたい」と伝えられ、そこで表現者はそう聴こえたのかと新たな気付きを得る。そしてその発言を受けて「滝がだんだん枯れていくように最後は音を弱くしていこう」と自分達の表現を変えていくことがある。作品を聴いた聴き手の知覚・感受したことが言語によって伝えられることで、表現者自身意図していなかった新たな意味が生成され、表現者にとってはそれが次の行動の指針となる場合もある。このように音を介した言語によるコミュニケーションは新たな意味の生成を引き起こし、表現の発展の契機となり得る。

また鑑賞の事例として《動物の謝肉祭》より〈カンガルー〉の授業を取り上げる。「迷子のカンガルー」を動きで表していた子どもがその様子を友達に伝えるという場面があった。みんなで音楽を聴きながら、その子どもは、スタッカートで演奏される旋律の部分は迷いながら飛び跳ねていて、スラーで演奏される旋律の部分で立ち止まってあたりを見渡していると説明する。そして最後の長調の分散和音のところで「ここで出口が見つかった感じ」とつぶやくとその途端、多くの子どもたちから「あ〜」「わかる〜」と歓声があがる。ここでみられた言語によるコミュニケーションは、鳴り響く音を介して、音楽について知覚・感受したことが言語で伝えられることで、発言した子どものみならず、多くの子どもにとって実感を伴った意味の共有を可能にしている。その理由として実際の音を指し示しながら「ここが」と音楽の形式的側面が特定されたことと、迷子のカンガルーの安堵感という質、すなわち音楽の内容的側面が「出口がみつかった感じ」と言葉によって伝えられたことが挙げられる。

言語によるコミュニケーションでは知覚・感受の内容が言葉によって意識され、かつ他者と共有される。それによりその後の音楽経験がより意図的なものへと変化する。（清村）

身体による
コミュニケーション

[質の共有] 身体によるコミュニケーションは、言語で伝えることができない音楽の質を可視化し、他者と共有することを可能にする。身体は個々人がもつ独自の感受性によって音楽の質を選んで受容する。受容された質は動きとして表れる。動きとして可視化された質は模倣などの他者からの反応を引き出すため、コミュニケーションが生じやすい。

例えばある音楽を聴いてAさんが左右に揺れて動いているとする。これはこの音楽の旋律等が醸し出す「揺れる」といった音楽の質が可視化された動きである。一方、隣のBさんが小刻みに跳ねるように動き始める。これは同じ音楽の3拍子等が醸し出す「小さく跳ねる」といった質が可視化された動きである。それに目を留めたAさんは、Bさんの動きを模倣し始め、2人で反復する。これはAさんとBさんとの身体によるコミュニケーションである。ここでAさんにも3拍子の「小さく跳ねる」といった質が共有されることになる。ただし、動きによる質の共有は無意識で生じることが多いため、どうしてそう動いたのかを言語化させ、本人に意識させる場面が必要となる。意識させることによって受容した質をもとに思考し、自分自身の表現を工夫したり、鑑賞した味わいを文章にまとめたりすることができるようになる。本来、質は身体によってしかとらえることができないため、音楽学習において身体を介して質を共有することは必須の過程といえる。

[身体的同調] 質の共有は身体を介して集団に広がる。集団への広がりは身体の生来もつ、身体的同調という機能を基盤とする。私達の身体は生来、他者とおのずと通じ合う機能をもつといわれる。それは相手の語りかけに対してうなずいたり、相手の呼吸に合わせて自然に動いたりするといった動作に表れる。この互いに合わせ合う動きを「身体的同調」という。例えば1人が音楽の拍にのって動くとそれが集団に広がったり、また別の動きが拍にのって集団に広がったりする。拍やリズムにのることをきっかけとして身体的同調は集団に広がる。例えば拍にのって手をヒラヒラさせて動いていたCさんがいる。D・E・Fさんがそれを見て模倣し、全員で拍にのって手をヒラヒラさせるようになる。次にCさんが鋭い手つきになると他3人は見守り、さらにCさんの動きが滑らかな動きになるとまた模倣したりする。

このように拍やリズムにのるという身体的同調を基盤としてコミュニケーションが活発に生じ、個々人の身体が受容した質が共有されていくのである。

[身体によるコミュニケーションの特徴] 身体によるコミュニケーションでは共有する質を集団の子ども達自身が選択することが特徴である。そのため、互いを否定し合うことなく、ゆるやかに質を共有することが可能となる。

言語ではうまく伝えきれない場合も、動きで表し、模倣されることによって他者に受け入れられることが実感できる。受け入れられた実感を得るとおのずと他者を意識して動くようになる。例えば音楽の拍にのって気ままに動いていた子どもが友達に模倣されたことに気付くと、相手の反応を見ながら一緒に動くようになる姿である。模倣されない場合も否定されるわけではなく、見守られるという反応によって他の質の方が共有しやすいことに自身で気付き、他の質の可視化へと向かうことになる。身体によるコミュニケーションに参加する子ども達の関係はおのずと協同的になるといえる。(鉄口)

[参] 菅原和孝・野村雅一編『身体と文化2 コミュニケーションとしての身体』大修館書店, 1996.

共感的コミュニケーション

[共感的コミュニケーション] コミュニケーションとは、人々が〈共通の目的〉の実現のため、協力して意味を共有していく、経験の共有過程のことである。コミュニケーションによって他者と意味を共有するためには、まずは、他者が想像しているであろう情景や感情を自ら想像し、そこでの雰囲気や感じを、あたかも自分事のように感じ取ることが必要となる。それが共感である。つまり、共感的コミュニケーションとは、共感との関係性をもったコミュニケーション全体のことを指す。

[共感的コミュニケーションの具体の姿] 音楽科授業における共感的コミュニケーションは、具体的にどのような姿として表れるのか。ここでは、《ペルシャの市場にて》を教材とした鑑賞授業を例に挙げる。

クラスで音楽を聴いたとき、Aくんがある部分を指して「インドみたい」な部分があったと発言した。それについて「わかる」という子もいれば、理解できずにいる子どももいる。そこで、「わかる」と言ったBさんに教師が説明を求めると、「私は、そこは『蛇使いみたい』と感じた」と腕をくねらせるという身体の動きを交えながら力説し、それを他の子どもは真剣に聞いている。そこで教師が「そんなところがあるか聴いてみよう」と音楽を流すと、木管楽器が半音階で上行下行を繰り返す部分に対して、子ども達が一斉に「ここ！ここ！」と反応する。そして、「わかった」「インドだ」「蛇使いだ」「笛がピロピロ鳴っている」と言い合うという場面である。

ここでは、「『インド』とか『蛇使い』みたいなところは、音楽のどの部分かを探す」ということが、クラスの〈共通の目的〉となる。そして、それは同時に「『インド』とか『蛇使い』みたいな音楽とはどんな音楽なのか」という、クラスの共通の問題にもなっている。そこでの問題解決の手がかりとなるのが、「インドみたい」「蛇使いみたい」等の比喩的表現である。クラスの子ども達は、AくんやBさんが想像したであろうインドや蛇使いの様子を想像しながら、そんな感じの部分を探すという目的で音楽を聴く。そこでは「インド」「蛇使い」という言葉のイメージに伴う、何かオリエンタルな感じの質を予想して音楽を聴くことになる。そして、音楽の中にそれと似た質を醸し出す部分を見つけると「ここ！ここ！」「確かに蛇使いだ」と共感の声を挙げ、対象となる音楽が特定される。

Aくんの「インド」という発言をきっかけとしたこれらの一連のやりとりは、友達と協同して問題解決を行っている姿と解釈できる。そして、「ピロピロという笛の音色で上行下行する旋律で奏される部分がインドみたいな感じがする」という意味がクラスで共有されることになる。

[共感的コミュニケーションの成立要件] デューイによれば、そもそも、共感の成立には〈他者への積極的な興味〉が不可欠であるとされている。先の例のBさんの「蛇使いみたい」という発言は、クラスの子ども達にとって「インドっぽい音楽がどんな音楽か」という共通の問題を解決する手がかりとなる予感を感じさせる発言である。つまり、問題解決に貢献してくれそうな〈他者の発言内容への積極的な興味〉を呼び起こす発言といえる。このように、共感は情緒的側面のみを指すのではなく、他者との協同的な問題解決の場において機能するものととらえることができる。そのことが質の共有を通じてなされるため、〈共通の目的〉が達成されることで「わかった」「確かに」のように達成感や満足感を共有することになっている。つまり、音楽科授業における質的な問題を扱う協同的な問題解決は、共感を生み、クラスに共同体意識を生み出すものとして期待できる。（兼平）

協同学習

［定義］協同学習（cooperative learning）とは、多様な学習者一人ひとりが主体的にかかわり合い学び合う活動を通して、互恵的な人間関係を形成しながら個としての学びを拡充・深化させることに本質をもつ教育方法。

かかわり合い学び合う学習活動に対しては、他に「協働学習」「協調学習」などの用語による提案もあるが、ここでは、学習者同士が主体的にかかわり合い学び合うという側面を「協同」の用語で代表させている。以下、音楽授業における協同学習の視点を四つ挙げ、授業実践事例とかかわらせて説明する。

［多様な媒体によるコミュニケーション］図形楽譜づくりや身体表現を通した音楽鑑賞の事例がある。学習者は、音楽を聴いて知覚・感受した内容を図形の構成や身体動作で表す。そして、音楽を聴きながら、表した図形の構成や身体動作の意味について説明や質疑応答を行う。

このように、自分の思想や感情を言葉だけでなく、音や音楽、身体、図形などの諸媒体も関連付けながら学び合えるような、多様な媒体によるコミュニケーション活動を学びの基盤にすることにより、音楽的思考を促進させることができる。

［個の学びと集団の学びの循環］身近な素材の音色を生かした音楽づくりの事例がある。植木鉢などをたたくとどんな音が鳴るのか、個々人が試した後でグループの中で音を鳴らし合う場面をつくる。すると、「祇園囃子の鉦の音みたい」など、音色の印象を活発に伝え合う状況が生まれる。続いて、グループ内でオスティナートを使って音を重ね合わせることにより多様な音の響きが生まれ、「寂しい感じ」「夜の森みたい」などのイメージが出される。さらに、個々人が知覚・感受した内容を1枚のボードに書き出し、みんなで見合って共有する。

このように、学習者一人ひとりが音を鳴らし知覚・感受する個の学びと、グループで音を鳴らして知覚・感受した内容を共有する集団の学びを循環させることを通して、学習者は、音色とイメージ・素材・奏法との関係の理解を広め、深めることができる。

［課題共有と役割発揮］音色に対するイメージを共有して音楽づくりを行う事例がある。グループ内で音色に対するイメージを出し合い、「怖くて静かな夜の森」という音楽表現のテーマが決まる。そのテーマを表現するために曲構成を考えるという課題が共有されると、「昼間の場面は水筒やマラカスが」「ボウルは夜の役割」など、個々人の役割が明確になり、それぞれが協力する姿勢が生まれる。

このように、学習者一人ひとりが役割を発揮し協力しなければ達成できないような課題に取り組ませる。

［互恵的な人間関係の形成］箏による創作アンサンブルの事例がある。「冬の終わりから春の始まり」というテーマを表現するために、グループで音楽づくりを進めている。ある学習者の演奏を聴いて、他の学習者が「冬から春につなげるには、もっとテンポを揺らした方がいい」と提案するが、それが他の学習者に受け入れられない状況が起こる。そこで教師は、共有した音楽表現のテーマを意識させ、提案をまずは実際にやってみるよう助言する。そして、やってみた結果をテーマと照らし合わせて検討するように方向付ける。学習者が自分とは異なる個性をもった仲間の存在価値を再発見させるようにすることが重要である。

［課題］協同学習における個の学びのプロセスと成果を、個に即してどのように評価していくのかが課題となる。（横山真）

［参］小島律子・関西音楽教育実践学研究会『楽器づくりによる想像力の教育』黎明書房, 2013.

構成活動

1 構成活動とは

［構成活動］社会的状況において、衝動を起点に、心身を使って素材と相互作用することを通して外的世界に作品を構成し、そのことと連関して内的世界を構成する活動。

「衝動を起点とする」とは、誰かから指示されてではなく、自己の内から湧き上がるエネルギーにより外的世界の素材に働きかけるということ。

「心身を使った素材との相互作用」とは、頭の中で記号を操作して考えるのではなく、実際に手を使って素材の形を変えながら「こうしたらこうなった。では、ああしてみたらどうだろう」というように考えること。

「外的世界に作品を構成する」とは、外的世界の素材との相互作用によって、素材を変形したり組み合わせたりして、自己の外側に作品を構成していくこと。

「内的世界の構成」とは、自己の外側に素材を構成するたびに「もっとこうしてみよう。こんなイメージにしたい」というように、自己の内側にも新しいイメージや思考や感情が生じて内的世界も再構成されること。

そして、このような活動は「社会的状況において」行われる。外的な素材そのものは社会的な存在であるし、素材を組み合わせる人間の内的世界も社会的な文脈に成り立っている世界である。そして、素材との相互作用を推進するには他者の存在が欠かせない。さらに目指す作品は他者と共有することを願って構成される。

以上より、構成活動の要件として①衝動を起点とする、②身体諸器官を働かせる、③素材との連続的な相互作用がある、④外面的成果を生む、⑤社会的状況で行われる、となる。

［起源］構成活動の起源は、デューイ（Dewey, J.）の「オキュペーション」概念である。デューイは、社会生活でなされる料理、裁縫、木工のような基本的な諸仕事に教育的意義を見いだし、それに類した活動を学校のカリキュラムの土台に位置付けた。それがオキュペーションである。オキュペーションは、子どもが本来もっている探究、構成、表現、会話の衝動や欲求から出発し、衝動や欲求が社会的な諸目的に沿うように導かれることで、科学や芸術への学習に至る活動様式である。そしてその原理は、経験の実践的側面と知性的側面との均衡におかれる。単に手足を動かして実践していればよいというのではなく、実践の行為とその結果を結び付けて振り返ることが重要だということである。つまり、内部の観念と、観念が外部に行為として具現化されたものとの間に相互作用があることがオキュペーションの原理である。

このオキュペーションにおける内部の観念と外部の素材との相互作用を、小島は、表現による二重の構成という視点からとらえなおした。表現による二重の構成とは、外側に内的世界を表現した作品を構成することで、内的世界自体も新たに再構成されるということである。そして、このような相互作用を軸とする活動を「構成活動」と名付け、外側の構成によって内側を成長させる教育方法として位置付けた。

2 構成活動の具体例

［音楽表現としての構成活動］音を素材として内的世界を表現する構成活動として、音楽づくり、うたづくり、楽器づくり、図形楽譜づくりなどがある。いずれも内的世界と外的世界との相互作用をもつのだが、相互作用の対象になる材料、あるいは相互作用の出発点が異なる。

［音楽づくり］生活経験で印象的だったイメージを、自由に音を選び組み合わせて表現する活動である。音にすることで再度そのと

きの生活経験が呼び起こされ、イメージがより深まっていくという、音と生活経験のイメージとの相互作用がみられる。出発点はイメージにあり、イメージに照らして音は楽器音に限らず環境に広く求められ、構成の手法は現代音楽に通じるようなオリジナルなものが探られる。生活経験でのイメージをまとまりのある作品に構成することで、子どもにとってリアリティのある表現が生み出される。
［うたづくり］自分の言葉を声にすることを通して自己の内的世界を表現する活動である。相互作用の材料は言葉になる。その言葉は生活で話している母語であること、そして他人の言葉ではなく、自分自身の言葉であることが条件となる。話され音声にされた言葉が、高低、強弱、リズムといった言葉の韻律的側面において変形されてうたになっていく。その変形をもたらすものが言葉の意味的側面のイメージや感情といえる。そしてそこには伝える相手がいる。言葉にし、うたにすることで、生活の中で経験してきた自分のイメージや感情を意識し対象化することができる。
［楽器づくり］自己の外側にある物質に働きかけて音を探究し、それを楽器として音楽づくりをする活動である。相互作用の材料は身の回りにある箱や缶、水、ボウルなどの物質である。物質を楽器にしていく過程で、音がどう鳴り響くのかを確かめながら自分の求める音を探す。そして見つけた音にイメージをもって音楽にしていく。音そのものに向き合う過程においては、生活で経験した様々な質がイメージを通して意識されやすい。それらのイメージをもとに、調和感ある、統一的質を醸し出す音楽にしていくことになる。
［図形楽譜づくり］音楽を聴きながら、知覚・感受したことを表す図形を色紙でつくり、音楽の構成に対応させて模造紙に張っていくという活動である。鑑賞領域の学習活動になる。色紙の切り張り自体は材料の形を変えて楽しむ幼児の遊びである。そこに図形楽譜をつくるという目的をもたせることで、音楽の知覚・感受と図形との相互作用が起こる。相互作用の材料は色紙の図形になる。音楽の知覚・感受を図形を通して外に表現し、表現してみることで音楽の聴き方が変化し、知覚・感受が新しく再構成されていく。

3　構成活動の教育的意義

構成活動は音楽科の学力育成に貢献することに加えて、以下の3点の教育的意義により人間形成にかかわる教育方法といえる。
［リアリティの実感］構成活動は、音符という記号操作の活動ではなく、感覚器官で触知できる材料を操作する活動、つまり直接経験を土台とする活動である。そこでは自分の行った操作が材料をどのように変化させたか、手段と結果を直に結び付けることが可能となる。それは仮想の世界ではない、リアリティを実感することができる。
［イマジネーションの育成］構成活動の材料の操作はイメージを拠り所としてなされる。過去の生活経験から想起された様々なイメージを関連付け、大きな統一されたビジョンをもって作品に構成していくのがイマジネーションである。材料の構成においてイマジネーションの発揮を要請する構成活動は、イマジネーション育成に有効といえる。
［共同体］構成活動は、個々人の孤立した活動ではなく、グループで一つの作品をつくる活動である。目的を共有して、メンバーがイメージや発想や表現意図といった自分の持ち物を出し合ってコミュニケーションをし、統一感や調和のある一つの作品をつくっていく過程は集団の共同体形成に有効に働く。（小島）

［参考］小島律子「構成活動における経験の特性とそこで育つもの」『日本デューイ学会紀要第57号』，2016.

図形楽譜づくり

　音楽で知覚・感受したことを色紙を切り貼りして図形にして表現することで、知覚・感受を再構成していく鑑賞領域の構成活動。その有効性には、①音楽の質的側面の意識化、②音楽の部分間の関係及び全体と部分との関係の意識化、③イメージを通した共感的コミュニケーションの成立と活性化、がある。この３点について、《動物の謝肉祭》より〈水族館〉を教材とした事例に対応させると以下のような姿となる。

　①では、弦楽器の音色の「波みたいな感じ」を表す水色で波のような図形をつくり、つくった図形を見ることで「暗く重い波の感じ」という音楽の質的側面を意識した。

　②では、音楽をA、B、Cの三つに分けると、AとBは同じ旋律、Cは大きく変化する旋律という全体をとらえた子どもは、A、Bと比べてCは「森に迷い込んでいる感じがするから濃い色にしよう」と音楽の部分間の関係や全体と部分の関係を意識した。

　③では、図形楽譜を交流する場面で「なぜ波のような図形にしたのか」という質問に対して作成者が「波が広がって押し寄せて静まってなくなっていく感じ」を表すためだと答える。そこで、クラスでその感じを確かめるために音楽を聴くと「確かに。波が押し寄せている感じが伝わる」という発言が出るなど、イメージを通して共感的コミュニケーションの成立と活性化がみられた。

　最後の批評文の「旋律だけだと不安で怖い感じがするが、他の音が重なると不思議で楽しい感じになる」という記述からは、指導内容である「テクスチュア」についての知覚・感受が再構成されたことが読み取れる。（小林）

［参］小島律子編著『子どもが活動する新しい鑑賞授業』音楽之友社，2011.

楽器づくり

　ここでは、既製の楽器を模倣して制作する楽器づくりではなく、音探究と音楽づくりが一体となった構成活動としての楽器づくりを指す。子ども達が素材と向き合い音探究をし、音に想像力を働かせてイメージをもつことで、音を秩序付けて音楽としての形をつくっていく活動のことである。つまり構成活動としての楽器づくりの授業は「音探究－楽器づくり－音楽づくり」という発展の道筋をたどる。

　楽器づくりの実践は、ペットボトル、紙、ボウル、植木鉢、竹などの身近な素材から生み出される音に耳を傾けることから始めるため、音色を指導内容の軸として定めて指導する。例えばボウルや植木鉢などつるしたものを前にすると、子ども達は衝動的にたたきたくなる。そこで生まれた音から「鐘のような音がした」と感じたことを伝えたり、その音を「ボーン」と擬音語で表したりする活動を設定することで、音と行為に対する反省が促され音色へと意識が焦点化されていく。

　さらに音を音楽に構成していく際には、構成の手がかりになる反復や問いと答え、テクスチュアなどの構成原理や要素を提示すると活動が発展する。つるしたものの音の場合は、その持続音を生かしてオスティナートを重ねるという活動を設定し、テクスチュアを副次的な指導内容として定めることができる。中間発表や最終発表では、イメージの表現と音楽の構成要素の工夫との関係に着目させて聴き合うことで、イメージ豊かに互いの作品を鑑賞することができる。イメージをもって音質に耳を傾ける構成活動としての楽器づくりは想像力をはぐくむと期待できる。（髙橋詩）

［参］小島律子・関西音楽教育実践学研究会『楽器づくりによる想像力の教育－理論と実践－』黎明書房，2013.

教育方法

うたづくり

うたづくりと称する実践には、西洋機能和声の歌唱曲を作曲する「歌づくり」と、話し言葉を声に出し唱えながらふし付けていく「うたづくり」がある。「うたづくり」は話し言葉の抑揚やリズムが基となるので、日本語の場合は日本伝統音楽の様式に通じる作品となりやすい。

さらに活動の目的を、子どもの内的世界の表現（表出も含む）に置くものと、作品の完成度に置くものがある。前者は「構成活動」の方法、後者は指導ステップに即すという方法がとられやすい。ここでは「構成活動」としての方法をとるものを「うたづくり」とする。実践例として、小学校低学年では「売り声」実践がある。生活で耳にする売り声をまねさせることから、売り声の特徴である言葉の抑揚と伸縮に着目させ、子ども自身に「売り声」をつくらせる。そして品物を売り歩きながら歌って発表する。高学年では「生活のうた」実践がある。これは、子どもが自分の生活を、子ども自身が日常生活で使っている話し言葉で綴り、それを声に出して語っていく過程で話し言葉に近い抑揚でふしが生まれ、生活感情を表現するうたとなっていく。中学校では「音頭づくり」実践がある。盆踊りのように輪になってグループでつくった「音頭」を歌い踊る実践である。歌詞は生活経験を基にした社会風刺を歌っている。

うたづくりは、日本語を母語として日本に生活する子どもが、話し言葉で声による音楽表現をするところに意味をもつ。歌うことを、内からの欲求として声を発する行為としてとらえ、言葉を語らせることで子どもの生活感情を引き出すことができる。（楠井）

［参］小島律子・関西音楽教育実践学研究会『生活感情を表現するうたづくり』黎明書房, 2014.

音楽づくり

音楽づくりには大きく二つの立場がある。一つは、平成元（1989）年の学習指導要領改訂を機に学校現場に普及した音楽づくりである。一例に、ある特定の構成音を使って短いフレーズをつくり、それを反復したりずらしたり、同じ構成音からできた和音を重ねたりして作品をつくる活動がある。ここでは音楽語法・技法を操作して外側に統一感ある作品を生み出すことが重視されているが、子どもの内的世界に着目する場面はみられない。

もう一つは構成活動としての音楽づくりである。この授業では、作品を構成していくという外側の活動とイメージや感情を発展させていくという内側の活動を意図的に連関させることが重視される。例えば同じように特定の構成音で短いフレーズをつくり、そのフレーズを木琴で反復する。この時点ではまだイメージは意識されていない。フレーズの反復を客観的に聴くなどして「田んぼのあぜ道を散歩しているよう」など生活経験が呼び起こされ、イメージが意識される（内側の変化）。出されたイメージを手がかりに「雨上がりの散歩」などのタイトルを付けることで表現の指針を得る。そして子ども達は「小雨→止む→日差し→虹」というように外界の論理に構成の手がかりを求め、外側の形を整える。例えば小雨から雨が止んでいく部分ではフレーズの反復を徐々にゆっくりにし、日が差す場面になると付点のリズムに変形させたりするなど（外側の変化）。さらに自分達の表現を振り返り「最後はすーっと虹がかかるようにゆっくり弱く終わったほうがいい」とイメージを具体化し（内側の変化）、意図をもって速度や強弱を変えていく（外側の変化）。このように構成活動としての音楽づくりでは外側と内側を絶えず関連させて表現を形づくっていくことが重視される。（清村）

教師の指導性

[語義] 授業における教師の指導性とは、学力育成のための、学習の発展を保証する時間、空間、素材、人間関係などの諸条件の準備、助言、示唆、援助などの働きかけのこと。

[指導性概念の変化] 指導性のとらえ方は学力観の転換に関連し、時代により変化している。旧来、子どもが多量な知識を個々に獲得するための条件を整備し、習得された知識の正誤の確認によって子どもの学習を方向付けるところに教師の指導性が求められた。しかし、21世紀に求められる学力は、グローバルな知識基盤社会において直面する諸問題を他者と協同して解決していくための論理的思考力、想像力、共感的洞察力といった探究の能力や社会的な能力へと方向付けられた。このような学力観の転換により、授業では子どもの主体的な探究活動が目指されるようになり、教師は探究活動を促進させるための状況や課題を設定し、子ども自身が主体的に学習に取り組めるように環境を設定するという方向に教師の指導性がシフトしていった。

[生成の原理に基づく授業における指導性] 生成の原理による授業では、子どもが環境と相互作用する経験をつくり変えていくことが本質となる。教師側からいえば、相互作用を成立させ発展させる役割があるということになる。

①相互作用を成立させる

教師が教室に持ち込んだ教材に対して、子どもが何らか自分との関連を感じさせるようにする。例えば、歌詞の内容から「富士山見たことあるかな、富士山てどんな山？」と問い子どもの過去の経験を振り返らせる。あるいはリズムを感じ取りやすい曲ならば、身体的な同調を引き出すよう、楽曲を聴きながらステップを踏ませるなど、子どもと教材との相互作用が成立する場を設定することが求められる。

②相互作用を発展させる

《さらわたし》を歌って遊んでいたところに、教師が「カノン」や「オスティナート」を重ねる。まずは、子どもに「歌いにくい」などの問題を生じさせる。そして、子どもがもった「歌いにくいのはなぜか」という問題を解決するために使える材料を提供する。例えば、旋律とオスティナートがどのように重なっているのか比較聴取させる、カノンとオスティナートの重なり方の違いが分かるように楽譜を掲示する、などの手立てとなる。

③個と個をかかわらせる

まず、子ども自身に自分と教材とのかかわりがどういうものであるか明白にさせる。音楽を聴いたり、ステップを踏んだりして思ったこと、気付いたことを「どんな様子が浮かびましたか」「気が付いたことはありますか」と教師が問うことで、表に引き出す。

子ども同士で話していることやぼそぼそっとつぶやいた言葉が指導内容に関係していれば取り上げ、全体に共有させる。

あるいは、全体交流の場で、子どもから出された意見をクラス全員が分かるように、音にかえして確認する。「最初のところの音が鶏がえさをつついているみたい」というA児の発言に対し、教師が「音で確かめてみよう」「音楽を聴いて『ここが』というところを言ってください」と、出された意見を音にかえしてクラスで確認する。A児と教材とのかかわりを全体の場で明白にさせる。

個と教材とのかかわりの内容が明白になれば、そこに個々人が共通点、相違点を見いだし、個と個とがかかわることが可能となる。教師は、子どもの発言に関連性を見いだし、個と個の発言内容をかかわらせる、個と個がかかわる場を設定するなどの手立てを行う。
（衛藤）

発問・指示・説明

　音楽の授業における教授行為の一つで、言葉「指導言」による働きかけのことである。「発問」は子ども達の思考に働きかける指導言、「指示」は子ども達の「行動」に働きかける指導言、「説明」は「発問」「指示」の基となる指導言である。

　例えば、鑑賞の授業において「この曲を聴いてどんな感じがしましたか」という働きかけは「発問」、「(この曲にはAの旋律が何度か出てきます) それでは、Aの旋律が聴こえたと思ったところで手を挙げてください」という働きかけは「指示」、「この曲のように一つの旋律が異なる旋律を間に挟みながら繰り返し出てくる曲の仕組みを『ロンド形式』といいます」という働きかけは「説明」である。

　「発問・指示・説明」を考える上で重要なのは、子ども達にとって分かりやすい言葉になっているかどうかということである。言われている内容が理解でき、子どもが何を考えればよいのか、何をすればよいのかが分かるような言葉を吟味し精選する必要がある。

　例えば、歌唱表現における歌い方に関する指示の場合、「(スタッカート表現について) 腹筋を使って息を短く切るように歌ってごらん」と言うよりも、「まずろうそくを吹き消すようにして息を吐いてごらん。それと同じような感じで歌ってごらん」と言ったほうが理解しやすいなどである。

　指導言を効果的に使い分けられるようになるためには、そのレパートリーを豊富にもっている必要があり、そのためには、子ども理解を深め、教材研究を積み重ねていくことが重要である。(松本)

[参] 篠原秀夫「音楽授業における教授行為の研究：教授行為研究の役割と課題」『研究紀要』第56巻，金沢大学附属幼稚園，2010.

範唱・範奏

　音楽の授業における教授行為は主に二つあり、一つは言葉「指導言」による働きかけ、もう一つは音楽による働きかけである。「範唱・範奏」は後者に当たり、音楽科固有の教授行為といえる。これは、音楽のもつよさや美しさ等を子ども達に直接音楽を通じて伝えようとする働きかけであり、指導言ではなかなか伝わりにくい指導内容も、範唱・範奏を聴かせることによって、子ども達に容易に理解される場合がある等の特性をもっている。

　平成29 (2017) 年告示の小学校学習指導要領にも、指導事項として範唱を聴いて歌ったり、範奏を聴いて演奏したりすることが位置付けられており、これらの活動を通して、聴唱・聴奏の能力を育てることが期待されている。

　範唱・範奏を聴かせるタイミングとしては、学習の導入場面、知覚・感受を深める場面などが考えられ、場面に応じて聴かせるねらいや聴かせ方も異なってくる。例えば導入場面では、学習への関心・意欲を喚起するために、教材曲の範唱・範奏を全曲通して聴かせ、子ども達がその楽曲に憧れを抱くように仕向けることが考えられる。一方、知覚・感受の場面では、子ども達が知覚・感受したことを言葉で共有するだけでなく、常に範唱・範奏を聴いて確認させることで、音楽のよさや美しさをより確かなものとして感じ取れるようにし、それを自らの表現の工夫にもつなげていくように促すことが考えられる。その場合、楽曲の一部だけを取り出し、繰り返し聴かせることもある。

　範唱・範奏の音源としては、教師や児童による演奏をはじめ、視聴覚教材等の利用、専門家による演奏などが考えられ、ねらいに応じて適切に選択することが重要である。(松本)

板書計画

　板書計画とは、子どもの学習に必要な情報や、子どもの思考を引き出す仕掛け、子どもの発言などを、授業における学習の流れに添って黒板に提示する形式やタイミングについて計画することを意味する。板書計画は、学習指導案の作成と並行して行われる。

　音楽科の授業における板書には次の三つの機能がある。①指導者が学習の目的や学習の流れ、教材曲にかかわる情報を提示する。②指導者が個々の子どもの発言を整理しながら書き、知覚・感受に基づいた音楽的思考のプロセスを可視化し共有する（この場合、子どもが自ら書き込む場合もある）。③指導者が授業の流れ、学習内容、子どもの学習状況を確認する。この中で①と②が板書計画とかかわる。①については予め内容を準備しておくことができるが、②については指導者が学習内容を系統的に把握した上で、子どもの音楽的思考をレディネスとかかわらせて導き出すプロセスをイメージしておくことになる。

　板書の内容は学習指導案の学習活動のねらいと関連している。そのため、板書の内容は、授業に設定された学習の目的に向かったものになる。また、板書で提示された用語、楽譜や記号、画像については、言葉による理解だけにならないように、音や音楽とかかわらせて理解させるよう計画しなければならない。

　板書は黒板やホワイトボードに文字や楽譜を書いたり、学習の目的、用語、楽譜などを書いた紙を張ったりするのが一般的であるが、学校のICT化に伴い、プロジェクターや電子黒板などの機器にパソコンを接続して、プレゼンテーションソフトなどを用いて提示する方法や、デジタル教科書の画面に電子ペンで直接書き込む方法も取られる。板書で用いる色については色覚障がいのある子どもへの配慮が必要となる。（田中）

机間指導

　授業の中で、指導者が子どもの座席やグループで活動している場所を回りながら個々の子どもの学習状況を把握し、個に対応する指導や子ども同士をかかわらせる指導を適切に行うことを意味する。把握する内容は、子どもの知覚・感受や思考が設定された学習の目的の実現に向かっているかが主となるが、ワークシートへの記入の仕方など、指導者が伝えた指示に対する理解も含まれる。また学習状況の把握は、指導者の授業改善にもつながる。かつては、机間巡視、机間巡回などの言葉も使われていたが、指導と評価の一体化や個々の子どもにかかわったきめ細かな指導が求められてきたことから、机間指導という言葉が用いられるようになった。また、机間観察という言葉は、個々の子どもの学習内容への興味・関心や理解度、レディネスの状態を把握したり、学習状況や雰囲気をクラス全体としてとらえたりする意味で用いられることがある。

　机間指導は学習評価の一環として行われるので、指導者には授業に設定された学習内容や学習課題、そして学習の方法と流れを明確に把握しておくことが求められる。その上で、指導者は個々の子どもが学習課題を解決していく状況を見取り、必要に応じて解決の手がかりや新たな視点を示すことになる。その際に、指導者が「このように歌ったら、その感じがでると思うよ」と言うなど、課題解決の仕方を指示することで子どもの思考の場を奪ってしまわないように留意する必要がある。また、学習課題の解決につながる事柄に気付いたり課題解決の方法を考えたりしている子どもには、その内容をその場所で発表するように促すことで、課題解決の新たな視点を、他者の存在を感じながら全体で共有する場をつくることができる。（田中）

チームティーチング
team teaching

2人以上の教員が協力・連携して、同一学級、あるいは同一学年に行う授業体制のこと。文部省が平成5〜12（1993〜2000）年の第6次公立義務教育諸学校教職員配置改善計画で、個に応じた多様な教育を実現することを目的に進めた。その背景には、児童生徒の減少傾向への対策として教職員の改善配置という政策上の意図があった。

同一学級に複数教員配置の場合には、T1、T2というようにそれぞれが役割を分担して授業を進めることが多い。T1が授業を主導し、T2が補助的な役割として児童生徒の支援に当たる場合である。音楽授業では、T2が低音パートを受けもって児童生徒の合唱活動にリーダー的な役割で参加し、支援と同時に協同して音楽をつくることも可能となる。

また同一学年に複数教員の場合には、児童生徒の興味・関心やニーズによって分けられた集団ごとに、同じ役割をもつ教員を1人ずつ配置することが多い。習熟度別、あるいは選択テーマ別の少人数指導のような場合である。こうした場合、児童生徒の実態や指導の意図を共有する教員を複数配置することにより、指導・支援の場面が増えるだけでなく、児童生徒同士のコミュニケーションが活性化されることも期待できる。

いずれの場合も、チームとしての協力体制が大切であり、児童生徒の情報を随時共有しながら、教員同士が協同して授業研究に取り組む必要がある。

チームティーチングは、個に応じた多様な教育の推進を目的に始まったものであるが、教科横断的なカリキュラム編成により、教科や学年の枠を超えたチームティーチングの可能性も大いに考えられる。（中村）

［参］国立教育政策研究所「広報第112号」1998.

 ## ゲストティーチャー
guest teacher

授業のねらいを達成するために、学校の要請により招かれた外部人材のこと。多くの場合、その目的とは、児童生徒がより専門的な技能や知識などに触れることにある。

平成14（2002）年実施の中学校学習指導要領で和楽器が必修となり、さらに平成20〜21（2008〜2009）年の改訂で、我が国や郷土の伝統音楽の指導の一層の充実がうたわれて以来、我が国や郷土の伝統音楽の演奏者・継承者がゲストティーチャーとして招かれる傾向が強まった。

ゲストティーチャーの役割は、大きく次のように分けられる。①演奏などのパフォーマーとしての役割、②演奏などの技能を教えるティーチングの役割、③文化や歴史などの知識を伝える講師としての役割、④授業構成を教職員と共に考えるサポーターとしての役割、の四つである。例えば④の場合、教師は実技を学ぶだけでなく、議論を通して指導や評価に生かす手法や視点を得ることもできる。

招く側は、人材の選定、場や日程の調整などといった運営面の打ち合わせにとどまらず、ねらいの達成のため、何を、どのように、どの程度指導するのかという授業デザインについてもゲストティーチャーと共通理解していくことが大切である。その際、授業者とゲストティーチャーをつなぐコーディネーターが存在する場合もあるが、授業者の思いが伝わりづらくなるというデメリットもある。

学校という閉ざされた空間の中でも、地域・社会に開かれた教育課程を創造するという視点に立つとき、学校と地域・社会をつなぐゲストティーチャーの役割は、今後ますます期待される。（中村）

［参］「ラウンドテーブルⅥ報告」『学校音楽教育研究』vol.14, 2010, vol.15, 2011.

集団学習

[語義] 学級内に少人数の集団を編成し、集団であることの利点を活用した学習形態。グループ学習ともいい、小集団を基盤とした学習を指す。一方、一斉学習と呼ばれる学級集団を対象とした学習は、教師対学級という形態になるため、ここでは集団学習に入れない。

集団学習には、グループ学習とペア学習がある。グループ学習は、3~5人の子ども達を1グループとして、グループごとに話し合ったり、実験・調査などの活動を協同して行ったりする。ペア学習はグループ学習の一つといえるが、単に人数が少ないということではなく、隣の席同士で考えを交流したり、互いの学習状況を確かめたりする等、ペア学習固有の利点をもつ。

[意義] 学校教育は物事に対する思考や行動様式が異なる子ども達が集まり、一つの学習集団を構成し、その中で授業が行われることに教育的価値を見いだす。そこでは、子ども同士がかかわれるコミュニケーションの場を設定することが重要となる。そのためには、単元・題材や時限の中でねらいに応じて柔軟な学習形態をとる必要がある。

[音楽授業でのグループ学習の場面] 一つは、表現の工夫をさせる場面。知覚・感受したことを基に表現の工夫を考えさせる場合、個々人の考えを反映させることができるようにグループ活動を組み入れる。個々人がもった「軽やかなイメージを表すのに、ここの言葉を少し切るように表現してはどうか」等の考えを拡大楽譜に書き込ませたり、付箋で張り付けさせたりして、実際に音を出して試させる。試してみた結果、もっとこうしてはどうかと新たな案が出される。このように、少人数で活動に取り組むことで個々人の考え方が表現の工夫に生かされ、新たな提案を次々と試すことが可能となる。

二つは、互いの音を聴き合って練習させる場面。クラス全体の合唱や合奏で旋律が覚え切れていない、音がそろっていない、といった課題を克服させる場合、子ども自身が音を確かめ、他者の音と合わせられるようにするためにグループ学習を組み入れる。学級全体の器楽合奏で、パート毎のグループになって練習する、パート同士で聴き合うといった場面となる。そこでは、自分の出している音を確かめさせ、難しいところを教え合わさせることができる。そうすることで全体の場で自信をもって演奏することが可能となる。

[ペア学習の場面] 一つは、音楽活動を行い、その後で気付きを出させる場面。子ども自身が何となく、ぼんやり見ていたもの、聴いていたものを確認させるためにペア学習を組み入れる。わらべうた遊びで遊んだ感想を発表する際、まずペアで話し合わせる。A児は「豆になって飛んで行くところがおもしろかった」と感じる。S児はなんとなく「『まめがら』って何だろう」と思う。そのままでは消えてしまうような曖昧な気付きや疑問がペアで話し合うことで自覚でき、この自覚により、自身と教材とのつながりが確認できる。

二つは、自分の考えを他者と交流させる場面。知覚・感受した内容をクラスで交流させる場合、挙手によって発言させていると、同じ子どもばかりが発言することになり、その意見だけで授業が進んでしまいやすい。そこで、話し合いに多くの子どもを参加させるためにペア学習を組み入れる。ペア同士で意見を伝え合うことで、今何について話し合うのかが明確になり、自分の意見を述べ相手の意見を聴くという対話を成立させやすくなる。

授業者はペア学習で出た意見を拾い上げることで多くの子どもの意見をクラスに反映させることができる。子ども達にとっては話し合いに参加しているという意識をもつことができる。（衛藤）

個別指導

　クラス授業における学習では、学習者が教師の指導の下で学ぶという活動が展開される。その学習形態をクラスの学習者と教師という人間関係の観点から分類すると、一斉指導、個別指導、グループ指導と分類される。ここではクラス授業において学習者一人ひとりに教師が指導を加えることを個別指導とする。

　その方法としては、一斉授業における机間指導によるものや課題を通しての指導がある。

　ワークシートに答える場面において、机間指導による方法は、学習者の理解の仕方やつまずきを直に把握できる。比較聴取のワークシートで拍の有無の知覚面を誤答している子どもがいれば、教師はそこで個別に対応して正解に導くのではなく、音源を聴かせ机を打たせるなど手立てとなる活動をクラス全体に提案する。あるいは感受面の書けていない子どもがいれば、書けている子どもに発表させ、再度音源を聴かせて確認する。

　個と個とのかかわりを通して個の学習が進展するという学習理論からいえば、個別指導を単独で行うのではなく、一斉指導やグループ指導に関連付けて実施することが有効である。現在、一斉指導の中で個別指導をいかに進めるかは実践研究の関心事になっている。

　課題を通しての個別指導では、個々人の関心や能力に応じて合奏のパートを選択させ、各自に目的を設定させて、個人練習の時間をとるという方法がある。本人が目的を意識している場合は、教師がグループを回りながら、技能面について個々人のその場その時に応じた助言を与えることが有効である。

　特別の配慮を要する子どものための指導も、個々人の関心や能力を見定めて選択肢を提案し、その子どもの表現を他の子どもの表現に関連付けていくことが重要である。（金子）

教室空間

　教室は効果的・能率的な音楽学習の場であるため、音楽室の環境構成を図ることが重要となる。それは授業の目的と大きな関係をもつ。かつての段差のある階段教室は教師が指揮者となる合唱の授業を想定したものであった。グループでの協同学習を重視するなら、机や椅子を移動しやすい空間が求められる。また、歌唱、器楽、創作、鑑賞、体を動かす活動など、学習分野に対応でき、一斉指導、グループ指導、個別指導など効果的に活用できる、融通の利くスペースが考慮されるべきである。机が必要か椅子だけでよいか、ということも授業デザインと関係してくる。

　次に、音楽を学習対象とすることから、空気換気と遮音についての配慮がある音響設計とゆとりのある空間が必要とされる。また響きすぎる教室は逆に音が聴きにくくなる。

　DVDやCDの音源が良い状態で活用できることは必須条件となる。楽器の音色もクリアに聴こえてこない状態では豊かな感受もできないであろう。またDVD視聴時に、採光・彩色、照明が邪魔して見にくい場合がある。それは学習者の学習意欲をそぐことになる。学習意欲を喚起し、音楽活動の充実を図るために、楽譜、CD、DVD、各種の資料、掲示物などの整備が求められる。さらに楽器の整備も考慮しなければならない。どこに何があるのかわからない状態では、子どもが主体的に楽器の選択をすることが難しい。

　現在、常に一斉に合唱・合奏をするという授業は想定されておらず、グループ活動が重視されてきている。グループで発する音が他のグループの活動を邪魔しないという環境が大事となる。自分達の音を聴いて振り返り、次の指針を得るためには、自分達の音を聴ける環境が必要となる。（金子）

メディアの活用

第6章 授業デザイン

授業における教科書の活用

　教科書は正式には「教科用図書」といい、小学校、中学校、高等学校、特別支援学校などの学校で教科を教える中心的な教材として使われる児童生徒用の図書のことである。我が国では学校教育における教科書の重要性を踏まえ、原則として上記の学校では文部科学大臣の検定に合格した教科書を使用しなければならないことになっている。

　教科書を活用する場面としては、表現の学習では以下の場面が考えられる。教科書の楽譜や歌詞を見て演奏する場面、教科書の記述や写真等を参考にして音楽をつくる場面、教科書の楽譜にどのように演奏したいのか自分の思いや意図を書き込み、自分のための楽譜をつくる場面、グループ学習や個人練習をする時に手元で情報を確認しながら活動する場面等。また鑑賞の学習では、教材曲に関する写真等の説明からイメージを広げるとともに、教材曲と文化的背景とを結び付けて聴く場面等が考えられる。

　教育の情報化に伴い、近年、音楽の授業においてもデジタル教科書が活用されている。デジタル教科書を活用する場面としては、楽器の奏法や歌い方等を動画で確認する場面、合奏でパートごとに色が変わる楽譜を見ながら聴いて旋律の高低やリズムを確認する場面、合奏の中から特定のパートの旋律やリズムを取り出して聴いたりする場面が考えられる。また、デジタル教科書の音源はMIDI音源で速度を変化させることができるので、子どもの学習状況や演奏技能等の実態に合わせて速度をゆっくりにして練習する際にも有効である。(金田)

［参］加藤徹也「教科書制度の概要と新しい教科書について～最近の動向と教科書活用の視点～」『音楽鑑賞教育』vol.12, 音楽鑑賞振興財団, 2013.

授業における楽譜の活用

　楽譜とは、楽曲を一定の記譜法にしたがって紙面上に記したもの。主として五線譜を指すが、音楽の様式により、数字や文字による記譜、図形による記譜などがある。

　授業において楽譜は次のように活用される。一つは、楽譜は音楽の諸要素の関連及びそれと歌詞の関連を視覚的に示すことで、知覚・感受を促し、知覚・感受に根拠を与える。例えば《きらきら星変奏曲》の鑑賞授業で、主題がどのように変化していくかに焦点を当てて聴く場面がある。第5変奏を聴いて「明るいけど、なんか暗さを予感させる」という感受の発言が出る。そしてその箇所をクラスで聴取し、そこに半音程の下行が出てくることを聴覚で確認する。それから楽譜を見て、主題の主旋律に半音階の下行進行が付け加わっていることを視覚的に確認する。ここで「黒鍵の音があることで暗さを感じたのだ」と、知覚・感受の根拠を得ることができる。

　《とんび》を教材とした表現の授業では、音楽を聴いたり歌ったりして「とんびが大空を悠々と飛んでいる」というイメージをもつ。そしてその根拠として、この楽曲は初めの音が付点4分音符で伸びていてその後、8分音符で音が上行していくという旋律線になっており、その旋律の動きが「とべとべとんび」という歌詞の抑揚とリズムに合っていることを楽譜で確認する。

　二つは、楽譜を媒介として子ども同士のコミュニケーションを活性化させる。音楽は時間とともに消えてしまうことから、音楽のある箇所を特定して共通の話題にすることが難しい。交流場面において、音楽が盛り上がっていると感じたのは、音楽のどこからなのか、と相手に考えを伝えるとき、楽譜の当該箇所を指し示しながら説明することで共通理解を図ることが可能となる。(衛藤)

授業における
インターネットの活用

音楽科におけるインターネットの活用は、主に以下の三つが考えられる。

一つは、情報の収集においての活用である。教材の文化的背景や曲想についてのイメージを喚起させる素材など、様々な情報を収集できる。特に、文章だけでなく画像、音声、映像など多様な形式の情報を入手できることが、最大の利点である。様々な演奏の視聴を通して多様な表現方法への気付きを促したり、音楽と人々の生活のかかわりをより深く考えさせたりするために、現地の人々による演奏を視聴することができる。なお、このような情報収集を児童生徒が行う場合は、インターネット上の情報には信頼できないものもあることを理解させるためにも、一つの事柄に対して複数の情報源から収集した上で比較させるなどの工夫が必要である。

二つは、電子メール、SNS(ソーシャルネットワーキングサービス)、ビデオ通話などを使った交流や遠隔授業という形での活用である。例えば、存命の作曲家や演奏家との直接交流や、教材の音楽が生活と結び付いている地域の人々との交流、遠隔地の人々と共同で音楽づくりをするなどの活用が可能である。ただし、SNSを活用する場合には、公開範囲を限定するなどの注意が必要である。

三つは、発表の場としての活用である。演奏や制作した総合芸術作品を共有サイトなどに公開すると、世界中の人々からコメントをもらうことができる。留意すべき点は、著作権への配慮である。他者の著作物を使用する場合は、人格権や財産権の侵害にならないような手続きが必要である。また、著作隣接権(演奏者の権利など)の侵害とならないような配慮も必要である。著作権者や著作権管理団体への申請が必要かどうかの確認などが欠かせない。(坂本)

授業における
デジタル教材の活用

デジタル教材は、音や音楽、静止画、動画、文字、楽譜などをデータ化したデジタルコンテンツの中で教材として扱うものを指す。デジタル教材は基本的にパソコンやウェブなどのマルチメディア環境で扱われる。

音や音楽としてのデジタル教材には一般的に、録音した音源をそのままデータ化した音声ファイルと、音楽の音高と音価をデータ化したMIDIファイルとがある。MIDIファイルは学校用電子オルガンなどで用いられ、再生する際に曲の速さや音の高さ、各パートの楽器の種類を簡単に変えられる。MIDIファイルは商品として販売されているものもあるが、MIDIに対応した電子楽器で作成することもできる。またデジタル教材は複製の際に、音質、画質の劣化がないため、複製に関しては著作権法の遵守が求められる。

実際の授業場面では次のような活用方法が例として挙げられる。①楽曲の文化的背景とかかわる画像を、子どもの集中が途切れないようにタイミングよく提示したい時は、元となる画像から編集ソフトで必要な部分を取り出し、プレゼンテーションソフト等で提示のねらいに合った形に編集しておく。②比較聴取の場面で二つの音楽を繰り返して聴かせたり子どもが再度聴きたいと言う方をタイミングよく取り出して聴かせたりする時に、それぞれの音楽を音楽編集ソフトで編集し音声ファイルにして音楽再生ソフトで再生する。またMIDIに対応した電子楽器を用いて、比較させたい要素のみを瞬時に変えて再生する。③声部の役割を理解して歌い方を工夫する場面で、声部同士のかかわり方を楽譜からもとらえさせたい時は、デジタル教科書と電子黒板を用いる。提示された楽譜を見て、各声部の旋律の形から気付いたことを即座に、収録されている実際の音声で確かめる。(田中)

授業における AV 教材の活用

　AV（Audio Visual）教材は、音声情報と視覚情報で構成されるコンテンツの中で教材として扱うものを指す。音声情報はその多くに音や音楽が用いられるのに対して、視覚情報は演奏の場面であったり音楽の歌詞やタイトルに応じた様子や情景であったり、あるいは音楽の構成を示す数字や言葉であったりと様々である。これらは教材として市販されているもの、テレビ放送等の他、機材を使用して自作することも可能である。

　AV 教材を適切に活用することで、学習者の教材に対する意欲を喚起したり、学習の目的に応じた知覚・感受を促したりすることができる。授業における活用例を述べる。

①子ども達に見たことや聴いたことのない表現や楽器について、その表現の仕方、演奏の仕方、楽器の音色等を提示する。

②二つの演奏場面を比較させ、その違いをもとに知覚・感受を促す。

③音声情報のみを聴かせ、楽器や演奏の仕方を考えさせた後、視覚情報を合わせて視聴させる。あるいは視覚情報のみを見せ、そこからどのような音や音楽が聞こえるかを考えさせた後、音声情報を合わせて視聴させる。情報を不完全にすることによって、それを完全なものにしたいという意欲を喚起し、示された情報を注意深く読み取るようにする。その後、完全な情報を視聴させることでより深い知覚・感受を促す。

④音楽をまとまりごとに分割し、それらに通し番号などの記号を視覚情報として示しながら視聴させることで、同一曲の中で比較聴取させる。記号が音楽を根拠として発言する際のインデックスとなり、音楽と知覚・感受との関係をより明確に発言したり話し合ったりすることができるようになる。（山﨑）

音楽室の掲示物

　まず掲示物と指導内容との関連を挙げる。
　「技能的側面」鍵盤ハーモニカやリコーダーの運指表と演奏時の姿勢がある掲示物は、指使いの確認をする場面だけでなく、子ども達の楽器の構え方や姿勢を指導する際に視覚に訴え、短時間での指導を可能にする。

　「形式的側面・内容的側面」〔共通事項〕に関連する、音楽を形づくっている要素の用語及び音楽の感受を言い表すのによく使われる言葉の掲示物は、感受を言い表す語彙の少ない子どもにとって助けとなる。常時掲示しておくことで日常的に子ども達の目に触れることになり、音楽の言葉に慣れることができる。

　「文化的側面」唱歌の歌詞の情景にかかわる写真、それらの唱歌の作詞家、作曲家の紹介をした掲示物は、楽曲の背景となっている自然、歴史、文化に関する情報やイメージを与え、歌詞や曲想の理解を助けることができる。

　次に、学習過程の観点より掲示物の使用場面を挙げる。

　学習の導入において、教材に関係する写真や絵などを電子黒板などで提示することは、子ども達が学習内容に興味関心をもち、自分の身近な事象と比べて考える場となる。また、学習で使用した写真等を説明とともに音楽室に掲示しておくことは、前時の学習の記憶を呼び起こし、学習の連続性をつくるために有効である。さらに、学級内での学びの成果としての板書の内容を、各学級や学年相互における学習の過程や成果を紹介する場として掲示することも有効である。

　掲示場所に関しては、ユニバーサルデザインを考慮した学習環境とするために、子ども達の注意が散漫になることがないよう、掲示する場所等には注意を払う必要がある。（金田）

音楽活動

表現領域の活動

平成29(2017)年現在、学習指導要領では、音楽科における表現領域は「歌唱」「器楽」「音楽づくり・創作」の三つの分野がある。

歌唱表現の活動は、「範唱を聴いて歌う」「楽譜を見て歌う」「歌詞や階名で歌う」などの歌唱方法や「独唱」「重唱」「合唱」といった歌唱形態がある。歌唱表現は歌詞をともなうため、歌詞の内容や歌詞の表す情景を感じ取ったり想像したりして、曲想にふさわしい表現を工夫し思いや意図をもって歌う。合唱表現では、旋律の重なり方や声部の役割を理解し表現を工夫して歌う。発声では、呼吸法・口形・姿勢・発音・言葉の特性などに気を付けて、曲種に応じた発声で歌う。

器楽表現の活動は、範奏を聴いて演奏したり、絵やリズム譜・楽譜などを見て演奏したりする。旋律楽器と打楽器の特徴を生かし、音色に気を付けて演奏し基本的な奏法を身に付ける。合奏では、各楽器やパートの役割を理解し表現を工夫して演奏する。

音楽づくり・創作の表現活動は、「表現への思いやイメージをもった音遊び・音づくり」「即興的表現」「音素材の特質を生かし構成を工夫した音楽づくり」などがある。

表現活動にあたって、内面にもったイメージや思いや表現意図を具体化したり仲間と交流したりするために、身体表現や指揮的表現活動を活用する。こうした表現活動を通して、音楽を特徴付けたり形づくったりしている「音色、リズム、速度、旋律、強弱、拍の流れやフレーズ、音の重なりや和声の響き、音階や調、テクスチュア、形式、構成」などの要素や要素同士の関連を知覚・感受し、多様な音楽表現の美しさや豊かさを味わう。(永田)

鑑賞領域の活動

［用語］平成29(2017)年現在、学習指導要領では音楽科の活動は表現領域と鑑賞領域に大別されている。鑑賞活動では、鑑賞者が対象である音楽作品に対して感性を働かせ、その音楽がもつ形式(音楽構造)を知覚し、内容(雰囲気、曲想)を感受し味わう。特に音楽の内容を感受する時、鑑賞者自身の感性を中心として作品を理解しようとするため、鑑賞することで感性の質と範囲が発達する。

［聴取と鑑賞］音楽を聴く行為には聴取(listening)と鑑賞(appreciation)がある。聴取は音楽に耳を傾け「聴く」ことであり、鑑賞活動では、直接体験としての聴取をすることが基盤となる。他方、聴取が聴くことにとどまるのに対し、鑑賞はその音楽が自分にとってどういう意味があるかという価値評価することまでを含む。そこで、対象を聴取し味わうことで、学習者が自分にとっての価値を見いだしていく学習にする必要がある。

［鑑賞の学習］鑑賞活動では、音楽に働きかけることでその音楽の特質をとらえていく。音楽から感じる「～みたいな感じ」が、音楽構造のどこから来ているのかを意識することで、形式(音楽構造)と内容(雰囲気、曲想)との関連が理解されていく。さらに、音楽構造と歴史的・社会的・文化的背景が結び付くことで、音楽構造への理解が深まっていく。このような学習過程を経て、「こういう音楽構造になっているから自分はこう感じたのだ」「だから魅力的に感じる」といった根拠をもった聴き方である批評的な聴き方が可能になる。この批評的な聴き方を言語化したものが批評文となる。批評的な聴き方が生成の原理による鑑賞の授業となる。(小川)

［参］日本学校音楽教育実践学会『生成を原理とする21世紀音楽カリキュラム』東京書籍，2006.

表現と鑑賞の一体化

［語義］元々、人間の音楽行為は音を出す側面と音を聴く側面が相互に関連付けられたものである。したがって表現活動と鑑賞活動をかかわらせながら音楽学習を進めるのは当然のことといえる。しかし同時に、表現活動と鑑賞活動はそれぞれ独自性をもっているので、それを実現することも重要である。

表現活動と鑑賞活動に共通して基盤となるのは、音や音楽に対する知覚・感受である。知覚・感受は聴覚を中心とした身体及び諸感覚器官を通じて行われる。ここでは、授業デザインにおいて、知覚・感受という共通の基盤をもって表現活動と鑑賞活動を関連付けることを「表現と鑑賞の一体化」という。

それには大きく、①表現学習に聴取活動を組み込むアプローチ、②鑑賞学習に表現活動を組み込むアプローチ、③表現単元と鑑賞単元を結合するアプローチの三つがみられる。

なお、ここで注意しておきたいのは「鑑賞」という用語を、楽曲全体を味わって価値判断を行いそれを人に伝えるという本来の鑑賞（appreciation）の意味で使っているのか、音を聴取する（listening）という意味で使っているのかを区別することである。

［表現学習に聴取活動を組み込むアプローチ］表現学習には歌唱・器楽・音楽づくりがある。この学習過程に、自分達の表現をつくっていく際の参考となるように聴取活動を取り入れる。子ども達が表現の工夫を考える、技能面の課題を見つける、といった場面に取り入れられることが多い。例えば、表現の工夫の参考となるように、特定の構成要素に注目させることをねらって教師が選択した別の曲を聴かせる場合がある。《汽車は走る》の歌唱奏の表現の工夫を考えさせる場面で、教師が強弱の付け方を工夫してほしいと考えた場合、プロコフィエフ作曲《冬のかがり火》の中の〈出発〉を聴かせる。ここに出てくる強弱の使い方を知覚・感受させ、自分達の演奏の強弱を考えさせるというねらいがある。

あるいは歌唱授業の場合、例えば自分達の演奏を録音し、同じ曲の模範演奏を聴いて自分達の演奏と比較する。「声がそろっていない」「強弱がはっきりしていない」と聴き取ったことから自分達の課題を設定し、練習するという学習過程となる。

ここでは学習のねらいはあくまでも表現にあるので、評価も表現領域の観点で行う。

［鑑賞学習に表現活動を組み込むアプローチ］鑑賞学習の指導事項の理解を図るために、単に楽曲を聴かせるだけではなく、その一部を体験的、模擬的に演奏させる。例えば、鑑賞曲で扱われる楽器に類似した音色の楽器で旋律の一部を演奏してみる、トルコの軍楽隊の音楽に特徴的なリズムを部分的に演奏してみる、ケチャを簡単に編曲し声で演奏してみる、といった活動である。

ここでは学習のねらいはあくまでも鑑賞にあるので、評価も鑑賞領域の観点で行う。

［表現単元と鑑賞単元を結合するアプローチ］表現単元と鑑賞単元を、指導内容を共通項として関連させる。例えば指導内容を「楽器の音色」として、楽器の音色を意識して《越天楽今様》を演奏するという表現学習を行う。そして次に同じく楽器の音色に着目させて《越天楽》を鑑賞する学習を行う。子どもが注意を向ける指導内容が同じであるため、表現学習で楽器の音色について知覚・感受したことが基になり、鑑賞学習ではより詳細に楽器の音色を知覚・感受することが可能となる。つまり、結果的に楽器の音色について知覚・感受の深まりが期待される。

ここでは、表現学習では演奏表現、鑑賞学習では批評文をつくる。したがって、表現と鑑賞の両方の活動が評価対象となる。（衛藤）

包括的な音楽活動

[定義] 包括的な音楽活動とは、音楽理解という目的に向かう手段として、演奏すること、つくること、聴くこと、音楽に合わせて身体を動かすこと等、様々な音楽活動が包括的に組み合わされた活動のことである。

また、音楽理解という目的に向かう手段として、様々な音楽活動を包括的に組み合わせて展開していく方法論的な筋道のことを包括的アプローチと呼ぶ。

[背景] 包括的な音楽活動は1960年代のアメリカの「現代音楽計画（CMP）」プロジェクトの経緯の中で「包括的音楽性」(Comprehensive Musicianship)という理念が示されたことに端を発する。「包括的音楽性」とは、演奏や創作、聴取活動において、分析的な態度をもって音楽に接することで音楽の構造を理解し、美的経験を目指そうとする音楽指導のあり方に関する理念のことである。

この理念が提唱された背景には、従来の音楽教育では歌唱や器楽など演奏活動が重視され、何を学習しているのかという明確な教育内容を有していなかった点に対する問題提起があった。そこで音楽概念の理解を中核にして、演奏のみならず、創作、分析、鑑賞などあらゆる音楽活動を相互に関連させることで、音楽に対する美的感受性が育つことが期待されたのである。このような包括的音楽性の理念は、音楽教育において音楽活動の総合化と学習内容の焦点化をもたらした。

[知覚による包括的アプローチ] こうした経緯の中でどのような実践が展開されていたのか。ここではアメリカのシルバー・バーデット社による音楽教科書『音楽』(1978年版)の中から、小学1年生で「拍」の学習を目的とした事例を挙げる。まず大工さんの音など生活音で拍の感じられる音源を聴く。次に曲に合わせて拍にのって様々な歩き方をする。そしてマラカスなどの楽器を使って曲に合わせて拍を刻む。拍の有無を示した図をみて拍を視覚的に確認し、別の曲で拍のある曲とない曲を比較する。

『音楽』では、音楽概念を学習の中核に位置付け、聴く、演奏する、動く、見るなどの活動を包括的に展開するという包括的アプローチをとっている。そこでは聴取活動を中心に知覚を促し、それによって概念形成を図ろうとしていた。

[音楽的思考による包括的アプローチ] 上記のアメリカの教育現代化の流れと同時期に誕生したプロジェクト「Manhattanville Music Curriculum Program」(1965-1970、以下MMCP)においても音楽概念を中核とした包括的アプローチがとられていた。

例えば「音色」というコンセプトにおいて、まず自分達が表現したい対比的なフィーリング（ゼリーの上を歩くこととスピードスケートなど）を決め、それに適した音色や楽器を選択する。そして作曲の計画を立て、練習をし、演奏する。自分達の作品を録音して聴き、「フィーリングが変化すると音色はどう変わったか」などコメントに答える。そして対比的表現をもついくつかの楽曲を鑑賞する。

MMCPにおいても、「音色」などの音楽概念を中核にして、創作、演奏、分析、鑑賞という活動が包括的に展開されていたが、MMCPの場合、子どもの音楽的思考による包括的アプローチがとられていた点が特徴である。例えば自分達の録音を聴いて作品を分析したり、「ゼリーの上を歩く感じを出すためにはトライアングルをどう鳴らせばよいか」と考えたりするなど、絶えず音楽的思考を働かせる機会が設けられていた。このようにMMCPでは、音楽理解という目的に向かって子どもの創造的な思考のプロセスとして包括的な音楽活動が展開されていたといえる。(清村)

わらべうた教育の実際

［わらべうた教育］音楽教育の出発点にわらべうたを置いたのが、コダーイ・ゾルターン（Kodály Zoltán）とカール・オルフ（Orff, C.）である。コダーイは、わらべうたを教材として、音楽の諸要素の学習や音楽の読み書きのソルフェージュ教育を提案した。オルフは、わらべうたの言葉のリズムと抑揚に着目し、そこに動きや音を即興的につけてアンサンブルにしていくという創造的な音楽教育を提案した。

日本では、戦後から1970（昭和45）年代にかけて日教組教研集会を中心に「わらべうた教育運動」が展開された。当初はわらべうた遊びのもつエネルギーが注目されたのだが、すぐにわらべうたの音楽構造の単純さを利用した読譜指導に移っていった。2000（平成12）年に入って、わらべうたを伝統音楽の萌芽としてとらえ直し、学校にわらべうたを導入したのが関西音楽教育実践学研究会の「21世紀わらべうた教育」である。遊びとしてのわらべうたが伝承されてきた文脈を保って扱うことを重視し、伝統音楽にかかわる指導内容を抽出し、音楽科の学力育成に寄与する活動として授業に組み入れた。

［わらべうた教育の実際］わらべうたを取り入れた授業が、わらべうたのどこに意義を見いだし、それをどのように授業に生かしているか事例を挙げる。

第一は、わらべうた遊びのエネルギーへの着目である。遊びは、身体諸器官を働かせ、エネルギーを発散させることができる。例えば、《やまのおっこんさん》のわらべうたを扱う場合、学習活動の一つとして運動場や体育館などで《やまのおっこんさん》で遊ぶ場面をもつ。広い空間で思いっきり鬼ごっこを楽しみ、この遊びのエネルギーの経験を土台に学習へと向かうことで、遊びと同じ感覚で意欲的に学習活動を進めることができる。

第二は、わらべうたの創造性への着目である。わらべうたは、時代や生活に合わせて子ども自身によって変形されて歌い継がれている。例えばわらべうた《はやしのなかから》は、「おばけ」や「豆腐屋さん」などが出てくる。他にも何が出てくるか考え、出てくるものを動きや言葉で表して遊びや登場人物をつくり変える。このように、わらべうたは自由につくり変えられることから、子どもの創造性を発揮させることができる。

第三は、わらべうたの社会性への着目である。わらべうたの遊びには、1人遊びもあるが複数で遊ぶものが多くある。そこでは、他者と言語や身体を通したコミュニケーションの育成が期待できる。例えば《いもむしごろごろ》は、友達と気持ちを合わせて動きをそろえなければ列が切れてしまい、遊びが終わってしまう。列が切れないようにするにはどうすればいいかと、遊びを成功させるために友達と相談したり動きや声を合わせたりする。

第四は、わらべうたを構成している音楽の諸要素への着目である。例えば《あぶくたった》には、「とんとん」「何の音？」「風の音」という問答がある。《おちゃらか》のお手合わせは拍にのって行われる。また、1人が《だるまさんがころんだ》を構成する二つの音に調絃した箏を用いて旋律を弾き、もう1人が「こーろんだ」のふしをオスティナート・パターンにして伴奏を付けることができる。それぞれのわらべうたにみられる特徴的な構成要素を指導内容とすることで、音楽科の学力を育成することができる。（廣津）

［参］小島律子・関西音楽教育実践学研究会『学校における「わらべうた」教育の再創造－理論と実践』，黎明書房，2010.

ふしづくりの実際

[ふしづくり] 一般的に「ふしづくり」と称する場合、ふし（旋律）をつくる活動のことを指す。楽器演奏のためのふしをつくる活動、あるいは既成の言葉や詩にふしを付けてうたをつくる活動が含まれる。うたをつくる場合でも、「ふしづくり」では歌詞よりもふしをつくる局面に重点がおかれる。そのため音階・旋法を軸に活動が展開される。使用される音階・旋法には、西洋機能和声の長音階・短音階、五音音階、全音音階などがある。西洋機能和声の音階を使えば、西洋音楽の様式の作品となり、わらべうたの音階を使えば、日本の伝統音楽の様式の作品となる。

[ふしづくりの立場] 教育的立場の違いにより、ふしづくりの授業デザインの目的には、子どもが自己の内的世界を表現することを目的とする立場、子どもの音楽技能の育成を目的とする立場、作品の完成度を目的とする立場が挙げられる。

[ふしづくりの方法論] さらに、方法としてどのように展開するかという点において、指導ステップによって導いていくか、子どもの「構成活動」として展開するか、という二つの方法論がある。構成活動というのは、人間の衝動性を出発点として、声や楽器を実際にいろいろ試しながら表現していく活動である。

[音楽技能の育成を目的とする実践] 昭和40年代に行われていた岐阜県古川町立古川小学校の「ふしづくり一本道」の実践がある。それは、30段階102ステップからなる教育課程で、ふしづくりをもとにし、音楽的な能力（拍反応、模唱奏力、再現力、即興力、変奏能力等）を系統的に身に付けることをねらいとしている。「聴いて→吹いて（模奏）→歌って→書く（記譜）」という順序で学習を進める。例えば、低学年では、●●●∨（タンタンタンウン）という拍を基本にし、●●●∨（はなこさんウン）、●●●∨（いちろうくんウン）などのリズムにのった言葉遊び、中学年では、3音から7音のふしづくり、高学年では、短い詩にふしを付け和音伴奏を付けて曲を完成させるものがあり、与えられたリズムや旋律や形式のパターンによって進められる。そこに鍵盤ハーモニカを吹く技能、記譜する技能が必要とされる。

[内的世界の表現を目的とする実践] この立場の実践は「表現の原理」を意識してデザインされる。表現とは、外的世界との経験を通して形成された内的世界（イメージや感情や情動など）を、材料を用いて自分の外側に具体的な作品として形づくることである。それは子どもの生活経験から表現内容が形成されるという点に注目し、歌詞をつくること自体も表現としてとらえる。自分自身の生活経験を想起させ、そこでの感情を伴ってふしづくりができるように、構成活動としての展開が計画される。

例えば「総合的な学習の時間」で実施された病院、消防署、幼稚園などでの職場体験をもとにコマーシャルソングをつくるという小学校6年生のふしづくりの実践がある。病院の仕事を経験した子どもの場合、内的世界に「手術の時は医者は緊張するんだな」「病院では医者や看護婦以外にも栄養士や薬剤師などいろいろな人が働いている」「いつでもたいへんだなあ、一生懸命がんばっている」といった認識、感情、イメージ等が生まれる。それらを基に歌詞をつくり、歌詞のリズムや抑揚を基に旋律やリズム、音程、拍子、調性、構成等を工夫して内的表現としてのふしを完成する。ここではみんなで歌えるふしをつくるところにねらいをもつ。話し言葉から出発しない点、うたづくりとは異なる。（井上）

[参] 古川小学校『ふしづくりの教育』明治図書，1975．西薗芳信・小島律子『総合的な学習と音楽表現』黎明書房，2000．

音楽づくり・創作の実際

[表現領域における創作]「創作」は、戦後、学校音楽教育の表現領域の一つの分野として位置付けられ、2017年現在に至っている。ただし小学校では、音をつくる楽しさを体験させる観点から、平成20（2008）年改訂学習指導要領において「音楽づくり」という呼称となった。

国立教育政策研究所によれば、音楽づくり・創作は、学校現場では歌唱・器楽、鑑賞に比べて実践状況は低調であり、平成24（2012）年度の学習実現状況の調査では、特に思考し判断しながら創意工夫するという音楽的思考の点に課題があると指摘されている。

[学習活動の実際]このような現状はあるが一方では、音楽づくり・創作は子どもが音楽的思考を発揮しやすい分野であると認識され、様々な実践研究が積み重ねられてきた。それらを大きく三つに分けてみていく。

①音素材に注目した実践：音素材との探究過程で学習者が自然界や生活の中にある様々な音や音色に気付く学習から、音楽がつくられる過程の学習へと進む実践である。

例えば、アジアや日本に馴染みの深い竹の素材を用いた実践では、竹林にアンクルン、トガトン、竹ボラなどの楽器を持ち込み、それらと竹を揺する、笹を振る等によって生じる自然音とのコラボレーションをさせる。竹の楽器を鳴らしながら、音を重ねたり間を音で埋めたりして音楽を形づくっていく過程で構成要素の学習を行う。

また水という自然の素材に注目し、水の自由な音探究を行う実践がある。水槽の中の水にお玉を垂直に様々な力加減で落とす実験を繰り返すことで、お玉を沈める時にお玉に入ってくる水の音が、カエルが水に飛び込む音に似ていることに気付く。しかも、水槽の水の量が多い方がよりカエルの飛び込む音に近いことに気付く。そうした過程で田んぼの景色、色、カエルの泳ぐ様のイメージがより鮮明になり、ストーリー性のある音楽が形づくられていく。

②音楽の諸要素・手法・構成原理に注目した実践：音楽の諸要素（音色、リズム、速度等）や手法（カノン、セリー、合の手等）、音楽の構成原理（反復、変化、対照等）のいずれかを指導内容とし、それを意識した創作をさせる実践である。

例えば、現代音楽の偶然性音楽の手法を用いた実践では、20の升目（各升目に音の長さや休符が記されている）のすごろく盤の楽譜《わらべうたすごろく》を教材とし、サイコロを振って出た目の数に従って演奏する。

構成原理の反復・変化を指導内容とした実践では、教師が提示したリズムパターンにレソラシの四つの音を自由に当てはめたフレーズをつくらせ、次に4回反復させたものからイメージされる題名やストーリーを構想させる。そして速度や強弱等を提示し、イメージに合わせてフレーズを変化させる。

③イメージに注目した実践：テーマやイメージを考えさせ、イメージの変化とそれに伴う音楽の諸要素や構成原理の変化との関連性を意識して音楽をつくらせる実践である。

例えばテーマを「自然」とした実践では、あるグループは「川の流れ」を題名とし、各々が川の流れのイメージに合う表現を探究する。ある子どもがビーズを入れて二つの紙コップをふさいだ音素材を、縦や横に強弱をつけて振ることで川の流れを表現した。すると、他の子ども達は川辺でスズムシ、コオロギが鳴く声というイメージを膨らませる。グループの皆が互いにイメージをもちながら音素材の鳴らし方やリズム、響き等を決めていくことで、より洗練させた表現へと発展させていくというものである。（長谷川）

合唱・合奏・アンサンブルの実際

［語義］合唱・合奏・アンサンブルは、西洋音楽の音楽形態、演奏形態からきている用語である。しかし生成の原理に立つならば、人間と音楽との関係からとらえ直す必要がある。その場合、合唱・合奏・アンサンブルとは、同じ時空間で、複数の人間が何らかの表現意図をもって、自分の声や自分の楽器の音を他者の声や音と合わせて行う表現活動として広義に解釈できる。では、生成の立場における合唱・合奏・アンサンブルは具体的にどのような姿になるのだろうか。

［表現したい欲求］声や音を出すには、まずは子ども自身が歌ってみたい、演奏してみたいと思うことが前提となる。例えば、楽譜や範唱や範奏を聴かせる前に、目指す演奏の大まかなイメージを形成させる。《旅立ちの日に》の合唱の場合、まずは範唱を聴かせて、個々人の卒業式の記憶を想起させ、それと関連付けて「歌ってみたい」という気持ちをもたせる。そこで重要なことは範唱を聴かせることではなく、子どもが、範唱が自分自身にとって意味があると感じることである。

また、声を出すことや楽器を扱うことの抵抗感をなくすために、生活の中で自然に声や音を出している状況から入る場合もある。声によるアンサンブルの《茶つぼ》では、手遊びをすることから入る。遊びの雰囲気の中で、指の動きに伴って声を出すということで、構えることなく自然に声を出せる。器楽の場合は、慣れていない楽器は身体になじませる段階を踏むことが重要となる。初めて箏で曲を弾く時には、まず爪を付けずにどんな音がするかなと音をいろいろに探究させることから入るのも一つの方法である。

［音を合わせることの表現効果の知覚・感受］各自が抵抗なく音を出せるような状況になると、友達と音を合わせる体験をさせる。合わせてみたら新たな表現効果が生まれるということを体験させる。《茶つぼ》では、うたに「チャチャチャチャ」や「ツボッ、ツボッ」という言葉をオスティナートとして重ねてみると、今までなかったリズムの動きが生み出される。それまでの単旋律を歌っていたところに、音を重ねるという新たな体験をさせることで、オスティナートの表現効果が知覚・感受しやすくなる。《茶色の小びん》の器楽アンサンブルでは、オルガンの低音パートのある演奏と、低音パートのない木琴だけの演奏との比較聴取の場をもつ。低音パートがあると「力強い」「安定感がある」とその表現効果を知覚・感受する。

［息を合わせる技能］表現効果を知覚・感受することは、パートの役割の理解に通じる。《茶色の小びん》では低音パートに安定を与える役割があることを知って演奏してみると、低音を聴くと木琴パートが演奏しやすいことに気付く。この音楽の、ここでの、このパートの役割が何であるかが分かることで、その音を聴こうという意識が生まれ、耳をふさいで演奏するのではなく、合わせるという行為を楽しもうとする。音を合わせようとすると、相手の動きを見て息を合わせるようになる。そこでは隊形も授業デザインの重要な要因となる。二つのパートが問答・呼応の役割をもつときは、向かい合う、扇型になるなどすると、相手の存在を意識しやすい。ここに音によるコミュニケーションをみることができる。

［共同体の形成］各自が役割をもってコミュニケーションをし、一つの音楽をつくっていく過程では、共有された目的のもとに個々人の関係付けがなされ、クラスが一つの共同体になるという側面もみられる。それは、単にみんなが一緒に歌えば心一つになるという次元のものではなく、個々人の音楽的思考の過程が関係付けられたところに形成される共同体であることに意義がある。（衛藤）

身体反応・身体表現の実際

[用語の規定]身体表現は身体を媒体とした表現をさす。表現とは外的なものの働きかけによって生じた自分の「内なるもの」を、媒体との相互作用によって自分の身体の外に表すことである。それに対して身体反応とは外的なものの働きかけによって引き起こされる身体の動きである。両者は、身体反応をきっかけとして身体表現に向かうというように連続的にとらえられる。

[身体反応の実際]音楽授業での身体反応は子どもと音楽との相互作用を生じさせるきっかけとなる。音楽との相互作用が生じると音楽の質が子どもに受容され、言語化によって意識される。子どもが質を意識するということは知覚・感受が為されるということである。

音楽との相互作用を生じさせるために、指導者が示す動きを模倣させるという方法がとられる。例えば旋律の動きに合わせて腕で旋律線をなぞるように動かしたり、3拍子に合わせてステップをふませたりすることで知覚が促される。1・2・3に合わせてステップをふむことで「ゆっくり散歩している感じ」といった感受も引き出されやすくなる。はじめは漠然と動いている場合も指導者や周囲の友だちに合わせて動きながら旋律や3拍子等と動きが合っていると実感したり、あるいは、違和感を覚えて自分なりに動きを変形させたりするようになる。

特にワルツ、行進曲、日本の伝統的な盆踊り等のように踊りが付随している音楽を鑑賞する場合はその足取りに拍やリズムが表れているため、足取りを模倣させると拍やリズムをつかませやすい。拍やリズムに身体が同調して知覚・感受すると、そこから音楽全体の曲想にかかわるいろいろな音楽の要素の知覚・感受へと発展しやすくなる。つまり楽曲の味わいが深まるということである。

[身体表現の実際]音楽授業の鑑賞の場合は、身体反応を身体表現へと発展させ、楽曲全体を味わわせる方法がよくとられる。手拍子や歩行など、指導者の提示した基本の動きを模倣する身体反応をきっかけとして動きの変形が生じる。これが身体表現である。

指揮の基本形の動きを変形させた事例である。A児が曲を聴いてヴァイオリンの弾むような旋律やリズムを知覚し、「元気に小鳥が歌っている」と感受する。そして基本形の動きを「弾むようにはっきりと拍を振る」と変形させる。動きを見合う場面で、他者から「もっとはっきり腕を振った方がリズムに合う」「次の部分はなめらかに変化するので柔らかく振る動きが合う」等の意見が出され、旋律やリズムへの知覚・感受が詳細かつ拡大した。

拍にのる足取りを基本の動きとした事例である。グループで拍にのって歩いていると、B児が音楽のリズムが醸し出す「跳ねる」といった質を感受し、ジャンプという動きで表す。するとC児が手をヒラヒラさせる動きをそこに付け足す。理由は「笛がヒャラヒャラいっているから」だという。これは新たな「笛の旋律」の揺れる質を表す動きである。これを全員で模倣して動くと、それを見た他者から「花火みたい」と見立てがなされる。そこで言われた方は花火を意識して動く。動きは手を鋭く突くように変形し、リズムや旋律に加えて「強弱」をも表すようになる。動きの変形を通して子ども達は楽曲の多様な質を見出し共有していく。

身体表現は個々人が受容した質が可視化され、共有されていく過程である。可視化された質は音楽のどの部分の質なのか、子どもたちは確かめたくなる。それは子ども自身が音楽を何度でも聴きたくなる状況をつくる。子ども自身が音楽に集中して何度も聴くことで知覚・感受が深まり、楽曲全体を味わうことが可能になるのである。(鉄口)

唱歌（しょうが）の実際

[唱歌] 日本の伝統音楽の楽器の旋律・リズムに一定の音節をあてて口で唱える方法のことである。唱歌には、音色、奏法、音程、使用する絃の位置、節回しやその速さ、「間」などが含まれ、演奏者はその音楽を総合的に理解することができる。

[唱歌の効用] ①和楽器がなくても唱歌で演奏体験させることができる。例えば、雅楽の《越天楽》の篳篥、竜笛、鞨鼓を唱歌で合奏する。また、歌舞伎の《勧進帳》の寄せの合方の三味線の部分を唱歌で演奏する。このとき、口で唱えるだけでなく、教師の本物の楽器の演奏を見て、その楽器の演奏状態をまねしつつ唱歌することで、演奏する時の手の形や動かし方を身に付けることができる。②言葉だけで和楽器の演奏方法のすべてを伝えることができる。例えば箏の唱歌で「シャシャテン」といえば割り爪のことであり、「サーラリン」といえば裏連のことである。③本物の三味線で演奏中に糸が切れた場合、楽器を取りかえるまでの間、唱歌で演奏を続けて、曲が途切れないようにできる。

[授業における教材としての唱歌] 唱歌は和楽器の代用というだけではなく、唱歌そのものが子ども達の表現を引き出す教材となりうる。例えば、太鼓の唱歌をいくつか組み合わせて声によるアンサンブルを創作する授業などがある。唱歌を唱えるうちに自然と身体の動きが出てきて、それにより「花火みたい」等のイメージをもつことができ、花火の表現を工夫した唱歌と動きのパフォーマンスができたという事例がある。このように、小学校からどの学年においても唱歌の特性を生かし効果的に活用することができる。また唱歌をしっかり唱えることが、伝統音楽の授業の質を高めることにつながり、同時に、子どもの音楽性を引き出すことができる。（尾藤）

指揮的表現の実際

指揮的表現とは、学習者が音楽を聴きながら、即興的に腕を動かして音楽を表現する活動である。演奏者に速度や強弱の他、音楽表現の細かな表情などを伝える指揮とは異なる。指揮的表現は身体表現の一つであり、主に鑑賞学習において学習者が音楽をどのように受け止めているかを可視化する手段として用いられる。音楽の速度や強弱はもちろん、アゴーギグ、音価の保持の様相や間の違いなどを指導内容とする学習に有効な方法である。

実際の授業においては、学習者が何度も音楽を聴きながら即興的に腕を動かしてみる場面を設定する。その際には、決まった形にとらわれることなく、自由に腕を動かすように促すことが大切である。学習者の実態によって、音楽に合わせて腕を動かすことが心理的に困難な状況である場合は、教師が腕の動かし方の例を示し、動きを模倣させる場面をつくることで、動きと音楽との相互作用が生まれ、学習者が主体的に指揮的表現に取り組むきっかけになることがある。

自身の指揮的表現がある程度まとまってきたら、互いの指揮的表現を見合い、動きの共通点や相違点について、音楽の特徴とかかわらせながら言語で交流する場面を設定する。学習者は、自身の指揮的表現の経験を基に、他者の指揮的表現を見ることで、自分と同じような動きや、自分にはなかった動きに気付く。そして、指揮的表現になぜそのような共通点や相違点が生まれたかについて、音楽の特徴とかかわらせながら言語で交流する。言語による交流を通して、漠然としたものであった腕の動きが、音楽のどのような特徴をとらえたものであったのか自身で意識することができ、そのことが、音楽に対する知覚・感受を深め、音楽を味わい鑑賞する学習につながっていく。（山下敦）

批評の実際

批評とは、音楽のよさや美しさ、面白さなど自分にとっての音楽の価値を、根拠をもって判断することであり、鑑賞の学習の目標を達成する上で有効な手段である。

音楽の価値判断をする根拠となるものは、音楽から知覚・感受したことが中心となる。そこに音楽の文化的・歴史的背景や作曲者や演奏者の表現意図等の理解がかかわってくる。

鑑賞の授業においては、まず学習者の初発の感受から、例えば「曲の前半と後半で曲の雰囲気が大きく変わるのはなぜだろう」というようなクラスで共有できる問題を設定する。そして、音楽を繰り返し聴きながら、問題の解決に向け教師やグループの友達との対話を通して、「曲の雰囲気が変わったのは、初めは遅かった速度が、急に速くなったことが関係している」などと知覚と感受をかかわらせながら音楽の構造を理解していく。またその過程で文化的な側面を理解したり、作曲者や演奏者の感情などを想像したりすることで、知覚・感受が深まり、その音楽に対するイメージがつくり替えられていくとともに、音楽に対する価値判断が形成されていく。

そして学習の成果として、自分の価値判断を批評文として他者に伝えることを課す。例えば「この曲を初めて聴く人にこの曲の魅力を理由とともに伝えよう」などがそれに当たる。そこでは「曲の最後の方でピアノの高音が出てくるところが、暗闇から抜け出そうともがいている中に光が差し込んでくるような感じがしてとても好きです」というように、自分にとっての楽曲の意味や価値が楽曲に根拠をもって述べられていることが重要となる。この批評文作成の段階では、それまでの知覚・感受や文化的側面の理解など、批評に至るまでの一連の学習の流れを振り返らせる手立てが必要である。（山下）

即興的表現の実際

即興的表現活動は、現在の学校音楽教育では音楽づくり・創作分野に位置付けられている。即興的表現は教育的な用語であって、一般的な即興演奏とは区別される。両者は既にある楽譜を使わないところは共通している。ただし即興演奏では、音楽語法（音の使い方）の習得が基盤となり、演奏しながら作品を形づくっていくことになる。それに対し、即興的表現では、音楽の諸要素を試行錯誤的に操作し、内的イメージと照らし合わせて音や音の組み合わせ方を取捨選択するところに学習があるとする。

実践の一例を示す。まず、活動が単なるその場限りの音遊びで終わらないために指導内容を定めることが重要となる。単元「体の音でリズムアンサンブル」（小学校5年生）は主たる指導内容をリズムパターンとし、最終的にABA形式のリズムアンサンブルをつくる学習である。

次に、子どもに自由さを発揮させるにはある種のモデルやルールが必要となる。そこで最初にモデルとして《ロックトラップ》（シンシュタイン Schinstine, W.J.作曲）を聴かせて様々なリズムパターンの特徴を感受させる。そして実際に模倣や即興でリズムパターンをつくらせる場を設ける。

ルールは、材料を組み合わせてまとまりある音楽にしていくためにも働く。作品の構成原理として教師がABA形式を提示し、子ども達はその枠の中でリズムパターンの組み合わせを即興的に試し、選び取っていく。つまり、ここではABA形式がルールとなっている。そこにリズムパターンから受ける「〇〇な感じ」というイメージが形成され、イメージに照らして途中の強弱等を工夫する。そして作品をつくりあげる。イメージは即興的表現の方向性を導くものとなる。（坂倉）

スケッチ文の実際

　スケッチ文とは、鑑賞学習における評価方法の一つで、曲を聴いて自分のイメージを絵で描き、それを他者に説明する形で文章に表すという書式をもつもの。絵に吹き出しをつけて文章を書かせたり、あるいは、用紙を上下2段にわけて上段に絵を、下段に説明の文章を書かせたりする。

　スケッチ文は教師にとっては評価の対象であるが、学習者にとっては批評文の一つの形になる。スケッチ文の利点として、文章表現が苦手な子どもでも、自身の楽曲全体の味わいを文章にしやすくなることがある。最初に絵を描くことで、まずは楽曲の感受が表出でき、表出した絵を見てそれを説明する流れで言葉が引き出されてくるのである。

　例えば、指導内容を「音色と曲想の関係」とした《コンドルが飛んでいく》の鑑賞事例では、ケーナとフルートの2種類の演奏を比較聴取し、それぞれの楽器の音色を知覚・感受した後に、ケーナで奏された《コンドルが飛んでいく》についてスケッチ文を描く。A児は、コンドルが山の上を飛び、人がケーナを吹いているというスケッチを描いて「ケーナの音色がおだやかでやさしい感じがしたから、コンドルが山脈の上を静かに、はてしなく、遠くまで、太陽の光を浴び、気持ちよさそうに、雲といっしょに、風にながされながら、のんびりと、飛んでいるのにあわせて1人の男の人がケーナをふいている」と説明文をつけている。

　これについて教師は、A児は音色の知覚・感受ができており、感受のイメージが時間的、空間的にも広がりをもっていることから、楽曲全体の味わいができていたと評価している。
（井上）

　［参］西園芳信・小島律子監修『小学校音楽科の指導と評価』暁教育図書，2004．

授業研究と授業評価

授業研究と授業評価

［定義］授業研究とは、より良い授業の創造を目指して授業の計画・実践・評価について研究すること。計画と実践からなる授業の意義や課題について省察する授業評価は授業研究の不可欠な一環であり、授業評価によって次なる授業の再創造への可能性が生まれる。授業評価を含む授業研究の主体者は、授業を実践する教師自身が筆頭に挙げられるが、授業を実践していない研究者がその授業を対象として研究する場合もある。また、教師と研究者が協同で授業研究を行う場合や、授業を実践する教師と授業の論理を探究する研究者が同一の場合も少なくない。

［授業研究の方法］音楽教育実践学においてはこれまでに膨大な授業研究が主に現職の教師によって行われ、新しい音楽授業の創造の基盤となってきた。これらの授業研究を俯瞰すると、定量的な研究方法も散見されるが、授業実践の記録に基づいて授業の諸事象を様々な観点から分析し解釈を深め洞察を得ようとする質的な研究方法を採っている研究が多い。それは、日常不断に学習者の学習過程や自らの教育的働きかけを評価しながら仕事をしている教師自身が、より良い授業の創造という切実な問いのもとで授業研究を行ってきたことが背景にある。

［協同による授業研究］授業実践はその教師の責任においてなされるが、授業研究をたった1人で行うことはあり得ない。学習者の学びと同様に、教師の省察も他者との対話を通して、すなわち協同による問題解決過程をくぐりぬけながら深まっていくからである。授業実践の記録に基づき、様々な疑問や意見や提案を率直に交換し、問いが共有され新たな問いが生まれていく。その過程で、新しい授業の創造的実践に対する展望が芽生える。このように、授業実践の記録に基づき対話を繰り返しながら協同で問題解決を目指すからこそ、授業実践者自身の授業洞察力も磨かれていく。日本学校音楽教育実践学会における各種研究の場は、こうした協同による授業研究の貴重な機会となっている。

［授業研究の観点］教育実践学としての授業研究の軸足は授業実践にあり、その意味でも授業実践の詳細な記録が重要となる。ただし、何を研究の観点としそれによって何を明らかにしたいのかを明確にしなければ、具体的な観点から授業計画をとらえ直し、学習者の学びへの教師の働きかけの在り方に対する分析と解釈を行い、授業評価と改善への手がかりを得ることは難しい。そこで音楽教育実践学においては、「音楽経験と思考」「イメージ」「学力と評価」「教師の指導性」「単元・授業構成」「コミュニケーション」「遊びと学習の接続」「特別な教育ニーズ」など、授業実践者の切実な問いに基づく多様な観点から授業研究が取り組まれてきた。例えば紙相撲遊びの活動を、リズムを意識して音を構成する活動へと連続させる要因は何かという切実な問いがある。この問題を解決しなければ、授業は衝動的に箱をたたいて音を出す活動に終始し、「楽しかった」で終わってしまうからである。そこで、抽出生徒の意識の対象を観点として授業記録を分析し解釈する。その結果、他の生徒を観察し模倣することによって意識が他の学習者が音を出す行為や音そのものに向かい、他の生徒に対する観察や模倣のきっかけとして教師との対話が重要な役割を果たしている、という洞察が得られる。

［課題］現在、現職の教師が理論と実践を往還させた授業研究に専心没頭できるには極めて厳しい環境がある。このような状況だからこそ、音楽授業の創造的実践への手がかりを得られるように教師自身が協同による授業研究のネットワークに主体的に参加し研究内容を充実させることが課題となる。（横山真）

授業分析

[定義] 授業実践の詳細な観察と記録に基づいて教師や子どもの諸活動を分析し、発言や記述、活動、その他の諸事象の背後にある論理を探究し、得られた学術的知見をより良い授業の創造的実践に循環させることを自覚した、授業研究の方法の一つである。

[目的と意義] 音楽教育実践学の立場からみた授業分析の目的は、音楽授業に内在する論理の探究を通してより良い授業を創造することにある。授業分析は、子どもの人間形成にとって意味ある音楽授業をつくりたいという創造的実践への願いに支えられている。

したがって授業分析の意義は、第一により良い音楽授業の創造的実践を目指して理論と実践を結び付け、問いを探究する過程そのものにある。第二に授業記録を作成しそれを分析対象にするという研究方法を通して、授業という複雑な事象を科学的に探究し知見を導き出すという学術的な意義がある。

[手続き] 授業分析の手続きは次の3段階の過程に分けられるが、授業実践の生き生きとした事実からできるだけ離れずに、記録、分析そして解釈へと進むことができるように各段階の手続きを踏みたい。

最初は、再現不可能な一回性の授業実践を、音声・映像や筆録などによって記録する段階である。この段階では、授業の全体状況のどの範囲をどのような手段を用いてどの程度記録するのか、あるいは授業構成員全体の活動をとらえるのか個を抽出するのかといったことについて、研究の意図や授業計画と照らし合わせて事前に構想し準備する必要がある。

次は、映像などの記録から逐語記録を中心とする授業記録の形に転記する段階である。逐語記録は言語による記述形式をとるが、音楽授業では言語以外にも身体動作や音楽表現などの非言語情報が重要な位置を占めている。そこで、音楽表現活動に含まれる身体動作を図示したり演奏を採譜したりするなどして、それらを逐語記録に添付するといった転記の工夫が模索されている。

最後は、逐語記録を中心とする授業記録を分析し解釈や得られた知見を記述する段階である。解釈には主観的判断が免れないが、解釈の根拠はあくまでも授業実践の事実に遡る。だからこそ、授業記録の具体的な箇所が参照できるように分析結果や解釈の記述方法を工夫することが求められる。これにより、授業分析者自身や他の読み手は分析結果や解釈の妥当性について問い直すことができる。

[視点] 授業分析においては、映像などの記録や逐語記録を中心とする授業記録が直接解釈されるのではない。授業実践に対して湧き上がる切実な問いに導かれて、授業記録を分析する具体的な視点が設定される。例えば、植木鉢などをつるしてつくった楽器の音色を組み合わせて音楽づくりを行う授業実践がある。授業分析者は、衝動的な活動から表現への展開構造を知るために、衝動と反省との関係を論じたデューイの文献に基づいた理論的検討を通して分析視点を設定する。あるいは、箏の音色からイメージを引き出して表現した箏による創作アンサンブルの授業実践がある。授業実践者は様々な特性をもつ子どもらが協力して音楽創作に取り組むには何が大切なのかという問いに基づき、抽出生徒の音楽表現の変容に分析視点を定める。

[課題] 音楽授業の特質を踏まえ、音声・映像などの記録から言語情報と非言語情報を統合的にとらえて授業記録を作成し分析結果や解釈を記述できるような授業分析の記述手法の改良・開発が課題となる。(横山真)

[参] 的場正美・柴田好章編『授業研究と授業の創造』, 渓水社, 2013.

授業記録の使用法

［授業記録を使用することの意義］ここでの授業記録とは、音声・映像の記録、観察による筆記録、子どもによる記述物、板書の記述などの諸記録に基づいて、授業実践の過程を詳細に記述した総合的な記録をいう。

音楽授業を観察すると、教師や子どもは、話す・擬音語で表す・書く等の言語表現と、口ずさむ・音を鳴らす・身振り手振りでイメージを伝える・感じ取った音の特徴や雰囲気等を図形や絵で表すなどの非言語表現を組み合わせて活動している。

こうした音楽授業の特質から、授業における諸事象を言語及び非言語の統合的な情報として把握できる映像の記録が、音楽授業を対象とした授業研究において重要視されてきた。映像の記録を視聴すると、その印象の強さや情報量の多さに圧倒される。また映像の記録だけで授業研究をしようとすると、分析や解釈の度にいつも映像の記録を視聴しなければならない。さらに協同で授業研究を行う場合も、目の前から瞬時に消え去っていく映像の記録だけでは感想や印象の交換になってしまう。そこで、映像の記録から授業過程を詳細に記述した授業記録に変換し、授業記録を中心に据えることにより科学的な授業研究を進めることができる。

［授業研究の基礎資料］授業記録は、授業研究の基礎資料として使用される。例えば、音楽を聴いて感じ取ったことを図形楽譜の形に表しながら批評する、音楽鑑賞の授業実践がある。授業実践者は映像などの記録を観察し授業記録を作成する。音楽を聴きながら色紙を切り張りして図形楽譜をつくっている子どもの活動が授業記録の中に反映されるように、逐語転記とともに図示や採譜も使って授業記録を作成する。

このようにして作成された授業記録がよりどころとなり、子どもの活動についての解釈が深まる。つまり、子どもは音楽を聴いて様々なことを感じたり考えたりしているが、その心の動きを言葉だけで伝えることは難しい。そこで、自分の心の動きを他者に伝えようと、発話や図形だけでなく、音楽に合わせた口ずさみや身振りや視線の動きなども組み合わせている、ということがみえてくる。

［現職教育のための教材］授業記録は、校内外の現職研修や授業研究会など現職教育において、授業実践の事実に基づく教材として使用することが期待できる。自分と同様の教師が実際に実践した授業の記録を読み分析することによって、教師や子どもの生き生きとした活動の様相を具体的に想像することができる。そして、冷静な分析者の立場から授業を解釈すると同時に、授業を実践した教師や子どもの立場に立って共感しながら解釈するであろう。

このように、授業実践の事実に基づく教材としての授業記録を現職教育において使用することにより、そこに参加する教師は、具体的に共感的に教師の働きかけや子どもの活動の意味を理解し、自らの専門性を高めていくことが期待できる。

［留意点］授業記録を使用する前提として、授業の参加者である子どもの人権の尊重や個人情報保護に関しては、最大限の倫理と方策をもちたい。特に協同による授業研究の際には、授業記録の使用方法や使用範囲に関して、授業に参加したすべての子どもや場合によってはその保護者に対して、使用の目的と範囲、使用についての同意願い、使用不可の意思表示の受け入れなど、分かりやすい丁寧な説明を行い誠実に対応することが重要である。（横山真）

［参］小島律子編『音楽科　授業の理論と実践』，あいり出版，2015．日比裕・的場正美編『授業分析の方法と課題』，黎明書房，1999．

座席表とカルテの使用法

［座席表とカルテ］座席表とは、どの子も見落とすことのないように、子ども一人ひとりの発言やノートに書かれた思考内容や思いや願い等を教師からみた子どもの座席順に書き記したものである。カルテとは、子どもを概括的にではなく、生きている１人の人間としてとらえるために、教師による観察メモを集積したものである。座席表もカルテも、上田薫が静岡市立安東小学校の授業研究を始めるに当たり「ひとりひとりを生かす授業」を目指したことから生み出された。

［座席表の使用法］座席表には教師が子どもをどうとらえているのか、またどういう変化を期待しているのかを書き込み、授業構成の材料とする。例えば子どもが知覚・感受したことなどで、教師が授業展開のポイントになると思ったことやおやっと思ったことを書き出して個の思考体勢を把握しておく。そして、Ａさんの知覚したことを全体に広めてみよう、Ｂさんはこれをどのように聴くだろうか、発言が少ないＣさんをここで発表させてみようというように授業を構成していく。

［カルテの使用法］カルテは観察したことすべてを書くのではなく、これまでの見方を打ち破るようなこと、意外だと感じたことを書く。余り人に関心を向けなかった子どもが友達の工夫に関して意見を出したこととか、授業中にこれまでとは違った感受の仕方をしたことなどをメモ程度に書き込んでいき、定期的につなぎ合わせてみる。そこではつなぎ合わせにくい情報が重要で、このズレが更なる子ども理解の課題を生み、その子とのかかわり方に変化をもたらす基となる。（竹内）

［参］上田薫・静岡市立安東小学校『ひとりひとりを生かす授業－カルテと座席表－』明治図書，1970．

 ## 談話分析・発話分析の使用法

談話分析（発話分析）は、授業において教師と子どもが発した話し言葉（以下、発話）の意味内容を基にコミュニケーション等を明らかにする授業分析の手法である。かつてはフランダース（Flanders, N.A.）やベラック（Bellack, A.）らによって開発された意味カテゴリーを用いて、発話回数やカテゴリー比率等、数量的、客観的に分析が行われてきた。反面、カテゴリーへのコーディング作業の労力や、あらかじめ設定されているカテゴリーにとらわれることなく質的に分析する必要性、さらには、研究者ではなく授業者自身が自らの授業を日常的に省察していく点で限界があった。

音楽科授業における談話分析は、求める学力の基盤となる音楽的認識や思考・判断の様相を見取り、評価する手法として有力である。認識や思考・判断は子どもの内面で行われ、それらの評価は外面に表れたもの、つまり可視化されたもの、させたものを対象にしなければならない。外面に表れるものには表情、動き、演奏などがあるが、とりわけ発話される言語には、学習活動の途上における知覚や感受、イメージや表現意図、表現に向かう試行錯誤、音楽に対する価値判断等の実現状況が表れる。

教師は、子どもの発話から意味内容を解釈し、実現状況を評価するとともに自らの指導を省察し、次の指導を決定するフィードバックを瞬時に行わなければならない。この力量を備えるには、教師自身の発話も含め授業中のすべての発話を文字起こしし、第三者的立場から分析するトレーニングが効果的である。このことは授業実践力の向上とともに、授業の文脈を質的に解析し、論理的に明示する教育実践学研究の基礎としても重要である。（宮下俊）

フィールドノーツの使用法

　フィールドノーツとは、研究したいと思う出来事が起こっているフィールド（現場）に身をおき、自分の五感で体験したことを記したメモや記録の集積のことであり、フィールドノーツを作成する研究手法をフィールドワークという。フィールドノーツには出来事の最中に書き込んだメモ、それをもとに観察や考察を清書した記録、インタビューの最中のメモや逐語記録などを含み、1日に起きた出来事が時系列に沿って詳細かつ網羅的に記述される。

　フィールドワークは、表出された人々の行為や言葉、モノを、その人が生きているコンテクスト（社会システム・文化的意味体系等）を踏まえて抽出し、状況に埋め込まれたそれらを解釈することにより、フィールドに生きている人々がどのような意味世界に住んでいるかを描く研究手法である。ここでいうモノとは、子ども同士や子どもと教師の位置関係、教室に置かれている備品や子どもの持ち物等、メッセージを運ぶものすべてを含む。そこでは子どもや教師等の人と人の行動の関係、人とその社会との関係が研究対象となる。例えば、遊びの中で音楽表現がどのように生じるのかを観察した事例では、遊びにおける子ども同士のやり取りを言葉、動き、音、モノ等を関連させて細かく観察する。子どもの服装や天気、人間関係、環境構成等に関するメモ、教師に対するインタビュー、校園舎の見取り図、教育課程や指導計画、園だより、クラスだより等、子どもにかかわるすべての資料がデータになる。これらを踏まえて解釈することで、音楽表現がどのように生まれ、発展するかを探ろうとしている。（横山朋）

［参］箕浦康子『フィールドワークの技法と実際　マイクロ・エスノグラフィー入門』ミネルヴァ書房，1999.

アクションリサーチ

　研究が単に事実の解明や仮説の検証にとどまるのではなく、現実の問題の解決や状況の改善に実際にかかわることを志向するものを言い、1940年代の社会心理学者のレヴィン（Lewin, K.）による提唱に遡ることができる。リサーチの主体が研究者であっても教師であっても、当面する現状の改善を追究するということがアクションリサーチの要点である。しかし、授業やカリキュラム改善などに関し、教師が自分で問題設定をし、結果の分析や考察を行うものという狭義の用法も定着している。特にカリキュラム改革には実践者としての教師の視点と経験は欠かせず、アクションリサーチが効果的な分野であるが、そのためにも教師が職務の一部としてリサーチを行える環境整備が求められよう。絶えず変化していく子どもの存在と向き合う教師の仕事には、絶えざる省察と研究が含まれ、ゆえに教師を「研究者としての教師」ととらえることは当然求められる。こうしたリサーチはそれ自体で価値を内在する活動であるので、「実践」という概念と重なっていくことになる。

　多くのケースでは、教師と研究者が協同で、当面する状況に関して問題の把握、計画の立案、効果の読み取り、新たな方法の提唱等を行っていく。例えば研究者が音楽表現をワークショップ形式でつくり上げるといった授業モデルを提示し、実践した授業過程を協同で振り返り、子ども達の新たな表現行為の意味を確認したり、新たな授業スタイルを定式化したりするといった事例が挙げられる。研究成果の発表・表現の段階においては、従来型の研究における一般化の可能性よりも、固有の場への具体的な貢献としての有益性に力点が置かれたり、フィールドに対するより細やかな倫理的配慮が求められたりするという違いがある。（桂）

教育批評

　芸術批評をモデルとした質的方法として、アイスナー（Eisner, E.W.）が1970年代に提唱した授業研究の方法。授業という複雑な営みをよりよく理解すると同時に、理解のための「鑑識眼」を育てることが、教育批評（Educational Criticism）の目的であるとされる。

　芸術作品についての批評が、広い知識をもち経験を積んだ目利きによってなされるように、批評は、批評者の「鑑識眼」を前提とする。鑑識眼（connoisseurship）は、一般に批評家個人に属し、その対象となる表現形式についての経験を重ねることで、その質をとらえる鑑識眼が発達するという。それを言語表現として、公に開示するものが「教育批評」である。それには鑑識眼だけではなく、単純に言語化され得ない経験の質的な側面を、言語的に翻案表現する力が含まれ、そのためには比喩的、創造的な言語の使用も求められる。授業という事象を、その場にいない者にも伝わるように「記述」し、その経験の意味を「解釈」し、価値判断し、さらに教育的な知見を引き出すことまでもこれに含む。批評家の個性的な視点や主観を排除せず、しかし第三者によってその内容の妥当性が検証され得ること、構造的一貫性をもつこと、という客観性を担保する規準をもち、さらに批評の読み手に新たな視点をもたらす「合意形成の妥当性」も求められ、「カリキュラム評価」の一方法という以上の、「質的研究法」であるといえる。デューイの「批評」概念に依拠して、間主観的に場の中の人に共有される共同経験の質をとらえることが強調されるが、これは、殊に音楽の授業研究における「教育批評」の独自性であり強みであろう。（桂）

　［参］Eisner, E.W.『The Educational Imagination (3rd Ed.)』. NJ：Pearson. 2002.

仮説生成模擬授業

[語義] 授業者の学習指導案を仮説とし、実験としての模擬授業を行うことを通して、その場その場で仮説をつくりかえていく営みのこと。従来の模擬授業が学習指導案を授業という実践に移すための指導技術を得ることが目的であるのに対し、仮説生成模擬授業は学習指導案を一つの仮説としてとらえ、その仮説自体を実験という実践を通してつくりかえていくことが目的となる。

仮説生成模擬授業は、授業の諸要因（目的、教材、教師、子どもの思考体勢など）の関連を探究しつくり変えていくという授業デザインの立場で開発された。仮説を実験的に実践してみることを通してまた新たな仮説を生成するという循環には、理論と実践の往還関係をみることができる。

[経緯] 仮説生成模擬授業のアイデアは平成18（2006）年頃、大阪教育大学での模擬授業から生まれ、そこに「授業をつくる工房のようなイメージ」をもった小島律子が命名した。平成19（2007）年には日本学校音楽教育実践学会第12回全国大会の企画として全国規模で行われるようになる。平成24（2012）年第17回全国大会ではそれが「生成の原理による授業開発プロジェクト－仮説生成模擬授業を通して－」と題され、「仮説生成模擬授業」という用語が表に登場した。

[特徴] 一つ目は、誰もが平等に参加し、1人の学習者として発言できる点。仮説生成模擬授業には、権威ある人が授業の仕方を教え、未熟な人が教えられるという構図はない。授業の受け手は受け手としての率直な反応を出し、それについて参加者みんなで別のやり方を考え、提案する。そして授業者がそれを試し、受け手達と検討する。二つ目は、出された提案はすぐに試すという点。参加者から出された案（仮説）はその場で即座に実践して試し、受け手である学習者の目線で検討する。特にこのことは教師の省察力育成につながる。三つ目は、授業展開の「本時」だけでなく、単元全体の流れを検討するという点。1時間の授業の流し方を問題とするのではなく、一つの単元における学習経験が連続性をもって展開されるか、単元全体を通した学習の文脈の中で活動を検討するところに特徴がある。それは、仮説生成模擬授業は、子どもの思考の連続性を保証する授業を目指すという授業観から生み出されたことによる。

[実際] 仮説生成模擬授業では、前もって参加者には授業案が知らされない。「問答」を指導内容とする《かくれんぼ》の授業では「問答」を知覚・感受させるためには、「もういいかい」「まあだだよ」を「①1人で歌う」「②2人で掛け合いで歌う」を比べる比較聴取が有効であるという仮説を立てる。やってみると1人から2人に人数が増えることに受け手の注意がいき、「問答」の知覚・感受がしにくいと検証される。そこで2人で、掛け合いがない場合、ある場合を歌ってはどうかという新しい仮説が提案される。試してみると、人数という条件が同じなので、知覚・感受の意見が出やすくなる。さらに2人で歌うときに遊びの動作をしながら歌っていると、動作の方に注目してしまうので、うただけで比較してはどうかと仮説が出される。試してみると、声に集中し知覚・感受が出しやすいと検証された。

このように仮説生成模擬授業では、授業者と参加者の間にあるズレが顕在化され、ズレの問題解決を図ることで新たな仮説が参加者から出され、それを即試すことで結果を見極め、指導計画や方法をつくり直していく。この方法は実践的省察力育成に有効である。（衛藤）

[参] 小島律子編著『音楽科 授業の理論と実践』あいり出版, 2015.

授業シミュレーション

　授業シミュレーションとは、ある特定の授業場面を模擬的に実現して行う訓練方法のこと。実際に体験するのが難しいことを模擬的に体験して学習し、現象についての理解を深めるために用いる。

　そこでは、学習者の反応を予測した上で、学習指導案との整合性や発問、指示などの適切性、教材提示の適切性、範唱、範奏、伴奏の適切性など、授業スキルについて検討される。主に授業の組み立てや指導法など指導技術の習得訓練や改善を目的に行われる。一般的な方法として以下のものが挙げられる。

①マイクロティーチング：教員養成課程の学生や現職教員を対象として行われる。通常の45～50分の授業をミニ化し、授業を短縮し、授業範囲を限定して行う方法。教授スキルに焦点をあて、少人数で5～15分程度の短い時間で授業を行い、指導者による評価や批評を受け、それをフィードバックさせて改善に取り組むことにより授業の指導力を養成する。

②模擬授業：教員養成課程の学生や研修中の教員を対象として行われる。実際の授業に備え、体験的に学び検討するために、指導者役と学習者役に分かれ、実際の授業を想定して模擬的に授業を行う方法。学習者役からの評価や自己省察、指導者からの批評をもとに授業案の練り直しや実践スキル上の克服課題を点検する。

③ロールプレイング：教員養成課程の学生や現職教員を対象として行われる。指導者や学習者の役割を決め、それぞれの立場で予測される行動や反応などを模擬的に演じる方法。学習者役については、比較的よくできる生徒、学力不振の生徒、問題行動の多い生徒役などを設定し、それぞれの立場から学習者の実態を推測し、それに対応した指導や指導者の意思決定を検討する。（衛藤）

第7章

音楽科の拡がり

他媒体をかかわらせた音楽教育

表現と媒体

［媒体］媒体（medium）とは、一般的にはモノとモノとの間に立って両者を仲立ちするものをいう。似た語である「媒介」は、その仲立ちする（mediate）作用を指す。ここでは「媒介」も「媒体」に含める。

「新聞は情報を伝える媒体である」といわれるように、仲立ちには送り手から受け手へ何かを伝えるという機能がある。芸術作品を、送り手である創作者が受け手である鑑賞者へ発信する一種のメッセージとしてみれば、芸術作品も媒体となる。このように媒体とは元々媒体として存在するものではなく、モノとモノ、ヒトとヒトとの関係性のなかで媒体に「成る」ものである。

［表現と媒体］表現という営みは、目に見えない人間の感情やイメージや思想といった内なるものを、目に見え耳に聞こえるものとして外側に表すことである。内なるものを内に留めておかず、あえて外側に表すということは、それを眺めてくれる他者（もう一人の「自分」をも含む）を想定しての行為といえる。創作者の内なるものは主観的な性質をもつ。外にいる鑑賞者は客観的な目でそれを眺めることになる。表現という営みにおいて創作者と鑑賞者の間を仲立ちするものが「表現媒体」である。

［表現媒体］内なるものの直接的な表出が表現になるためには何らか媒体を要する。表現媒体としては音、色、線、動き、光等が挙げられる。それらはすべて感覚的性質（sensory quality）をもつ。そしてそれらを具体的に操作するための道具や手段として、楽器、声、絵具、粘土、金属、身振り、墨、筆等がある。それらの道具や手段も含めて表現媒体とみることもある。

表現において使われる媒体が芸術の分類を生む。音を媒体とすると音楽、色や線やテクスチュアや光等を媒体とすると美術、身体の動きを媒体とすると舞踊。音楽では、創作者と鑑賞者の仲立ちをするのは音になる。

表現媒体の条件としては、第一に、感覚的性質から成るものであること。すなわち太鼓の迫力ある音、筆による墨のかすれのように、身体諸感覚器官でとらえられるものであること。もし、媒体が数式や化学式といった記号から成るものであったら、表現ではなく、記述になる。第二に、内なるものの表現という目的のために使用されていること。ただ音符どおりにピアノの音を鳴らすことだけを目的としているなら、そのピアノの音は単に物理的な音響であって、表現媒体にはならない。

［表現媒体の発生］素材は、創作者の意図の下で上記の条件を踏まえて使用されると、単なる素材から表現媒体になる。ピアノの音は表現媒体として最初から存在しているわけではない。元々は単なる素材にすぎない。それが表現媒体になるのは、素材が、内なるものが外部に出るときの「抵抗」になるときである。軽やかに表現したいのだがピアノの音が重く鳴ってしまうというように、このピアノの音が邪魔していると感じる時、それは創作者にとって抵抗として感じられる。それを乗り越えようと弾き方を試行錯誤する中で素材であったピアノの音は表現媒体となっていく。

［表現媒体の働き］表現媒体はその性質が生み出す構成要素（音の場合は音色、リズム、旋律等）によって形づくられることで、目に見え耳に聞こえる事柄となり、表現形式を生む。うたになったり、絵画になったり、踊りになったりする。そして、表現形式は表現内容を備える。薄い水色の布を手に持って揺らせば、布の色、揺らす動きなどの表現媒体によってゆるやかに寄せる波といった表現内容が表現される。つまり、表現媒体は目に見え耳に聞こえる表現形式をつくり、そこに創作者の内容を表現する働きを成す。（小島）

音楽と他媒体表現

[他媒体表現]想起したイメージや感情を、音という媒体と、音以外の媒体「言葉、身体の動き、色彩や形等」とをかかわらせて表現することを意味する。

[音楽と他媒体]『生成を原理とする21世紀音楽カリキュラム』(日本学校音楽教育実践学会編、2006)に示された用語である。幼稚園から高等学校まで一貫したカリキュラムの中に、学習範囲(スコープ)として設定された3本の柱(柱1「人と地域と音楽」、柱2「音楽の仕組みと技能」、柱3「音楽と他媒体」)の一つで、音楽と他の芸術との関係を学習することを範囲としている。学習内容としては、「音・言葉・身体の動き(音と言葉、音と身体の動きのような表現媒体間の関連を学ぶこと)」と、「総合的な表現(音、言葉、身体の動き、色彩や形などの複数の表現媒体が関連し合って一つの作品がつくられていることを学ぶこと)」が示されている。

[音と言葉の関連]音楽における表現媒体は、音である。歌唱表現の場合は、音としての声に歌詞が加わるので、言葉という媒体が関連する。言葉は、意味の他に音節(音声の聞こえ方の一つのまとまり)、リズム、アクセント(個々の語句がもつ音節の高低や強弱)、心情からくるイントネーションなどの要素を含む。歌唱表現では、これらの言葉のもつ要素と音楽の要素とを曲想を感じながら関連させることになる。例えば、替え歌遊びでは、音楽の拍と言葉の音節を合わせたり、音楽の強弱と言葉のアクセントやイントネーションを合わせたりして、音楽と言葉を関連させる。また、歌唱表現には、歌詞に意味のある言葉を用いないヴォカリーズやスキャット唱法などもある。これらの唱法では、種々の子音や母音の音や響きの質感を曲想と関連させて表現することになる。

[音と身体の関連]音楽を演奏したり、音楽を聴いたりするときに、音楽の拍、リズムや間、強弱の変化を感じて、身体が自然に音楽に同期し、動きとして表出されることがある。そして、それらの動きは、知覚・感受した音楽からイメージや感情が想起されると、そのイメージや感情を伝える表現媒体となる。ここでは、頭、手足、指先、つま先や顔の表情などの身体の動きを媒体として、聴き取って意識した音楽の速度、強弱、旋律の動きの変化の様子、そして感受した曲想について表現することになる。身体による表現は特別な技能を必要としないので、イメージや感情を直感的に表現できる。そのため音楽表現に身体をかかわらせることは、音楽表現における表現意図を一層明確にすることにつながる。

[総合的な表現]音、言葉、身体の動き、色彩や形などの複数の表現媒体が関連し合って一つの作品となっているものとしては、日本伝統音楽の中の「日本三大芸能」と言われる能、歌舞伎、文楽や、オペラ、ミュージカルなどの舞台芸術、映画やポピュラー音楽のミュージック・ビデオなどの映像芸術が挙げられる。例えば歌舞伎の表現媒体としては、音として「長唄・浄瑠璃と伴奏楽器」「役者の声」「御簾内の効果音」、言葉として「長唄・浄瑠璃の歌詞」「芝居のせりふ」、身体の動きとして「舞踊」「芝居の動き」、色や色彩や形として「衣装・かつら・化粧」「大道具・小道具」「照明」などが挙げられる。総合的な表現においては、このような多数の媒体は、同一の表現意図に基づき、それぞれの特質を相互にかかわらせながら、その意図を芸術作品として表現する。鑑賞者はそれら個々の媒体の表現効果を必要な感覚器官を通して感じ取り、自分の中で統合して、作品のもつ雰囲気やよさを味わうことになる。(田中)

他媒体をかかわらせた音楽科実践

［音楽と他媒体とのかかわり］芸術は、人間のイメージや感情などの内的世界を表現したものである。内的世界を表現するための媒体は様々である。音を媒体とすれば音楽の表現となり、線や面、色彩などを媒体とすれば美術の表現となる。

しかし、音楽には音を媒体とする表現だけではなく、音と言葉、音と動きというように、他の表現媒体と一体となった表現もある。例えば、わらべうたは音と言葉（歌詞）と動き（遊び）が融合されたものである。また、音楽は言葉、動き、色彩といった複数の表現媒体と関連付けられ一つの作品となる。例えば、オペラやミュージカルは、音楽と演技、衣装、舞台セットなどが総合されたものである。

［他媒体をかかわらせた音楽科実践］他媒体とかかわりのある音楽については、音楽科の学習においても他媒体を視野に入れることが自然であろう。例えば、《ソーラン節》は北海の厳しい寒さと過酷な労働の中、漁夫の意気を一つにするために歌われた労働歌で、ニシンを網ですくい上げる作業と一緒に歌われたという説がある。教材として歌う時も作業の動きを模倣することで、身体の動きを通してリズムを知覚し《ソーラン節》が醸し出す力強さといった質を感受することができる。そして、歌と動きの一体感を味わうことができる。あるいは、他媒体をかかわらせて扱うことによって、音楽の特徴的な要素がより際立つことがある。例えば、《あぶくたった》の遊びには「とんとんとん」「何の音？」と鬼と子どもの会話がある。これを授業で扱う時に、言葉や動きを伴った遊びとして活動することで、「問答」の形式が理解しやすくなる。

このように、音楽と他媒体をかかわらせた音楽科実践として次のようなものがある。
①音楽と言葉のかかわり

オノマトペの音とリズムに音楽的要素をもつことに着目した実践がある。学校内の音に耳を傾けて聞こえた音をオノマトペ（擬態語・擬声語）で表す。そのオノマトペを重ねたり繰り返したりすることで生じるリズムの面白さを感じ取ることができる。
②音と動きのかかわり

民俗芸能はその地域の風土や生活様式から生まれる独特のリズムをもっている。そのリズムを核として踊りや囃子の音楽が一体となっている。《ねぶた囃子》に合わせて跳人の踊りを踊る。その踊りの動きを通して《ねぶた囃子》の跳ねるリズムやその躍動感を身体で感じ取ることができる。
③音と言葉と動きのかかわり

遊び歌や仕事歌などは、音と言葉と動きの融合の原型といえる。《あんたがたどこさ》のわらべうたを、まりつき遊びをしながら歌う。まりの跳ね返りを身体で受け止めることによって、うたもそのリズムにのって「あんたがったどっこさ」と弾むように歌うことができる。そして、「さ」の言葉が出てくるたびに足をまわす動きをすることで、繰り返される言葉の面白さも感じ取ることができる。
④音・言葉・色・形のかかわり

絵本の色・形や言葉に対するイメージを、音や音楽で表現する実践がある。絵本から選択した場面に合う音をつくる。つくった音が絵本の挿絵や言葉、イメージなどに合うかどうかを考えて活動を進めることができる。
⑤音・言葉・色・形・動きのかかわり

ミュージカルや人形劇などは、音・言葉・色・形・動きを合わせた総合芸術である。ミュージカルは、せりふの言い方や歌い方、芝居の動きや衣装などを工夫して舞台全体をつくり上げる。人形劇は、せりふやストーリー、音楽などに合わせて、見る人が興味をひくような人形の動きや衣装を考え、色彩豊かな舞台の上で演じる。（廣津）

第7章　音楽科の拡がり

音楽と遊び

　世界各国にはわらべうたのように遊びを伴った音楽が数多く存在する。音楽科の学習においても、子どもの遊びと音楽的経験をいろいろな側面から関連付けた実践がみられる。

　一つ目は、子どもが遊びに投入するエネルギーに価値を見いだすものである。わらべうた遊びでは、身体の動きと言葉とうたが一体となって生み出す律動感が子どものエネルギーを喚起する。この動き、言葉、うたの三つの表現媒体の融合を保って、言葉や身振りをつくりかえる創造的な活動の実践である。

　二つ目は、遊びの経験ではぐくまれた内的世界を、既成の楽曲を媒介として歌唱表現に生かすものである。しゃぼん玉遊びをした時に、自然と子どもが『シャボン玉』のうたを口ずさむことがある。それは、遊びの中でしゃぼん玉がうまく膨らんだ時のうれしさや虹のようなきれいさに驚いたことなどを表現したくなって、同じような情景を歌った曲を媒介として歌唱表現をしたと推察できる。このように、遊びの経験で生まれた感情やイメージを生かして、歌唱表現の工夫を促す実践である。

　三つ目は、遊びで生じた音への関心を音探究につなげ、音楽づくりに発展させるものである。ペットボトルで鉄柱をたたいて遊んでいた子どもが、スチール製の靴箱や木製の遊具などたたくものを変えながらお気に入りの音を探し始める。そしてそのお気に入りの音にリズムを付けて鳴らしだす。このような遊びの中で芽生えた音への興味関心から音や音楽づくりの活動を促す実践である。

　四つ目は、遊びでの音楽的な要素を取り出して、音楽遊びに組み替えるものである。円になって手拍子をし、そのリズムにのって途切れないように自分の名前を言っていくというゲームにする実践である。（廣津）

音楽と民俗芸能

　民俗芸能とは、人々の生業や信仰、習俗と深く結び付き、祭りや年中行事の中で、豊作祈願や悪霊退散などのために演じられてきたお田植神事などの田楽、祭囃子、神楽などのこととされる（山本）。これらは、音楽が踊りなどの身体の動きや文学と結び付いており、動きと言葉と音楽が統合されたパフォーマンスであることが多い。

　その中でも祭囃子は子どもたちにとって身近な民俗芸能であり、学校で教材として取り上げられることが多い。例えば、大阪天満宮の天神祭で演じられる《天神祭囃子》は、笛、太鼓、四つ竹によって演奏されるため「太鼓や四つ竹のリズムパターン」や「笛の旋律と太鼓や四つ竹のリズムとの重なり」などを指導内容として授業を展開することができる。実際の天神祭においては、《天神祭囃子》は音楽だけが演奏されるのではなく、それに合わせて梵天、獅子舞、傘踊りがステップを踏み、行列になって進んでいく。そしてそのステップは、太鼓と四つ竹が音を強調する部分は大きく足を踏み込むというように、祭囃子と同調するようになっている。また、祭囃子のフレーズとフレーズの間に「ソーレッ」という掛け声を入れることで、祭囃子の息がそろい、祭りに参加している人々の一体感を生み出す。このように《天神祭囃子》は動きと言葉と音楽が統合されたパフォーマンスなので、実践においては、《天神祭囃子》をこれらの動き（踊り）や言葉（口唱歌や掛け声）を通して視覚や聴覚などの感覚でとらえる活動が組まれる。そうすることで、子どもたちの生活経験や潜在的な感性が呼び覚まされ、即興的な表現が生まれたり、子どもたちに共同体意識が生じたりする。（藤本）

［参］山本宏子「民俗芸能」音楽之友社編『日本音楽基本用語辞典』音楽之友社，2007．

音楽と身体表現

　人間の表現行為において、内なるものを、身体を媒体として表現することを身体表現という。身体は媒体であると同時に、操作の主体である自己そのものでもあることから、内なるものを直接的に表現しやすい媒体になる。
　この身体を媒体とした表現の特質として2点挙げる。一つ目は、身体が質をとらえやすい点である。音楽に合わせて動くという相互作用によって、身体は音楽が醸し出す多様な質を感覚でとらえることができる。この相互作用は、音楽を聴くと思わず体が揺れるといった音楽への同調を始まりとする。音楽に同調すると音楽の全体的な質から部分的な質までが感じられるようになる。個々人の身体はその中から独自の感受性に合う質を選んで受容し、質は動きとして表れる。例えば、音楽に同調し、音楽の全体的な「柔らかい感じ」という質を感受したら、それを言葉に変換することなく、感じたままに腕を柔らかく揺らす動きで表現する。柔らかいという質を意識してもう一度音楽を聴いてみると激しさが感じられる部分に気付くようになる。そこで動きを少し変えてみる。身体を動かすことで感受した質を表現し、表現してみるとまた新たな質を感受することが可能になり、音楽と身体との相互作用を通して音楽の多様な質をとらえることができる。
　二つ目は、時間的次元と空間的次元の表現が同時に可能になる点である。例えばABA形式をもつ音楽を聴いてAで滑らかに動き、Bで激しく動くという時間的な変化を表すことができる。同時に滑らかな感じを輪を描くように歩いて表すか、その場で表すか、空間の表現を工夫できる。時間的な存在として受け取られがちな音楽が身体表現によって空間的な把握が可能となり、音楽の知覚・感受を拡充することができる。（鉄口）

音楽とドラマ的表現

　ドラマ的表現は、様々な表現活動の場で子どもに、表現していることについての意味をもたせ、何を伝えたいのかを明確にさせる指導方法の一つである。それは、学芸会などで行われる「子どもたちが台本を覚えて舞台で上演し、観客に見せるといった演劇による表現」とは目的が異なるものである。
　音楽の学習では、子どもは、楽曲のもつ曲想から想起した情景や感情を、経験を通して潜在意識の中に貯えている記憶と感覚にかかわらせ、身体を使って創造的に演じることになる。その際、子どもは思い浮かべた情景の中にいる自分を想像し、情景の中にいる人物や自然物の心情を想像し、演じる。ドラマ的表現では、子どもが、想起した情景や感情を自身の経験とかかわらせる際に記憶と感覚を用いることで、聴覚以外の感覚も覚醒される。それゆえに想起した情景や感情に、より一層自分とのかかわりを感じることとなり、音楽表現の基となる「思いや意図」に自分としての意味をもつようになるのである。
　例えば「校歌」を教材とする歌唱の学習は一般的に、①歌詞の内容や楽曲の雰囲気から「このように歌いたい」という思いや意図をもつ、②音楽の諸要素の働きを歌って確かめ試行錯誤する中で、その思いや意図が伝わる歌い方を考える、③思いや意図が伝わるように歌える、という流れとなる。ここにドラマ的表現を取り入れると、①と②の過程に「実際に学校生活の中で校歌を歌った場を複数挙げさせる。そしてそれぞれの場ごとに、その場にいる自分を想像させ、その場の情景や空気をすべての感覚を使って感じさせる」「その状態で歌ってみる」という過程が加わり、運動会で歌っている自分や卒業式で歌っている自分を演じてみることで、歌唱表現で何を伝えたいのかが明確になる。（田中）

音楽と視覚表現

　ここでは、イメージなどの内的なものを色や形等の目に見えるものを媒体として表現することを視覚表現とする。視覚表現は他の様々な媒体と結び付きやすい。映像には動きが伴うし、絵本にはお話が伴う。

　表現を媒体の未分化なものとしてとらえる幼児期では、聴覚と視覚のコラボレーションを意識した表現活動の一つとして「音の絵本」がある。「音の絵本」は、園児が即興的な表現や効果音の挿入を行い、絵本の読み聞かせに様々な形で参加する音楽活動である。音楽的な参加では、全員で音を重ねたり、即興的な音づくりに挑戦したりする。園児は、絵や友達の表現を見ながら、場面にふさわしい音、タイミング、ダイナミクス、テンポなどを協同して考え、表現方法を体得していく。ここで絵やお話や音をつなぐものは絵本に対するイメージであるといえよう。

　小学校では、《夏はきぬ》《冬げしき》等の唱歌における歌唱の実践で、うたのイメージを形成させるためにスケッチを描かせるものがある。古典的な歌詞の描く日本の情景を想像してスケッチを描くことでうたの全体的な雰囲気を把握させ、その雰囲気のなかで歌い方の工夫を促している。

　鑑賞では図形楽譜づくりがある。音楽を聴いて知覚・感受したことを、色紙を切って色や形で表現していくものである。イメージにふさわしい色や形を考えることで、軽やか、神秘的といった音楽を聴いて感受した質を意識することが可能となる。

　他にも、いろいろな音を聴いてカードに色鉛筆で線や色を使って描きとめていく音遊びがある。いずれも媒体を音から視覚的なものへ、視覚的なものから音へと変換するときに、音楽と視覚表現の両者に共通する質を意識できるという点が期待されている。(植田)

他媒体をかかわらせた音楽教育

［他媒体への着目］西洋の芸術音楽をモデルとし、それを理解することを目的とすると、音楽教育を、音を媒体とする音楽の範囲内で考える傾向になる。他方、音楽の生成過程を子ども自身が経験することを目的とすると、必然的に音楽生成の広い土壌を考慮せざるを得なくなり、音と他の表現媒体とのかかわりが視野に入ってくる。そして音楽教育を他媒体とかかわらせて考えるようになる。

［音と他媒体との関連］音と他媒体とのかかわりに着目した音楽教育のアプローチがこれまでいくつか提唱されてきた。ダルクローズは音と身体の動きとの関連に着目した。音楽を音符の連結ではなく、ムーブメントとしてとらえ、ムーブメントの変化が生み出す表情を身体で感受し、身体の動きを媒体にして表現することを重視した。

オルフは子どもの遊びにおける音と言葉と動きの関連に着目し、話し言葉の備えているリズムや抑揚を基として三つの媒体が融合したものが子どもにとっての音楽であるとした。

シルバー・バーデット社の教科書『音楽』（1978年版）は、音楽と視覚アートとダンスの関連に着目した。音が音楽に構成されるには、リズム、音色、方向性、ダイナミクス等様々な要素や、反復、対照等の構成原理が働いている。その諸要素や構成原理には音楽だけでなく、絵画や彫刻、建築、ダンス等の他芸術にも共通してみられるものがある。その要素や構成原理を共通項として、そこでの媒体間の共通性とそれぞれの固有性を学習させようとした。

日本学校音楽教育実践学会が作成した『21世紀音楽カリキュラム』は、音と他媒体との関連をカリキュラム構成の一つの柱として位置付けた。人間が音を媒体として内的世界を表現しようとした時、色や動きなど音以外の他の媒体をどう結び付けて表現してきたのかという側面を教科内容として位置付けた。そこでは、具体的には音と色との関係、音と動きとの関係、音と言葉との関係、音・色・動き・言葉との関係、及びそれらが一体となった総合的な表現が指導内容とされ、表現の媒体間のつながりを学習するのである。

［他媒体をかかわらせることの意義］第一には、音と、動き、言葉、色、形等のそれぞれの表現媒体の比較や関連付けが可能となり、媒体間の共通性と独自性がみえてくる。そこで音による表現の特性が理解可能となる。例えばジョアン・ミロの抽象的な図柄の絵を図形楽譜として見立てて音楽づくりをする。絵を見て、大昔の時代に子どもが集まって遊んでいるような感じをもつ。そして古めかしい感じからわいわいにぎやかな感じに変化していく音楽をつくる。絵画の空間的な質を音楽の時間的な質としてとらえ直すところに音の媒体特有の性質を経験できる。

第二に、異なる媒体の相乗作用により、表現自体が発展していく。媒体はそれぞれの独自の特質をもっているので、異なる媒体で表現してみると表現に新たな意味が見いだされ、表現の拡大・発展が起こる。例えば、わらべうたを歌っているところに、わらべうたに使われている言葉のリズムでひざ打ちのオスティナートを付ける。すると躍動感がより際立って感じられるようになり、打楽器で別のオスティナートを重ねる。そこに生み出された新たなリズムの動きを、踊りを即興的につくって表現し、総合的な表現にしていくという事例がある。

ただし、媒体を関連付けるというのは、《おもちゃの兵隊》を聴かせて兵隊の身振りをさせるというように、外的なテーマによって単に活動を組み合わせることではない。音や動きが、表現のための媒体として関連付けられることが重要である。（小島）

ダルクローズの音楽教育

［概要］ダルクローズ（Jaques-Dalcroze, E. 1865-1950）の音楽教育は、「リズム」「ソルフェージュ」「即興演奏」から成っており、一般的にはリトミック教育と呼ばれる。彼は、記号による記譜や読譜の前に音を聴く力を発達させることが大事だと考え、そのために身体と音楽、特にリズムとの関係に着目した。そこでリトミック教育では、すべての感覚器官や筋肉感覚で音楽を知覚し、その音楽全体や音楽を特徴付けている様々な要素に対して身体で反応する活動を行う。

ここでいう音楽に対する反応とは、単に音楽を刺激として身体が反射的に反応するということではなく、音楽を知覚して身体を動かすと脳内でイメージが形成され、筋肉感覚が意識されるという回路をもつものとされる。

［ダルクローズのアプローチ］「リズム」はすべての基礎練習となる。ここではリズムを音符としてではなく、緊張と弛緩等のエネルギーの変化として感じることが期待され、聴いたものに対して動く活動がなされる。そこには音楽は耳で聴くのではなく、身体全体で聴くという考えがある。その後の「ソルフェージュ」では、心の中で旋律やあらゆる調、ハーモニー、それらのごく自然な組合せにおける対位法を思い浮かべる活動がなされる。最後の「即興演奏」はピアノ教育であり、鍵盤に触れる際の触覚と運動神経の感覚を目覚めさせ、生徒に旋律とハーモニーとリズムをもった音楽の意図を楽器で表現させることを目的としている。

［学校教育における活用］学校教育では主に「リズム」の内容が実践されている。《ノルウェー舞曲》で速度の変化、《トルコ行進曲》で強弱の変化等に注目して、曲想に合った歩き方で歩いたり身体の動きで表したりする。拍や拍子については《シンコペーテッドクロック》で両手の人差し指を時計のように左右に動かして拍を感じる活動、3拍子の《メヌエット》で拍子を感じて友達と手合わせをする活動。歌唱では、フレーズを感じて空間に手で線を描く活動、《ドレミの歌》で音階を歌いながら音高を動きで表す活動がある。この「リズム」では、動きをつくることを目的とせず、心の中で音楽を聴く力である「内的聴取力」を育成することに重きを置く。

「ソルフェージュ」については、「内的聴取力」を使って、楽譜を見てハンドサインをしながら歌い、音高や旋律のリズムの変化による曲想を動きを伴って感じる活動、声を出さずにハンドサインをして心の中で歌う活動がある。さらに合唱曲のすべてのパートを心の中で思い浮かべながら指揮をする活動もある。

「即興」は主にピアノでの事例なので、学校教育で実践されることはあまりない。

［ダルクローズ研究所でのレッスン］スイスのダルクローズ研究所ではあらゆる年齢層にリトミック教育を行っている。子ども向けのリズムのレッスンでは、拍・テンポ・音高・旋律、フレーズ・形式、持続等の要素が内容とされている。土を掘って水をやるという日常の動作をイメージして動く中で、あるいはボールを転がして遊ぶ中で、指導者がその動きに合うようにピアノで音を付けていく。そして次には指導者のピアノに合わせて子どもがその動きをする。そこに表現されるものは動きの「ニュアンス」とされる。大人向けのレッスンになると、音楽から知覚・感受した音の強弱や高低などの諸要素やそこに生まれるニュアンスを、与えられた動きの中で自由に表現する、あるいは即興的に自由な身体の動きで表現するレッスンがある。（金田）

［参］E.J. ダルクローズ（板野平訳）『リズムと音楽と教育』全音楽譜出版社，1975. リトミック指導者スイス協会「ジャック＝ダルクローズのこどもたち」ビデオ制作響き，2004.

オルフの音楽教育

［概要］ドイツの作曲家であるカール・オルフ（Orff, Carl, 1895-1982）が提案した、音と動きと言葉を相互に関連付け、即興的にアンサンブルを構成することを通して自己表現を促す音楽教育である。

第2次世界大戦後、オルフはラジオの音楽教育番組制作の機会を与えられ、そこで革新的な音楽教育を実践した。それが『子どものための音楽』全5巻としてまとめられ、世界中に影響を与えた。

彼は、音楽教育の基礎に「基礎的音楽」を置いた。それは音楽を、音と動きと言葉の三位一体ととらえたものである。その理念のもと、子どもが生活の中の言葉を話すことから、わらべうたで遊び、音楽を生成していく自然な過程に着目し、子ども自身の生活・文化から出発するというアプローチをとった。

［特徴］オルフのアプローチでは言葉が出発点に置かれる。それは書き言葉ではなく生活で話される方言である。具体的には、クラスで互いに名前を呼び掛ける。町を売り歩く行商の呼び声を真似て反復する。子どもに伝承されてきた唱え言葉やわらべうた等を唱え歌う。そして言葉のもつリズムや抑揚といった音楽的要素を意識化していく。

次には、言葉のリズムに手拍子や足打ちの身体音や楽器の音でオスティナート（パターンの反復）やボルドゥン（響きを生む持続音）を重ね、打楽器を中心としたアンサンブルにする。そこに音楽の動きの表情を感じて、ダンスのような身体の動きが加えられる。

さらに、言葉のリズムや抑揚が楽器の音に換えられ、旋律が生み出される。初期段階では旋律は2音から5音のペンタトニックに発展していく。楽器は、オルフ楽器と称される、音質のよい、音板を取り外せる木琴、鉄琴、メタロフォンや打楽器、ブロックフレーテやガンバの古楽器等が使われる。

アンサンブルは、楽譜を使わず即興で行われる音によるコミュニケーションになっている。他者の音を聴いて自分のパターンをつくって合わせていく。それを聴いて踊る踊り手と、その踊りを見て合わせていく弾き手のコラボレーションが重視されている。そのために踊り手と弾き手が交互に入れ替わることも即興的に行われる。

［音楽授業への適用］日本の音楽授業では、言葉とリズムの関連に着目したアンサンブルがよくなされている。例えば、宮沢賢治の「風の又三郎」の詩を素材とし、詩の中の言葉をいくつか取り出してオスティナートにして重ねる。あるいは、グループになっていろいろな言葉のリズムを組み合わせ、ボディパーカッションの音楽づくりをする。特別支援教育では、絵本を見ることから、そこでのボールが落ちる様子を「ヒューッ」という擬音語で表し、擬音語を鉄琴で弾いて小さな断片的な表現をつくる。そしてそれらの断片をつないで一つのアンサンブルにしていく。

オルフのアプローチは最小単位の音楽活動を積木のように構成していくものなので、組み合わせを自由自在に応用できるという利点がある。ただし日本語の場合、言葉のリズムや抑揚が英語やドイツ語等とは異なることを自覚しておく必要がある。

［オルフ研究所］昭和38（1963）年来オーストリアにオルフ研究所が置かれている。そこでの平成8（1996）年のワークショップの報告によると「絵本を音や動きで表現する」というテーマでは、まず絵本の朗読を聞いて言葉の響きやリズムや抑揚を楽しむ。その絵本の情景からレインスティックで波の音をつくって音の大海原を表現する。その音に合わせて鳥になって動く。そして絵本のストーリーを演じる。そこではイメージが大事にされている。（小島）

シルバー・バーデットの音楽教育

シルバー・バーデット（Silver Burdett）とはアメリカの教科書会社である。そこから出版された音楽教科書『音楽』（Music）（1978年版）の「諸芸術」（The Arts）という単元では、音楽と他芸術との関連が諸芸術に共通する構成要素の点から扱われている。

『音楽』は、芸術も人間の認識の対象の一つであるととらえ、認識の具体的方法を示したカリキュラムをもち、それは「表現的特質（リズム、旋律、形式など）」「音楽様式」「諸芸術」「職業」から構成されている。

単元「諸芸術」のねらいは、絵画、舞踊、詩などの諸芸術に共通にみられる構成要素（高低、方向など）や形式（反復、対照など）について学習することで、芸術に共通の要素や構成原理に気付かせ、美的感受性を育てることにある。「諸芸術」の指導内容には「高低」「変奏」「輪郭」「密度」などがある。

例えば第5学年の「パターン」の単元では「諸芸術における組織化の力としてのパターン」を指導内容とし、写真、詩、音楽、絵画、ダンスからパターンを見つけさせる活動がある。ひまわりの花びらや兵隊の行列など日常生活におけるパターンを写した写真から始まり、詩の朗読やリズムパターンの手拍子などを通してパターンが芸術を構成する上で欠かせない要素であることに気付かせるようになっている。

単に「リズムパターン」を学習することとは異なり、視覚的、動的イメージなどあらゆる感覚器官を働かせて芸術に共通の構成要素を把握することができる。音楽を諸芸術の共通の次元でとらえ直し、音楽も芸術の中の一つの形態であることを認識させている。（清村）

［参］西園芳信『音楽科カリキュラムの研究－原理と展開－』音楽之友社, 1993.

音楽科を拡げた場や環境

音楽科と他領域との関連

［教科と他領域］教育課程は教科領域と教科外活動の領域に分けられる。教科領域は、知識や技能を教えることが中心で、国語、社会、算数といった各教科に当たる。一方、教科外活動である領域は、生活者・市民としての目的をもった行動の指導を中心的なねらいとしており、道徳や外国語活動、「総合的な学習の時間」、特別活動に当たる。

［教科と他領域との関連］学習指導要領においては、各教科と、道徳、外国語活動、「総合的な学習の時間」、特別活動の相互関連が挙げられている。例えば、家庭科と「総合的な学習の時間」を関連させた事例がある。家庭科で生ゴミから肥料ができることを学ぶ。「総合的な学習の時間」では実際に生ゴミから肥料をつくり、それを畑にまいて野菜づくりを行う。家庭科で習得した知識を「総合的な学習の時間」で実際に活用させることで、自らの生活を工夫しようとする実践的な態度を養おうとしている。ここでは、教科で培った知識や技能を他領域の活動で発揮させるという点に両者の関連付けが意図されている。

［音楽科と「総合的な学習の時間」との関連］音楽科では、育成すべき学力として知覚・感受、思考・判断、技能などが挙げられている。この音楽科で培った学力を発揮させることで「総合的な学習の時間」との関連を図った事例がある。例えば、「総合的な学習の時間」に花を育て、その花を育てた時の苦労やつぼみを付けた時の喜びなどを表現する音楽づくりの活動である。つぼみを付けた時の嬉しかった気持ちを表現するには、トライアングルを小さく鳴らす方がいいかな、徐々に大きく鳴らした方がいいかな、というようにトライアングルの音色や強弱を知覚・感受しながら表現を工夫し、音楽をつくり上げていく。

また、「総合的な学習の時間」での学びが音楽科の学力育成を支えることもある。例えば、「総合的な学習の時間」に地域の民謡について調べ、音楽科でその民謡を歌ったり演奏したりするような活動である。「総合的な学習の時間」で地域の歴史や民謡の成り立ちを知ることで、その民謡がもつ特徴的なリズムをより豊かに知覚・感受できるようになる。

［音楽科と学校行事との関連］多くの学校の入学式や卒業式などの式典で、校歌や学校独自のうたが歌われている。それを単に式典の見栄えのためだけに練習させるのではなく、音楽科で、うたの歌詞や旋律など音楽の構成要素に着目させ、それらが生み出す曲想を感受して歌唱表現できるように指導する。このような音楽科での学習を基盤として、音楽とその音楽が演奏される場との関係を学習させ、場の雰囲気に合うような表現を考えさせるという幅広い学習が可能となる。

また、宿泊行事などのレクリエーションの出し物で、遊びうたを歌うとか簡単な合唱をするなど、集団で音楽を楽しむことがある。宿泊行事では、山登りでしんどかったことや頂上に着いて飲んだペットボトルの水のおいしかったことなど、豊かな体験を得ることができる。それらの体験を踏まえた言葉を子どもたちが出し合って替え歌をつくり、キャンプファイヤーの時に発表するという活動がある。宿泊行事の最後を、歌唱集をみんなで歌い気分を盛り上げて終わるというのではなく、そこで音楽科の替え歌づくりの学習で得た力を応用させることができる。そして、このパフォーマンスによって、宿泊行事全体を締めくくる充実感を感じることができる。

このように学校行事と関連させることで、生活の様々な場面で音楽が使われ、人と人とのつながりに貢献しているという社会における音楽の役割を認識できる。（廣津）

［参］日本教科教育学会編『新しい教育課程の創造』教育出版，2001．

音楽科と総合的な学習とのかかわり

[教科と総合的な学習] ここで総合的な学習とは、平成10年の学習指導要領改訂で創設された「総合的な学習の時間」に行われる活動のことをいう。

　総合的な学習を教科とかかわらせることについて、学習指導要領においても各教科で身に付けた知識や技能等を相互に関連付けることが挙げられている。総合的な学習と教科のかかわらせ方については大きく二つの考えをみることができる。一つは、いくつかの教科を合わせて総合的な学習とするという考えである。例えば、ある教科や単元を中心にして他の教科を加えて活動する、複数の教科や単元を融合させて新しい単元として展開する、などである。もう一つは、あらかじめ教科を念頭に置くのではなく、問題解決あるいは課題解決として総合的な学習を進めていく過程で各教科に相当する内容が学習されるという考えである。子どもの興味や関心に基づくテーマを追究していく中で、例えば、学校で飼育されている動物は何を食べるのかというような飼育にかかわる問題や、地域の川をきれいにするにはどうしたらよいかというような環境の問題が生まれ、その解決を考える過程で各教科にかかわる内容がそのつど学習されるというものである。

[音楽科と総合的な学習] 音楽表現は、人間が生活している外的世界とのかかわりをもつことで生まれる。このことから、音楽科と総合的な学習とのかかわりは、基本的には、総合的な学習において外的世界と相互作用し、そこで生じたイメージや感情などを音楽として表現する点にあると考えられる。この外的世界は、以下の三つの側面からとらえることができよう。

　一つは、自然の側面である。例えば、総合的な学習におけるアジサイの栽培やアゲハチョウの飼育といった直接経験を通して子どもは花の色の鮮やかさを感じたりチョウが飛び立っていくときの嬉しさを感じたりしている。このような感性で感じ取ったものを音で表現するという活動である。ここには、子ども自身の経験を通して感性で感じ取ったものを表現の土台とするという考え方がある。このような活動に言葉や身体の動きなどが加われば、音楽劇やミュージカルのような総合的な表現活動ともなる。

　二つは、文化的側面である。例えば、総合的な学習において地域の歴史を調べる過程でその地域で育まれたお祭りや民謡を知り、そのお祭りのお囃子を演奏したり民謡を歌ったりするという活動である。この活動では、地域で実際に伝承している方を招き、教えてもらうということも可能となる。ここには、人々が生活の中で生み出してきた文化をどのように享受し、継承してきたかということを、体験を通して理解できるという考え方がある。

　三つは、社会的側面である。例えば、総合的な学習において地域の老人ホームや商店街という現実社会とかかわる活動がある。このような活動の中で、老人ホームのお年寄りと一緒に楽しめる唱歌や童謡のコンサートを計画したり、地域のテーマソングをつくりそれをCDにして地域の各施設に配布したりするという活動である。ここには、社会において音楽が人々をつなぐ機能をもっていることを体験を通して理解できるという考え方がある。（廣津）

[参] 文部科学省『小学校学習指導要領解説 総合的な学習の時間編』東洋館出版社, 2008. 水越敏行・村川雅弘『小学校総合的学習の新展開』明治図書, 1998. 高浦勝義『総合学習の理論』黎明書房, 1997. 西園芳信・小島律子『総合的な学習と音楽表現』黎明書房, 2000.

音楽科と他教科とのかかわり

［音楽科と他教科とのかかわり］教科とは、学校で教授される知識・技術等の教育内容を、内容上の特質に応じて区分したもので、国語科、社会科、理科などがそれに当たる。

本来、人間生活の営みはこのような教科に分けられたものではなく、様々な事項が関連付けられた総合的なものである。例えば、料理をする時、水100cc、砂糖大さじ1など材料を量って味付けをするだけでなく、美味しく見えるように彩りを考えたり盛り付けを工夫したりする。これらをあえて教科に分けるとするならば、家庭科、算数科、図画工作科、といった教科に当たる内容が考えられる。我々の生活は、このように細かな教科に分けられた世界ではなく、それぞれの教科の内容が融合されたものといえる。

このような人間生活の営みを基盤とした学習活動を展開するためには、学校教育においても教科の枠をゆるめ、音楽科と他教科とのかかわりを視野に入れて子どもの活動をとらえていくことが求められる。

［音楽科と他教科をかかわらせた実践］音楽科と他教科とのかかわりを視野に入れた実践として、以下のようなものがある。

一つ目は、音楽科と他教科をかかわらせることで、より効果的に音楽表現を工夫させるものである。例えば、音楽科で学習した合唱曲を用いて、国語科、社会科、理科とかかわらせながら音楽劇をつくる活動がある。音楽科で合唱曲を学習した後、国語科で細かな歌詞の言葉の意味を調べたり考えたりすることで、歌詞の詳細なイメージをもつことができる。社会科で、歌詞に出ている地域の人々はどんな暮らしをしていたのか調べ、その暮らしぶりから、歌詞に込められた人々の感情に共感し、曲の山をどう歌うか考える。理科で、歌詞に出てくる虫について調べ、その生態、虫の動きや風に飛ばされる様子から、曲のフレーズのまとまりをつかむ。国語科、社会科、理科の学習と関連させることで、音楽科の学習だけでは見えてこなかった曲の背景を深く知り、具体的なイメージをもって表現を工夫することができる。

二つ目は、人間が音楽を生み出す過程と同じように、子どもの生活経験から音楽をつくり出すものである。例えば、理科で学習した水の三態変化（氷・水・水蒸気）から、水の音楽づくりをする活動がある。理科で水が沸騰する実験をする。その過程を一部始終観察し、温度の変化や観察の様子などをワークシートに書きとめる。音楽科では、その実験の中で印象に残った場面を音で表す。水が凍る場面は鈴を鳴らす、水が沸騰する場面は輪ゴムをはじくなどの音で表現する。そして、つくった音を水から沸騰までの順に並べ、一つの曲を構成する。さらに、強弱、速度、リズムなどの音楽の構成要素に着目し、水が沸騰するまでの過程をさらに工夫して表現する。

三つ目は、音楽科と他教科を合科的に扱うことで、音教科の特質を生かした活動を展開するものである。例えば、音楽科、社会科、家庭科、美術科の学習を合わせ、「体に良いお菓子を製造販売する食品会社」をつくる活動がある。会社業務の疑似的な体験学習を通して、会社の仕組み、製品イメージとCMのかかわりなどを学習する。社会科で、会社の経済的役割や社会貢献、企業の社会的責任について理解する。家庭科で、食品の安全性や身体に与える影響について考え、自分たちでつくったお菓子について栄養成分を示す。美術科で、会社や商品を印象付けるための効果的な宣伝や広告のデザインをし、音楽科で、既存のCMをヒントに自分たちの商品を印象付ける音楽をつくる。（廣津）

［参］日本学校音楽教育実践学会『音楽科と他教科とのかかわり』音楽之友社，2002．

音楽科と学校文化とのかかわり

　音楽科は、学校文化の点からみると教科の枠組みを越えた多彩な音楽活動に関与し、学校全体の文化生成に寄与している。

　一つは式典へのかかわりである。入学式や卒業式などの式典では、相手への思いを込めた合唱を行う学校が多い。音楽科では、歌詞の内容と自分の心境とを重ね合わせ、音楽を形づくっている要素に目を向けながら、自分の気持ちをうたで豊かに表現していく姿を指導していく。伝えたい思いを育てるだけでなく、音楽科として表現を洗練し、誰もが共有できるような合唱に仕上げることで、式典をより感動的なものにすることができる。

　二つは、校内合唱コンクールをはじめとする学校行事へのかかわりである。全校合唱を行ったり、学年・学級ごとに発表したりするなど、集団の帰属感を育てる学校行事として音楽活動が位置付けられる。音楽科では、特別活動や道徳と関連させながら、音楽の指導を行うこととなる。例えば校内合唱コンクールでは、子どもたち自身でどのようなうたにしたいのか話し合って試行錯誤するなど、今までの音楽科での学びを自主的、実践的に生かせる機会になる。また、総合的な学習の成果としてミュージカルのような総合音楽活動を発表することもある。仲間との信頼や団結を深め、自分の思いをうたや言葉で伝える表現力やコミュニケーション力も育成される。

　このように、学校文化の中にはたくさんの音楽活動が息づき、学校全体の運営を支える柱となることができる。(清水匠)

［参］西園芳信「音楽による感動の心理構造(Ⅱ)」日本教科教育学会『日本教科教育学会誌』第7巻3号，1982．時得紀子「総合表現活動のもたらすもの－小・中学校における実践事例を通して－」『学校音楽教育研究』第12巻，日本学校音楽教育実践学会，2008．

音楽科と地域・社会とのかかわり

[概念] 学校音楽教育が地域・社会と結び付きながら子どもの成長を促すこと、及びそうした過程で生み出される協働により相互に繁栄をもたらすコミュニティの構築を目指す。

[背景] 平成10（1998）年の学習指導要領改訂において「総合的な学習の時間」が創設された。また、中学校音楽科で和楽器の導入が明記されたため、地域・社会を含めた幅広い場や環境、外部人材を活用した音楽科の授業が盛んに行われるようになってきた。一方、世界に目を向けると、平成17（2005）年にユネスコの「持続可能な開発のための教育」（ESD）が開始され、地域の文化財や環境財を生かした学習等の推進が掲げられている。国際機関や国家・自治体といった行政のみならず、一般市民を対象とした地域・社会で異文化コミュニケーション能力を育成していくことが求められている。

このような動向を鑑みると、音楽科においても教科等の枠を超えた横断的・総合的な学習、探究的な学習等の創意工夫ある授業の構想や郷土の伝統音楽のよさを味わえる環境設定等、身近な生活環境や文化遺産との関連性で音楽をとらえていく必要がある。

[活動の実際] 本学会で報告されている実践には、地域のわらべうたを中心に「金沢市伝承音楽教材集」を作成したもの、宮城県北部に伝承されてきた謡を地域の伝承者と実演家との協働により授業実践したもの、徳島県の伝統芸能の阿波人形浄瑠璃を「総合的な学習の時間」で構成活動の教材として活用したもの等がある。これらの特徴として、地域の伝統音楽保持者等をゲストティーチャーとして招致すること、児童・生徒が実際に地域に出向き生の素材を直接経験すること、教材開発や授業を構築する過程で教員と伝統音楽保持者との間で相互交流が行われ、結果的に児童生徒の学びの質の向上につながっていることが挙げられる。

また、こうした取り組みの中でも音楽科と地域・社会とを意図的に関連付ける活動の主要な方法の一つにアウトリーチがある。元々は社会福祉の分野や啓発活動において、通常行われている限度を超えて手を差し伸べようとする活動である。芸術分野においては芸術普及活動や教育普及活動と訳され、1990年代後半以降に公共ホールが積極的にかかわることで広まってきた。

近年では音楽大学や教員養成大学におけるアウトリーチの実践や研究も進み、一定の効果を得ている。例えば、川崎市の洗足学園音楽大学では、教育委員会の事業において、市内の小学校にアウトリーチ活動を行ったことをきっかけに地域の伝統的祭礼の復活等、小学校・大学・地域の保存会が意見を出し合い、教材開発や授業プログラムの立案が継続的に推進されている。具体的には、音楽大学の教員が小学校で篠笛を用いた音楽づくりの出張授業を行った。そして、50年ほど前に伝統が断絶していた地域の神社の祭礼囃子の復興を目指し、例大祭当日に、児童が授業でつくった短い旋律に大学生が宮太鼓や鐘等の鳴物で伴奏や間奏を加え、子ども囃子として神社に奉納した。いずれの実践も伝統的な素材の不変的または可変的特性を生かして授業が工夫されている。

[音楽科の役割] 音楽科が地域の文化財や環境財を生かして授業を構築するためには、地域内の大学・幼稚園や小中高等学校・地元の伝統芸能保持者等が相互に意見を出し合って協働的なコミュニティを形成することが重要である。効果的かつ継続的な活動にするためにも音楽大学や教員養成大学でオーガナイザーの役割を担う人材の育成も求められよう。
（長谷川）

第8章

幼児の音楽表現

幼児の音楽表現

幼児の表現

［幼児の表現］表現とは、人が内にあるものを外へ表す行為である。それは単に表れ出た結果としての行為を指すのではなく、外的環境からの刺激を受け、「感じて」「考えて」「行動する」という一連としての行為を意味する。また、目的的、意識的にその行為をすることを指すことから、快・不快などの感情が「笑う」「泣く」などの行為として表れる「表出」と区別して用いられる場合もある。しかし幼児の表現は、直接的で素朴な形で行われることも多く、必ずしも明確な目的や意図をもった状態で表れるとは限らない。

［幼児の表現の理解］したがって保育者は、幼児が何を表現したかではなく、何を感じ、どのように考え、どのように表現しようとしているのか、また、なぜそのように表現しようとしたのかといった、表現に至るまでの経験のプロセス全体を把握し、表現の意味を理解しなければならない。

幼児は日々の生活の中で、様々に心が動かされる出来事、自然、モノと出合う。また身近な存在としての大人や友達といった、人とのかかわりを通しても心が動かされる経験をする。その中で、美しさや不思議さ、楽しさ、悲しさ、怒りなどの様々な感情を体験していく。このように、幼児の生活の中にある身近な環境と直接触れ合う中で体験する心の動きを、自分の声や身体の動き、あるいは様々な素材を媒介として表現するようになるのである。

［表現の発展］直接的で素朴な形でしか表現できなかった幼児も、園生活を通して、自分の心を映し出す他者としての保育者の援助を得たり、親しい友達の遊ぶ姿を模倣したりする経験を通して、次第に表現したいことが具体的になり、そのイメージを保育者や周囲の友達と共有できるようになる。どのような方法で表現すれば自分のイメージしたことを表現することができるか、様々な素材や表現媒体と出合うことによって表現方法も習得し、感じたことや考えたことを自分なりに表現しようとするようになる。また、その表現が周囲の人々に受け止められているという実感をもったとき、自己の存在を意識したり、充実感を得たりして、安定した情緒の中で表現することを楽しむようになるのである。

［表現する力］「表現する力」とは、単にうたを歌う、楽器を演奏する、絵を描く、製作する、絵本やお話を読む、身体で表現するなど、個々の技能的側面としての表現技術の習得を指すだけでなく、あらゆる五感を働かせながら、人や周囲の環境とかかわり、様々な刺激を受けることを通して「感じ取る力」、またその経験を言葉、音楽、造形、身体などあらゆる表現媒体を通じて「他者に伝える力」ととらえられる。幼児期の教育においては、様々な表現活動を通して感動を他者と共有する経験を積み重ねることが幼児の表現する力につながるとされる。例えば歌う活動において、正しい発声法や発音などの技能的側面や姿勢などの見栄えにこだわった指導を行ったとしても、幼児の「歌いたい」という意欲や歌うことの楽しさを知ることにはつながらない。そのうたに描かれた情景や心情など幼児がイメージできるような働きかけをしたり、保育者自身が楽しんで歌う姿を示すことによって、そのうたの良さを感じたり、みんなで歌うことの楽しさを共有できるようになる。またそのような幼児の歌う姿が認められる時、さらにまた「歌いたい」という表現意欲へとつながるのである。（岡本）

［参］文部科学省『幼稚園教育要領解説』フレーベル館，2008．平田智久・小林紀子・砂上史子編『最新保育講座11 保育内容表現』ミネルヴァ書房，2010．

幼児の表出と表現

　表出とは、内なるものを媒体を通さずそのまま外に表すことであり、内なるものと媒体の相互作用はない。それに対して、表現とは、内なるものを媒体を通して外に表すことであり、内的世界と媒体との相互作用が必要となる。相互作用によって内なるものが再構成され、表出は表現となるのである。

　幼児は、身近な環境とかかわり心揺さぶられる体験をすると、その感動をそのまま表そうとする。例えば、アゲハチョウの羽化に遭遇した子どもが、身を乗り出して羽化の様子をのぞきこみ、拳を握り真剣な表情で「がんばれがんばれチョウチョ」とリズミカルにつぶやくといった姿がある。子どもは感じたことをそのまま身振りや表情、声、動きや言葉、音などを用いて表そうとする。このように、幼児が内なるものを外に表す行為の多くは、素朴な形でなされる表出であるといえよう。

　ではこのような表出行為はどのようにして表現に発展するのか。アゲハチョウの事例の場合、人的環境である教師が表出行為を拾い上げ、模倣することにより、周りの子どもたちにその行為は共有される。しかし、ここでは内なるものと媒体の間に相互作用は見られない。そこで、行為の振り返りを促すために、羽化の観察やサナギやアゲハチョウ等の身体表現を通して、気付いたことを言語化させる活動が必要になる。内なるものを言語化することにより、子どもたちの間でイメージや感情、思考等がつくり変えられ、自分自身で内なるものを認識するようになる。子どもたちは内なるものを表すための歌い方の工夫を行うようになり、表出から表現への発展がみられるようになる。(横山朋)

［参］小島律子・澤田篤子編『音楽による表現の教育－継承から創造へ－』晃洋書房, 1998.

生活と表現

　幼児は日々の生活において、身近な環境とのかかわりを通して、面白さや不思議さ、美しさなどに心を動かす経験をしている。このような生活経験を基盤に、身体の動きや音や色、形を使った幼児の表現が生まれる。

　そのような幼児の表現には、生活にある素材に「なりきる」場合と「見立てる」場合がみられる。

　「なりきる」表現は、例えば、わらべうたの替え歌づくりや、おままごとごっこの場面にみられる。わらべうたの替え歌をつくるとき、幼児は、生活の中で見たり聞いたりした動物や人物になりきって歌ったり動いたりする。おままごとごっこでは、お母さんになりきって、ご飯をつくったり、子どもを寝かしつけたり、子どもを叱ったりする。これらの表現の基盤には、動物との触れ合いや日々のお母さんとのかかわりを通して、幼児が心を動かした経験があると考えられる。

　「見立てる」表現は、例えば、泥団子づくりの場面にみられる。泥団子をつくっているとき、幼児は偶然、泥団子をハンバーグに見立てることがある。すると、ハンバーグをイメージして泥団子の形を整えたり、ハンバーグを入れるお皿をつくったりする。この表現の基盤には、ハンバーグをつくる様子を見たり、お手伝いをしたり、食べたりすることを通して心を動かした経験があると考えられる。

　この「なりきる」「見立てる」は組み合わされることもある。例えば、おままごとごっこで、お母さんになりきった幼児が、ぬいぐるみを赤ちゃんに見立てて、おんぶひもでおんぶすることがある。

　このように幼児の表現は、身近な生活で直接触れたり、見たり、聞いたりした経験と強く結び付いており、そこでの心の動きが基盤になっている。(小林)

表現とコミュニケーション

　表現の萌芽である表出とは、送り手が受け手を意識せず、内なるものを直接外に表すことである。それに対して、表現とは、送り手が受け手に伝えようとする意識をもち、媒体を通して内なるものを外に表すことである。つまり、表出が表現になるには、他者の存在が必須といえる。送り手の内なるものを伝えたいという思いが、表現の工夫を生み出し、内的世界と媒体との相互作用を生じさせるのである。このように、送り手と受け手の二者間で行われる、感情、思考、認知、情報などの伝達、交換をコミュニケーションという。

　では表出から表現の過程において、どのようなコミュニケーションがみられるのだろうか。例えば、園庭にシャボン玉がたくさん飛んでいるのを見て、ある子どもがシャボン玉のうたを口ずさむ。これは本人が心地よさを感じる行為であり、送り手を意識した行為ではない。しかし、シャボン玉に気付いた教師や友達がうたを一緒に口ずさむというかかわりをもつことにより、送り手と受け手の関係が成立する。音や身振り、視線、表情などを用いた非言語的コミュニケーションが生じるのである。

　さらにシャボン玉遊びの中で発見したことを発言する場を設定することで、言語や記号を用いた言葉によるコミュニケーションが生み出される。ここでは「たくさんの赤ちゃんのシャボン玉ができた」等、友達の発言に対して感情の共有やイメージの共有が行われる。このような体験を重ねることにより、他者に対する伝えの意識が生まれ、「シャボン玉が壊れたら駄目だから、優しい声で歌った方がいい」といったように、他者へイメージや感情、思考を伝えるために表現の工夫が行われるようになるのである。(横山朋)

幼児の音楽表現

[幼児の音楽表現の特徴] 小学校以降の教科教育とは異なり、幼児教育の場では子どもたちが日々の遊びの中で様々な音楽表現を楽しんでいる。それは、うたを歌ったり楽器を演奏したり、音楽に合わせて体を動かしたりするような特定の活動に限定される表現ではなく、遊びの中にみられる幼児の多様な表現のあり方を示唆するものである。

幼児の音楽表現には大きく三つの特徴を見いだすことができる。1点目は、生活との密接なかかわりである。例えば、園からの散歩途中で、つないだ手を大きく振りながら「歩こう、歩こう、私は元気〜」と笑顔で歌う女児たちは、保育室で習った《さんぽ》のうたを、「散歩に出かける」という生活場面に関連付けて、気分の高揚とともに表現している。ここに幼児の表現が生活と密接にかかわって生起する姿が見いだされる。

2点目は原初的な音楽表現にある。例えば、集団で活動する保育の場には、その場なりの約束やルールがあり、滑り台や水道で順番を待つ場面では、しばしば「かーわってー」という呼びかけと「いいよー」「イヤよー」などの応答唱がみられる。これは言葉に、自然な抑揚やリズムが生じて、歌うように唱えられた原初的な音楽表現であるといえる。このほか、幼児期に特有の独創的な「つくりうた」も、言葉がうたになる過程にみられる原初的な音楽表現として特徴付けられる。

3点目は、人とのかかわりによる表現の展開にある。晩秋の森に出かけた3歳児が地面に敷き詰められた落ち葉の上をシャク、シャク、シャクという足音に耳を傾けながらゆっくりと歩いている。それは、落ち葉を踏みしめる音と感触を、聴覚と触覚でとらえて楽しげに歩く姿である。男児Aが「足を速く動かすと、ザッ、ザッて音が変わったよ」と声を上げると、保育者が「いいことに気が付いたねぇ」と言葉をかける。すると周りの子どもたちも音の変化に意識を向けて、足の動きを速めている。ここには保育者や友達など、人とのかかわりを通して展開する幼児の表現の特徴が見いだせる。また、幼児の音への興味・関心が表現へとつながる背景に、表現の萌芽を見逃さずに適切な言葉かけができる保育者や、遊びの面白さを共感し合える友達の存在があることがうかがえる。

[幼児の音楽表現をとらえる視点] 小学校以降の教科学習とは異なり、遊びを中心とする幼児教育において、幼児の音楽表現をどのような視点でとらえればよいのか。

1点目は感性の育ちを見据えることである。落ち葉踏みの事例のように、幼児は諸感覚を通して身近な環境に主体的に働きかけて遊び込む中で、面白さや楽しさを感じて心を動かし、声や音、体の動きを用いて表現する。そうした表現の基盤となる子どもの内的世界の深まり、つまり感性の育ちを読み取る視点をもつことが必要である。

2点目は表現意欲の育ちをとらえることである。事例にみられたように、幼児の多様な音楽表現は、「正しい音程で歌われているか」「リズムを正確に打っているか」「楽器をうまく演奏することができているか」という技能的側面からとらえられるものではない。大切なのは、いかに幼児が音や音楽と主体的にかかわって、意欲的に様々な表現を試みているかという観点で表現をとらえることである。

3点目は表現のプロセスに目を向けることである。それは幼児が何に心を動かし、何を表そうとしているのかを受け止めることであり、幼児の周りに音を楽しめるような豊かな環境を構成することにもつながる。(岡林)

[参] 小島律子・澤田篤子編『音楽による表現の教育−継承から創造へ−』晃洋書房, 1998.

幼児の音楽表現活動

ここでは、幼児教育における集団を軸とした音楽表現活動を取り上げる。幼児の音楽表現活動には大きく分けて「歌う」「奏でる」「つくる」「聴く」の四つがある。どの活動も動きが伴うことが幼児期の特性としてある。

具体的な活動には次のような例がある。「歌う」活動として、生活のうた、季節のうた、子どものうた、手あそびうた、わらべうたなど。「奏でる」活動として、身の回りの素材を用いた音遊び、リズム遊び、楽器遊び、器楽合奏など。「つくる」活動として、うたやお話、劇遊びなどにおける効果音づくり、手づくり楽器など。「聴く」活動として、音楽鑑賞、サウンドスケープ、音探しなど。

このような幼児の音楽表現活動は、子どもの生活や遊びを基盤にして複合的に発展していく。ここでは雨の日の経験が子どものうた《ながぐつマーチ》の表現活動へと発展した例を示す。雨の日は自然の音に耳を傾けることのできる良い機会である。例えば園庭や保育室において音の探索活動を行う。その中から雨の音に着目し、傘に当たった音と園庭の小屋の中で聴く音の違いを感じ取ったり、滑り台の下でも聴いてみようと促したりする〔聴く〕。そして《ながぐつマーチ》を歌う〔歌う〕。「どんどん」という歌詞に着目し、音から連想するイメージについて話し合い、「どんどん」を体の動きで表す〔身体表現〕。次にその様子を音で表すために靴を床にこすったりペットボトル・マラカスで雨の音をつくったりする〔つくる〕。その後「どんどん」のリズムを十分に味わったところで楽器遊びの活動へとつなげていく〔奏でる〕。

幼児教育では5領域全体を通した子どもの育ちを促す。そのため表現の活動内容についても、子どもの生活経験を軸に他領域と関連させながら複合的に展開していく。(三輪)

幼児のふしづくり

ふしとは、うたの旋律（melody）のことであり、言葉の抑揚によって生まれる。日本語に基づいたふしには、唱え言葉「どれにしようかな」や売り声「いしやきーいもー」、子どもの遊び場面における言葉の抑揚「いーれーてー」「いーいーよー」などがある。一般的に日本語の言葉の抑揚は高低アクセントであり、その各音韻（かな1字を1拍として発音）と高低と旋律は密接に関連している。

幼児は園生活の様々な場面で、まるで歌っているかのような抑揚のある音声を発することが多い。例えば、泥団子づくりで、満足のいく作品ができた誇らしさと、友達が自分の作品に興味をもってくれた嬉しさから、ある子どもが団子を丸める動きに合わせて「だんごだんごだんごだんご」（譜例1）とつぶやき始める。これは、本人も無意識のうちに発する表出行為であるが、連続的な手の動きと言葉の繰り返しに導かれ、拍節的・旋律的なまとまりが生まれていく。さらに、そのつぶやきに関心をもった子どもたちに模倣されることで、イメージや感情を他者へ伝えることを目的とする意図的な行為へと変化する。

このように幼児のふしづくりでは、動きと言葉がかかわってふしが生み出される姿が見受けられる。内に芽生えた感情を抱き、動きを伴い言葉を反復する中で、パターンが生まれたり、言葉の抑揚が強調されたりして、ふしが生成される。動きを伴う言葉の反復は、同じ状況に身を置く子どもたちに共有されやすく、友達に模倣されることで、意図をもった行為へと発展をみせる。(横山朋)

譜例1　幼児のふしづくり

幼児の遊びと音楽

幼児の遊びと音楽

［遊び］遊びとは、遊ぶこと自体を目的とする自由で自発的な活動である。子どもたちは心身全体を働かせ、周囲の環境に対して多様な仕方でかかわり、様々な意味やかかわり方を発見する。このように、子どもが自らの能力や思考力、身体的運動のすべてを自由に相互に働かせ、イメージや興味を満足のいくかたちで外に表現することが遊びなのである。

［幼児期の遊びと環境構成］幼児期の遊びの特徴は、幼児が主体的に活動を展開できるように、教師が幼児の発達や生活の実情に即して構成した環境の中で遊びが行われる点にある。したがって、幼児教育のねらいを実現するためには、どこで誰と何をしていたか等の事実から幼児の内面を読み取り、幼児の育ちや課題を把握することで、幼児にとって必要な経験を導き出し、計画的で教育的価値をもつ環境構成を行うことが必要である。例えば、園庭で拾った木の実をペットボトルの中に入れ、ペットボトル・マラカスをつくった幼児が、教師に作品を見せに来る。教師は目の前の状況から子どもが何を求めているかを把握し、音を聴く、ペットボトル・マラカスそのものについて尋ねる等、必要なかかわりを行う。ここでの教師の働きかけは、幼児を刺激する環境となる。また、異なる音色のするペットボトル・マラカスの音色を比較させる、ペットボトルの中に入れる素材を用意する等、周囲の状況をとらえ、子どもの発達に必要なものとのかかわりをつくることも大切である。

［遊びから音楽活動へ］遊びは、興味や関心に基づいた自発的な行為から始まる。それは、心身全体を働かせて身近な環境に働きかけることであり、そこで生じた内なるものを、動きや言葉、音などの素材を用いて率直に表すことが多い。ここで、素材に音を用いる行為が、音楽的な遊びの始まりとなる。音素材を用いた表出行為、即ち音楽的な遊びには、即興的にリズミカルな言葉を唱える、落ち葉を踏みしめて枯れ葉が立てる音を楽しむ、音楽に合わせて身体を動かす等がある。

このような表出行為は、本人も無意識のまま行う場合が多く、他者へ伝えることを意識した行為ではない。また、音を素材とする表出行為は一瞬で消えてしまうため、周囲の子どもたちに気付かれないまま終わることも多い。よって、遊びの中で生じた表出行為を発展させるためには、人的環境である教師が表出行為を拾い上げ、模倣や問答等を行い、周囲の子どもたちに広げることが重要となる。教師や友達の模倣や問答により、他者の存在を意識するのである。その結果、行為の振り返りが生じ、他者に思いを伝えたいという意識が芽生え、イメージを伝えるための表現の工夫が行われるのである。

［音楽活動に発展する遊びの事例］雨上がりでぬかるんだ土の感触を楽しんでいた子どもたちは、触っている間に出来た土の形からハンバーグというイメージをもつ。ハンバーグづくりを進めるうちに、皆にハンバーグを見てもらいたいという思いが生じ、台車にハンバーグを乗せて売るという活動へ発展する。友達にアピールするために、台車を押しながら「ハンバーグいりませんかー」と繰り返す中で拍節的・旋律的なまとまりが生じ、音楽的な表出行為が生まれる。ここで、人的環境である教師が表出行為を模倣することで、周囲の子どもたちにも広がり、他者へ伝えることを意識した行為となる。出来立て、おいしい等、ハンバーグのイメージを他者に伝えるために、言葉の工夫や歌い方の工夫を行うことで、音素材を用いた遊びは音楽表現へと発展する可能性をもつ。（横山朋）

［参］J.デューイ（市村尚久訳）『学校と社会』講談社学術文庫，1998．

ごっこ遊びと表現

　ごっこ遊びは、子どもが日常生活で獲得した、社会的な世界や、物・動作・人がかかわり合う方式など社会的な概念から想像力を働かせ、つもりになったり、何かに見立てたりして素材を構成する遊びである。幼年期に行われる遊びの種類の中で最も複雑なものの一つである。

　子どもたちは、役割、プラン、物及び状況設定という三つのカテゴリーの中から素材を用いる。相手と一緒にごっこ遊びをするために、自分が誰で、何をしていて、物が何を表しているかなどを話し合いや演技で示し、それぞれのイメージを擦り合わせ、修正し、共有するのである。ここでいう演技とは、ふりをする者が、その役割、あるいはプランに適した会話の内容や仕方、動作の内容や仕方を使ってはっきり外に表した行動のことである。

　ごっこ遊びでは、遊びの必要性から色や形を工夫し遊び道具を作成したり、状況を表すために言葉を工夫したりする姿がみられる。例えば、ザリガニごっこでは、ザリガニのはさみを段ボールでつくるという造形活動がみられる。そしてつくったはさみを動かしながら役割を演じる中で気分が高揚し、「ザリガニのはさみーはさみー」という言語表現が生まれる。さらに、動きを伴いながら「ザリガニのはさみーはさみー」という言葉を繰り返すことで言葉の抑揚が強調され、音楽的な表現への発展もみられる。このように、ごっこ遊びでは、遊びのイメージを色や形、言葉、音など様々な素材を用いて外に表し、遊びを構成していく点に表現の萌芽をみることができる。（横山朋）

［参］C.カーヴェイ（高橋たまき訳）『ライブラリ育ちゆく子ども6「ごっこ」の構造－子どもの遊びの世界－』サイエンス社，1980．

幼児のわらべうた

　わらべうたは、子どもの生活や遊びの中から生まれ、子どもたちの間で伝承されてきた遊び歌である。わらべうたは、リズムが単純で音域が狭く、同じ旋律を繰り返すものが多いことから、幼児がすぐに覚えて遊ぶことが可能で、表現活動の題材として使用する保育現場も少なくない。わらべうたは、その特徴から、幼児に様々な教育的価値を提供する。大きく分けると、「言葉と音と動きの一体化」「創造力を培う」「協同して遊ぶ」の三つが挙げられる。

　「言葉と音と動きの一体化」の例として《なべなべ》《おちゃらか》を挙げる。友達とタイミングを測りながら、リズムの流れを意識し、お手合わせや身体表現を行うことは、うたと動きを合致させる快さを経験することにつながり、音楽に合わせて表現する力を自然に身に付け、音楽の諸要素に対する「気付き」を得ることを可能にする。

　「創造力を培う」例として、わらべうたにおける幼児の替え歌・続き歌づくりの活動が挙げられる。幼稚園で、園児がわらべうたの続きをつくり、それが歌い継がれてクラスソングになった例もある。旋律や歌詞を少しずつ変化させて楽しむ経験は、小学校における音楽づくりにおいて、意欲的に取り組む姿勢につながっていく。

　「協同して遊ぶ」例では《大波小波》《かくれんぼ》などが挙げられる。わらべうたには、問答を含むものや、相手と協力して表現を行う遊びを伴うものもある。《大波小波》に興じる幼児が、どのタイミングで飛ぶのか、遊びの中でルールを伝え合い、協力して大縄飛びを成功させ、成功を喜び合う姿は、保育現場ではよくみられる。幼児にとって、わらべうたは、音楽の題材としても、社会性の基盤を培う題材としても有効である。（植田）

劇遊び

　幼児の劇遊びとは、役割を定め、物語に沿って自由に表現する遊びである。大きく分けると、ごっこ遊びや活動の中で展開するものと、生活発表会など作品を発表することを目的に行われるものがある。

　前者の劇遊びは、子どもがごっこ遊びや音楽活動などの中から、生活体験を基にした表現を考え、他者とのかかわりの中で表現を省察し、劇的な遊びに発展させていくものであり、「工夫して表現する活動」ということができる。例えば、ままごとの際、母親と父親役の子どもが、その表現方法を指摘し合ううちに、場面に応じた表現を考えること、折り合うことを体験し、さらに発展した表現方法を工夫する活動などが挙げられる。

　後者の劇遊びは、クラス全員で目的を共有し、意見調整を行い、提案に共感することを繰り返して一つの作品をつくり上げていくものであり、「協同して表現する活動」ということができる。また、作品の中に、身体表現遊び、音楽遊び、合奏などを挿入して劇作品をつくり上げる「総合的な表現活動」ともいうことができる。例えば、「だるまさんが」という絵本を題材に行う劇遊びでは、絵本に繰り返し登場するだるまさんの踊りを、劇の中でどのように表現するかを考え、動きに適した音を出す素材を集め、どのように組み合わせて演奏するかを考える活動が、劇に必要な表現や効果音を工夫し、演出方法を考える総合的な表現活動に発展していく。

　いずれの劇遊びも、遊びの中で、かかわる・感じる・折り合う・考えることを体験する中で、表現力・創造力を身に付けることが可能である。また、協同して作品づくりに挑戦でき、他者の表現をもとに自分の表現を省察することができるという点で幼児期に必要な表現活動といえよう。（植田）

幼児のカリキュラムと環境

■ 幼児教育における
　カリキュラム

[幼児期の教育の基本] 幼児期は、生涯にわたる人格形成の基礎を培う重要な時期であることから、その教育は幼児期の特性を踏まえ、環境を通して行うことが基本とされる。幼児の主体的な活動を促し、幼児期にふさわしい生活が展開されるようにすること、幼児の自発的な遊びは心身の調和のとれた発達の基礎を培う重要な学習であることを考慮して、遊びを通しての指導を中心とすること、幼児一人ひとりの特性に応じ発達課題に即した指導を行うことは、最も重視されるべき事項である。保育者は、幼児と人や物とのかかわりが重要であることを踏まえ、物的・空間的環境を構成する必要がある。

[カリキュラム編成] 幼児期の教育におけるカリキュラム編成では、園生活の全体を通して幼稚園教育要領や保育所保育指針、幼保連携型認定こども園教育・保育要領に示されるねらいが総合的に達成されるよう、幼児の生活経験や発達の過程などを考慮して具体的なねらいと内容を組織しなければならない。特に3歳以上の教育においては、自我が芽生え、他者の存在を意識し、自己を抑制しようとする気持ちが生まれる幼児期の発達の特性を踏まえ、入園から修了に至るまでの長期的な視野をもって充実した生活が展開できるように配慮されなければならない。また3歳未満児に対しては、生命の保持が図られることや安定した情緒の下で生活できるようにするなど、養護的側面が特に重要であることを考慮したカリキュラム編成を行わなければならない。

また、幼稚園、保育所、幼保連携型認定こども園で過ごす時間は幼児にとっては生活そのものであることから、地域の実態に即した保育内容であることや、家庭との連携が十分に図られることが重要である。さらに、幼稚園においては教育課程外時間の保育（預かり保育等）も行われること、保育所、幼保連携型認定こども園においては長時間保育も行われることもカリキュラム編成の上で配慮する必要がある。

[ねらい及び内容] 幼稚園教育要領、保育所保育指針、幼保連携型認定こども園教育・保育要領のそれぞれにおいて、教育に関する内容は、「ねらい」及び「内容」で構成される。

「ねらい」は入園から修了までに育つことが期待される生きる力の基礎となる心情、意欲、態度などであり、「内容」はねらいを達成するために指導する事項であり、幼児の発達の側面から、心身の健康に関する領域「健康」、人とのかかわりに関する領域「人間関係」、身近な環境とのかかわりに関する領域「環境」、言葉の獲得に関する領域「言葉」、感性と表現に関する領域「表現」の五つの領域で示される。

これら五つの領域は、小学校以降の教育における教科とは異なり、保育者が幼児の発達を考慮して、生活を通して総合的な指導を行う際の視点としてとらえられるべきである。幼児の発達は一方向的なものではなく、様々な側面が絡み合いながら、また相互に影響を与え合いながら成し遂げられていくものである。したがって、「ねらい」は園生活の全体を通して幼児が様々な体験を積み重ねる中で次第に達成に向かうものであることを理解しておく必要がある。各園は保育理念や保育目標に沿いながら、このねらいが達成されるよう、地域の実態に即した園独自のカリキュラムを編成しなければならない。（岡本）

[参] 文部科学省『幼稚園教育要領解説』フレーベル館，2008．厚生労働省『保育所保育指針解説』フレーベル館，2008．内閣府・文部科学省・厚生労働省『幼保連携型認定こども園教育・保育要領解説』フレーベル館，2014．

保育内容領域「表現」

[背景] 平成29（2017）年現在、幼稚園教育要領、保育所保育指針、幼保連携型認定こども園教育・保育要領、いずれにおいても保育内容は「健康」「人間関係」「環境」「言葉」「表現」の5領域で構成されている。

昭和31（1956）年に制定された幼稚園教育要領では、教育内容が「望ましい経験」として示され、それが「健康」「社会」「自然」「言語」「音楽リズム」「絵画製作」の6領域に分類整理された。また昭和38（1963）年、保育所保育指針においても3歳児以上の幼児についてこの6領域が示された。しかしこの6領域が、小学校教育の教科教育に準じているなどとの誤解を招くことにもなり、平成元（1989）年、幼児の自発的な活動の視点から、現行と同様の5領域に再編された。

[領域設定のねらい] 幼稚園教育のねらいである「幼稚園修了までに育つことが期待される心情、意欲、態度など」は「環境を通して教育を行う」ことで実現するとされる。小学校以降の「教科」を通しての教育とは異なるねらいをもつ幼稚園教育では、保育内容やその範囲を「領域」として示している。5領域では幼児の生活全体を通じた活動、幼児期に養うべき基本的内容について、遊びを通して総合的に指導するべきであるという考えに基づき、幼児の発達の側面から「ねらい」と「内容」が具体的に示されている。

[領域「表現」のねらいと内容]「感性と表現に関する領域」として領域「表現」がある。「感じたことや考えたことを自分なりに表現することを通して、豊かな感性や表現する力を養い、創造性を豊かにする」ことが目標である。従前の6領域にあった「音楽リズム」「絵画製作」を合わせたものが領域「表現」であると解釈されて「造形」「音楽」「身体」など分野別の指導や技術的な指導を中心とし て行われる場面がいまだに多くみられる。しかし領域「表現」は、音、色・形、動きなどの媒体別に分離した教育をすることではない。領域「表現」の「内容」においては、生活の中で様々なものに触れることでの「気付き」や「感じること」から、それを味わい楽しむことが具体的に示されている。幼児自身の感性を基盤とした表現がどのように展開されるかが重要となる。例えば、「明日は遠足」という嬉しさを、歌ったり、絵を描いたり、お話したりなど、領域「表現」のねらいにある「自分なりの表現」ができることである。

[領域間の関連] 幼児の活動では、5領域を常に相互に関連させ、総合的に教育を行う必要がある。例えば、雨が降っている日、幼児が園庭で水たまりを見つけ、長靴で水たまりを踏んで遊ぶ（領域「環境」）。水たまりをびちゃびちゃ踏んだり、しっかり踏んだりして音を立てて楽しんでいる姿は領域「表現」の活動となる。音の違いを「面白い」「こうやってみよう」と友達同士で会話しながら（領域「言葉」）、それを見た他の子どもたちも次々と活動に加わる（領域「人間関係」）。

このように幼児が自ら環境とかかわり活動を発展させていくとき、そこには領域間の自然な関連の姿がみられる。幼児教育において、保育者は環境とかかわろうとする幼児の活動を見守り、そこにある教育内容の意味を見いだすことが大切になってくる。

[指導計画] 以上に示された各領域の「ねらい」「内容」をもとに、具体的に保育を実施する計画を立てる。指導計画には、教育課程に即した幼児の成長、発達を見通した年間計画、期間計画、月間計画（月案）などの長期計画と、これをもとにした短期計画の週案、日案がある。これらは指導を振り返り、修正、計画を繰り返し行う必要がある。（寄）

[参] 黒川健一編『保育内容「表現」』ミネルヴァ書房，2004．

幼小連携・接続

[幼小連携と幼小接続] 幼小連携及び幼小接続とは、子どもの発達や学びの連続性を保障するために、幼児教育を小学校教育に円滑に移行するための取り組みのことをいう。「連携」とは交流する取り組みを指し、保育・授業の相互参観、行事の共同開催がある。「接続」とは、教育課程や内容の一部を共有する取り組みを指し、従来の幼児教育と小学校教育の中間型である「接続期」の設定、「接続期」の教育課程の編成などがある。

[背景] 幼小連携・接続の背景には、1980 (昭和55) 年代末に5歳児の就園率が94％に達し「教育内容の一貫性」確立の必要が生じたことがある。そのため、教育課程における幼小接続の保障を目指して平成元 (1989) 年改訂の学習指導要領では「生活科」が創設された。平成12 (2000) 年に入ると、いわゆる小1プロブレムが社会問題化し、その解決策として二つの考え方が出てきた。一つは、幼児教育を小学校教育の準備段階ととらえ、小学校就学に必要な能力を育成するという考え方である。もう一つは、幼児教育と小学校教育の間には、教育方法や内容、学習環境や行動規範などの「段差」があり、「段差」を解消するために、実質的な交流・連携をするという考え方である。

その後、平成17 (2005) 年の中央教育審議会答申で主張された「国家戦略として世界最高水準の義務教育の実現」の一環として、幼児教育は義務教育制度全体の改革に位置付けられた。その結果、幼児教育を「学校教育の始まり」として再配置し、義務教育との接続関係を確保する方針が示された。その背景には、幼小接続を推進するための「発達と学びの連続性」という理念があった。

この理念を踏まえ、平成19 (2007) 年改正の学校教育法では、幼稚園教育の目的について「義務教育及びその後の教育の基礎を培う」と明記され、平成20 (2008) 年改訂の「幼稚園教育要領」「保育所保育指針」「小学校学習指導要領」において幼小接続に関して相互に留意する旨が新たに規定された。

[幼小連携の事例] 大阪教育大学附属平野幼稚園・小学校の交流の事例。3歳児と小学校1年生が一緒につくった「色水ジュース」などの自慢の商品を売るために、1年生が言葉の伸縮を意識してつくった売り声を3歳児も一緒に歌いながら売り歩くという内容である。そこでは、3歳児と1年生が一緒に「商品をつくる」「《うりごえ》を歌って売り歩く」「お客さんになって商品を選ぶ」という協同的な活動を通して、商品や《うりごえ》の交流、及び商品や《うりごえ》を介した人との交流が生まれている。

京都教育大学附属幼稚園・小学校の交流の事例。1年生の秋祭りに5歳児を招待する、1年生が学習したわらべうたを一緒に歌って遊ぶ、小学校と幼稚園の教師が協同して保育を計画し、5歳児を対象に実践するという内容である。そこでは、幼児と児童の交流だけでなく、「保育を計画する」「保育を実践する」という教師間の協同行為による連携・交流が生まれている。

いずれも1年生の音楽科の学習経験を活用した交流となっている。

[幼小接続の事例] 5歳児10月から小学校第1学年7月までを「接続期」と設定したお茶の水女子大学附属幼稚園・小学校の事例。この「接続期」の教育課程は、従来の枠組みを外した「ことば」「なかま」「からだ」「もの→かずとかたち」の四つの保育・学習分野で編成されている。このうち音楽活動は「からだ」に含まれ、「からだで音やリズムを感じる」「イメージを共有する」「一緒に音楽遊びを楽しむ」などの内容が示されている。
(小林)

幼児の表現を育む環境

　幼児期の教育では「環境を通して行う」ことが基本とされる。幼児は園生活の中で出合う様々な環境に主体的にかかわり、必要な経験を積み重ね成長発達していく。環境との相互作用の中で五感は刺激され、好奇心や探究心が育まれる。身近な事象を見たり、考えたり、扱ったりする中で、物の性質や数量、文字などへの関心が生まれたり、環境とかかわることで心を動かされる体験が、音楽、造形、言葉、身体などを用いた表現へとつながる。

　幼児の相互作用する環境は、空間的環境、物的環境、自然環境、時間、人的環境、の五つに分けることができる。

　[空間的環境] 保育の場には多様な空間がある。室内では広くて思いきり身体を動かしたり声を出したりできる空間、落ち着いて製作をしたり絵本を読んだりできる空間、声や音がよく響く空間、狭かったり暗かったりして隠れ家的な遊び場をつくれる空間などがある。一方、室外として園庭には高低差のある空間、風や光、水や砂等を体感できる空間がある。その場にどのようにかかわり、どのような遊びを生み出すことができるか、幼児の創造性がかきたてられるような多様な空間的環境が用意されるべきである。

　[物的環境] 園庭の固定遊具や保育者が配置する物は、登る、握る、回る、飛ぶ、走る、揺れるなど多様な動きが経験できる物的環境である。また室内にはままごとやお絵描き、粘土遊びの道具や絵本等の他、廃材や画用紙、クレヨン、折り紙、のり、ハサミなど、自由に絵を描いたり遊びに必要なものをつくったりすることのできる素材や、音遊びのできる楽器などが用意されている。これらの物とのかかわりを通して幼児はイメージを拡げたり友達とイメージを共有したりする。さらにつくった物やその他の媒体を用いながら多様な表現を試みるようになる。

　[自然環境] 園庭には砂、水、木、草、花、果実などの様々な自然環境があり、風や光、色を感じることができる。また、触る、匂いをかぐ、聴く、見る、味わうなど五感を十分に働かせ、心地よさ、楽しさ、不思議さといった感情を経験する。動物の飼育や花や野菜を育てるという経験を通しても、生命の大切さに気付いたり、育てる喜びを感じたりする。雨や雪、雷などの自然現象も幼児にとっては不思議さを感じる経験の機会となる。

　[時間] 1日の生活の中で、午前中の比較的長い時間ではダイナミックな遊びを展開することができるのに対し、午後の時間帯では落ち着いた遊びや静的な遊びをしたりして過ごすことが多い。また、1週間の中でも緩急があり、翌日や翌々日も遊びが続くこともあれば1日で終わってしまう遊びもある。週末には翌週まで遊びが続くことを期待して場を残しておくこともあれば、片付けることで、週明けには友達同士で遊ぶためにイメージを出し合うことから始めなければならない状況をあえてつくり出すこともある。このように1日、1週間、1か月、1年と経験が短期・中期・長期的に積み重ねられていく時間もまた、幼児にとって大切な環境の一つである。

　[人的環境] 人とのかかわりは社会性の発達において欠かすことができない。友達とかかわる中では自分の思い通りにならないこともあり、葛藤を経験する。他者の存在を意識し、一緒にいたいという思いが、伝えようとする、共有しようとするといった表現意欲につながる。また、保育者や友達と同じ動きをする、同じ物を持つといった模倣行為も表現の芽生えにつながる。さらに、絵本やうた、楽器といった表現媒体を仲介することは、他者との深い人間関係を築くだけでなく、それらの媒体を用いた様々な表現方法の習得にもつながる。（岡本）

幼児の表現を育む環境構成

　環境構成とは、幼児が環境にかかわり、発達に必要な経験を積み重ねることができるよう、保育者が意図的、計画的に物を配置したり、場所や時間を設定したり、教材を用意したりして環境を整えることである。保育者は、幼児の発達段階や興味関心に沿って、どのような経験をさせたいか、課題は何かを考慮し、適切な環境を構成する。

　園庭では遊具や砂場なども意図をもって環境を構成する。友達と物を譲り合って遊ぶことのできない年齢であれば、遊びに使う道具は同じ物を複数用意しておくことが望ましい。友達と同じ物を持って遊ぶことに楽しさを感じる発達段階にある幼児に対する適切な援助方法といえる。園庭で危険がないよう石を拾っておくこともあれば、それが遊びに使われることを考慮して置いておくこともある。また落ち葉もごっこ遊びに用いることもあれば、踏んで落ち葉の音を楽しむこともできる。

　保育室では同時に様々な遊びが展開される場合がある。そのような時、保育者は空間を分けて遊びのコーナーをつくる必要がある。それぞれの遊びが別々に展開されているようにみえても、他の友達の遊ぶ様子が見えたり、意識したりできるよう程よい距離を保った配置にすることもある。入園間もない頃、物の使い方や遊び方が分からない時期には、遊びかけの状態で物を置いたり、使いやすいように見て分かるように配置したりする。

　また、遠足や運動会といった共通体験を友達と共有するための方法として、絵を描く、うたを歌う、ごっこ遊びをする、製作をするなど様々な表現媒体を用いた表現方法がある。幼児の興味関心に沿ってどのような媒体を用いることが適切か、どのような教材を用意するかを考えることも大切な環境構成である。
（岡本）

保育者としての資質

　幼児の音楽表現を育てるために保育者に求められる資質として「幼児の音楽表現の理解」「幼児の発達特性の理解」「保育実践力」「援助」の4点を挙げることができる

　まず1点目の幼児の音楽表現の理解に関して、幼児教育が環境と遊びを通じて展開されるものであり、音楽的な表現活動の基本もそこにあるということを理解しなければならない。幼児にとっては、日々の遊びや生活の中にある身近なものが音楽表現の題材になる。

　2点目に、保育者は幼児の発達特性を理解することが大切である。幼児期の発達特性として、自己中心性から他者との協調への発達がある。3歳児までは、表現の世界を各々が創造する傾向が強いことから、一斉保育による一方向のかかわりだけではなく個に応じた働きかけが必要である。年齢が上がるにつれ表現の世界を他者と共有することを経験できるようになり、そのためにも遊びや自然を通した音楽経験の積み重ねが重要である。

　3点目の保育実践力に関して、表現活動において保育者は子どもにとっての人的環境となる。したがって保育者のかかわりやアプローチにより、子どもたちの表現は活性化され、表現のよい連鎖を生む。その中で、主体的な幼児の音楽表現が育まれる。その意味でも、子どもの遊びや何気ないつぶやきから音楽的な表現活動を展開していく保育実践力を備えておく必要がある。

　4点目に関して、ここでいう援助とは、幼児の豊かな表現を受け止め、共感し、発展させていくために行われる手助けのことを指す。そこでは、保育者自身がまず表現を肯定的にとらえ、幼児とともに表現を楽しみながら、保育のねらいを達成するべき内容を構成し、一人ひとりの子どもに応じたかかわりを大切にしていくことが必要である。（立本）

第9章

特別支援教育

特殊教育から特別支援教育への転換

■ 特別支援教育

［特別支援教育］幼児児童生徒一人ひとりの教育的ニーズを把握し、そのもてる力を高め、生活や学習上の困難を克服するため、適切な指導や支援を行う教育である。

［学校教育法の改正］平成19（2007）年に改正施行された学校教育法により、それまでの障害の程度等に応じ特別の場で指導を行う「特殊教育」から、一人ひとりの教育的ニーズに応じて適切な教育的支援を行う「特別支援教育」に転換した。この改正によって知肢併設など、複数の障害種別に対応した教育を実施することができる特別支援学校の創設が可能となった。また、平成29（2017）年の小中学校学習指導要領解説では「全ての教職員が特別支援教育の目的や意義について十分理解することが不可欠」と明記された。

［国際的な動向］このような法改正の背景には、障害者を取り巻く考え方の変化、特にノーマライゼーション（障害のある者も障害のない者も同じように社会の一員として社会活動に参加し、自立して生活することのできる社会を目指すという理念）の進展がある。また、昭和50（1975）年のアメリカ「全障害児教育法」（個別教育計画IEPの導入）、昭和53（1978）年のイギリス「ウォーノック報告」（特別な教育的ニーズSENの提唱）、そして、平成6（1994）年のユネスコ「サラマンカ声明」（特別なニーズ教育に関する宣言）の影響がある。

平成6年6月、スペインのサラマンカにおいて、ユネスコとスペイン教育・科学省の共催で「特別なニーズ教育に関する世界会議：アクセスと質」が開催され、92カ国の政府と25の国際組織の代表が集まった。そして、その最終日に「特別なニーズ教育における原則、政策、実践に関するサラマンカ声明ならびに行動の枠組み」が採択された。これを通称「サラマンカ声明」という。サラマンカ声明の前書きでは、「インクルージョン（inclusion）の原則、『万人のための学校』—すべての人を含み、個人主義を尊重し、学習を支援し、個別のニーズに対応する施設」、そして適切なカリキュラムの必要性を表明している。しかし、特別な学校や学級を否定しているのではなく、通常の学校や学級で適切な対応が十分にできない比較的少数の障害のある子どもたちに対して、最適の教育を提供し続けるものとしている。また、特別な学校のシステムが整備されている国では、インクルージョンの学校にとって価値あるリソース・センターとしての役割を期待している。

さらに、世界保健機関（WHO）からは障害を三つのレベルでとらえようとした「国際障害分類」が示されていたが、平成13（2001）年に新たな障害のとらえ方として「国際生活機能分類」（ICF）が示された。そのとらえ方は、障害は個人に帰属するものではなく、その多くが社会環境との関係で現れる複雑な集合体であるとした。「心身機能・身体構造」「活動」「参加」の三つの次元と、背景因子として「環境因子」「個人因子」で構成されている。このようなとらえ方の転換による影響が大きいと考えられる。

［特別支援教育の課題］特別支援教育の充実のためには、質の高い教育的対応を支える人材の育成と確保、関係機関の有機的な連携と協力、「個別の教育支援計画」の作成、「特別支援教育コーディネーター」の指名、地域の総合的な教育的支援体制の核となる「広域特別支援連携協議会」の設置などがより機能していくことが期待されている。さらにはインクルーシブ教育システムの構築のために特別支援教育をより推進することが大きな課題となっている。（齋藤）

「障害」の考え方

　平成13（2001）年、世界保健機関（WHO）による「国際生活機能分類」（ICF）では、「障害」とは健康状態と背景因子との間の相互作用ないしは複雑な関係であり、個人に帰属するものではなく、社会環境によってつくり出されるたくさんの状態の複雑な集合体であるとしている。

　これまで、国際連合による昭和50（1975）年「障害者の権利宣言」の採択、昭和56（1981）年「国際障害者年」の実施、平成18（2006）年「障害者の権利に関する条約」の採択などが果たした役割は大きい。

　昭和56年「国際障害者年」での「障害」についての基本的な考え方は、昭和55（1980）年の世界保健機関による「国際障害分類」であった。「障害」を三つのレベルでとらえ、生物学的・医学的な異常が顕在化したものが「機能障害」で、実際の生活のなかで現れたものが「能力障害」である。さらに「機能障害」によって、または「機能障害」や「能力障害」によって「社会的不利」が生じると説明されている。

　そして、平成13（2001）年、環境や社会とのかかわりなどからとらえ直した「国際生活機能分類」（ICF）が示された。人が生きるための全体像として生活機能をとらえ、生命、生活、人生を包括する概念としている。このICFの考え方の特徴としては、目標指向的、双方向的、肯定的な表現、社会モデルであるという点が挙げられる。

　健康状態や環境因子、個人因子との関係から「心身機能・構造」がどのような状態なのか、「活動」するためには何が必要か、社会に「参加」していくためにはどうあったらよいかを考え、あらゆる支援方法を検討し、その人の生き方に沿った支援を行うという考え方である。（齋藤）

障害者基本法

　障害者基本法とは、我が国における「障害者」の定義や障害のある人に関する法律や制度について基本的な考え方が示されている法律である。我が国におけるすべての国民が、障害の有無によって分け隔てられることなく、相互に人格と個性を尊重し合いながら共生する社会を実現するため、障害者の自立及び社会参加の支援等のための施策を総合的かつ計画的に推進することを目的としている。

　第2条には「障害者」の定義が規定されている。この法律において「障害者」とは、身体障害、知的障害、精神障害（発達障害を含む）、その他の心身の機能の障害がある者であって、障害及び社会的障壁により継続的に日常生活又は社会生活に相当な制限を受ける状態にあるものをいうと定義されている。ここでの「社会的障壁」とは、障害がある者にとって日常生活又は社会生活を営む上で障壁となるような社会における事物、制度、慣行、観念その他一切のものをいうとしている。

　最終改正（平成23（2011）年8月5日）は「障害者の権利に関する条約」の締結に必要な国内法の整備を反映したものである。国内法の整備については平成21年（2009）年12月8日に「障がい者制度改革推進本部」の設置が閣議決定され、同年12月15日に「障がい者制度改革推進会議」の開催が決定された。この会議は障害者施策の推進に関する事項について意見を求めることを目的に開催され、「障害」の表記等についても議論がなされた。議論では「障害」「障碍」「障がい」「チャレンジド」の4種類が対象となった。各々に支持する意見と否定的意見があり、特定のものに決定することは現時点では困難とされ、当面は現状の「障害」の表記を継続することになった。学術研究でも、特に理由がない限り「障害」と表記する。（尾崎）

自閉症

昭和18（1943）年にアメリカの児童精神科医カナー（Kanner, L）が、彼のクリニックを訪れる幾人かの子どもの共通した異常な行動パターン（コミュニケーション能力の障害やこだわり行動等）に気付き、「早期乳幼児自閉症」として症例（カナー型）を初めて発表している。また、昭和19（1944）年にはオーストリアのアスペルガー（Asperger, H）が今日アスペルガー症候群と呼ばれているカナーとは異なる行動パターンの症例を発表している。

1970年代に入ってイギリスの精神科医ウィング（Wing, L）らが自閉症の定義について更なる調査を行っている。その調査の結果、典型的なカナー型の自閉症のグループ、カナー型にはぴったり適合しないが自閉的な行動特徴がある子ども、アスペルガーが述べたパターンの子どもなどを見いだしている。いずれの子どもであっても社会的相互交渉とコミュニケーションに障害があること、かつ、いかなる知的水準でも現れうることを報告している。ウィングが抽出した特徴は、「ウィングの3組」と呼ばれるようになった。その3組とは、①社会性の能力の障害、②コミュニケーション能力の障害、③想像性の障害とそれに伴う行動の障害、である。音楽科の学習では作曲者や作詞者の「思い」「曲想」をイメージするといった抽象的な概念の理解に困難がある。

我が国での自閉症の診断名は、アメリカ精神医学会診断基準（DSM-4）を参考に「広汎性発達障害」が使用されてきた。しかし、平成25（2013）年に発表されたDSM-5では、DSM-4に含まれていたレット障害が原因遺伝子の特定によって除外されるなど医学の進歩による診断基準の変化に合わせて「自閉スペクトラム症」と変更された。（尾崎）

発達障害

我が国において「発達障害」とは、発達障害者支援法（平成16（2004）年）第2条で「自閉症、アスペルガー症候群その他の広汎性発達障害、学習障害、注意欠陥多動性障害その他これに類する脳機能の障害であってその症状が通常低年齢において発現するものとして政令で定めるものをいう」と定義されている。そして「脳機能の障害であって、その症状が通常低年齢で発現するもののうち」については政令、すなわち発達障害者支援法施行令で、言語の障害、協調運動の障害、その他厚生労働省令で定める障害、の三つが定められている。

「その他厚生労働省令で定める障害」については厚生労働省令、すなわち発達障害者支援法施行規則によって、自閉症、アスペルガー症候群その他の広汎性発達障害、学習障害、注意欠陥多動性障害、言語の障害及び協調運動の障害を除く、「心理的発達の障害（ICD-10のF80-F89）」「行動及び情緒の障害（ICD-10のF90-F98）」の二つが定められている。ICD-10とは「疾病及び関連保険問題の国際統計分類（International Statistical Classification of Diseases and Related Health Problems）第10版」の略称で、世界保健機関（WHO）が作成した分類である。また、F80-F89、F90-F98などはその分類の下位項目のコード番号でICDコードという。

文部科学省は学校教育において、知的障害のない学習群を「発達障害」としており、知的障害がなくとも、認知や行動に自閉症の特性などがみられる。特に、通常学級での指導では、対象の子どもの認知の特性を踏まえた指導方法を採ることで、本人はもちろん学級全体の子どもにも結果として分かりやすい授業になる。（尾崎）

特別な教育的ニーズ（Special Educational Needs；SEN）

［特別な教育的ニーズ］昭和53（1978）年イギリスにおいて「ウォーノック報告」で提起された用語である。子どもの障害のみで教育の機会や内容、方法を判断することを問題とし、診断された障害についてではなく、その子にとっての必要な教育的援助について言及した教育学的な概念である。つまり、子ども自身の要因に加えて、学習環境や教師の指導に対する考え方などを重視するものである。

その後イギリスでは法制化され、そこでは特別な教育的ニーズのある子ども達に対して、通常の学級での支援から障害児学校まで連続的に対応できるようにすること、早期教育や統合教育を進めること、障害児学校の地域のリソースセンター的機能、専門家とのコーディネートの必要性などが提起されている。

この特別な教育的ニーズの考え方は、「サラマンカ声明（特別なニーズ教育に関する声明）として世界各国に広がっていく。日本では平成13（2001）年、中央省庁再編により文部省から文部科学省となったときに、特殊教育課から特別支援教育課へと名称が変わり、「21世紀の特殊教育の在り方について～一人一人のニーズに応じた特別な支援の在り方～について」（最終報告）により、「特殊教育」から「特別支援教育」への方向性が打ち出された。

［通常の学級の場合］通常の学級に、全体的な知的機能に遅れはないが、落ち着きがなく多動であったり、忘れ物がどうしてもなくならなかったり、友達とうまくかかわれなかったり、一部の学習に限ってうまくできなかったりという、特別な教育的ニーズのある子ども達がいる。LD（学習障害）、ADHD（注意欠陥／多動性障害）、高機能自閉症などといわれている子ども達である。

平成16（2004）年の「小・中学校におけるLD（学習障害）、ADHD（注意欠陥／多動性障害）、高機能自閉症の児童生徒への教育支援を整備するためのガイドライン」（試案）（文部科学省）は、子ども達が出している様々なサインに担任教師が気付くことが、適切な教育支援を行っていくために最初に必要なことだとしている。そして、「いつ・どこで・どのような時に・どんな問題が起きているのか」を正確に把握することが大切であり、教師は子どもが出すサインに敏感に気付く感性をもつことが大切だと言っている。このことは、担任教師だけではなく、保護者や周りにいる人々も同じように必要なことである。

［教師側の発想の転換］そのような子どものサインに気付き、受け止めるためには、これまでの教師や大人の発想の転換が必要だとも言われている。例えば、「どうしてこんなことができないのだろうか？」「なぜ我慢できないのか？　わがままだな」と思ったときに、「この方法でできないのなら、別な手だてを考えてみよう」「まずここまでを目標としよう。それができるようになったら次はここまでにしよう」と考えてみることが必要である。

無理な課題や理不尽な叱責を与えることよりも、子どもの特性を理解し、適切な課題と方法を用意し、自信や認められているという充実感がもてるような評価を行うことが重要である。その上で、かかわり方や支援の工夫を行っていく必要がある。例えば、①内容のスモールステップ化、②教材の具体化、③ゆっくりと丁寧な指導（速度の配慮）、④繰り返しの指導、⑤本人への学習の経過や成果のフィードバック、などが挙げられる。このようなかかわり方や支援の工夫は、通常の子どもにとっても分かりやすいものとなる。
（齋藤）

特別支援教育の場

［「場」の指定］現在、我が国には義務教育を受けられる教育の「場」として、通常の学級、通級による指導、特別支援学級、特別支援学校がある。特別支援学級とは小・中学校に設置されている比較的軽度の障害のある子どものための学級である。対象は学校教育法第81条第2項に、「知的障害者」「肢体不自由者」「身体虚弱者」「弱視者」「難聴者」「その他障害のある者で、特別支援学級において教育を行うことが適当なもの」と規定されている。

平成14（2002）年5月の初等中等教育局長通知「障害のある児童生徒の就学について」では「その他障害のある者で、特別支援学級において教育を行うことが適当なもの」として「言語障害者」「情緒障害者」が提示された。さらに、平成21（2009）年2月の初中局長通知「〈情緒障害者〉を対象とする特別支援学級の名称について」で、「情緒障害者」を「自閉症・情緒障害者」と自閉症を併記する表記に改められた。

［通級による指導］通級による指導とは、小学校の通常の学級に在籍している軽度の障害がある子どもを対象としている。各教科等の授業のほとんどは通常の学級で受けるが、子どもの障害の特性によって週1単位時間〜8単位時間程度、特別な指導を特別の指導の場（通級指導教室）で受けることができる制度である。対象は学校教育法施行規則第140条に、「言語障害者」「自閉症者」「情緒障害者」「弱視者」「難聴者」「学習障害者」「注意欠陥多動性障害者」「その他障害のある者で、この条の規定により特別の教育課程による教育を行うことが適当なもの」とされている。「特別の教育課程による教育」とは特別支援学校学習指導要領の教育課程にある「自立活動」を含むことができるということである。

［訪問教育］その他、特別支援学校等に在籍しつつ、「障害が重度・重複していて養護学校等に通学困難な児童生徒に対し、教員が家庭、児童福祉施設、医療機関等を訪問して行う」（文部省初等中等教育局特殊教育課「訪問指導事例集」昭和53年2月）、訪問教育がある。

［就学指導の改善］以前は、障害のある児童生徒の就学すべき学校、すなわち「場」の指定は、学校教育法施行令第22条の3に定める視覚障害者、聴覚障害者、知的障害者、肢体不自由者、病弱者の障害の程度に関する基準に基づいて市町村教育委員会が判断していた。そして市町村教育委員会から通知を受けた都道府県教育委員会が保護者等に特別支援学校に就学することを通知していた。しかし、保護者や教育関係者も判断の難しいケースがあり、教育委員会からの通知を受け入れられないケースもあった。

平成13（2001）年に答申された「21世紀の特殊教育の在り方について〜一人一人のニーズに応じた特別な支援の在り方について」（最終報告）では、今日の医学と科学技術の進歩等によって学校教育法施行令第22条の3に規定する就学基準を満たしていても一般の学校で教育を受けることが可能な場合があることを指摘している。例えば、視覚補助具、補聴器、義手、義足など補装具等の性能の向上、小児喘息やネフローゼ等の病弱者であっても外来で対応できる症例などである。このような現状を踏まえ、「実態に合致するよう教育的、心理学的、医学的な観点から見直すことが必要である」と就学基準の慎重な運用と多角的な観点から総合的に判断するよう指摘している。

現在では、インクルーシブ教育システム構築に沿った就学支援がなされている。（尾崎）

個別の支援計画

「個別の支援計画」は、「障害者基本計画」の施策の基本的方向で使用されている支援を行う計画書類の名称である。「障害者基本計画」とは、平成14(2002)年に「障害者対策に関する新長期計画」が終期を迎えたことに伴って、同年12月14日に閣議決定された平成15(2003)年度を初年度とする新しい施策である。また同日、基本計画の前期5年間において重点的に実施する施策及びその達成目標並びに計画の推進方策である「重点施策実施5か年計画(いわゆる新「障害者プラン」)」が決定された。策定の目的は「乳幼児期から学校卒業後までの長期的な視点に立って、医療、保健、福祉、教育、労働等の関係機関が連携して、障害のある子ども一人一人のニーズに対応した支援を効果的に実施するための計画」とされている。

就学中の支援計画は、「個別の教育支援計画」という名称で「重点施策実施5か年計画」において「盲・聾・養護学校において個別の支援計画を平成17年度までに策定する」と学校が作成することになっている。また、就学中から一般企業等への就労に向けた時期の支援計画を「個別移行支援計画」としている。

一方、「個別の指導計画」は、就学中の指導の方向性と評価をさらに具体化したもので、障害の状態や発達の段階に応じて「自立活動」や各教科等の指導目標(短期・長期)、指導内容、指導方法を盛り込んだ指導計画である。

書式は教育委員会や学校が作成するが、記載内容は健康、教育、医療相談等の履歴、また障害による特性、配慮事項、保護者の願い、本人の希望など、支援する人々が必要とする情報を記載する。(尾崎)

特別支援教育のカリキュラム

特別支援教育のカリキュラム

［多様な教育課程］特別支援教育のカリキュラムは、学習指導要領に規定されている各教科・領域等の授業時数で構成された教育課程を基に、学校・学級の規模や子どもの実態に合わせ再構成したものを運用する。例えば、①小・中・高等学校等の各学年に該当する教育課程、②下学年・下学部適用の教育課程、③知的障害（代替）の教育課程、④「自立活動」を主とした教育課程、⑤訪問教育による教育課程など5種類のカテゴリーが代表的である。

［想定している子ども］上記①から⑤の各教育課程で想定している子どもは以下のとおりである。①は教育の目標や内容が小・中・高等学校等と同じく文部科学省検定済み教科書で学習する。しかし、障害があるためいわゆる健常児と同じ方法で学習し同じ目標を達成するには困難がある。そのため運動機能や学習内容の認知などに配慮した指導上の工夫が必要である。②は障害の実態に応じて教科書の採択を行う際に、一部の教科で当該学年より下学年・下学部の教科書を使用して学習を行う。特定の教科を苦手とする子どもに適用される。③は知的障害者を教育する特別支援学校やそれ以外の子どもが、主たる障害（例えば視覚障害、聴覚障害、肢体不自由）の他に知的な障害を合わせ有する場合に適用される。④は③に該当する子どものうちさらに、例えば、脳性麻痺などによって自力での移動が難しい重度重複障害者を対象とする。⑤は障害によって毎日登校できない児童生徒宅や短期入院している子どものもとに教員が訪問教育する際に適用される教育課程である。病院を訪問し呼吸器の使用によるたんの吸引や経管栄養等の「医療的ケア」を必要とする子どもを指導する場合、感染症の原因となるウィルス等を持ち込まないよう衛生面に気を配らなければならない。

［特別の教育課程］前述のような教育課程を設定できる法的根拠は、特別支援学校は学校教育法第72条で、「視覚障害者、聴覚障害者、知的障害者、肢体不自由者又は病弱者（身体虚弱者を含む。以下同じ）に対して、幼稚園、小学校、中学校又は高等学校に準ずる教育を施すとともに、障害による学習上又は生活上の困難を克服し自立を図るために必要な知識技能を授けることを目的とする」と規定されていることに基づく。ここでの「準ずる」とは原則「同じ」という意味である。

また特に必要がある場合は、小・中学校等の特別支援学級においても冒頭①から⑤のような特別の教育課程を編成することができる（学校教育法施行規則第138条）。さらに、特別支援学級に在籍していない児童生徒に対しても、当該障害（①言語障害者、②自閉症者、③情緒障害者、④弱視者、⑤難聴者、⑥学習障害者、⑦注意欠陥多動性障害者、⑧その他障害のある者で、この条の規定により特別の教育課程による教育を行うことが適当なもの）に応じた特別の指導を行う必要があるものを教育する場合は特別の教育課程によることができる（学校教育法施行規則第140条）。

［カリキュラムとしての柔軟性］特別支援教育を必要とする子どもは何らかの支援が必要であるため、小・中学校等の児童生徒と同じように心身の発達段階等を考慮して教育するだけでは十分とはいえない。そのため、特別な指導の領域としての「自立活動」や、「各教科等を合わせた指導」（学校教育法施行規則第130条）といった指導の形態がある。かつ「自立活動」は標準授業時数が示されていないなど、個々の障害による学習上または生活上の困難を改善・克服するため、カリキュラムとして柔軟に運用できるようになっている。（尾崎）

特別支援学校学習指導要領

［法的根拠］特別支援学校学習指導要領は、学校教育法施行令第22条の3に規定する障害の程度の子どもを対象としており、特別支援学校の幼稚部の教育課程、その他の保育内容並びに小学部、中学部及び高等部の教育課程について規定している。また、その時代の国内外における障害者施策の進展や、医学の発展、科学技術の進歩の影響を受けて改訂が繰り返されてきたという特徴がある。

［経緯］学校教育法が平成19（2007）年4月1日改正施行される以前は、「特別支援学校」ではなく「盲学校、聾学校及び養護学校」と規定され、当初は学校種別に学習指導要領も制定されていた。戦後初めて作成されたのは、昭和32（1957）年度版の「盲学校小学部・中学部学習指導要領一般編」と「聾学校小学部・中学部学習指導要領一般編」のみで、「告示」ではなく「事務次官通達」であった。養護学校のものは昭和38（1963）年になってようやく「養護学校小学部学習指導要領」の「肢体不自由教育編」「精神薄弱教育編」「病弱教育編」が「事務次官通達」として作成された。

学習指導要領が告示されるのは、昭和39（1964）年の盲学校、聾学校の小学部編以降である。昭和46（1971）年の小学部・中学部、昭和47年（1972）年の高等部の改訂では、「養護・訓練」（現在の「自立活動」）の領域と小学部に教科「生活」が新設された。また、重複障害者等に係る教育課程編成の弾力化（下学年の内容と代替、各教科等の一部に代えて「養護・訓練」を主とした指導など）、平成元（1989）年の改訂では精神薄弱教育養護学校小学部の各教科の内容について「実用的時期区分」のような学年別ではなく、ピアジェの発達段階論にある「理論的時期区分」のような3段階で明記されるように改訂された。平成11（1999）年の改訂では「養護・訓練」の名称も「自立活動」に改訂され、「個別の指導計画」の作成が規定された。

［認知に関する差異説と遅滞説］知的障害者の指導については、昭和38（1963）年版で「普通児のそれを適用することはほとんど困難である」とするなど障害の特性に応じた教育目標や内容を採っていることを述べている。例えば、「普通教育の目標とは別に考えなければならない」とし、「現実にねらうことのできる目標」を設定する必要性である。これは、認知を巡る二つの基本的理論に基づいている。一つは、ルリアやオコンナー、エリス、ジーマンらが主張する「差異説」（Difference Theory）である。もう一つはジグラーらによる「遅滞説」（Retardation Theory）である。前者は同じ知的発達水準にある健常児と比べて、知的障害児が認知・学習成績で劣るのは単なる発達的にみた遅れのためではなく、行動調性、言語媒介反応、短期記憶、注意反応といった面の質的な差異によるという主張である。つまり、障害に基づく克服や軽減が難しい認知の差異があるということである。後者は発達的にみて進歩が遅いという問題で動機付けや生活経験の乏しさが要因で、時間を費やすことによって健常児に近付くことが可能だという量的な遅滞によるものとしている。

特別支援学校学習指導要領は前者の「差異説」の考え方を採っている。すなわち、言語活動や思考的な活動など抽象的な内容に困難がある子どもには、身体を伴う五感を通じた体験や動画を活用するなど実際的・具体的な内容の指導が求められている。平成29（2017）年の学習指導要領では、さらに生活の中の音や音楽とかかわらせて育成する資質・能力について明記された。（尾崎）

［参］堅田明義・梅谷忠勇『知的障害児の発達と認知・行動』田研出版，1998．

領域・教科を合わせた授業

[定義] 特別支援学校の小学部、中学部又は高等部において、知的障害者である児童生徒を指導する場合、特に必要があるときに認められている合科・統合授業としての指導の形態。法的根拠は学校教育法施行規則第130条及び第130条の2に規定されている。特に、第130条の2において各教科だけではなく、道徳、特別活動及び自立活動等の領域と教科との全部又は一部について、「合わせて授業を行うことができる」と規定されている。特別支援学校学習指導要領解説には「日常生活の指導」「遊びの指導」「生活単元学習」「作業学習」がその指導形態の例として挙げられている。

[実生活との関連付け] 篠原(2007)によれば、「同年齢の者と比べ知的障害のある児童生徒は、中枢神経系全体の発達の遅滞があり、心身の諸機能に関して、全般的に未分化な状態が後年まで続く」としている。この状態がもたらす困難は様々な知識や技能が断片的に陥りやすく、現実に有用なものとなりにくい傾向がある。例えば、ある高等部の生徒は3桁の加算を筆算でできるにもかかわらず、500円硬貨1枚が100円硬貨5枚と同価と認識できていない。そのため店舗で700円の買い物をする際に100円硬貨2枚と合わせて700円を財布から取り出すことができず「お金が足りない」と発言する場面が該当する。これは、計算上の数値と通貨の数値から一般的、普遍的な属性を引き出すことに困難がある例である。したがって指導する際には、抽象的な計算問題を繰り返すことも大切かもしれないが、現実の生活にある買い物やバスや電車での運賃など具体的に「払う」学習場面を体験する方が、生きるための学習効果が高いとされている。

[知的機能の特性] 佐藤(2010)は、知的機能に制約があることによって生じる特徴として、スキルや知識の習得に時間と労力がかかること、一度に多くの物事を憶えることが困難なこと、抽象的な概念の獲得に困難を示すこと、新規の問題に対してそれまで身に付けているスキルや知識を利用して問題解決を図ることに困難を示すことなどを挙げている。逆に、憶えたことを忘れる速度や心的な労力があまり必要とされない課題である空間的な位置などを憶えること、頭の中で繰り返して憶えるような方略ではなく、外的な手がかりを使うような方略の利用などは、知的障害のない子どもと変わらないことを指摘している。

[自立活動的な視点] 特別支援学校学習指導要領では、領域・教科を合わせての指導について「知的障害の状態や経験等に応じて、具体的に指導内容を設定するものとする」としている。つまり、知的障害のある子どもの興味関心を基に、将来自立した日常生活を過ごせるような場面を絡めた授業が考えられる。例えば、音楽鑑賞教室での聴き方のマナーや演奏会のチケットの買い方など、お金の使用も取り入れた模擬体験を行う授業展開である。

また子どもによっては、過去の失敗や他者からの叱責を受けたことによってうたを歌うことや楽器の演奏を拒否する場合もある。そのような場合は、うたを歌ったり楽器を演奏するといった活動に固執せず、協働で音楽のリズムに合わせてバルーンを振る、大型の自作楽器をグループ制作するなど「自立活動」の「心理的な安定」の観点を取り入れた授業で、子どもの心に寄り添う取り組みが有効である。生徒の実態に応じて「特別な支援」が何か明確にする必要がある。(尾崎)

[参] 篠原吉徳「知的障害教育の基本的特性」『特別支援教育概説改訂版』学芸図書, 2007. 佐藤克敏「知的障害の理解と指導・支援」『はじめての特別支援教育』有斐閣アルマ, 2010.

自立活動

[自立活動]「自立活動」は、特別支援学校学習指導要領の教育課程において設定されている独自の指導領域である。その目的は、個々の幼児児童生徒が自立を目指し、障害による学習上または生活上の困難を主体的に改善・克服するために必要な知識、技能、態度及び習慣を養う指導を行うことにある。

小・中学校等の教育は、児童生徒の生活年齢（Calendar Age：CA）に即して系統的・段階的な「実用的時期区分」によって進められる。しかし障害のある児童生徒の場合、その障害によって、日常生活や学習場面において様々なつまずきや困難が生じる。特に、認知の発達に偏りのある知的障害や自閉スペクトラム症等の子どもの指導は、視覚障害や聴覚障害、及び肢体不自由など感覚系や運動機能系の障害と異なり、何を支援すればよいのか分かりにくいため実態把握が重要である。

特に重複障害者を指導する場合は、「各教科、道徳科、外国語活動もしくは特別活動の目標及び内容に関する事項の一部または各教科、外国語活動もしくは総合的な学習の時間に替えて、自立活動を主として指導を行うことができる」。そのため、授業時数は障害の状態に応じて設定することができる。

[指導の特色]「自立活動」の指導は、「健康の保持」「心理的な安定」「人間関係の形成」「環境の把握」「身体の動き」「コミュニケーション」の6区分27項目から個々の子どもの実態に即して選定し、「個別の指導計画」を作成する。ここでの記載内容と各教科等の指導内容との「密接な関連を保つこと」が大きな指導の特色である。したがって、音楽科での「学び」も知覚・感受等を中核としつつも、「心理的な安定」「環境の把握」など、「自立活動」の内容が「学び」となる授業展開が子どもによっては必要になる。（尾崎）

[自立活動を主とした指導事例（知肢重複障害）] 初めに障害の状況やアセスメント及び日常の観察等により、子どもの全体像を把握する。本ケースは、体調は安定しており、発声や笑顔で楽しさを表現できる。しかし初めての環境や活動においては、心理的に不安定になり、大きな声を出し、時には泣き出すこともある。運動面では自力の移動は困難で車椅子や座位保持椅子で姿勢を保つ。手の操作性に関してはたたく動作は自発的にできる。興味のあるものには手を伸ばしてつかむが、すぐに離してしまう。

指導計画の作成にあたっては、子どもの全体像をもとに指導目標を立てる。このケースの場合、身近な大人との安定した関係を土台に、見る力、聞く力を伸ばすことが、場面を理解したり見通しをもったりする力につながると考えられる。指導目標として「いろいろな音を聴き、楽器を目で追ったり、手を伸ばして自分で鳴らすことを楽しんだりする」が考えられる。この指導目標を達成するために、「自立活動」の6区分27項目から「2.心理的安定」より「(1) 情緒の安定に関すること」、「3.人間関係の形成」より「(1) 他者とのかかわりの基礎に関すること」、「4.環境の把握」より「(1) 保有する感覚の活用に関すること」を選定し、具体的指導内容を組み立てる。好きな楽器を糸口に、聴いて音の変化を楽しんだり、音のする方向を探して目で追ったりする学習が考えられる。また、楽器に手を伸ばして触り、触れることで音が鳴る経験を積み重ねる。楽器を鳴らしたら教師が共感的に言葉を掛けほめることによって、身近な大人と気持ちが通じ合う喜びの経験につながる。また、教師と一緒に楽器を持って鳴らす経験も、「持ち続ける」という学習課題につながる。活動を通して、やって楽しい、もっとやりたいという気持ちが根底にあることが重要である。（関原）

特別支援教育における音楽教育

■ 特別支援教育における音楽教育

[職業教育として始まった音楽教育] 明治11 (1878) 年5月24日の京都盲唖院 (現京都府立盲学校) 開設が、我が国の障害者を対象とした障害児教育の始まりとされている。明治30年代から学校数も増加し就学する生徒数も増加した。しかし東京盲唖学校 (現筑波大学附属視覚特別支援学校、同聴覚特別支援学校) は、一つの学校で盲、聾という障害の性質を異にし、違った教育法を必要とする生徒の教育を行うことの不利を説く関係者の主張があった。これを踏まえ、明治43 (1910) 年11月に東京盲学校と東京聾唖学校とに分離している。大正12年 (1923) 年8月28日には「盲学校及聾唖学校令」(勅令第375号) が制定され、盲学校と聾唖学校を分け、「盲人、聾唖者に普通教育を施し、その生活に必須な特殊な知識・技能を授けることを目的とし、特に国民道徳の涵養に努めるべきもの」と学校の目的を明らかにし、全国に設置義務を課している。就学が義務制となったのは、昭和23 (1948) 年4月の学校教育法制定以降である。

音楽教育については、明治14 (1881) 年に京都盲唖院で音曲科が設置され、職業教育として琵琶や箏の指導がなされていた。教師は旧検校 (盲官：盲人の役職の最高位の名称) の岡予一郎や生田流の指導者が授業を行っていた。戦後も盲学校学習指導要領には教科の「音楽」の他に、高等部では専門教科として「調律」が設定され楽器の整備や修理方法を指導してきた。しかし、平成21 (2009) 年告示の特別支援学校学習指導要領で高等部の専門教科であった「調律」が「近年の障害者の就業状況」を理由に削除された。

[情緒の安定と生きがいづくり] 視覚障害者への職業教育の一方、課題となっていたのは現在でいう知的障害のある子どもへの指導である。明治40 (1907) 年に、文部省 (当時) は各道府県の師範学校に発令し、障害のある子どものための教育の在り方を研究するよう奨励している。東京高等師範学校 (現筑波大学) 附属小学校では「特別学級」が設置され、ビネー検査の実施など今日の知的障害児の教育方法原理の基を築いている。昭和15 (1940) 年には、我が国最初の知的障害児の学校として「大阪市立思斉学校」(現大阪府立思斉支援学校) が開校している。教育内容については生活、作業など将来の自立へ向けたものを基本としていた。その他にも極わずかに対象施設はあったが、戦時中にほとんど閉鎖されている。本格的に音楽教育がなされたのは戦後である。しかし昭和22 (1947) 年、昭和26 (1951) 年の学習指導要領 (試案) では特殊教育 (当時) には触れられておらず、音楽科の指導内容についてもいわゆる健常児を前提としたものであった。この指導内容について、当時の小学校教員から音楽美の感得・理解について、芸術として解させる高踏的なことよりも、直接彼らの実生活に利用した方がよい、と痛烈な批判があった。この批判が「音楽療法」に子どもの情緒の安定や生きがいづくりの「学び」を見いだそうとしたことは確かである。しかし、定義や活動の根拠が不明確なことから定着しなかった。この点については、教育課程の観点から活動の説明責任を果たさなければならない。例えば、音楽教育としての活動が、「自立活動」の「情緒の安定」「人間関係」など6区分27項目にどう密接に関連付けられているか、という観点がどの障害種であろうとも考えられなくてはならない。(尾崎)

[参] 文部科学省ホームページ「学制百年史」
http://www.mext.go.jp/b_menu/hakusho/html/others/detail/1317552.htm

特別支援教育における音楽教育の意義

[特別支援教育における音楽教育の意義]教科としての目標の達成に加え、障害による困難を音楽教育によって克服しようとする「成長保障」(梶田 2010) 的な観点に授業の「学び」を見いだすことにある。

[障害による困難のとらえ]特別支援学校の教育目標は、学校教育法第 72 条で「幼稚園、小学校、中学校又は高等学校に準ずる教育を施すとともに、障害による学習上又は生活上の困難を克服し自立を図るために必要な知識技能を授けることを目的とする」と規定されている。音楽教育を行うときも小・中・高等学校に「準ずる」、つまり「同じ」ということである。しかし、単純に小・中・高等学校と「同じ」授業を行うと解釈するのではなく、「障害による学習上又は生活上の困難」をどう克服するか、という観点が反映されていなければならない。例えば、リコーダー演奏や歌唱など、特定の場面になると音楽室から逃走する、話し合いの場面になると立ち歩き活動に参加しない、そもそも音楽室に入ろうとしないなどといった不適合な行為・行動への対応が考えられる。すなわち、領域「自立活動」や音楽療法の目標にあるような、①対人関係能力の向上、②社会適応の促進、③意欲の向上、④情緒の安定、⑤感情表出の増加、⑥運動能力の向上(遠山 2002)、といった「成長保障」的な教育的ニーズがあるということである。小・中・高等学校の音楽の目標にのっとろうと教師が固執しすぎない姿勢が子どもの実態によっては必要である。つまり子どもによっては、①〜⑥のような観点がその授業での「学び」となりうるということである。(尾崎)

[重度重複障害者等についての事例]運動面、認識面ともに重度な障害のある重度重複障害者は発達初期の段階にあるが、音楽活動の楽しさを体験することを通して音や音楽への興味・関心を養い、音楽によって生活を明るく豊かなものにするという目標は共通である。

発達初期の段階にある重度重複障害者は、自他未分化な状態にある。音、音楽は外界に気付くきっかけになりやすい。この発達段階ではバウアー(Bower, T.G.R.)による随伴的な関係の発見、すなわち自身の発信で外界に変化が生まれるという経験の積み重ねにより応答性が高まるという。重度重複障害者が外界に気持ちを向け、音や音楽に対し、快の気持ちを表情で表した時をとらえて、周りの大人が言葉で返すということの積み重ねがコミュニケーションの力につながると考えられる。

音や音楽により、他者の存在に気付き、楽しい音楽活動を通して築く身近な大人との関係を土台に、人間関係の広がりも期待できる。教員と一緒に楽器を鳴らしたり、わずかな動きで楽器を鳴らしたり、歌いかけで応答的に声を出したりすることで称賛され、認められることで自己肯定感が育ち、コミュニケーションへの意欲の原動力になる。音楽を手がかりに場面を理解し、身通しをもてるようになることは環境を把握する力や心理的な安定につながる。

音楽活動を通して、音、音楽を聴く力、見る力、ボディイメージの形成、音楽の雰囲気を感じ表出、表現する力、音でのやり取りなど様々な力をはぐくみ、人とかかわる力を伸ばすことは卒後の生活の質を高め、豊かに暮らすことにつながる。(関原)

[参]遠山文吉「障害のある子どもの音楽療法」『現代のエスプリ』424 号, 至文堂, 2002. 梶田叡一「学力保障と成長保障」『改訂実践教育評価事典』文溪堂, 2010. T.G.R. バウアー, 岩田純一・水谷宗行他訳『賢い赤ちゃん－乳児期における学習』ミネルヴァ書房, 1995.

様々な困難への対応

［障害の多様化・重度化］平成4（1992）年6月に学習障害児の指導方法に関する調査研究協力者会議が発足、平成6（1994）年6月には特別なニーズ教育における枠組みを採択した「サラマンカ声明」の宣言など、この頃から学校教育で比較的軽度の障害も含めた障害者への教育のあり方が世界的に見直されるようになった。我が国においてはこれまで特別支援学校の対象であった障害の程度の子どもであっても、医療や科学技術の進歩によって通常の学級で学べる事例が増えるなど、校種を問わず障害の多様化と重度化といった子どもの有する困難への対応が喫緊の課題となっている。

平成24（2012）年12月に文部科学省が報告した「通常の学級に在籍する発達障害の可能性のある特別な教育的支援を必要とする児童生徒に関する調査結果について」では、知的発達に遅れはないものの学習面又は行動面で著しい困難を示すとされた児童生徒の割合が約6.5％とされている。

また特別支援学校等の在籍者数の推移統計においても、特別支援学校在籍者数は平成16（2004）年の約9万8千人から平成26年（2014）年には13万5千人へと増加が続いている。特に重度・重複障害のある児童を指導する場合、表情の変化が極めて少ない子どももおり、働きかけに対しての気持ちの読み取りが困難な場合がある。運動機能面や認知面、そして表出面での困難への対応が不可避となっている。また、教師が指導方法の原理や型に固執しすぎず、どのような指導の工夫によってそれらに近付けるか、といった発想で困難に対応することも子どもとの信頼関係を築くうえで重要である。（尾崎）

［重度・重複障害児の対応］重度重複障害の子ども達の中には気管切開部の管理、呼吸器や酸素の管理、たんの吸引、吸入、経管栄養等の医療的ケアが必要な子どもや、常時呼吸状態や発作に配慮が必要な子ども達がいる。そのため、学校看護師や、養護教諭と連携を図りながら学習を保障していく必要がある。登校時の健康チェックや、家庭での様子の把握をもとに、体調を把握する。そして学習前には、身体的なリラクゼーションやたんの排出など、学習に入る前の準備を丁寧に行い、良い状態で学習に臨めるようにする。

経管栄養の実施には2時間近くの時間を要するケースもある。経管栄養を実施している間でも状態が安定していれば、見たり聴いたりする活動に参加することは可能なので、なるべく多くの時間授業に参加できるように配慮する。そして、子どもが一番活動的に授業に参加できる時間帯を考慮して授業内容の組み立てを考える。

特定の音が発作を誘発する子どもには音の用い方に配慮する必要がある。大きな音のする楽器を鳴らすときは、言葉かけで音が鳴ることを予測させると、発作を起こさずに活動を楽しむこともできるので、最初から活動の幅を狭めないようにする。呼吸状態の異変や発作時は、あらかじめ決めてある対応を速やかに行えるように、教員の役割を決めておくとよい。

姿勢については、学習時はできる範囲で体を起こし、目や手が使いやすい姿勢に配慮する。体の状態に合わせてつくられた車椅子や座位保持椅子には、リクライニング機構が備わっていたり、頭部を支えるヘッドレストの微調整が可能であったりするので活動に応じて調整する。同じ姿勢が長時間続かないように、リクライニング機構を使ったり、マットに降りたりするなど柔軟に対応する。（関原）

コミュニケーション支援

［コミュニケーション］ここでのコミュニケーションとは、「特別支援学校学習指導要領解説・自立活動編」にある「人間が意思や感情などを相互に伝え合うこと」と規定する。子どもに身に付けさせたい能力を「基礎的な能力」とし、障害の種類や程度、興味・関心等に応じて、話し言葉に限らず表情や身振り、各種の機器などを用いて意思のやりとりが行えるようになることを想定している。

［支援の考え方］話し言葉によるコミュニケーションはもちろん、障害による個々の子どもの表出の困難を教師は見極め、可能な手段を講ずることが基本的な支援の考え方である。

特別支援教育を受ける子どもの代表的な実践に、ソーシャル・スキルズ・トレーニング(Social Skills Training：SST)、社会生活技能訓練がある。SSTとはR.リバーマンが考案した認知行動療法の一つに位置付けられる支援方法で、学校教育では対人関係を中心とする社会生活技能の訓練として導入されている。話し言葉がある子どもであったとしても、社会経験の不足、認知の発達や言語概念の形成に偏りがあることで、場面に応じた使い方ができず人間関係にトラブルを来す場合がある。このような子どものコミュニケーション能力を高める場合に有効とされている。具体的に遭遇しそうな場面を視覚的な紙芝居等に仕立て登場人物の具体的なせりふを考えたり、自身の発言が相手の心にどう受け止められるか解説されたりすることを通じて、自己対処能力を養う指導方法などがある。

また、話し言葉でのコミュニケーションに困難のある子どもの場合は、表情や身振り、五十音表の指さし、トーキングエイド等各種の機器などを用いて自身の意思や感情を伝えられるよう支援する方法が導入されている。

トーキングエイドとは音声や筆談によるコミュニケーションが苦手な人のために開発された機器で、タッチパネルの文字をタイプすると機器がその文字を読み上げてくれる。現在ではタブレット型端末のアプリも販売されている。画面タッチでの文字入力が困難な場合は任意のタイプ（ボタン型、レバー型など）のスイッチのON-OFFで文字を選択できるよう設定することも可能である。スイッチにはケーブル接続以外に、Bluetooth規格のワイヤレス・スイッチもある。このようにコミュニケーションの拡大（Augmentative）代替（Alternative）技術を体系化する必要性から生まれてきた概念がAAC（Augmentative and Alternative Communication）という研究領域である。

［音楽教育での支援場面］SSTの理念の導入において想定される子ども像として、発達障害やその特性による二次障害で音楽室に入れない、不登校経験のある子どもが考えられる。このような子どもの場合、器楽合奏の場面でお互いを尊重しながら音楽の形式的側面、内容的側面等について話し言葉で批評し合う場面が有効である。また、ピアノやギター等の楽器を家庭で弾くことが生き甲斐になっている場合がある。そのような子どもの思いのある楽器を授業で扱えるよう教材曲にパートを追加するなどの工夫によって、教師との信頼関係を深めることにつながる可能性が高まる。AACの理念の導入には、肢体不自由のある児童生徒が運動機能的に演奏できない楽器を、デジタルパーカッションやタブレット型パソコンのアプリを利用し、合奏に参加する方法が考えられる。その他、コンピュータソフトでレコーディングしたCDを作成するなど、間接的に意思や感情などを相互に伝え合うための「作品」制作の事例が支援場面として考えられる。（尾崎）

■ インクルーシブ教育

[概念と経緯] 小・中学校の通常の学級において、障害のある子ども等も共に学び、かつその子ども達の学力も保障できるような教育制度全般。子どもが授業に適合できるようカリキュラム、指導方法、教育計画等について臨機応変な対応が求められる。

インクルーシブ教育の概念は、平成20 (2008) 年5月に発効した「障害者の権利に関する条約」の「第24条 教育」において「障害者を包容するあらゆる段階の教育制度 (an inclusive education system at all levels) 及び生涯学習を確保する」と締約国に義務付けている教育システムに由来する。我が国は平成19 (2007) 年9月に、高村正彦外務大臣（当時）がこの条約に署名し、平成26 (2014) 年1月に批准書を寄託した。そして、同年2月に同条約は効力を発生している。

インクルーシブ教育という概念を初めて世界に広めたのは、国連機関であるユネスコが平成6 (1994) 年に主張した「サラマンカ声明」である。また平成13 (2001) 年12月には、第56回国連総会においてメキシコ提案の「障害者の権利及び尊厳を保護・促進するための包括的総合的な国際条約」決議案をコンセンサスで採択した。そして、諸提案について検討するために障害者権利条約特別委員会（アドホック委員会）を設置し、8回の議論を経て平成19 (2007) 年3月以降に「障害者の権利に関する条約」の署名が可能となり「インクルーシブ教育」が現実味を帯びることとなった。

[国内法等の整備] 我が国ではインクルーシブ教育の実現に向けて、「障害者の権利に関する条約」の締結のために国内法等の整備が必要であった。そこで政府は平成21 (2009) 年12月、内閣総理大臣を本部長、全閣僚を構成員とする「障がい者制度改革推進本部」を設置し、「障害」の表記に関する議論等を重ね、「障害者基本法」の改正（平成23 (2011) 年8月）、「障害を理由とする差別の解消の推進に関する法律」（いわゆる「障害者差別解消法」、平成25 (2013) 年6月）など法制度等の整備を実施してきた。

[合理的配慮] インクルーシブ教育における障害者の権利の実現のために、先の条約では「個人に必要とされる合理的配慮が提供されること」と条文に記載されている。「合理的配慮」とは「障害者が他の者と平等にすべての人権及び基本的自由を享有し、又は行使することを確保するための必要かつ適当な変更及び調整であって、特定の場合において必要とされるものであり、かつ、均衡を失した又は過度の負担を課さないものをいう」と定義されている。文部科学省は、障害のある児童生徒等に対する教育を小・中学校等で行う場合の「合理的配慮」として（ア）教員、支援員等の確保、（イ）施設・設備の整備、（ウ）個別の教育支援計画や個別の指導計画に対応した柔軟な教育課程の編成や教材等の配慮、を想定している。

[交流及び共同学習] 平成20 (2008) 年告示の小・中学校学習指導要領においては、「交流及び共同学習」という学習形態でインクルーシブ教育の理念を具現化しようとしている。そのため小・中学校において「学習のユニバーサルデザイン」の考え方を導入した授業の実践研究がなされつつある。しかし、従来の「均質な力をもつ子どもの集団」を前提とした教育方法からの転換は容易ではない。対象の子どもの配慮しなければならない認知の特性等を「個別の指導計画」等に明記し、それを踏まえて学級の人間関係をどうつくるか、そしてそのことによって、全体の子どもの学びがどのように成り立ったのかという指導の文脈が必要である。（尾崎）

特別支援教育における音楽授業

特別支援教育における音楽授業

[教育課程] 対象となる子どもの教育課程が小・中・高等学校に準ずる（同じの意）のか、それとも「知的障害のある児童生徒に対する教育課程」を適用しているのか確認し、授業のねらいを設定する必要がある。さらに「個別の指導計画」を踏まえ、教科学習としての授業のねらいと領域「自立活動」の目標との関連付けを保ち、子どもの障害の状態や発達の段階等を的確に把握し指導計画を立てる。

[障害による特性の見極め] 障害のある子どもの行為・行動の傾向によって、ウェマイヤー（Wehmeyer, M.L.）らが提唱するような「適合」（adaptation）に至る指導方略を練る必要がある。教師や教育支援員の学級全体へのかかわり方、子どもへの提示方法、子どもが表現する手段の選択肢などである。

例えば、視覚障害、聴覚障害といった感覚系の障害による困難は、点字や手話などの合理的配慮のニーズが比較的明確で分かりやすい。しかし知的障害による認知の困難や、精神的不調の言語化など内部の世界を表出することの困難は、見える困難ではないため何を配慮すればよいのか分かりにくい。子どもの行為・行動の因果関係につながる認知の傾向を把握し、教師・教育支援員との間で対応についての共通認識を図っておく必要がある。

教育支援員は時には特定の子どもに終始密着せず、他の児童生徒とかかわり合えるよう振る舞う役割を果たすことも効果がある。

[内部の世界の表出支援] 授業では子どもが内部の世界の表出に困難を感じていないか注視する必要がある。そもそも教材曲で扱う音楽の要素の概念が理解できていないことを言い出せない場合もある。また、五感を通じて見聞きする生活経験が不足していると、内部の世界を表出する語彙もあまり持っていないかもしれない。例えば、自然の描写や人の感情を表している曲想の理解が考えられる。具体例として、《赤とんぼ》（三木露風作詞、山田耕筰作曲）では「夕焼け」の色や時間、場面背景に人々が抱く感情、また《陽気な船長》（市川都志春作曲）の「陽気」が船長のどのような気持ちのもとの陽気なのか、それを想像し表現する言葉の種類である。その対応として子どもの内部の世界に近い（と考えられる）語彙を選択肢として提示したり、子どもの伝えたい気持ちを推測して語彙を提案したりする表出支援が必要である。

[音楽療法との関係] 発達に偏りがあり認知に困難のある知的障害や発達障害のある子どもの場合、発語がなかったり、あったとしてもエコラリア（オウム返し）であったりすると音楽的な思考活動に困難がある。1990年代に知的障害児を対象に「音楽療法」が着目されたのはこういった理由からだと考えられる。現在でも音楽の要素の認知や言語活動を通じて知覚・感受といったメタ認知する学習過程に困難がある場合はその理念を参考にする。

例えばデーネンホルツ（Denenholtz, B.）は知的障害のある児童の臨床研究から、緊張の緩和としてまた刺激的な要素としての音楽からの働きかけが精神的な病状の子どもに効果があったことを報告している。また遠山文吉は「音楽療法」における目標として、①対人関係能力の向上、②社会適応の促進、③意欲の向上、④情緒の安定、⑤感情表出の増加、⑥運動能力の向上を提起している。すなわち、精神的な安定やコミュニケーション能力の向上といった全人格的な成長・発達にも音楽学習上の「学び」を見いだそうとしてきたのである。しかし、音楽科の授業は学習指導要領に依る教育活動であって「音楽療法」を行う場ではない。表面上の一部の活動を模倣して、安易に導入していると認識しないよう心掛けるべきである。（尾崎）

通常の学級における授業計画

［教育課程のとらえ方］特別支援教育の対象の子どもが通常の学級において「交流及び共同学習」の学習形態で学ぶ場合、音楽科の学習原理は基本的に同じであるが、特別支援学級の児童生徒は特別支援学級の教育課程にのっとって学習することになる。つまり、同じ教科書を使用していても形式上は小・中・高等学校学習指導要領と特別支援学校学習指導要領との二本立てで授業がなされているという解釈になる。

また、個々の子どもの障害に対するねらいの設定が個別に必要となる。そのため、「個別の指導計画」には領域「自立活動」の「情緒の安定」「人間関係」など6区分27項目と密接に関連付けたねらいを作成するとよい。

すなわち、コアとなる音楽学習のねらいを据えつつ、多様な子どもに配慮した教材の選定、指導方法、子どもの表現方法等を授業計画に反映させることになる。この意味で「多様な」には単に子どもの人数の多さを表しているだけではなく、「障害の特性への対応を必要とする」という意味が含まれていることを教師は再認識することになる。つまり、教師はある子どもの障害による具体的な特性にどう指導方略を講じるか、計画段階で説明責任を果たせなければならないといえる。

［ユニバーサルデザイン・カリキュラムによる授業計画］多様な子どもが参加するだけではなく、授業内容を理解できるようにするためには、従来の「均質な力をもつ子どもの集団」を前提とした授業計画では指導計画が特定されてしまい多様性に応えられない。そのため、アメリカの教育に関する応用テクノロジーの研究機関であるCAST（Center for Applied Special Technology）は、多様な子どものすべてに学ぶ機会を提供しようと「学習のユニバーサルデザイン」（Universal Design for Learning：UDL）という授業の概念の普及に努めている。我が国においても「障害者の権利に関する条約」の署名以降（平成19（2007）年9月）、通常の学級の授業にUDLの理念の導入が試みられている。例えば、小貫・桂（2014）は小学校での実践研究を通して、授業をユニバーサルデザイン化するための視点を提案している。授業で起きる「つまずきを徹底的に想定する」、聞くだけの時間を減らし「考える時間を増やす」、また授業の山場の「焦点化」などを計画時に想起することで、子どもが「わかった」「できた」という瞬間をどこに置くか、といった視点である。

音楽科の授業では、教材曲で扱う音楽の要素の焦点化、雰囲気などの絵カードによる視覚化、そして、意見の共有化といった思考する場面を取り入れる方法が考えられる。しかし、認知の偏りやイメージすることの困難、及び関心のムラなどによって、想定外な音楽の感じ取り方をする子ども、もしくは教材曲に興味関心を示さない子どもがいることも考えられる。最も対応に苦慮するのは、指導の初期に気持ちのコントロールがうまくできない子どもの授業への参加である。例えば、過去に正しい音程で歌えていないことを他の子どもからからかわれた経験があると、合唱活動の場面になると真剣に歌っている子どもに話しかけたり、休符で「合いの手」を入れたりといった茶化すような行為がある。鑑賞の授業では映像資料の歌手の容姿を茶化す発言などである。このような行為は見方を変えれば「困っている」というシグナルである。子どもがつまずいてきたことを授業計画に反映できるよう工夫と配慮が求められる。（尾崎）

［参］小貫悟・桂聖『授業のユニバーサルデザイン入門－どの子も楽しく「わかる・できる」授業のつくり方－』東洋館出版社, 2014.

視覚障害者への教育方法

[視覚障害]視覚障害とは、視機能の永続的低下の総称を意味する。視機能とは視力、視野、色覚、暗順応、眼球運動、調節、両眼視等の各機能から成り立っている。視覚障害には盲と弱視（ロービジョン）があり、点字を常用し主として聴覚や触覚を活用した学習を行う必要のある者を盲と言い、視力が0.3未満の者のうち、普通の文字を活用するなど、主として視覚による学習が可能な者を弱視と言う。弱視児の見え方は一人ひとり大きな違いがあり、同じ視力の者であっても、眼疾患によって見え方には大きな違いが認められる。

[弱視児の指導]弱視児には、保有視覚を最大限に活用しながら学習できるように支援する。弱視児が視覚によって対象を明確に認知するためには、網膜像を拡大することが大切である。対象物に目を近付けたりするのも網膜像を拡大させる有効な方法である。文字や絵などを直接手書きで拡大したり、拡大コピーを使ったりというように対象そのものを拡大する方法や、弱視レンズ、単眼鏡などの光学機器や拡大読書器、タブレット端末等の非光学的視覚補助具を活用して拡大する方法もある。また、読書や書字の姿勢を良好に保ち効果的な学習活動ができるように、書見台や書写台を使う。視覚補助具を使ってスムーズに文章を読み、読解力を付けるためには点字学習と同じく年少児からの継続した取り組みが必要である。まぶしさを和らげるためには遮光眼鏡を使う。

[音楽教育]視覚障害児の音楽教育は小・中学校及び高等学校と同じ目標で行われ、教科書も基本的に同じ内容のものが用いられている。点字教科書や拡大教科書が出版されており、拡大教科書は個人の視機能に応じた文字サイズを選定することが大切である。

[指導の実際]音楽体験を通して自分の感覚でイメージを形成し、イメージしたことを言語化したり、表現したりすることが学習の基本となる。全般的に動作の模倣が苦手なので、音楽的表現活動の核になる基本動作に時間をかけ応用力を付けていく。また、全体と部分を同時に把握することが難しいので、初めに対象物の全体像を説明し、続いて部分の説明を行う。例えば、箏の学習では箏曲の演奏を聴き、箏の音色や日本音楽の固有の響きを鑑賞する。次に楽器の説明を聞き、楽器全体と各部分を触察する。この触察は、両手を使って楽器全体を万遍なく、細部まで丁寧に触わるという触運動を基本にした探索と、指先から断片的に入ってくる情報をつなぎ合わせて頭の中に全体像を構築するという作業を連続して行うことで成り立つ。楽器の全体と部分のつながりや仕組みを理解し、箏全体のイメージが形成された後に演奏活動に取り組む。このような触察による学習は、集中力と時間を要する活動になるが、視覚障害児にとって大変重要な過程である。

うたを歌うときに床に対してまっすぐに立つという姿勢を求める場合、左右どちらかの肩が下がっていたり、猫背になったり首が体の前に出ていたりすることがある。姿勢を確かめるために教室の壁面を使う。壁面を背にして両足のかかとをそろえて立ち、かかと、ふくらはぎ、尻、肩甲骨、後頭部の順で体を壁に付けていく。さらに両腕を水平方向に開き、両手が同じ高さになるよう伸ばす。両手を体側に戻し立位を完成する。まっすぐ立つとはどのような状態なのか自分の体の状態を言葉で説明し、普段の立ち方と壁面にまっすぐ立ったときの体の使い方の違いを比較してフィードバックする。（山田）

[参]香川邦生『視覚障害教育に携わる方のために』慶應義塾大学出版会，2005．

聴覚障害者への教育方法

［聴覚障害の聞こえ方］聴覚障害には、「伝音性難聴」と「感音性難聴」がある。前者は外耳から中耳に障害があるもので、補聴器を使用し音を単純に増幅することで目的の情報を聞くことができる。一方、後者は内耳から聴神経や脳にかけて障害があるもので、増幅するだけでは補えない聞こえ方である。そのため、聞こえ方によって補聴器の個別の調整が必要となる。本来、補聴器は音を増幅して聞かせているものであり、健聴者の聞こえのように「聞きたい音だけに注目して聞くことができる」ものではないという点で配慮が必要である。ろう学校では、聞こえを補う方法として集団補聴システム（FM、赤外線等）を導入している教室もある。これは、設備を有する室内において教師の説明など聞かせたい音声や室内の音を専用のマイクを通し、子どもが装用している補聴器に教室内のターミナルを通して電波等で届けるものである。

［コンディションの確認］補聴器を装用していても、日々の体調によって聞こえ方にも違いが出てくる。聴く活動が多い音楽の授業では、音楽を聴く前にこの聞こえ方のコンディションを確認することで生徒が感じる活動への不安や不快感を軽減できる。

［視覚的情報の活用］聴覚障害者のコミュニケーション方法には、手話、口話（口形の読み取り）、筆談などがあり、そのどれにも言えることは「見て分かる」ということである。しかし、健聴者に比べて音声による情報収集が難しいため、生活年齢（CA）に見合った言葉の読み方や概念を正しく理解できていないことがある。例えば、「作家」の意味を「家を作る人」と誤認識していることなどが挙げられる。そのため、歌唱活動では歌詞を読んで言葉の読み方や意味の確認を行うと共に、視覚的情報により楽曲をイメージすることに学習時間を費やす配慮が必要になる。具体的には、《花》（武島羽衣作詞・滝廉太郎作曲）にある「櫂」の意味を理解する事例がある。「櫂→読み方（かい）→どのような物か（船を進める道具）」これらを踏まえて「櫂のしずくも花と散る」の理解へつながり、この場面全体のイメージをつかんだ歌唱活動ができる。

障害の特性上、正しい音程で歌唱することは難しいが、楽曲の世界のイメージを膨らませられる配慮や工夫をすることで、子どもの内部の世界を豊かにする歌唱活動が可能となる。

［鑑賞ポイントの焦点化］鑑賞の授業は「感音性難聴」の子どもへの指導に最も困難が生じる。子どもの難聴の状態によって聞こえる周波数帯が異なる場合があり、音の高低や音量、旋律の動き、音の重なりなどの違いの認識が難しい。そのため授業では、リズムや速度など必ずしも聴覚から認識する限りではない形式的側面、標題やせりふ、及び演奏家の表情など視覚的情報から雰囲気や曲想といった内容的側面を読み取る展開が考えられる。例えば、《魔王》（ゲーテ作詞、シューベルト作曲）の場合、「持続する3連符のリズム」と「子どもの恐怖感が高まるストーリー」、と生徒が判断しやすいと思われる鑑賞のポイントを予め提示しておく。そこに焦点を絞って注目して聴くように指導することも有効である。

［主体性を引き出す器楽合奏］聴覚障害者にとって合奏を行うことは、曲中で「いつ、どこで、何を、どのように演奏するか」が確実に理解できていなければ成立しない。そのため、合わない箇所の解決方法を問うことで、大型の楽譜に独自の目印を加えたりするなど、「何をどうすれば合わせられるか」を主体的に考えて活動するようになる。（宮﨑）

知的障害者への教育方法

［知的障害児の特性］知的障害のある児童生徒を教育する場合、認知や言語などの知的能力や他人との意思疎通、日常生活や社会生活において、特別な支援や配慮が必要である。また、特別支援学校（知的障害）における各教科の内容は、児童生徒の実態等に応じて指導内容を設定する必要がある。さらに学習したことが断片的になりやすく、実際の生活に応用しにくいこと、成功経験や生活経験が少ないことなどから、実際的・具体的な学習活動が必要である。このような特性を踏まえ、児童生徒が見通しをもって行動できるように日課や学習環境を整え、生活に結び付いた具体的な学習活動を実際的な状況下で指導し、多様な生活経験ができるようにする。そして教材・教具の工夫、段階的な指導、主体的な活動を促す指導、集団における役割の遂行、発達の不均衡や情緒面の不安定さなどに応じた指導を行っていくことが重要である。

［知的障害児の学習］知的障害のある子どもの学習は、生活を基盤とし、生活の中に題材を求め、生活の中に指導の成果を生かしていく総合学習の考え方が必要である。教科「音楽」の内容についても、特別支援学校学習指導要領「音楽」で示されている、1段階の「音楽遊び」、2段階及び3段階の「歌唱」「器楽」「音楽づくり」「身体表現」「鑑賞」の活動から授業を構成するだけではなく、すべての学校生活と関連付けて計画する必要がある。

そのためにも季節や学校行事に合わせた計画を立案し、児童生徒が意欲的に取り組むことができるよう実態に応じた内容を選定し、生活に結び付いた教材を選択することが必要である。

［音楽の実践場面］児童生徒の生活年齢や発達段階にもよるが、音の出るおもちゃで遊んだり、季節のうた・リズム運動・打楽器の演奏・DVDによる音楽鑑賞などの活動を帯状に設定したり、あるテーマや題材を中心にいくつかの活動を展開したり、ある一つの教材を取り上げ、歌唱、器楽、身体表現等の活動を順に展開したり、身体表現やリズム運動を中心に「自立活動」の内容とも関連させて展開するなど、いくつかの方法がある。

いずれの場面でも、児童生徒の実態や発達段階を見極め、生活経験や生活年齢を配慮して教材を選択し、一人ひとりに応じて目標や具体的な課題を設定し、生活に結び付いた具体的な学習活動としていくことが重要である。

また、身体表現やリズム運動を中心とした活動を展開する場合など、音楽室や教室以外に、プレールームや体育館などで行うこともある。さらに、ピアノなど伴奏楽器のほかに、様々な楽器や電子楽器、音響映像機器などの活用も図る必要がある。

［評価］まず、児童生徒の実態に応じて授業の内容や個々の目標を具体的に評価できるように設定する必要がある。授業中や授業後は、設定した目標を児童生徒がどのように達成しているのか、達成しつつあるのかを見極めていくことが重要である。多くの知的障害児は、自分の言葉や文字によって振り返りや自己評価を行うことが十分にできるとは限らないので、教師による観察や評価が必要となる。さらに、課題設定を具体的にして積み重ねていくことが重要となる。そのためには、柔軟な指導計画と情報の収集と複数教師による評価の共有化が必要である。そして複数教師による十分な協議を通じて、指導計画の見直しや指導案等の修正を行い、授業を改善していくことが重要である。（齋藤）

肢体不自由者への教育方法

［肢体不自由の定義］肢体不自由は四肢体幹の機能の障害である。姿勢、移動、手の操作性、協応動作などの運動機能の障害のほかに、言語機能の障害があったり視覚認知（見え方）に課題があったりする場合もあり、実態の幅は広い。

［技能面の困難と経験の不足］肢体不自由者の音楽教育は小・中学校及び高等学校に準じた（同じ）内容が行われている。しかし授業内容を理解できていても、言語機能の障害や手足のまひから、音程を正しく歌うことや、楽器を拍に合わせて鳴らす技能面に困難がある子どもも多い。また、身体に障害があることから1人で行動することが難しく、生活全般において行動範囲が限られるため、自ら探索し、学んでいく機会が少なくなり、経験不足からくる理解力の差が生じやすい。そのため映像等の視覚教材等を用いるなど、曲のイメージを膨らませる工夫が必要である。

［指導計画］子どもの実態に応じ、様々な障害の状況に応じた教材の扱いの工夫を考えながら、できることを生かして授業を組み立てる。動作や発話などにも時間を要するので、子どもに何を学ばせたいかを明確にし、指導内容を精選して授業を組み立てる必要がある。

［指導の実際］歌唱では、発話機能や発声器官のコントロール等の困難から、歌詞の発音や音程を正確に取ることが困難な場合がある。すべてを歌おうとするのではなく、音楽の流れに乗って、部分的に声を出したり、姿勢を保って歌えたりすることなども評価の対象にする。

器楽では、上肢機能等に障害がある場合は、どんな操作が可能か把握して楽器を選定する。拍に合わせての演奏に困難がある場合、小節の頭の音だけにするなどメロディーラインを簡略化する。拍にとらわれずに自由に鳴らせる音楽を使うこともできる。また、ばちにグリップをつけて持ちやすくする工夫や、操作を可能にする自助具の導入も必要である。筋力の弱さから大きな動きや力のいる操作が難しい子どもには、微細な動きで鳴らせる楽器の工夫、電子楽器の使用なども検討する。障害の状態によっては演奏法を柔軟に考えることも必要で、足での操作なども考えられる。

自力での操作が特に困難な場合は、指揮者のように、「始まり」や長く伸ばしている音を「止める」などの合図をする役割をつくることも有効である。さらに曲の中に総休止（ゲネラル・パウゼ）を設けることも考えられる。再開する音を鳴らす合図は子ども自身の思いでタイミングを図れるため達成感を得ることが期待できる。

創作においてはコンピューターのマウスに、自力での操作可能なボタン型やレバー型などのスイッチを接続し、パソコンで曲をつくる活動が考えられる。卒業後の生活でパソコンをどう活用するか、という視点も大事である。

鑑賞では、経験不足からくる、イメージする力の弱さや表現する言語力の弱さを補う工夫が必要である。パネルシアターやペープサート、映像などの工夫も考えられる。例えば、連作交響詩《我が祖国》から〈ブルタバ（モルダウ）〉を扱うとき、曲を聴きながらパネルシアターを用い、河に沿って情景が描かれていることを視覚的に理解させる。また、繰り返し出てくるブルタバの主題は青いスカーフを振り、「村の（田舎の）結婚式」では結婚式で踊る村人をペープサートで、「月、水の精の踊り」は新体操のリボンを用いて、曲の雰囲気を感じながら個々に表現させイメージを膨らませることも可能である。曲の雰囲気を言葉で表現するときは、いくつかの選択肢を提示し、そこから選ばせる工夫もある。（関原）

病弱者への教育方法

[障害の程度] 学校教育法施行令第22条の3に病弱教育の対象となる「病弱者」の程度が区分されている。具体的な診断名には「小児慢性特定疾患」と指定されている筋ジストロフィー、気管支喘息、小児がんなどがある。その他に不安障害、摂食障害等といった「心の病」がある。この病の症状は周りの人に分かりにくく、表面上の行為・行動から「さぼっている」と誤解されることもある。特に発達障害の特性から対人関係がうまく築けず、心の病を発症するときがある。その病状が悪化すると「二次障害」の「不登校」等になり、医師の診療や病弱教育への相談を勧められる。

[配慮事項] 病弱教育は、医療との連携が不可欠で、子どもの主治医らと治療方針・配慮点について共通認識をもち、病状が悪化しないよう指導に反映することが求められる。教師が最も配慮しなければならないことは、子どもの「気持ち」についてである。例えば、病気が原因による体格や容姿をからかわれる、体調が悪くて疲れやすい、保健室での処置や服薬がある、運動や食事の制限がある、欠席による学習空白がある、といった「みんなと一緒に行動できていない」ことが本人の負担にならないよう心掛ける必要がある。

[運動機能の病気] 代表的な病気に筋ジストロフィーがある。難病医学研究財団・難病情報センターによれば、「筋ジストロフィーとは骨格筋の壊死・再生を主病変とする遺伝性筋疾患の総称」と定義されている。筋ジストロフィーにはタイプが数種類あり、同じ生活年齢（CA）であってもスウィンヤード（Swinyard, C.A）の分類と旧厚生省筋萎縮症研究班制定の障害度とで必ずしも一致するとは限らない。教師は病名を知っているだけではなく、障害度に応じた支援の方法を理解し具体化できる介助の技能も求められる。例えば、授業時の姿勢は側臥位（横向きに寝る）なのか、仰臥位（仰向けに寝る）なのか、といった学習時の体勢への対応がある。

[心の病気] 不登校の状態が続いている子どもの場合、学校や教師、同級生への不信感や恐怖心を抱いていることがある。その場合、通常の教育課程で授業を受けられるよう症状が改善するまで時間を要する。本人に取り組んでみたい活動や興味のある音楽について話題を振ってみるなど、登校意欲を養うことから支援を始める必要がある。その意味で「症状が改善するまで」の期間は、授業が受けられるよう成長保障としての「学び」の時間ととらえることが特別な支援となる。

[授業の展開] 筋ジストロフィーの障害程度が高い高等部の生徒になると筋力の低下が進行するため、リコーダーなど腕の支えや呼吸を要する楽器などは演奏が困難になる。合奏では手指の微細な動きで反応するタブレットパソコンやデジタル楽器などで演奏する方法がある。合奏に参加することで成功体験を積んだり、集団への所属意識を高めたりする教育的効果が期待できる。

一方、心の病気は「脳の病気」であり第三者からは病因が見えない。そのため「想定外」の発言や行為・行動に教師は当惑することがある。例えば、精神的な不調を言語化することが苦手なため、音楽の時間になると廊下に座り込んだり、黙り込んだりといった行動で自分の思いを伝えようとする。このような行為・行動や態度を執拗に注意する対症療法的な指導は逆効果である。本人の思いをある程度尊重し許容しながら教師との信頼関係を形成する努力が必要である。本人がピアノやエレキギターに意欲を示すのであれば、合奏に参加できるよう技能に合わせてパートを追加したり編曲するなどの工夫が病状の改善につながる。（尾崎）

重度重複障害者への教育方法

［重度重複障害者］学校教育法施行令第22条の3に規定する障害（視覚障害、聴覚障害、知的障害、肢体不自由、病弱）を二つ以上合わせ有し、特に知的障害が重く、発達的側面や行動的側面において常時配慮を必要とする者である。肢体不自由特別支援学校の「自立活動を主とする教育課程」の子どもの中には、身体機能の障害や知的障害が重く、経管栄養、痰の吸引等の医療的ケアが必要であったり、常時呼吸状態や発作に配慮が必要であったりする子どもが在籍している。

［音楽教育］発達初期の段階にある重度重複障害児の音楽の授業は、「自立活動」の6区分と密接に関連させ、音楽という楽しい活動の中で、コミュニケーションの力や環境を把握する力等を育てることをねらいとすることも可能である。音や音楽は言葉よりも、情動に直接訴えかけやすいという特性があるので、発達初期の段階にあり、自分と外界の境界があいまいな状態にとどまっている子どもには、外界に気持ちを向け、他者に気付いていくきっかけとして音や音楽を用いることもできる。

また楽器は視覚でとらえることができ、手での操作（感触）が、音（聴覚）や振動（皮膚感覚）で即座にフィードバックされ、重度重複障害のある児童生徒が理解しやすく、より多くの感覚を活用できる教材である。

［指導計画］集団の授業の指導計画を立てるに当たっては、子どもが見通しをもちやすくするために授業の流れを年間を通してパターン化し、その中で題材を変えていくようにする。様々な感覚を活用するように、聴覚のみならず、視覚、触覚など様々な感覚器官に刺激が入るような活動を考えられるとよい。鑑賞に、パネルシアターを取り入れることも考えられる。どんなに障害が重くても回を重ねると表情等に変化が現れるので、繰り返しによる積み重ねを大事にしながらも指導の目標は、年間を通して深まっていくように組み立てる。

［配慮事項］授業前に痰の排出、身体の筋緊張を緩める、姿勢を整える等身体の状態を整える必要がある。特定の音が発作を誘発するケースの場合は、予告してから音を鳴らすなどの配慮が必要である。

［評価］身体の障害が重く、行動で内面の変化を表すことが難しい子どもには、微細な動きや表情の変化をとらえて共感的にかかわり、音楽活動の中で発声や、身体の動き（力が入るなど）、表情、目の動きなどから、音や音楽を感じている様子がある時は、気持ちに寄り添った言葉を返していく。重度重複障害者の成長には、情動の共有を基底とした教師のかかわり方（受容的態度、微細な表出表現も見取る感度、応答性など）が重要であり、その関係性の中でできたことを評価していく。

［指導の実際］歌いかけて発声を待つなど、音のない瞬間（間）を効果的に用いる。器楽活動では自発的動きで鳴らすことだけでなく、教員と一緒に（他動的動きで）鳴らすことも子どもの学びとなる。その際、教員は子どもの表情の変化や体に力が入ってきたことなどから、楽器に意識が向いている時をとらえて援助する。ドローン（持続する低音）やオスティナート（反復する短い旋律）等を用いた曲を導入し、音楽に子どもを合わせるのではなく、子どもの意識が向いたときに鳴らせるよう工夫する。子ども自身の音が生きるように組み立てられると良い。音楽の始まり、終わり、曲調の変化の子どもの受け止め等、教員は複数の目で丁寧に評価する。（関原）

［参］鯨岡峻『原初的コミュニケーションの諸相』ミネルヴァ書房，1997．中田基昭『重症心身障害児の教育方法』東京大学出版会，1984．

個別の指導計画

「個別の指導計画」とは、児童生徒一人ひとりのニーズに応じて、学校における教育課程に基づき、指導目標や指導内容、方法、評価等を示した計画書類の名称である。

平成11（1999）年の学習指導要領で、「自立活動」の指導と重複障害者の指導について「個別の指導計画」の作成が示された。平成21（2009）年の特別支援学校学習指導要領では、各教科等においても「個別の指導計画」を作成することが規定され、特別支援学校ではすべての指導場面において「個別の指導計画」を作成することになった。

児童生徒の実態は発達段階や障害種などによって大きく異なるため、個別の目標や手立て、配慮事項を文書化し明確にしておくことによって、より適切な指導を行うことができるようになる。特に、通常の学級で特別な支援を必要とする子ども達に対しては、有効なツールとなる。

また、「個別の指導計画」の作成により、保護者と思いを共有しながら指導の一貫性や統一性を図ることができるようになる。作成後も、目標に沿って定期的に評価し、修正や書き加えなど「見直し」を行う。

「個別の指導計画」の様式については学校ごとに任されており、単元や学期、学年ごとに目標を記載し、それに基づいた指導を行う。目標やねらいは実現可能なもので、子どもが前向きに取り組むことのできるものでなければならない。記載に当たっては、簡潔に具体的で、肯定的な表現に心掛け、目標は「〜できる」「〜する」と評価可能な表現とし、目標達成できるようにすることが大事である。また、子どもの実態に応じた適切な指導を行うために、日々活用することが重要である。
（関原）

学校行事

[特別支援学校での学校行事] 儀式的行事の始業式、終業式、入学式、卒業式等、文化的行事である文化祭や学習発表会、体育的な行事である運動会等、校外行事である遠足、修学旅行等が実施されている。また、これらの学校行事を近隣の小・中・高等学校や地域との「交流及び共同学習」と位置付けて行っている場合も少なくない。教育課程上、学校行事については「特別活動」の内容に位置付けられるが、事前・事後学習を各教科の内容と関連させたり、教科・領域を合わせた指導としたり、または「総合的な学習の時間」と関連させたりして指導がなされている。

[音楽に関連した学校行事] 文化祭や学習発表会、合唱祭、音楽鑑賞会等が挙げられる。行事の成功を目指して指導計画を作成し、一人ひとりの児童生徒が集団活動における役割を果たしたり、協力したりして、社会性や人間関係をはぐくむこと、達成感や満足感を得ることなども音楽活動が果たす重要な役割である。また計画の中に、ミニ音楽発表会を定期的に計画したり、地域の方々も参加した音楽交流会を開催したりすることも地域交流として望ましい。音楽活動の導入の仕方によって、子どもの行事への目的意識が高まり、楽しい雰囲気に盛り上げることが期待できる。(齋藤)

[学校間交流の実践事例] 学校行事での学校間交流は、障害への理解と同じ社会を生きる人間として支え合って生きていくことの大切さを学ぶ場として意義がある。

具体的な実施に当たっては、両校の担当者が責任をもってねらいや評価を含む計画を立てることになるため、事前に綿密な打ち合わせが必要である。そこでは、子どもができること、得意なこと、興味のあること等とともに配慮事項について共通理解を図る。学校によっては特別支援学校の教員が事前学習として出前授業を行うこともある。障害のない児童生徒が自然に友達を受け入れられるように障害理解教育を行うことも大切である。

年に2～3回や学期に1回程度の直接交流を実施するケースが多く、運動会や学習発表会、遠足などの行事の見学や参加がある。またクラスの子ども達と一緒に、展覧会への作品展示といった間接交流先の会場を訪問したりする活動が行われる。

[特別支援学校(知的障害)小学部低学年での事例] 授業においては、一緒に活動できる音楽の時間に交流を実施するケースが多い。例えば、交流を行う児童がタンブリンに興味をもち始め、友達への意識が芽生え、やさしく手をつなぐことができるようになってきたところで、タンブリンをたたく活動やわらべうたの活動(輪になって友達と手をつなぎ、わらべうたを歌う)を行う。

時には交流前に、教員が本児童の自己紹介カードを持って交流校を訪問し、あらかじめ紹介しておくことで障害への理解と交流への期待感をもってもらえるよう工夫をする。また、自然に友達の輪に入れるように、本児を誘う児童を決めておく。さらに、事前にタンブリンとわらべうたを練習することによって、活動に見通しをもって臨むことができ、当日は初めての場面にもかかわらず、自然に輪に入り、ともに活動することができる。

[特別支援学校(肢体不自由)中学部生徒の事例] 交流校の合唱コンクールに向け、音楽の授業、朝・放課後の練習にも参加した事例がある。生徒は、同年代の友達が真剣に厳しく取り組む姿に刺激を受け、車での移動や家庭でも録音を聴き、練習に励んで臨んだ。同年代の友達と合わせて歌う体験は、在籍校での音楽の時間にも発言、態度などに大きな変化をもたらしたという報告がある。(関原)

特別支援教育における音楽授業の工夫

[認知への方策] 特別支援教育による教育を受けようとする子どもは医療的診断等、何らかの根拠が必要である。当然、個に応じた障害への対応が不可欠で教師は様々な「工夫」が求められる。その「工夫」とは、標準的な授業時数の中で子どもにどのような手立てを計画実施することで、小・中・高等学校学習指導要領の目標の達成、もしくはそれに近い同様な成果を得られるか、という教育方法の具体的な方策である。

その具体的な方策として、①アコモデーション（accommodation）、②モディフィケーション（modification）、といった概念が代表的である。

①障害のある子どもが内容を理解したり与えられた課題に取り組んだりするために、学習環境の整備、ワークシートのフォーマット、支援機器等に変更を加えることを指す。例えば、聴覚障害の子どもに手話通訳をつけること、視覚障害や知的能力に問題はないものの読み書きの能力に著しい困難のあるディスレクシアの子どもには拡大文字のワークシートを準備したり、テキストを読み上げるコンピュータを用いたりすること、運動障害、学習障害の子ども達のテスト時間の延長を行うことなどが考えられる。基本的に教える内容の変更は行わない。一方、②は教えているすべての内容を理解することが難しい子どものために、カリキュラムを変えることを指す。例えば通常の学級で学ぶ、理解がゆっくりしている知的障害のある子どものために、宿題の数を減らしたり、内容を単純化したりすること等、としている。また、子どもの主治医や医療関係者、そして保護者と教育方針について共通認識を図りながら授業を計画し実践することが基本である。

[視覚化による提示と表出支援] いずれにせよ「工夫」の本質は、上記の方策等によって、子どもが学習課題を認知できるようにする手立てから始まる。例えば、知的障害や自閉症等の子どもの場合、認知の特性は視覚情報による処理の方が言語のそれより優位であることは既に定説となっている。そのため写真やイラストなどを教具として利用することがTEACCHプログラムによる構造化（Structured）として推奨されてきた。音楽学習においても歌唱教材の歌詞に描かれている自然の描写について、実際の写真や動画などがイメージを喚起する教具として使用されている。

認知に偏りのある子どもへの音楽教育で特に問題となるのは、リズム、旋律、強弱、速度といった音楽要素の概念の理解に加え、聴いた音楽に対する内部の世界の表出である。すなわち、子どもの内部で起こる、音楽の要素を知覚しそれらの働きを感受する、という思考・判断・表現のプロセスが授業者にみえにくい。そこで例えば、尾崎（2014）は子どもの内部の世界に近いと考えられる、人の表情を描いた絵カードを媒介する表出支援の工夫を提案している。音楽を聴いて子どもが抱いた感情に近い表情を描いた絵カードを子どもに選ばせる。そしてそのカードから抱いた気持ちを思い浮かぶ言葉で表出する。そして最初に聴いた音楽との整合性を確認する。そうすることで聴いた音楽について自分の内部の世界を言葉でどう表現するのか認知する、という研究事例である。この「工夫」は、内部の世界を視覚化することにより、精神的な不調の言語化を苦手とする子どもが自身の気持ちを認識するうえで有効な手立てである。
(尾崎)

[参] 尾崎祐司「『表情カード』を利用した内部世界の表出支援－発達障害のある児童生徒への音楽学習過程－」『学校音楽教育研究』Vol.18, 日本学校音楽教育実践学会, 2014.

支援者の役割

[子どもの支援者]　特別支援教育では子どもの学習と人間形成を保障するために、教員の他に特別支援教育支援員、医療関係者、そして保護者といった様々な支援者がいる。

文部科学省が平成24（2012）年12月5日に報告した調査結果では、小・中学校等の通常の学級に在籍するLD、ADHD及び高機能自閉症等の可能性のある子どもが6.5％程度いるとされている。

通常の学級の教師にとってこれらに該当する子ども達も含め、学級全体に「適切な教育」を行うために、学びをどう保障するかが大きな課題である。各支援者の存在が欠かせないものとなっていることは言うまでもない。

[特別支援教育支援員の確保]　その対応として、文部科学省は平成19（2007）年度に特別支援教育支援員21,000人相当分の約250億円（市町村分）を地方財政措置することを決定した。学級での具体的な役割については、担当する子どもの実態と日々の様子に合わせて担任と共通認識をもつ。

[安心できる学びの場の確保]　特別な支援を必要とする児童生徒には、最も安心して学習できる場が必要である。例えば、支援を必要とする児童生徒が何らかの理由で教室を飛び出してしまった場合、教育支援員が行動を共にすることで、本人だけでなく周囲の児童生徒の安全確保ができる。そして別室でクールダウンさせることもでき、かつ、担任が教室を離れないので、他の児童生徒の学習活動を止めずに済む。

また教育支援員は、支援を必要とする児童生徒が興味をもって活動に参加しようとしているか様子を見守ったり、参加しやすい環境に整えたりする。周囲の児童生徒には、友達としてできる支援や適切な接し方を自分で考え実行できるよう暗示したりする。

[音楽学習での支援]　音楽学習において重要なのは、支援を要する子どもが自己有用感を抱けることと、クラスの児童生徒同士が一人ひとりのよさを認めることである。そのためには一人ではなく仲間と一緒にかかわりあえる教材を用意することが考えられる。例えばわらべうたの《さらわたし》を教材とする場合、拍に合わせて友達に宝を渡すような「遊び」が考えられる。ここでは、特別支援教育支援員は一緒に手を振って拍を意識させ、周りの児童生徒にも広めるといった役割を果たすことができる。また《さんぽ》の場合は、手を取って拍に合わせて一緒に歩くことで拍を意識させるといった役割を果たすことができる。

楽器を扱う場合も、授業者と相談しながら支援を必要とする児童生徒の個に応じた楽器を用意して、個に応じた課題にする。例えば《きらきら星》では、ツリーチャイムを曲の最後に鳴らす。あるいは、拍を感じることができる子には、トライアングルなどのリズム楽器で簡単なリズムパターンを繰り返すなどである。リコーダーを扱う場合も、運指はせずにリズムだけを吹く、単音だけを吹くなどを課題にして、周りの子どもに対象児童生徒への支援を促したり、見守ったりする。

最後に互いに評価し合う場面を設定する。支援を必要とする児童生徒の努力やできるようになったことを周りの児童生徒に発表してもらったり、支援者が代わりに紹介したりする。支援を必要とする児童生徒が認められることが障害理解につながる。（竹内）

[参]　竹田契一・上野一彦・花熊曉監修『S.E.N.S養成セミナー特別支援教育の理論と実践Ⅱ指導』2012, 金剛出版. 小島律子・関西音楽教育実践学研究会『学校における「わらべうた」教育の再創造－理論と実践－』2010, 黎明書房.

メインティーチャー・サブティーチャー

［複数担任制］1学級に1担任制が原則であるが、特別支援学校では障害の重度化・重複化に対応するため、複数担任制をとっている場合が多い。また、知的障害の教育課程や自立活動を主とした教育課程では、教科担任等を配置することなく、複数の教員で授業を担当することが一般的である。

［教員の役割分担と連携］集団を対象とした授業では、チームティーチングによって指導に当たる。その際、メインティーチャー（MT）が集団全体を把握しながら授業を進め、サブティーチャー（ST）がメインティーチャーの意図に沿いながら、子ども達全体や個々の子どもの支援に当たることが多い。

複数の教員は、授業前の打ち合わせ、授業後の振り返りにより共通理解を図って指導に当たることが重要である。授業を組み立てる段階から共通理解を重ねることによって、個々の教員の得意分野を生かした授業展開を可能にし、複数の目で子どもを評価することができ、多面的に子どもの実態をつかむことにつながる。

［指導の実際］授業場面においてサブティーチャーは授業の流れをスムーズにして子どもの集中が途切れないように、教材の入れ替えを行うなどの役割もあるが、子ども達のそばで直接的・間接的にかかわり、集団の授業において個々の目標を達成できるような手立てや支援を行う役割が重要である。具体的には、その授業のねらいに沿って授業全体の流れを意識しながら、言葉かけの質や量ともに吟味しつつ、子どもの理解を助け、集中や意識の喚起を促したりする。子どもを援助する部分、自発的動きを待つ部分などの瞬間的判断と柔軟な対応が求められる。子どもの行動の見本を示す役割から、意識の喚起や励ましなどの心理的援助、子どもの状態を見て心理的安定を図る対応を行うなど、その役割は多様である。

身体に障害がある子ども達の場合は、体を支え、姿勢を安定させること、姿勢の崩れを直すことから、自発的動きが引き出せるように身体的援助をすることも重要な役割である。席の移動や並び方の移動などがある場合は、子ども自身の集中や活動の流れが中断しないように速やかに移動を助けることも必要である。重度な障害があり、表出が微細である場合、気持ちの代弁などの表出拡大のための援助もあるが、思い込みによる解釈にならないように授業後複数の目で振り返りを行い、客観性を高めることが重要である。サブティーチャーは、自分の存在や働きかけが子どもの学習活動にどのような意味があるのか、常に問い続ける必要がある。

［外部専門家による見解の反映］特別支援学校学習指導要領では、複数の種類の障害を合わせ有する児童生徒に対し、専門的な知識や技能を有する教師間の協力や、必要に応じて専門家の指導・助言を求め、学習効果を高めるようにすることが明記されている。特別支援学校では、児童生徒の障害の重度化・重複化、多様化とあいまって、外部専門家として理学療法士（PT）、作業療法士（OT）、言語聴覚士（ST）、臨床心理士、視能訓練士等の配置が進んでいる。理学療法士には体及び姿勢面での配慮や取り組み、作業療法士には上肢の操作や適切な援助、楽器操作の工夫など、言語聴覚士には発達段階と認知の特性について、それぞれの専門分野の見解をもとに、メインティーチャー、サブティーチャーにかかわらず共通理解を図る。そして教育的見地から総合的に判断して指導内容に反映させ、個々の課題に応じた教材・教具や働きかけなどの工夫を行うことが求められる。（関原）

特別支援教育における音楽の生かし方

[学校における音楽の活用] 小学校音楽科の各学年の目標に「音楽経験を生かして生活を明るく潤いのあるものにしようとする態度を養う」とあるように、音楽を通して毎日の生活を明るく豊かなものにしていくことは重要なことである。特別な教育的ニーズのある児童生徒にとっても同様である。

音楽は、教育活動の様々な場面で活用されているが、特に学校行事や集会活動、毎日の学級活動においても活用され、音楽の時間においても生活を明るく豊かなものにする態度と習慣を育てる指導がなされている。学校行事では、儀式的行事、体育的な行事、校外行事でも音楽が活用され、文化祭や学習発表会、合唱祭、音楽鑑賞会などでは、音楽を中心とした教育活動が展開されている。集会活動、毎日の学級活動などにおいても、「今月のうた」「今週のうた」「合唱集会」「合奏集会」など、音楽活動が活用されている。

[特別な教育的ニーズのある子どもの音楽活動] 特別な教育的ニーズのある児童生徒の実態は、生育歴や教育歴、生活年齢、障害の状況、集団の大きさ、季節、興味・関心などによって一人ひとり大きく異なる。また音楽活動においても、それぞれ受け止めることのできる音や音楽が個々によって異なり、表現活動も個性的であったり、微細な反応であったりするために、適切な支援がなされていないこともある。それだけに音楽を活用する際には、十分な実態把握と反応の見取り、適切な音楽の提供について配慮が必要である。

[音楽の特性を活用する視点] さらに、特別な教育的ニーズのある児童生徒の音楽の活用という点では、「音楽の特性を活用する視点」を重視した取り組みが必要となる。つまり、特別支援学校の教育内容として示されている領域としての「自立活動」の指導と関連をもって指導を展開していくことである。視覚障害児の指導では、白杖を使った歩行訓練や点字指導、感覚訓練、拡大鏡などの使用などである。聴覚障害児の指導では、聴能訓練、言葉や発音の指導、口話や手話の指導などである。肢体不自由児の指導では、機能訓練、動作や言葉、日常生活動作の指導などである。病弱児の指導では、養護、病気に関する指導や心理面での指導などがある。その点では、知的障害を改善・克服するための指導は、知的な活動全般の指導であり、より充実した社会生活を営むなかで全般的な発達を促す指導ということになる。

これまでも、視覚障害児の指導における感覚訓練、聴覚障害児の指導での聴能訓練、言葉や発音の指導、口話や手話の指導などにおいて音楽活動が活用されてきた。聴覚障害や言語障害のある児童生徒に聴覚活用を図ったり、呼気を活発化したりするために、吹奏楽の指導を行ったりすることもある。肢体不自由児や病弱児、自閉症児、知的障害児などでは、「情緒の安定を図る」「聴きとめる、聴き分ける力を付ける」「全身をリズミカルに動かし、表現する力を育てる」「手指の機能を高める」「音声言語を導き出す」「集団参加や協力の態度を養う」などを音楽活動として行っている。また音楽を活用し、情緒の安定、集中力の育成、聞き分けや発声・発音の指導、身体反応の向上、集団参加や人間関係の調整、手指機能の向上などを行う場合もある。

重度重複障害児は、すべての感覚や様々な身体部位で外界を感じ、何らかの微細な反応によって、自分を表現しようとしている。そして、音楽を通して周りの人々とのかかわりをもてるように働きかけ、その反応や表現を受け止め、認め、もう一度返していくことが行われている。(齋藤)

TEACCH (Treatment and Education of Autistic and Communication-handicapped Children)

［定義と目的］TEACCH（ティーチ）とは，アメリカのノースカロライナ州でノースカロライナ大学医学部精神科のショプラー（Schopler, E.）らが研究開発してきた，自閉症児・者とその家族を支援するための包括的プログラムの名称である。研究開発の目的は自閉症児・者が社会の中で有意義に暮らし，できるだけ自立した行動ができるようなサービスを提供することである。自閉症児・者は想像力の障害によって視覚化できない物事の認知に困難がある。そのため，見えないものの概念を見えるようにすることで，今自分に何が期待されているのか分かるように提示する「構造化」（structured）するサービスの方法などが開発されてきた。

［経緯］1950年代まで自閉症は親の養育態度による心理的要因だと考えられていた。1971（昭和46）年にショプラーはライクラー（Reichler, R.J.）とともに，自閉症の原因が親の精神病理ではなく子どもの脳障害にあると，研究早期に心因論を否定する提言をした。このことは保護者への医学的論拠のない非難を払拭する上で大きな役割を果たしてきた。現在では，ノースカロライナ大学を基盤に自閉症児・者とその家族の援助，自閉症の研究，自閉症にかかわるスタッフへの教育がこのプログラムによって供給されている。

［学校での導入］我が国では学校教育においてもTEACCHの理念を導入した実践が試みられてきた。主に導入されている理念は先にも述べた「構造化」である。「構造化」には「物理的構造化」と「時間の構造化」がある。前者は自分の周囲の意味が理解できるよう，何を行う場所なのか空間の使用目的を視覚的に明確化する配慮である。例えば，トイレの入り口にある男女のマークが代表的である。近年では音楽室の出入口にグランドピアノのイラスト，体育館にはバスケットボールのゴール等のイラスト，といった教室内の備品をプレートで掲示する事例が見受けられるようになった。その他，教室内では多目的に使用される教室を，「着替え」「片付け」「読書」「勉強」など目的別のエリアに間仕切る事例がある。一方，「時間の構造化」は「スケジュールの構造化」とも言われ，見通しがもてるよう時間の展開をカードや写真で提示する方法である。黒板に時間割の枠を設け，当番の子どもの名前や各教科名のカード，及び特別教室名を張りつける方法が思い浮かぶであろう。

［授業での導入方法］音楽科の授業で構造化の理念は，音楽の雰囲気など内容の側面に関する思考活動に困難があり，集中力が続きにくい多動傾向の子どもに有効な方法である。具体的には活動内容の大枠を時系列で提示する方法がある。例えば，①季節のうた，②動く活動，③楽器，④鑑賞というような授業展開のパターン化である。この展開の中で教材曲や，扱う楽器をたたく楽器，こする楽器などと入れ替えていく方法である。また，うたの歌詞に現れる大型の動物などの模型をつくってみることも効果がある。例えば《ぷっかりくじら》（高木あきこ作詞・長谷部匡俊作曲）では，くじらの形をかたどった段ボールに脱脂綿を張りつける教具が考えられる。くじらの雲が「見える」だけでなく，ふわふわした様子を触覚を通して想像することができる。子どもの興味と能力を考慮した教具の開発が求められる。（尾崎）

［参］内山登紀夫「TEACCHの考え方」佐々木正美編『自閉症のTEACCH実践』，岩崎学術出版社，2002．梅永雄二編『「構造化」による自閉症の人たちへの支援』，教育出版，2008．

音楽療法の手法

[音楽療法] 音楽療法とは「音楽の持つ生理的、心理的、社会的働きを用いて心身の障害の回復、機能の維持改善、生活の質の向上、行動の変容などに向けて、音楽を意図的、計画的に使用すること」(日本音楽療法学会)である。医療現場における音楽療法は、医学的根拠に基づき病院スタッフがチームを組んで行う。治療目標と計画があり、治療の結果を評価し、終結する。一般に音楽教育は音楽そのものを教え、音楽療法は音楽の機能を用いて対象者に働きかけるとされる。しかし、音楽療法は対象者に合わせて意図的に働きかけ、その変容を促すものであるため対象者によっては教育的な側面をもつ場合もある。

[「自立活動」との関連] そのため音楽療法の手法は「自立活動」6区分の「心理的な安定」や「コミュニケーション」などと一部目的が共通する。しかし、学校教育で行われる活動はあくまでもその「手法の導入」であって、アメリカのように医師の処方に基づいた「療法」ではない。我が国ではこの点が曖昧で、音楽活動の対象が障害者であれば「音楽療法」と呼ぶ実践も存在するため誤解がある。

[呼びかけ技法] 毎時間同じメロディーであいさつしたり、子どもの名前を繰り返し歌ったりする手法である。子どもに「はじめよう〜」「また来週〜」のように歌いかける始まりのうた、終わりのうた、そして「〜しましょう」と活動に誘ううたは、言葉だけで行うと指示命令になりやすいのに比べ、子どもに活動への見通しをもたせやすく、安心感を与える。

[背景音楽] 活動を促進し、活動の楽しい雰囲気をつくるために音楽を流す手法である。用いる音楽は子どもの活動を妨げないように、あまり変化がない静かなシンプルなもので、心地よいものが望ましいとされている。

[同質技法] 子どもの気持ちや動き等に寄り添った同質の音楽を提供していく手法である。これは、アルトシューラー(Altshuler, I, M)が提唱した、悲しい時は悲しい曲を聴くというように同じ気分の音楽を提供することで、その感情を軽減することができるという「同質の原理(Isoprinciple)」を広げた手法である。この手法には、問題行動の背後にある情動や欲求を読み取り、内面をとらえた音楽を提供して発散させ、徐々に肯定的な感情に導くという使い方もある。例えば、落ち着かず打楽器を力ませにたたく子どもの音に合わせて、エネルギッシュな諸民族の音楽を用いた演奏で働きかけて発散させ、徐々に緩やかなテンポに導いていくなどである。

[未解決技法] 属和音は主和音に向かう性質があるが、このような音楽の性質を用いて、対象者に解決へ向かう内的欲求が生まれることを利用する手法である。例えば文部省唱歌《うみ》で、「海は広いな、大きいな〜」で歌を止める。子どもが発声したら「行ってみたいな…」と続きを歌っていく。これは、あえて未解決の部分を設けることで、子ども自身に解決させる機会をつくる手法とも考えられる。その子どもの声や音なくしては曲が進行、完結しないため、子ども自身が必要とされ、達成感を得る経験へつなげていくことができる。

[音楽療法の手法の教育への応用] 音楽療法では、子どもの心に寄り添う、共感するという姿勢や、子どもとセラピストがともに歩み、ともに成長するという考え方を大切にする。教育現場では音楽療法の手法を単純にコピーして用いるのではなく、この考え方を理解して導入することが大切である。(関原)

[参] 松井紀和編『音楽療法の実際』牧野出版, 1995. 若尾裕・岡崎香奈『音楽療法のための即興演奏ハンドブック』音楽之友社, 1997.

特別支援教育における身体表現

[身体表現の観点] 小・中学校の音楽科の内容は学年によって表現及び鑑賞の観点で示されているが、特別支援学校（知的障害）小学部の「音楽」の1段階は「音楽遊び」、2・3段階、中学部では、「歌唱」「器楽」「音楽づくり」「身体表現」「鑑賞」の活動で示されている。この五つの活動の一つに「身体表現」がある。小学部の指導事項には、1段階「音や音楽を感じて体を動かす技能」、2段階「簡単なリズムの特徴を感じ取り、体を動かすことについて思いをもつこと」、3段階「簡単なリズムや旋律の特徴、歌詞を感じ取り、体を動かすことについて思いをもつこと」、と体の動きを通じて内部の世界を表出するための知識や技能等を身に付けられるよう示されている。中学部も同様である。

[身体表現の活動] 乳幼児期に大人の動作や言葉などの働きかけに応じて同調する動作や模倣動作が現れ、幼児期には、日常的な場面でわらべうたで遊んだり、手遊びうたや童謡等に合わせて動作したりすることなどが考えられる。特別な教育的ニーズのある子どもにおいても同様で、教師や友達への同調や模倣から、うたに合わせて動作すること、動物や乗り物、自然のあるものをイメージして動くことなどの身体表現がなされている。

身体表現においては、動作を模倣したり、教師や友達の動きに同調したりしながら、リズムを共有し、楽しむことができるようになる。さらに、リズムに合わせて動作したり、友達の動きに合わせて動作したり、また、自分の活動を修正したりできるようになる。

リズムや友達の動きに合わせたり、自分の動作を修正したりできるようになると、速い遅いや長い短い、高い低い、前や後ろ、はねる止まる、などの変化や様々なリズムパターンなどが分かり、動作として反応できるようになる。つまり、リズム運動やリズム反応などの活動ができるようになる。

また、身の回りにあるものや絵本や映像、実際に見たり聞いたり体験したりしたものと言葉が結び付き、そこになくともイメージしたり、ごっこ遊びができたりすると、様々な身体表現が可能となる。歌詞の意味に合わせて動作したり、イメージしたものを体の動きで表現したりすることである。そして、もっとこうしよう、ああしたらいいかなと思考することで創造的な表現が可能となる。こうしなくてはならないということより、自分で思ったように、考えたように動作で表現することが重要である。

様々な表現ができるようになると、うれしい、悲しい、怒っている、寂しいなどの感情を表現できるようになっていく。あるいは、そういった感情のふりをすることができるようになる。そうなると、自分の感情を解放することができ、自然に体を動かしたくなり、さらに言葉と結び付いて新たなイメージを呼び覚ますことができるようになる。

[身体表現の機能] 身体表現は、一緒に行う友達との交流感や人間関係、言葉によらないコミュニケーションを育ててくれる。集団による一体感や満足感なども感じることができる。さらに音楽を聴いて身体表現することによって、動作と一体となって音楽をより深く聴くこともできる。大人からの働きかけに応答した身体表現、音楽に合わせた動作での身体表現、音楽や歌詞などから自分のイメージに沿った身体表現など、身体表現は、音楽や運動、社会性、心理面など、幅広い側面と機能をもっている。（齋藤）

教材の工夫

[教材] 教育の目標や内容に沿って児童生徒が学習活動を行うための学習の材料であり、内容を伝えるための媒体でもある。教材を具体的に手段化したものが教具であるが、教材と教具を区別しないで教材・教具として使用する場合が多い。「音楽」の授業には教科書を使用しなくてはならないが、教科書は楽曲を中心とした教材集ともいえるものである。知的障害者教育においては、対象となる児童生徒の障害の状態、発達段階、生活年齢を考慮して、当該の教育の内容を含む適切な教材を選択することが必要となる。例えば、障害の重い子どもには、気持ちよく身体を揺するための楽曲、動ける子どもには歩いたりスキップしたりする楽曲、簡単な楽器演奏ができる曲、身体表現を伴う歌曲などを探し出すことが必要である。日常生活の動作や話し言葉、テレビ等で流れている映像や音楽など、児童生徒の興味・関心や生活に関する幅広い範囲で教材が存在し、実態に合った教材とするためには、様々な工夫が必要である。

[様々な教材] 障害の重い子ども達には感覚に訴える教材、「自立活動」と関連して障害の軽減や改善につながる教材、発語のない子どもの自己表現を活発化し高めるような教材、イメージを広げ理解や認識を深める教材、多くの人々と交流でき経験を拡大することができるような教材、生活を豊かにすることができる教材、文化性の高い教材など、音楽活動の目標が達成でき、内容を身に付けることができるような教材を選択する必要がある。そのためには、対象となる児童生徒の実態を的確に把握し、適切な目標を設定することが必要であり、それに見合った教材となるように分析・検討することが重要となる。

[教材研究] 教材を分析・検討すること、つまり教材研究が重要となるが、「音楽」の授業においては、まず楽曲の音楽的特徴や構成について把握することが重要となる。具体的には、題名、曲想や歌詞の内容、楽曲の構成や長さ、拍子、調性、発想記号、音域、テンポ、強弱、リズムの複雑性、旋律とフレーズ、和声や音の重なりを把握しておくことが必要である。次に、楽曲についての背景となること、作曲者や作詞者、時代背景や社会の状況、文化的な価値、様々な表現方法のバリエーション、生活とのかかわり、他の学習内容との関連などを把握しておく必要がある。

さらに、対象となる児童生徒の障害の状態や発達段階などに応じて、テンポ設定や緩急、フレージングとブレスの位置、強弱のダイナミクス、音の長さ、発声・発語、音色や楽器の構成など、鑑賞や表現の多様性と工夫の余地について検討する必要がある。

そして何よりも、障害児の実態からその楽曲でどのようなことを目標とし、どのような内容を学習することができるのか、またその楽曲を学習することによって他の学習場面でどのように生かすことができるのか、どのように生活を豊かにし、広げることができるか、さらには、障害の軽減や改善につなげていくことができるのかについても検討する必要がある。

[障害に応じた教材の工夫] 視覚や聴覚、身体の動き等に障害がある場合は、使える感覚や機能を十分に生かし、知的発達の遅れがある場合は、障害の状態や生活年齢に応じた目標と内容の設定、教材の選択と工夫、授業の展開や教材・教具の工夫が望まれる。場合によっては、編曲や替え歌などを積極的に行う必要がある。適切な教材が見つからない場合には、楽曲を自作することも必要となる。そのためには、教員自身が発想を広げ、創造性を発揮することが重要である。(齋藤)

特別支援教育の教科書

［教科書の種類］視覚障害者用の点訳教科書、聴覚障害者用の言葉の指導と音楽の教科書、知的障害者用の国語、算数・数学、音楽の教科書がある。特に知的障害者用の教科書は、小学部3段階☆〜☆☆☆、中学部1段階☆☆☆☆の教科書が作成されている（通称「☆本(ほし)」と言われている）。また、検定教科書等を使用することが適当でない場合は、下学年使用の教科書や絵本などの一般図書を使用することができる（学校教育法附則第9条）。知的障害者用の音楽科教科書は昭和39（1964）年に作成され、その後、学習指導要領の改訂に伴い、昭和60（1985）年、平成7（1995）年、平成13（2001）年、平成23（2011）年に改訂されてきた。改訂の主な主旨は子どもの実態や時代のニーズにあわせた掲載曲、および内容の見直しである。

［☆本］特別支援学校（知的障害）用の音楽科教科書（☆本）の特徴は、主に楽曲（61〜104曲前後）と挿絵で構成されているところにある。教科書以外に、教科書の使い方について、小学部用として『おんがく☆　おんがく☆☆　おんがく☆☆☆教科書解説』、中学部用として『音楽☆☆☆☆教科書解説』がある。さらに、「おんがく☆」〜「音楽☆☆☆☆」ごとに、各楽曲の伴奏楽譜をまとめた『教科書解説（伴奏編）』が用意されている。

学習指導要領の改訂に合わせて、教科書の一部が改訂されるが、その際には、児童の興味・関心のあること、情操を豊かにすること、情緒の安定を図ること、身体表現を活発にすること、自己表現活動ができること、創造的な音楽活動ができることなどを考慮し、新たな教材を選定している。

平成23（2011）年の改訂では、〈うたっておどって〉〈ひょうげんしよう〉〈物語と音楽〉など、身体表現や自己表現活動、創造的な音楽活動などを考慮した題材がまとめて示されるようになった。そして、特別支援学校において多く使用されている曲や多様な児童が親しみをもてる曲を取り入れ、楽器をより多く扱えるようにするとともに、さし絵は児童が興味・関心をもち、より学習意欲が高まるように改められている。また小・中学校音楽科の教科書からは、歌唱教材と鑑賞教材について、児童生徒の実態に合わせ必要な曲を取り扱うようにしている。

［教科書解説］小学部用と中学部用に教科書解説がある。知的障害児教育における音楽教育の意義、①音楽科の目標と直結する視点と、②音楽の特性を活用する視点を重視すること、重度・重複障害児の理解と指導上の配慮点などが記載されている。さらに、各☆本に掲載された教材や楽曲一つひとつについて、指導のねらい、教材選択の留意点、具体的な指導の展開方法、指導上の留意点などが示されている。教材選択や指導計画を作成する際には参考となるものである。

［教科書の使い方］特別支援教育における授業においては、対象となる児童生徒の実態を把握し、その実態に合った教育内容や方法が選択されなければならない。そして、その内容を含む適切な教材・教具を選択することが必要となる。一般的には、各学年に応じた教科書が採択され、年度の計画の中で、その時季の内容に見合った適切な教材・教具が選択され、授業が行われる。教科書は、教育課程の構成に応じて組織配列された教育の主たる教材である。各教科で検定教科書または文部科学省著作教科書がある場合は、原則として、必ずこれらの教科書を使用しなくてはならない。（齋藤）

楽器の使い方

［小中学校で扱う楽器］小学校学習指導要領における音楽の「指導計画の作成と内容の取扱い」には、各学年で取り上げる打楽器として木琴、鉄琴、和楽器、それに諸外国に伝わる様々な楽器を含めて選択することとある。第1・2学年では様々な打楽器、オルガン、ハーモニカなどから、第3・4学年ではリコーダーや鍵盤楽器などから、第5・6学年では電子楽器、和楽器、諸外国に伝わる楽器などから選択することとある。中学校学習指導要領における音楽の「指導計画の作成と内容の取扱い」には、指導上の必要に応じて和楽器、弦楽器、管楽器、打楽器、鍵盤楽器、電子楽器及び世界の諸民族の楽器を適宜用いることとある。

［特別支援学校（知的障害）で扱う楽器］小学部の指導事項には、1段階「音や音楽を感じて楽器の音を出す技能」、2段階「身近な打楽器などに親しみ音を出そうとする思いをもつこと」、3段階「器楽表現に対する思いをもつこと」、とある。また中学部では、1段階「曲の雰囲気に合いそうな表現を工夫し、器楽表現に対する思いや意図をもつこと」、2段階「曲想にふさわしい表現を工夫し、器楽表現に対する思いや意図をもつこと」、とある。これらについて拍やリズム及び音色など音楽を特徴付けている要素を関連させながら、器楽表現に対する思いをもてるよう指導する。

各段階で取り上げる楽器は小学校や中学校と同じである。しかし、小学部では「身近な打楽器や旋律楽器」と示されている様に、子供が関心を示すイラストが描かれたおもちゃの楽器も音を感じるうえで有効である。小型の太鼓類や手でもって振るおもちゃ、吹いてならすおもちゃなどがある。手作り楽器もいろいろなものがある。打楽器では、カスタネット、タンバリン、ウッドブロック、大・中・小太鼓、コンガ、トライアングルなど幅広い。振って音を出す鈴、マラカスなどもある。こすって音を出すギロやツリーチャイムなどもある。打楽器だが旋律を演奏できる、木琴、鉄琴などがある。一音ずつ打ったり振ったりするハンドベル、トーンチャイム、サウンドブロックなどもある。手拍子やボディパーカッションも活用できる。鍵盤楽器としては、ピアノ、オルガン、キーボード、鍵盤付ハーモニカなどがある。撥弦楽器としては、ギター、ハープ、三味線などがある。吹く楽器としては、ハーモニカ、リコーダーなどが使われることが多い。

［楽器を使うときの配慮］楽器は演奏することで、言葉にできない自分の内面の表現を可能としてくれる。そのため、合奏などの活動には、異なる楽器の音を聴きあうだけではなく、人間関係や交流感を育てることもできる。そのためにも障害のある子どもの前で楽器の範奏をする場合は、視覚的によく見せながら、きれいな音を聴かせ、演奏してみたい、触ってみたいと思えるよう動機付けることが重要である。また、聴覚過敏な子どもたちが耳をふさぐことがないよう、音の出し方や聴こえ方に配慮しなくてはならない。大きな音よりも小さな音、静かな音、弱い音の奏法をまず示しておくこと配慮につながる。

実際の演奏活動では、非常に簡単なものから曲の一部で音を鳴らす、交互にやりとりする。次第に複雑な演奏の仕方に発展するなどスモールステップが効果的である。また、教師の指示が聞けるよう、音を出さない場面の約束や音が出ないようにミュートする方法を教えておくことも必要である。（齋藤）

自作教材

音楽の指導であれば、たくさんの楽曲が教材となり、たくさんの楽器類が教材・教具となる。しかし、特別な教育的ニーズのある児童生徒の障害や発達段階に合ったものとは限らない。対象となる児童生徒にとって、興味・関心があるものか、得意なものか苦手なものか、学習課題に適したものかなどについて吟味しなくてはならない。適したものがないときは、編曲や自作が必要となる。

楽器類などは、児童生徒と一緒につくることも有効である。自分でつくった楽器類は愛着をもつため大切にし、かつ意欲的に活動することが期待できる。マラカスやギロ、ホイッスル、拍子木、木琴、太鼓類などは日常にある容器や端材などからつくっても楽しい。

教材曲も教科書に掲載されているものだけではなく、テレビ番組等で使われている子どもが興味を示す曲やポピュラーソングなども教材になる。しかしそのまま使うことは難しく、何らかの編曲や替え歌などが必要なことが多い。

また、指導のねらいや学習内容、生活との関連等を考えたときに既成曲が使えないこともある。そこで、楽曲を自作することがよく行われている。例えば、おはようのうたやさようならのうた、給食のうた、自己紹介のうた、遊びうた、遠足や宿泊学習などの行事のうた、おいもほりのうた、散歩のうたなどが自作されている。歩いたり、走ったり、スキップしたり、動物の動きをまねしたりするリズム運動に適した曲を自作することもある。

さらに、曲想を視覚的に表すことのできる絵カード、歌詞を分かりやすく示すための歌詞カード、歌詞に出てくる物や人、動物、乗り物、花などのペープサート、エプロンシアターなども効果的である。人形やぬいぐるみなどの登場や使用も有効である。（齋藤）

音楽遊び

幼稚園教育は、遊びを中心として、「健康、人間関係、環境、言葉及び表現」のねらいを総合的に達成することを重視しているが、知的に未分化な段階にある特別な教育的ニーズのある児童においても、教育内容が総合的に含まれている学習活動として、「遊び」を教育課程に位置付けている。

しかし知的障害児の特性として、経験が少なく、遊びへのエネルギーも豊かとはいえず、活動と思考がいつも活発に行われるとは限らない。その点で、音や音楽を素材にした、または媒介とした遊びは、心身を解放し、情緒の安定を図ることができ、自発的に行動を起こそうとする意欲などを高めてくれる。また、教師や友達と同じ場所で一緒に遊ぶ中で、友達を模倣したり、友達に働きかけたり、人間関係や社会性の基礎、言葉の理解や表出、体の感覚や運動機能、表象的な能力を培うことができる。

特別支援学校（知的障害）小学部の1段階における内容は、音楽遊びの観点で示されている。その内容は、「自分なりに表そうとすること」「表現する音や音楽に気付くこと」「自分なりの楽しさを見付けようとすること」などが挙げられている。「おんがく☆」（文部科学省著作教科書）に掲載されている音楽遊びの楽曲をまとめて示した題材名には、〈おととあそぼう〉〈むかいあってたのしく〉〈てあそびしよう〉〈みんななかよく〉〈どうぶつになって〉〈うたっておどって〉〈がっきをならそう〉〈わらべうた〉などがある。教材としての楽曲も、幼児向けの遊びうたやわらべうた、自作や即興の遊びうたもたくさん掲載されている。また、楽器を使った遊びや手遊び、集団での遊びなどもあり、音楽遊びには様々な展開が可能である。（齋藤）

第 10 章

教員養成と教師教育

教員の資質・能力

教員の資質・能力

[教員としての資質能力] 教員としての資質能力とは、児童生徒を対象とした学校教育において、指導内容や言葉等を媒介として彼らの学力を育成し人間的成長を助成できる力で、後天的に育成できるものをいう。

昭和62（1987）年の「教育職員養成審議会」の答申と、平成22（2010）年度から教職課程の科目として必修となった「教職実践演習」が示している教員の資質能力には共通性がある。それは、次のように整理される。

①教育者としての使命感・責任感・教育的愛情、②幼児児童生徒理解と人間の成長・発達に関する理解、③社会性や対人関係能力、④教科等の専門的知識と指導力、⑤豊かな教養、⑥これらを基盤とした実践的指導力。

[現代の学校教育の課題] 学校を取り巻く社会の急激な変化として、グローバル化の進展、高度情報化の進展、少子・高齢化の進展、環境問題の生起等があり、学校現場の課題は複雑化・多様化している。それに伴い学校教育に対応が求められる課題には、次の点が挙げられる。

①児童生徒の学力保障。変化の時代を生きる児童生徒に学力の3要素としての知識・技能、思考力・判断力・表現力、学ぶ意欲の他、21世紀型能力として、教科等を横断して育成する認知的・社会的・情意的な汎用的コンピテンシーを育成することが求められる。

②規範意識の醸成。グローバル化の中で児童生徒に国際社会・地域社会の一員としての規範意識を醸成していく教育が求められる。

③新しい教科や課題をもった児童生徒等への対応。小学校における英語の教科化、道徳の特別教科化、特別な支援を必要とする児童生徒の増加、いじめ・不登校・暴力等、児童生徒の生徒指導上の問題への対応、及びICTを活用した教育等への対応が求められる。

④学校の規模縮小・教員構成のアンバランスへの対応。児童生徒数の減少に伴い、学校の規模縮小や教員数・年齢構成等にアンバランスが生じ、これに対応するために学校組織として教育力を確保することが求められる。

[21世紀に求められる教員の資質能力] 21世紀のこれからの学校教育においては、上記のような新しい課題にも対応していかなければならない。そこで、これまで言われてきた資質能力に、21世紀の教員に求められる資質能力を加えるなら、以下のものになると考えられる。

①教育者としての人間性。これは、教育に対する使命感や愛情、複雑かつ多様な課題に意欲的に対応しようとする態度、豊かな教養をいう。

②教科等の実践的指導力。これは、学問的な深い知識・理解に基づく教職や教科に関する専門性を基盤にし、児童生徒に知識・技能や思考力・判断力・表現力、及び学ぶ意欲を育成できる能力、知識・技能を活用する学習や問題解決学習、協働的な学びなどをデザインし指導できる能力をいう。

③生徒指導力。これは、児童生徒に規範意識を醸成する指導力、いじめや不登校等生徒指導上の問題や特別支援を要する児童生徒、及び外国人に対する指導力をいう。

④協働力。これは、学校組織として同僚と共同し課題に対応していこうとする時に必要なコミュニケーション力及び同僚とチームで対応する力をいう。

⑤省察力。これは、必要な知識・技能を反省・省察し再構成する能力をいう。この能力は、教育に関することだけでなくこれまでに獲得したあらゆる知識や経験を、課題解決の過程で反省・省察し再構成していくことで育成されるもので、「学び続ける教員」に求められる能力となる。（西園）

教材開発力

[教材開発力] 教材とは授業において子ども自身が探究したいと注意を向ける学習の材料になるものである。音楽の授業では、音や音楽と相互作用する中で、探究したいと子ども自身が注意を向ける学習の材料になるものを指す。教材は子どもが直接に相互作用する環境に組み込まれている必要がある。教材との相互作用を通して、音楽科では知覚・感受の能力が育成され、知識・技能を獲得していく。

では教材を開発するとはどういうことか。一つは教材を教科内容の観点から分析し、指導内容を導出することである。例えば《八木節》を教材曲とした場合、《八木節》という民謡を教科内容の観点からとらえ直し、《八木節》を教材にして何を教えることができるのか、検討することである。もう一つは、教材との相互作用を通して子どもたちはどのような能力を身に付けていくことができるのか、すなわち音楽科の学力育成の観点から教材について検討することである。

以上より、教材開発力とは、教材を教科内容の観点からとらえ直し、教材と子どもとの相互作用を通した音楽科の学力育成という観点から教材を開発する力のことをいう。このような教材開発力は教師に必要とされる資質・能力の一つとなる。

[教材開発の視点] 教材開発のためには以下の3点が求められる。

1点目は教科内容の観点から教材をとらえ直すことである。音楽科の教科内容構成の4側面（形式的側面・内容的側面・技能的側面・文化的側面）から教材を分析し、指導内容を導出することが求められる。例えば平成18（2006）年の教育基本法改正により、自国の文化に対する見方を学校教育で育てることが求められるようになった。それに伴い、音楽科においても郷土の芸能や日本の伝統的な音楽を学習の対象とし、教材としての可能性を探り、教育実践の観点から伝統音楽の教材開発を行っていくことが求められている。そのため、地域の芸能やわらべうた、民謡などが音楽科の教材としてとらえ直され、わらべうたや民謡などを通して何を教えることができるのかという観点から見直しが図られている。

2点目は子どもの音楽的発達の特性を考慮することである。例えば表現媒体が未分化な段階という低学年の発達特性を生かし、擬音語そのものを表現の材料とした総合的な表現の開発がある。「つぽっつぽっぱちゃん」という擬音語のリズムパターンを唱え、それに合う動きを付けて「雨のお散歩」というテーマで言葉の響き・リズム・身体の動きを同調させた表現活動へと発展させるものである。擬音語に子どもの総合的な表現を引き出す教材としての可能性を見いだすことができる。

3点目は音楽科の学力育成という観点から教材をとらえ直すことである。子どもが直接教材と相互作用することを通して、音楽科の学力は育成される。例えば図形楽譜づくりは鑑賞授業において知覚・感受したことを可視化することができ、それにより音楽への質的なかかわりを活性化させることができる。また図形をつくる時に言語だけでなく、色や形を用いることから共感的なコミュニケーションが成立する。このことから図形楽譜づくりという教材は知覚・感受力や鑑賞の能力といった音楽科の学力を他者との協同的な学びを通して育成できる教材であるといえる。

なお、開発した教材については、音楽科の学習指導要領で示されている構造や内容にいかに対応しているか検討を加えておく必要がある。（清村）

[参] 小島律子編著『子どもが活動する新しい鑑賞授業』音楽之友社，2011.

実践的指導力

［意義］教育を語る中で「実践的指導力」という語は頻繁にたやすく使われる。しかしこの語の意味は、単なる指導力や、熟達した指導力を表すものではない。実践的指導力とは、教育にかかわる諸理論に裏付けられた、子どもの学力を確実に保証していくことのできる指導力であり、教員として求められる資質能力として発揮されるものである。

［教員の資質能力としての実践的指導力］教育行政レベルにおいてこの語が初めて提示されたのは、昭和62（1987）年の教育職員養成審議会による「教員の資質能力向上方策等について」（答申）である。そこでは、実践的指導力の基盤となる資質能力として、教育者としての使命感、人間の成長・発達についての深い理解、幼児・児童・生徒に対する教育的愛情、教科等に関する専門的知識、広く豊かな教養、の五つを挙げている。以後、総合的な人間力、コミュニケーション能力等も加わるが、これらはその後の答申等でも一貫して提言されているように、教員に求められる資質能力として不易なものである。

一方、平成24（2012）年の中央教育審議会が出した「教職生活の全体を通じた教員の資質能力の総合的な向上方策について」（答申）では、「新たな学びを展開できる実践的指導力」として「基礎的・基本的な知識・技能の習得に加えて思考力・判断力・表現力等を育成するため、知識・技能を活用する学習活動や課題探究型の学習、協働的な学びなどをデザインできる指導力」が提言された。

さらに平成27（2015）年の中央教育審議会による「これからの学校教育を担う教員の資質能力の向上について〜学び合い、高め合う教員養成コミュニティの構築に向けて〜」（答申）では、常に探究心や学び続ける意識をもち、その時々の状況に応じた適切な学びを提供できる力や、アクティブ・ラーニング、ICT活用等、新たな課題に対応した指導力も求めている。これらは、時代に対応して求められる資質能力である。

［音楽科教員に求められる実践的指導力］音楽という教科を教える教員にとって求められる実践的指導力とは何か。まずその基盤となる普遍的な資質能力として、使命感や教育的愛情、音楽科に関する専門的知識等とともに、教員自らも音楽の表現者として、それに必要な知識や技能を有していなければならない。このことは、教員免許状取得において、教育職員免許法が定める「教科に関する科目」を修得しなければならないことにも表れている。

それらと、新たな課題に対応した指導力とを基盤にした音楽科における実践的指導力とはいかなるものか。日本学校音楽教育実践学会では第20回全国大会（平成27（2015）年）において、実践的指導力を「学習指導要領をその背後にある理論的な考え方を踏まえて理解し、その内容を反映した音楽科の単元を構成し、学習として展開し、評価できる能力」としてとらえた。このとらえが含んでいる意味は、音楽科の理念や教科内容を的確に理解し、それを実現する授業をデザインし、求める学力を適切に育成する指導方法と、育成した学力を確実に評価できる力であると言える。それは単に合唱指導や鑑賞指導がうまいという意味とは異なる。

学校教育として音楽を教えるための実践的指導力とは、実践を対象とする学問的研究、すなわち音楽教育実践学として追究された知見に裏付けられる深奥なものである。ゆえに、教員にとっては日々の実践をたえず省察し、刷新しながら向上させていくべきものであり、同時に音楽教育実践学の研究対象としても追究し続けなければならない。（宮下）

［参］髙橋澄代「教員養成と教師教育報告」『学校音楽教育研究』，Vol.20, 2016.

省察力

[定義] 省察（reflection）とは、自分自身を省みて良し悪しを考えること、の意味で一般的に用いられる。教育実践における教師の省察力とは、実践の最中や事後に自身の行為を振り返り、行為の判断や結果、行為の事実そのものを対象化して考えることのできる能力となる。

[「反省的実践家」としての教師と省察力]
「教師は専門職」であると言われて久しい。専門家を「反省的実践家」（reflective practitioner）として概念提起したドナルド・ショーン（Schön, D.A.）は、省察する対象、場、時、そして省察を必要とする意味そのものを具体的に示した。

ショーンは「反省的実践家」を「技術的熟達者」（technical expert）と対比させる。かつて専門家は「技術的合理性」（technical rationality）、すなわち科学的な理論と技術を適用して厳密に問題解決を行う「技術的熟達者」としてとらえられていたことに対し、「行為の中の知」（knowing in action）を認識し、思考し、「行為の中の省察」（reflection in action）を行う「反省的実践家」を専門家（職）像として見直した。これは、教育においても存在していた「理論−実践」「研究者−実践者」という二項対立への批判である。ショーンの言う「行為の中の省察」は、「行為の後の省察」（reflection after action）や「行為についての省察」（reflection on action）も含んでいる。授業で言えば、授業の最中における教師自身の行為を常に省察すること、授業の後に行為を省察すること、授業の事実そのものを対象化して省察すること、となる。それらは、「教師としての自己」が「状況としての授業」と対話する「状況との対話」である。同時に、教師が教師自身と対話する「自己との対話」も行われる。それらをできる力が省察力となる。

ではなぜ教師に省察力が求められることになったのか。それは先に述べた二項対立の中で、教師は研究者が打ち立てた理論を実践する立場、という区分の限界が現れてきたことにある。他の分野と同様、高度化・多様化した教育に対応するために、専門家として複雑な実践を認識し、問題を探索し、新たな知を生成していく能力をもつ教師が求められるようになった。省察力はそこで必要になる。

[音楽授業実践における省察力] ショーンはデューイ（Dewey, J.）の探究理論を起源にして「反省的実践家」の概念を築いた。省察力は、デューイの言う「探究」や「反省的思考」を行うための中枢になるものと言える。

音楽授業の中で、教師は自身が既にもっている知識や過去の経験を超える様々な状況（「不確定な状況」）に出合う。それを問題として認識し、解決（「確定した状況」）を得るために探究へと進む。そのプロセスにおいて省察が作用する。例えば「イメージをもって歌ってみよう」と指示（教師の行為）を出しても子どもがそれに反応しなかった（子どもの行為）とする。その時、教師はまずその状況を、教師と子どもの相互作用の結果として認識できなければならない。その上で、「イメージ」という言葉が理解できていないのではないか、イメージそのものがもてていないのではないか、イメージはもてているがそれを表現するための技能が身に付いていないのではないか、等を即座に（「行為の中の省察」）、あるいは授業後にビデオで振り返り（「行為の後の省察」）、原因や改善策を思考し、自分の出した指示を省察しなければならない。省察力はこのような一連の営みに寄与し、それができる教師が、専門家であり「反省的実践家」である音楽教師となる。（宮下）

[参] ドナルド・ショーン（佐藤学・秋田喜代美訳）『専門家の知恵』ゆみる出版、2001.

教員養成教育

教員養成教育のカリキュラム

［教員養成教育のカリキュラム］教員養成教育のカリキュラムとは、初等教育や中等教育の教員として必要な資質能力を大学等において養成するカリキュラムをいう。

そのカリキュラムの内容は、文化としての教科内容を媒介として子どもの人間形成を実現するためのものであり、教科に関する専門と教職に関する専門からなる。具体的には、各教科の教科内容を学ぶ「教科専門」、各教科の指導法を学ぶ「教科教育」、教育原理・発達心理学・教育課程論等の教職の専門的内容を学ぶ「教職専門」、及びこれらの大学での理論的学びを基に子どもを対象に実践し、実践的指導力を修得する「教育実習」等。

そして、これらの教員養成のカリキュラムは「教育職員免許法」（以下教員免許法）によって教職課程として履修科目と単位数基準が決められている。したがって、我が国においては一般大学でも教職課程の授業を開設することで教員養成を行うことができる。

［教員免許法における教職課程の基準］ここでは、小学校一種免許状について現行の教職課程の基準を示す（2016 年現在）。小学校教諭一種免許状取得者は、まず基礎資格として学士の学位（一般教育や専門教育に関する科目を 124 単位以上取得）を有することとなる。そのうえに、免許状に必要な履修科目と習得単位数は「教科に関する科目」「教職に関する科目」「教科又は教職に関する科目」「その他」（日本国憲法等）で、合計 67 単位となる。

これらの免許状に必要な履修科目は、さらにそれぞれ内容が決められている。ここでは、それらの内容を実現する授業科目を例示的に示す。「教科に関する科目」の内容は、初等国語、初等社会、算数、初等理科、生活、初等音楽、図画工作、初等体育、初等家庭となる。「教職に関する科目」の内容は、教職論、人間形成原論、発達心理学、教育心理学、教育課程論、教科教授学習論、初等国語科教育論、初等社会科教育論、算数科教育論、初等理科教育論、初等音楽科教育論、図画工作科教育論、体育科教育論、家庭科教育論、道徳教育指導論、生徒指導論、主免教育実習、副免教育実習、教職実践演習等である。次の「教科又は教職に関する科目」は、各大学で「教科又は教職の科目」の趣旨に沿った授業を開講することになっている。これには、例えば教育の理論と実践を関連させものとして教育実践基礎演習等が挙げられる。

［課題］「教員免許法における教職課程の基準」に則して編成される我が国の教員養成教育カリキュラムは、次のような問題点が指摘されている。一つは、カリキュラムの内容が各科目において関連性をもたないこと、また教育現場の教育実践と乖離があり実践的指導力を育成するものになっていないということである。これらを解決するのにカリキュラムに中核（コア）科目を設けるコア・カリキュラムによる方法が有効とされている。それは、教員養成カリキュラムの中核に理論と実践を関連させた内容をコア科目として設定し、大学の理論と教育現場の実践との往還を図るとともに、コア科目と他の各科目とに関連性をつくり構造化するというものである。

あと一つは、各教科の教科専門の教科内容がやはり教育現場の教科内容と乖離があるという指摘である。その解決として、例えば、初等音楽においてピアノを通して音楽科の教科内容を指導する時に、音楽の技能的側面だけでなくこれに形式的側面・内容的側面・文化的側面を関連させ取り上げるようにすることが提案されている。（西園）

［参］鳴門教育大学コア・カリ編『教育実践学を中核とした教員養成コア・カリキュラム－鳴門プラン－』暁教育図書、2006.

コア・カリキュラム

[コア・カリキュラム] 教員養成におけるコア・カリキュラムとは、教員に求められる能力を育成するために、授業科目の中に必須の中核的な内容を設定し展開するものをいう。平成13（2001）年に文部科学省の「国立の教員養成大学・学部の在り方に関する懇談会」が教員養成大学・学部の在り方に関するものを提言した。この中で専門分野の能力を育成するとともに、教育の理論と実践とを関連させた授業を設定することで実践的指導力をも育成する教員養成独自の体系的なカリキュラムを開発することが不可欠であるとした。その例として既に医学部で開発されていたコア・カリキュラムが有効であるとした。

[日本教育大学協会モデルコア・カリキュラム] この提言を受け、日本教育大学協会が教員養成のモデルコア・カリキュラムを開発した。これは、学部教育でも特に小学校の教員養成教育を対象にしたもので、カリキュラムの中核（コア）に「教育実践体験」と「教育フィールド研究」の授業を設定し、教育現場の実践と大学の理論との往還を図ったものである。

[教員養成コア・カリキュラム－鳴門プラン－] このような背景の中で鳴門教育大学も開発に取り組み、平成17（2005）年度から学部教育に導入した。それは「教育実践学を中核とする教員養成コア・カリキュラム－鳴門プラン－」で、その特徴は、初等・中等教育の教員に求められている実践的指導力を育成する目的から、カリキュラムの中核（コア）に「教育実践学」（「教育実習」及びそれと関連を図った「教育実践基礎演習」「教科教育実践」）の授業を設定し、大学の理論と学校現場の実践を往還するようにするとともに、教員養成全体の授業をこの中核授業と関連が図られるように構造化したものである。（西園）

免許法

免許法とは教育職員免許法のことで、幼稚園、小学校、中学校、高等学校、中等学校及び特別支援学校、幼保認定型こども園の教育職員の免許状に関する基準を定めた法律である。昭和24（1949）年5月に制定され、幾度も改正を重ね現在に至っている。この免許法によって教職課程の基準が規定されており、これを履修した者のみが教育職に就くことができる。これまでの主な改正点は①昭和63（1988）年初任者研修、②平成9（1997）年介護等体験の義務付け、③平成15（2003）年10年経験者研修、④平成19（2007）年教員免許更新制、⑤平成19（2007）年教職大学院制度である。

免許状の種類には、①普通免許状（専修免許状、一種免許状、二種免許状）、②特別免許状、③臨時免許状の3種がある。特別免許状によって免許状を有しない社会人を学校へ迎え入れる体制も整っている。普通免許状の種別における大学等における教職課程の修得単位数は下記のとおりである。また修得単位の科目も決められており小学校の免許状に関しては専修・一種とも「教科に関する科目」は8単位となっている。（牧野）

表1　普通免許状における修得単位数

	専修	一種	二種
幼稚園教諭	83	59	39
小学校教諭	91	67	45
中学校教諭	91	67	43
高等学校教諭	91	67	—

表2　小学校免許状の修得単位内訳

	教科に関する科目	教職に関する科目	教科または教職に関する科目
専修	8	41	34
一種	8	41	10
二種	4	31	2

教育実習

　教育実習は、大学・短大・専門学校の教員養成課程での学びの集大成として、幼児・児童・生徒同士、幼児・児童・生徒と教師、教師同士のかかわり合いを体験的に経験し、教師の仕事や役割について理解を深め、教師に必要な知識や技能、教育観などについてより深く探究するためのものと位置付けられ、教員免許状取得において必修となっている。

　実習先は、昭和24（1949）年に制定された「教育職員免許法施行規則」において、「授与を受けようとする普通免許状に係る学校、並びに幼稚園教諭の普通免許状の授与を受ける場合にあっては小学校、小学校教諭の普通免許状の授与を受ける場合にあっては幼稚園及び中学校、中学校教諭の普通免許状の授与を受ける場合にあっては小学校及び高等学校、高等学校教諭の普通免許状の授与を受ける場合にあっては中学校の教育を中心とするものとする」とされている。さらに、小学校・中学校教諭普通免許状を取得の条件として、特別支援学校で2日間以上、社会福祉施設で5日間以上の介護等体験が義務付けられている。

　実施に当たっては、事前事後の指導を受講することが必修であり、指導計画の立て方、日誌の書き方、教材研究等周到な準備をするとともに、模擬授業や模擬保育を通して実践力を高め、実習の目標を達成するべく準備をして臨まなければならない。実習校では、授業を見学することから始まり、「研究授業」を行って締めくくられる。実習園では、観察・参加・部分・一日実習という流れで進められ、登園から降園までの1日を担任に代わって指導する「一日責任実習」（研究保育）で締めくくられる。教育実習で教師の立場を経験し得られた課題は、その後受講する「教職実践演習」で改善が求められる。（金指）

教科専門

　教育職員免許法における「教科に関する科目」（音楽／中学校・高等学校）は、「ソルフェージュ」、「声楽」（合唱及び日本の伝統的な歌唱を含む）、「器楽」（合奏及び伴奏並びに和楽器を含む）、「指揮法」、「音楽理論、作曲法（編曲法を含む）及び音楽史（日本の伝統音楽及び諸民族の音楽を含む）」の5分野から成る。これらが、いわゆる音楽科の教科専門科目であり、「一般的包括的な内容を含むものでなければならない」とされている。

　教員養成大学・学部においては、例えば「歌唱法」「器楽表現法」「和楽器奏法」「指揮法」「音楽学」等の名称で授業が行われている。また、小学校教員免許取得科目に係る「教科に関する科目」（音楽科）では、同様に「小学校音楽」「初等音楽」「音楽基礎」等が挙げられるが、その内容は主として上記の5分野を基に構成されている。

　これらの教科専門科目は、時としてアカデミズムを論拠とし、細分化された特定の学問や技能を研究の対象として授業が行われてきたことは否めない。そのため、学校教育における教科内容との乖離がしばしば指摘されてきた。その改善のためには、教科専門と教科教育を架橋する教員養成独自の教育領域を創出し、それを教育実践に即した教育内容とすることが必要である。

　その具現には、教科専門と教科教育をつなぐ共通認識をもつことが必須となる。学習指導要領の体系的理解、検定教科書における指導内容の把握、生成の原理を基盤とした教科内容構成の理解等がそれに当たる。これらを踏まえた授業展開は、各科目の有機的なつながりを学習者に認識させる。音楽に関する多種多様な専門的知識や技能等が相乗的に作用し合い、豊かで創造的な教育実践を生み出すこととなるのである。（中島）

教科教育

　教育職員免許法に基づいて教員養成教育で行うべき、学校の教育課程に置かれている各教科に対応する教育のこと。教員養成大学では、教科指導ができる学生を育てるために教科内容を担当する「教科専門」と教科指導法を担当する「教科教育」の教員が配置されてきた。「教科教育」は現行の免許法（2016年現在）では教職に関する科目の「各教科の指導法」（履修上の名称は各機関で異なる）を担当することになっている。教科の指導法では、各教科の授業を実践するために必要な教材開発力、授業構成・展開力を育成することが目的となる。

　近年、中教審の教員養成教育の改革の動きのなかで、「教科専門」と「教科教育」の連携、つまり内容と方法の一体化が求められるようになってきた。学生の教科指導の実践力を育てるには、教科内容を授業過程に具体化することと結びつける必要があるというのである。そのため、専門分野の知識・技能を修得させてから指導方法を教えるという旧来の枠組みではなく、内容と方法の統合された授業実践から逆に教科教育を考えていくという新たな枠組みが求められてきている。

　そこで教科教育の実践において重要視されてきたのが、学習指導案作成と模擬授業である。学習指導案作成については単に書き方をマニュアルによって教え込むのではなく、学生自身が「つくって、実施して、省察して」という一連の過程を通して授業の論理とイメージを自らのなかに形成していくという視点をもつことが大事になっている。模擬授業は、教科書に載っている教科内容を伝達するためのやり方を教えてもらう場ではなく、授業する側と受ける側の学生が、児童生徒を想定した議論を通して授業をつくっていく実験的な場となってきている。（小島）

教職専門

　[教職専門] 子どもの可能性を開き人間形成に携わる教員が学ぶ教職課程について、教育職員免許法では、「教科に関する科目」と「教職に関する科目」及び「教科又は教職に関する科目」の三つに区分し示している。「教職専門」とは、この教育職員免許法で普通免許状取得において基礎資格として求められている「教職に関する科目」のことをいう。

　小学校一種免許状では、41単位が基準となっており、その内容は次のような科目からなる。教職の意義に関する科目、教育の基礎理論に関する科目、教育課程及び指導法に関する科目、生徒指導、教育相談及び進路指導に関する科目、教職実践演習、教育実習。

　教員養成における「教職専門」の具体的な授業科目について、教科の指導法（教科教育）を除き例示的に示す。教職論、人間形成論、教育の歴史、学校制度と教育法規、発達心理学、教育心理学、教育制度・経営論、教育課程論、教科教授学習論、道徳教育指導論、特別活動指導論、授業研究論、教育評価論、生徒指導論、教育相談論、主免教育実習事前事後指導、主免教育実習、副免教育実習等。

　[教職専門の枠組みの変更]「これからの学校教育を担う教員の資質能力の向上について」（「中央教育審議会教員養成部会答申」平成27（2015）年）では、教職課程の3区分を撤廃し、次のように大くくり化している。「教科及び教科の指導法に関する科目」「教育の基礎的理解に関する科目」「道徳、総合的な学習の時間等の指導法及び生徒指導、教育相談等に関する科目」「教育実践に関する科目」「大学が独自に設定する科目」。これによると「教科に関する科目」と「教科の指導法」は同じくくりになっており、従来の教科専門と教職専門と教科教育の仕切りを外す方向に進んでいるといえる。（増井）

教師教育

教職大学院

［教職大学院創設までの背景］教職大学院は、高度専門職業人の養成に特化した専門職大学院として、専ら教員の養成や研修を行うことを目的に平成20（2008）年に創設された。

専門職大学院設置の背景には、平成14（2002）年8月5日に中央教育審議会が出した「大学院における高度専門職業人の養成について」（答申）がある。そこでは、従前の大学院に求められていた研究者養成機能と高度の専門的職業能力を有する人材養成機能のうち、前者に重点が置かれ、後者を果たす教育の展開が不十分であったことが指摘された。また、専門職大学院設置以前にも大学院修士課程の中の一類型として専門大学院制度が位置付けられていた。しかし、急速に進む社会の変化や多様化、複雑化、高度化、グローバル化に対応し、社会的・国際的に通用する高度専門職業人を養成する上で、その制度には限界があった。そして、新たな大学院制度として平成15（2003）年3月31日に専門職大学院設置基準が告示されることとなった。

大学院段階における教員養成についても同様に、研究者養成と高度専門職業人養成が不分明であり、教員養成に特化した専門職大学院としての枠組み、すなわち教職大学院制度創設の必要性が、平成18（2006）年、中央教育審議会「今後の教員養成・免許制度の在り方について」（答申）によって示された。そこでは教職大学院の当面の目的・機能として、①学部段階での資質能力を修得した者の中から、さらにより実践的な指導力・展開力を備え、新しい学校づくりの有力な一員となり得る新人教員の養成、②現職教員を対象に、地域や学校における指導的役割を果たし得る教員等として、不可欠な確かな指導理論と優れた実践力・応用力を備えたスクールリーダーの養成、の二つが具体的に示され、教職大学院が創設されることとなった。

［教職大学院制度と音楽科教員養成］教員は専門職であり、高度専門職業人として養成しなければならないことは、教職大学院が構想され始めた頃からより一層明確に意識されるようになった。高度専門職業人としての教員とは、理論に裏付けられた高度の指導力・実践力を有する者であり、「理論と実践の融合」が教職大学院の重要な理念として掲げられた。修了要件45単位中実習に係る科目を10単位以上修得すること、全教職大学院教員の4割以上を実務家教員で配置すること、研究指導を受けることや修士論文の提出は義務付けないこと等の制度設計は、教育実践力の育成強化を反映したものである。

一方、現行教職大学院制度において、教科の専門性や教科指導に対する高度の実践力育成が果たせるのかどうかは、現在大きな課題となっている。教職大学院の教育課程として必置が求められている「必修5領域」には、「教科等の実践的な指導方法に関する領域」が規定されてはいるが、各教科の専門的内容の教授、あるいは各教科指導にかかわる学術的な実践研究は、修士課程との差異化を図る観点から避けられている。

音楽科で言えば、高度専門職業人たる音楽科教員とは、音楽教育の原理となる哲学、美学、心理学、音楽学、教育学等の理論的追究と、実践を「仮説－検証－新たな仮説の生成」のサイクルとしてとらえる教育実践学的追究をともに行いながら、それらの追究によって獲得した知を自らの中で往還させて成長できる教員である。

そうした音楽科教員の養成を教職大学院で実現していくためには、現行教職大学院制度の改革と、大学院を含む教員養成全体を貫く音楽科教員養成カリキュラムの構築が求められる。（宮下）

現職教員の力量形成

［力量形成の必要性］現職教員が、職務に対する使命感と優れた識見、学習指導、生徒指導等の専門性を高め、教員としての資質能力を向上させること。教員の仕事は子どもの心身の発達という〈人間の基本的な価値〉を対象とし、言動一つひとつが、子どもの〈人格の完成〉と〈国家・社会の形成者として必要な資質能力の育成〉に直接間接に影響を与える。教員がその職責を遂行するために必要な力量を身に付け、常に高め続けていくことは、最良の教育環境の提供といえる。

［キャリア段階］教員に求められる力量について、教職経験全体を俯瞰しつつキャリア段階ごとに端的に整理すると、例えば次のようになる。すなわち「初任の段階」では、教員としての使命感を確立し、職務遂行のための基礎となる知識・技能等の獲得である。特に、1単位時間の魅力ある授業づくりに係る力及び学級経営力の獲得が教員としてのすべての職務の基盤になる。「中堅の段階」では、より高い専門性に基づく授業実践力、的確な学年経営や保護者対応力、若手や同僚への指導助言力、学校運営の中心的役割を果たす力の獲得である。さらに「経験豊かな段階」では、学校や地域における教育活動の推進者としての力、学校の管理・運営の指導的役割を果たす力の獲得である。

［今日的な課題］今日の学校教育は多くの課題に直面している。その背景には、知識基盤社会の到来、グローバル化・情報化の進展、少子高齢化の進行などの社会の急速な変化、また、いじめや不登校あるいは深刻化する子どもの貧困の問題などがある。さらに、教員の大量退職時代を迎えている中、若手・中堅教員が、実践的指導力はもとよりカリキュラム・マネジメント、リスク・マネジメント、組織マネジメントに係る力や地域との連携力を高め、学びの共同体としての学校の機能を発揮できるようにすることも喫緊の課題である。したがって教員には、従来から必要といわれてきた使命感・責任感、教科指導や学級経営に関する知識・技能などに加えて、これらの課題に適切かつ組織的に対応できる力量形成が必要となる。同時に、教科指導において、〈各教科固有の目標〉を実現するとともに、その学習過程ではぐくまれる〈汎用性のある力〉の育成も意識しつつ、子どもたちが「解のない21世紀の社会」をたくましく生きるために、価値観の多様性も尊重しながら熟考し、自らの考えを的確に他者に伝え、実社会での課題解決に向けて協働的に行動できるための基礎力、思考力、実践力などを各教科の特質等に応じて獲得させる授業デザイン力も必要となる。

［学び続ける教員像］平成24（2012）年の中央教育審議会答申「教職生活の全体を通じた教員の資質能力の総合的な向上方策について」では、「教職生活全体を通じて、実践的指導力等を高めるとともに、社会の急速な進展の中で、知識・技能の絶えざる刷新が必要であることから、教員が探究力を持ち、学び続ける存在であることが不可欠である」と述べ「学び続ける教員像」の確立を求めている。こうした教員としての力量を形成する学びには、およそ次の三つの種類が挙げられる。一つ目は、日々の授業、学級経営等の業務を通して、管理職や経験豊かな教員等から意図的・継続的にアドバイスを受ける学びである。二つ目は、学校を離れて、教育委員会等が実施する研究協議会や研修講座等に参加する学びである。三つ目は、自ら課題意識をもち、文献を調べたり各種研究会・学会等に参画したりして研鑽に励み自己啓発を図る学びである。教員自らがこれらをバランスよく相互にかかわらせて学び続けていくことが、現職教員の力量形成の鍵となる。（大熊）

教員研修

[教員研修の種類] 教員が、その職責を遂行するために必要となる知識や技能、態度などを身に付けるために研究や修養を行うこと。教員研修の主なものとして、都道府県・指定都市・中核市教育委員会が実施する初任者・10年経験者等の教職経験に応じた研修、管理職や主事・主任等の職能に応じた研修、教科や領域に係る専門的研修、大学や民間企業等への長期派遣研修が挙げられる。これらは、国や地域の教育課題及び教員のキャリア段階に応じて必要とされる資質能力を踏まえ体系的に実施される。また、独立行政法人教員研修センターが実施する教職員等中央研修講座等の学校経営・指導者養成に係る研修や、市町村教育委員会が地域の実情に応じて実施する研修、さらには、各教科等の教育研究団体が実施する研修など様々な種類がある。

[法的根拠] 法令において「学校の教員は、自己の崇高な使命を深く自覚し、絶えず研究と修養に励み、その職責の遂行に努めなければならない」「教員については、その使命と職責の重要性にかんがみ、その身分は尊重され、待遇の適正が期せられるとともに、養成と研修の充実が図られなければならない」(教育基本法第9条)、また、「教育公務員は、その職責を遂行するために、絶えず研究と修養に努めなければならない」「任命権者は、教育公務員の研修について、それに要する施設、研修を奨励するための方途その他研修に関する計画を樹立し、その実施に努めなければならない」(教育公務員特例法第21条)と規定されている。このように法令では、教員に対して自ら研修に努めることを求めるとともに、任命権者に対してもそのための環境整備や機会の提供などを求めている。それは「教育は人なり」といわれるように、学校教育の成果はその担い手である教員一人ひとりの資質能力に負うところが極めて大きいからである。したがって、教員研修の内容において、教員の資質能力の向上に資する質的レベルが十分に確保されなければならない。

[校内研修] 現職の教員が前述したような研修を学校外で受講する機会はある程度限られてくる。そこで例えば、若手教員が学校での日々の業務を通して実践的指導力を身に付けるために、スキルや経験のある校内の他の教員と継続的に対話し助言を受けられる機会を増やすこと、また研究授業を取り入れるなど実践の改善充実に資する全職員参加型の校内研修を実施して、教員同士で学び合う機会を増やすことが重要となる。後者の場合、中学校や高等学校等の教科担任制の学校では、「授業の導入段階で子どもが課題を発見・理解し、見通しをもって取り組み、終末段階の振り返りはその課題に対応したか」「学習を深める上で、個人、ペア、小グループ、学級全体の各活動が関連付けられたか。教師の働きかけ(発問、タイミング、価値付け等)は適切か」「思考力の育成において、比較、分類、選択、関係付け、類推、多様な見方等の学習活動が効果的に行われたか。このことが知識・技能の活用や定着にも有効だったか」「教科固有の目標を実現する過程で、学習活動の特性等に応じて汎用性のある力(課題の発見・解決力、コミュニケーション力、自己・他者を理解し協働する力、多様性を理解・尊重する力や態度、社会の形成に寄与する力、想像力・創造力など)もはぐくまれたか」など、各教科の専門性の枠を超えて授業の成果・課題を検証する視点を予め設定し共有しておくことで、教員同士の学び合いを深めていくなどの創意工夫が求められる。(大熊)

免許状更新講習

　免許状更新講習とは、平成19（2007）年6月の改正教育職員免許法の成立によって平成21（2009）年度から「教員免許更新制」が導入されたことに伴い、文部科学大臣の認定を受けて大学などが開設する講習のことである。教員免許更新制は、免許状に一定の有効期限を付し、その時々で教員として必要な資質能力が確実に保持されるよう必要な刷新（リニューアル）を行う仕組みである。教員がこの講習を受講することによって、定期的に最新の知識技能を身に付け、自信と誇りをもって教壇に立ち、社会の尊敬と信頼を得ることを目指す。したがって大学などが開設する講習内容には、この趣旨に合致する質的レベルが求められる。平成21（2009）年4月1日以降に授与された教員免許状に10年間の有効期間が付されるとともに、それ以前の取得者にも更新制の基本的な枠組みが適用される。有効期間を更新して免許状の有効性を維持するには2年間で30時間以上の講習の受講・修了が必要となる。なお、免許管理者（都道府県教育委員会）への申請により、有効期間延長や修了確認期限延期、講習受講免除が可能な場合がある。

　当初は必修領域の講習を12時間、選択領域の講習を18時間（計30時間以上）受講するとされていたが、その後、選択必修領域の新設等が行われ、現在は「国の教育政策や世界の教育の動向」「教員としての子ども観、教育観等についての省察」「子どもの発達に関する脳科学、心理学等における最新の知見」等の必修領域講習を6時間、「学校を巡る近年の状況の変化」「学習指導要領の改訂の動向等」「法令改正及び国の審議会の状況等」等の選択必修領域講習を6時間、各講習開設者が任意に開設する選択領域講習を18時間（計30時間以上）受講する。（大熊）

謝　辞

　本学会評議員の小泉英明氏、増井一夫氏、宮下伸氏、そして会員以外の各分野のご専門の方々から執筆を快諾いただき、玉稿を掲載することができました。心より感謝申し上げます。
　本事典の完成は、日本学校音楽教育実践学会の会員を中心として、執筆者と編集委員各位のご尽力の賜物です。また、音楽之友社の岸田雅子氏、編集協力の外崎明誠氏には大変お世話になりました。ここに厚く感謝の意を表します。

編集委員会

委員長	小島律子	大阪教育大学名誉教授	（第6章、第7章担当）
委員	尾崎祐司	上越教育大学	（第9章担当）
	清村百合子	京都教育大学	（第2章、第8章担当）
	澤田篤子	洗足学園音楽大学	（第5章担当）
	西園芳信	鳴門教育大学名誉教授	（第1章、第10章担当）
	松永洋介	岐阜大学	（第3章担当）
	松本絵美子	東京都文京区立窪町小学校	（第6章担当）
	宮下俊也	奈良教育大学	（第4章担当）

執筆者（2017 年 8 月現在）

- 飯島渉＊　　　毎日個別塾 cubic5 教室長
- 石田一志＊　　音楽評論家
- 井上薫　　　　大阪府藤井寺市立道明寺南小学校
- 伊野義博　　　新潟大学
- 植田恵理子　　京都ノートルダム女子大学
- 浦本裕子＊　　洗足学園音楽大学ほか（非）
- 衛藤晶子　　　畿央大学
- 大熊信彦　　　群馬県立太田女子高等学校
- 岡寺瞳　　　　畿央大学（非）
- 岡林典子　　　京都女子大学
- 岡本拡子　　　高崎健康福祉大学
- 小川由美　　　琉球大学
- 尾崎祐司　　　上越教育大学
- 尾見敦子＊　　川村学園女子大学
- 桂直美　　　　東洋大学
- 金指初恵　　　帝京大学（非）
- 金子陽子　　　東京都新宿区立東戸山小学校
- 金田美奈子　　東京都文京区立駕籠町小学校
- 兼平佳枝　　　大阪教育大学
- 川口明子　　　岩手大学
- 川北雅子　　　元岡山大学（非）
- 金奎道　　　　高知大学
- 清村百合子　　京都教育大学
- 清田和泉　　　群馬県立吾妻特別支援学校
- 楠井晴子　　　大阪府東大阪市立孔舎衙小学校
- 桑原章寧　　　貞静短期大学
- 小泉英明＊　　株式会社日立製作所名誉フェロー
- 木暮朋佳　　　美作大学
- 小島律子　　　大阪教育大学名誉教授
- 小林佐知子　　畿央大学
- 小山英恵　　　鳴門教育大学
- 権藤敦子　　　広島大学
- 古山典子　　　福山市立大学
- 斎藤淳子　　　川口短期大学

- 齋藤一雄　　　　聖学院大学
- 酒井美恵子　　　国立音楽大学
- 阪井恵　　　　　明星大学
- 坂倉理恵　　　　東京都小平市立小平第六小学校
- 坂本曉美　　　　四天王寺大学
- 澤田篤子　　　　洗足学園音楽大学
- 嶋田由美　　　　学習院大学
- 清水匠　　　　　茨城大学教育学部附属小学校
- 清水美穂　　　　徳島県吉野川市立和恵島小学校
- 白石文子　　　　岩手大学
- 関原彩子　　　　東京都立多摩桜の丘学園
- 髙橋詩穂　　　　京都教育大学附属桃山小学校
- 髙橋澄代　　　　京都教育大学（非）
- 竹内悦子　　　　京都教育大学（非）
- 筒石賢昭　　　　東京学芸大学名誉教授
- 田崎直美＊　　　京都女子大学
- 立本千寿子　　　兵庫大学
- 田中龍三　　　　大阪教育大学
- 田村にしき　　　東京福祉大学
- 塚原健太　　　　帝京大学
- 椿本恵子　　　　大阪府大阪市立開平小学校
- 寺田己保子　　　埼玉学園大学
- 鉄口真理子　　　大阪成蹊大学
- 董芳勝　　　　　創価大学
- 中島卓郎　　　　信州大学
- 中村美雪　　　　岐阜県岐阜市立加納西小学校
- 永田尚子　　　　岐阜県可児市立東明小学校
- 西園芳信　　　　鳴門教育大学名誉教授
- 橋本龍雄　　　　大阪音楽大学
- 長谷川真由　　　洗足学園音楽大学（非）
- 尾藤弥生　　　　北海道教育大学
- 廣津友香　　　　奈良教育大学ほか（非）
- 藤沢章彦　　　　元国立音楽大学
- 藤本佳子　　　　大阪教育大学附属平野小学校
- 牧野利子　　　　川口短期大学
- 増井一夫＊　　　聖徳大学

- 松下行馬　　　兵庫県神戸市立水木小学校
- 松永洋介　　　岐阜大学
- 松本絵美子　　東京都文京区立窪町小学校
- 溝口希久生　　東亜大学
- 宮﨑睦子　　　東京都立多摩桜の丘学園
- 宮下伸＊　　　箏演奏家・作曲家
- 宮下俊也　　　奈良教育大学
- 三輪雅美　　　修文大学短期大学部
- 山﨑浩隆　　　熊本大学
- 山下敦史　　　札幌市教育委員会
- 山下正美＊　　お茶の水女子大学研究員
- 山田義成　　　熊本県立盲学校
- 大和賛　　　　大阪府阪南市立貝掛中学校
- 横山真理　　　東海学院大学短期大学部
- 横山朋子　　　畿央大学
- 吉村治広　　　福井大学
- 寄ゆかり　　　大阪千代田短期大学
- 渡部尚子　　　兵庫県神戸市立花山小学校

（＊は非会員、(非) は非常勤）

【索 引】

(50音順、目次掲載の項目以外のキーワードを収録)

アウトリーチ 246
アクションリサーチ 171
アコモデーション 287
アスペルガー 264
アンサンブル 240
ESD 246
息 165
一斉指導 208
異文化理解 103
イマジネーション 200
意味生成 30, 47, 194, 195
意味の共有 193, 197
イメージの共有 194
イメージの分節化 46
イロ 168
謡（うたい） 121
生み字 120, 126, 168
エイサー 117
越天楽 119
MMCP 40, 214
塩梅（えんばい） 168
オキュペーション 199
オスティナート 152, 240, 284
音・言葉・身体の動き 233
音探し 149, 252
音素材 217
音探究 201, 235
音によるコミュニケーション 240
オノマトペ 162, 234
お囃子 116, 235
表間と裏間 151
オルフ，カール 215, 240
音楽遊び 235
音楽科の教科内容 20
音楽科の教科内容の4側面 21
音楽づくり・創作 212, 221
音楽的環境 20
音楽的思考 38, 180, 191, 217

音楽の技能的側面 20
音楽の教科内容 15
音楽の形式的側面 20
音楽の構成要素 241
音楽の生成 238
音楽の内容的側面 20
音楽の文化的側面 20, 87, 103
音楽用語 88, 89
音組織 154, 156
音遣い（おんづかい） 126, 148
音頭 168
音頭一同形式 160, 168
音列作法 143
外的世界 32, 199
学習経験単元 173, 174
学習指導案の目標 54
学籍簿 68
学年の目標 54
学力観の転換 192, 203
学力調査 69
学力の3要素 69, 70
学力保証 69
掛け合い 166, 167
掛け声 157, 165, 167
蔭囃子 125, 162
歌唱 212
仮説生成模擬授業 171, 175
型 165
語り物 163
楽曲による題材構成 174
学校音楽教育研究 26
可変性 113
ガムラン 130
カリ 124, 167
カリキュラム 21, 59, 62, 63
感覚的質 16, 18
環境構成 253
観点別学習状況 68, 70, 74,

316

索　引

擬音語　48
器楽　212
机間指導　208
記述と表現　32
義太夫節　122, 126
技能　186
教育学　10
教育課程　58, 258
教育実践学　10, 66
教育臨床　66
教科　244
教科教育学　10
教科単元　173, 174
教科内容の精選　55
教科に関する科目　306
教科の内容及び構成　28
教科の目標　54
共感的コミュニケーション　201
教具　92, 178
狂言　163
教材研究　94
教材単元　174
教職に関する科目　307
共通教材　92, 96
共通事項　57, 88, 96, 147, 188
共同体　197, 200, 218, 235
協働的な問題解決　180
強拍と弱拍　151
口三味線　110
口唱歌　110, 121
口伝　164, 165
国風歌舞（くにぶりのうたまい）　119
グループ学習　207
グレゴリオ聖歌　136
経験単元　174
経験の二重の変化　19
形式と内容の生成　19
芸術教科の存在根拠　16
芸術と科学　33, 44
傾城阿波の鳴門　126
形成的テスト　81

ケージ　144
ケチャ　130
言語活動　195
現代音楽計画　214
交響曲　137
構成要素　170
構造化　287, 291
校内研修　310
口話　280
声　148
コールアンドレスポンス　132
五音音階　127, 133, 154
呼吸　165
黒人霊歌　134
互恵的な人間関係　198
ごっこ遊び　255
言葉　252
詞（ことば）　167
言葉の抑揚　113, 120, 252, 254
言葉のリズム　114, 148
5領域　256, 257
コンテクスト　103, 127
サウンドエデュケーション　98
サラマンカ声明　262
三線　117, 122
漸次加速のリズム　152
漸次変化　158, 164
シェーファー　98, 162
自己教育力　76
仕事うた　234
質　16
実践的指導力　304, 310
実践的省察力　229
実践論的研究　12
質的研究方法　12, 25, 223, 228
質的媒体　33, 43, 44
質の関係性　38
質の感受　236
質の共有　196
指導計画　257
指導言　204

指導と評価の一体化　75
指導内容の4側面　20, 177
指導要録　68, 73
四拍子（しびょうし）　121
社会性　254
集団に準拠した評価　73, 75
12音技法　145
自由リズム　150
授業研究　172
授業実践力　81
授業づくり　170
授業のユニバーサルデザイン化　278
授業分析　226
主体的に学習に取り組む態度　84, 85, 86, 88
主題による題材構成　174
手話　280
唱歌（しょうが）　109, 122, 148, 152, 162, 165, 166
衝動　199
情動的変化　185
情動の共有　284
声明（しょうみょう）　120
序破急　119, 158, 160, 167
シルバー・バーデット　35, 214
身体性　113, 115
身体的同調　196
身体反応　48
診断的評価　76
省察力　300
スワンウィック，キース　35
生成型学力構造　179
生成の原理による指導内容　56
成績評価　73
旋法　154
専門職大学院設置基準　308
旋律　153
総合的な表現　233, 255
装飾法　156
想像的思考　41
創造の問題解決　38
想像力　201, 254

創造力　254
即興　235, 240
即興性　113, 235, 240
ソルフェージュ　239
対比　159
対話　89
多文化学習　128
段物　123
チームティーチング　289
知覚・感受の関連付け　189, 190
逐語記録　224
知識・技能　84, 85, 86, 88
聴取活動　213
手　168
抵抗　31
テクスト　103, 127
デジタル教科書　209
手づくり楽器　252
デューイ　98
デューイの芸術的経験論　18
電子黒板　211
ドイツリート　138
トーキングドラム　132
読譜　110
唱え言葉　113
止まる拍とのびる拍　151
ドローン　284
長唄　122, 125
流し　168
21世紀音楽カリキュラム　13, 59
21世紀型能力　179
日本学校音楽教育実践学会　26
日本伝統音楽の指導内容　62
人形浄瑠璃　122
認識　31, 186
媒体　33, 249
博士　120
パターン化　291
囃子　121
囃子詞　157, 167
範唱・範奏　109

索　引

反省的実践　172
反省的実践家　303
パンソリ　128
反復　159
PDCA サイクル　66
批評　89，99，222
批評文　87，201，212
比喩的表現　44，45，48，193
評価規準　75
表現　31，199
表現形式　232
表現したいイメージ　187
表現内容　232
表現の世界　32
表現の論理　32
表現媒体　232
拍子　119，150，167
表出行為　36，249
表出と表現　32，248
標題音楽　137，138，162
評定の客観的根拠　70
評定への総括　73
平調子（ひらぢょうし）　123，154，155
フィールドワーク　227
フーガ　137
節（ふし）　167
ふしづくり一本道　98，216
不即不離　165
不登校　283
太棹三味線　122，126
プリペアード・ピアノ　144，145
ブルーム　68，76，81
文化的側面　87，103
文楽　126
ペア学習　207
併奏　157，166
ペインター　98
ヘテロフォニー　157
変化　159
保育実践力　260
保育所保育指針　256

包括的音楽性　214
保存　107
ホモフォニー　137，157
ポリフォニー　136，137，157
ポリリズム　132，145，152，157
間（ま）　167
マイクロティーチング　230
ミニマル・ミュージック　144，145
ミュージック・コンクレート　144，145
民俗音楽　112
民俗芸能　234
無調　143，155
ムックリ　118
メヘテル　129
メリ　124，168
模擬授業　229，230
目標に準拠した評価　73，75，76，80
モディフィケーション　287
物語　255
モノフォニー　136，157
問題解決　40，43
問題解決過程　181
有拍と無拍　150，151
ユリ　168
養護・訓練　269
幼小交流　258
幼稚園教育要領　256
幼保連携型認定こども園教育・保育要領　256
呼びかけとこたえ　159
ラップ・ミュージック　163
リズム遊び　252
リトミック　239
量的研究方法　12
ルーブリック　78，79
ロールプレイング　230
六段の調　123
ロンド形式　160
わらべうた　235

319

音楽教育実践学事典
おんがくきょういくじっせんがくじてん

2017年9月10日　第1刷発行
2023年12月31日　第2刷発行

編　者	日本学校音楽教育実践学会 にほんがっこうおんがくきょういくじっせんがっかい
発行者	時枝　正
発行所	株式会社　音楽之友社 〒162-8716　東京都新宿区神楽坂6-30 電話　03(3235)2111(代表) 振替　00170-4-196250 https://www.ongakunotomo.co.jp/

編集協力　外崎明成
装　　丁　吉原順一
印　　刷　(株)シナノパブリッシングプレス
製　　本　(株)ブロケード

Ⓒ2017 by Japan Association for the Study of School Music Educational Practice
Printed in Japan.
ISBN978-4-276-31129-9　C1073
日本音楽著作権協会(出)許諾第1708526-302号

本書の全部または一部のコピー、スキャン、デジタル化等の無断複製は著作権法上での例外を除き禁じられています。また、購入者以外の代行業者等、第三者による本書のスキャンやデジタル化は、たとえ個人や家庭内での利用であっても著作権法上認められておりません。
落丁本・乱丁本はお取替いたします。